古墳時代の
モノと墓

Material Culture and Mortuary Practices of
Kofun Period Japan

秋山浩三 [著]
Akiyama Kozo

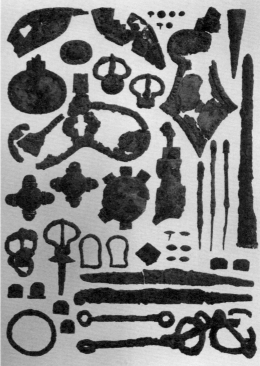

新泉社

古墳時代のモノと墓

はしがき ―個別分断資料に内包されるコンテキストをつかむ

I

　昨年、『弥生時代のモノとムラ』（2017年3月、新泉社）という、弥生時代に関連した単著を上梓した。今回の拙書は、いわばその姉妹編に相当し、出版社も同じで、私がこれまで公表してきた古墳時代にかかわる考察などを収載したものにあたる。

　古墳時代にかぎらず、考古学における各種資料は一般的に、遺物や遺構、遺跡、遺跡群、古墳群などとして分類されることが多い。しかし、ヨーロッパで活躍した考古学者V.ゴードン・チャイルドが「context」（コンテキスト、「状況」「関連」）と表現し、近藤義郎先生が「諸関係」として強調したとおり、考古データが保有するそのような関係性の問題にかかわる「資料」こそが、考古学的考究において肝要となってくる[*]。
　多種で個々の諸資料における、相互の、さらに、全体のなかでの位置づけや脈絡などに対する追究が考古学では最優先されるべき要素になっている、と私も考えている。
　臆面もなく述べると、現象面として個別に分断されるともみえる各資料が内包する、上記のような、重要な「コンテキスト」「諸関係」という資料データそのものを、私はいつも第一に意識するようにはしてきた。生硬ではあるが、どうにかそれらを個々の考古資料からつかみ引き出したいと、その当時に考えていた拙稿などによって本冊諸章は構成されている。
　目次に示した各章12編は一定の方針や意図のもと計画的に執筆したものでないため、当然ながら、系統だった内容の一書にはなっていない。ただ、それらのバックグラウンドにあるものとしては、私が発掘・整理報告などにかかわった古墳・遺跡（第1～第5・第9・第11章）や、かつて表面採集した遺物類（第5・第10章）、さらには、自分が生まれ育った地域（大阪・河内、第6～第10・第12章）、学生時代に過ごした地方（岡山・吉備、第12章）に関連するもろもろの要素であり、したがって、個人事情史的ともいえる項目の配列となっている。
　しかも、自分が少しでも関係したそのような諸データを、考古学的または地域史的に、可

能なかぎり、どうにか精確に位置づけようと苦闘した結果物の集積になっている。そのため、読者には些末とうつるかもしれない属性にさえ、執拗かつ細部にまで拘泥した箇所が目立つ。ただし、そのような〈愚直〉な雰囲気をとどめることにも一定の意義があると考え、各章は基本的に、初出段階のスタイルや状態を保持したままにしておいた。

それぞれで私なりに推断・提示した成果や理解に関する是非は、今となっては大方の評をあおぐしかない。しかし、頭書に記したような「コンテキスト」「諸関係」そのものを、切に自分なりに獲得したいと欲した〈気概〉だけは、以下の諸編から少しでもくみとっていただければ幸いと思っている。

Ⅱ

以上をふまえここでは、それらの執筆経緯などにふれながら各章の概要を簡単に俯瞰し、本書の導入としておきたい。

第1〜第5章の5編は、主として1980年代に発掘調査や整理報告にかかわった、山城地域に所在する古墳時代後期の前方後円墳、物集女車塚古墳（京都府向日市、2016年国史跡指定）に関連をもつ成果内容となっている。

第1章は、白石太一郎先生（国立歴史民俗博物館：当時、以下同じ）によって後期古墳発掘の代表事例として選んでいただき、先生編集の刊行物にケース・スタディとして掲載された図録風の読み物である。近畿地方では古式に属するこの横穴式石室墳の発掘にかかわる意義や苦労を、一般の方にも伝わるようドキュメンタリー的な叙述を自分なりに心がけた。

第2章は、発掘調査報告書に掲載した、この古墳の初葬棺にあたる特異な組合式家形石棺の詳細な観察結果と、それに依拠した当石棺の出現系譜ほかを検討した考察にあたる。類例や脈絡をもちそうな石棺との比較をおこない、なかんずく、摂津地域の南塚古墳石棺（大阪府茨木市）との関連性が強い点などを示した。

第3・第4章は、当古墳に副葬された須恵器や、近接に所在する井ノ内稲荷塚古墳（京都府長岡京市）の須恵器の生産地同定にかかわる模索検討である。これまで意識されてこなかったような、須恵器の器形端部にみられる、製作工人のクセともいえるような形態的な特徴に注目し、さらに、付帯するいくつかの事項での検証をへて産地比定をめざした。その結果、総合的な評価として、両古墳の須恵器の一部は、千里窯跡群（大阪府吹田市・豊中市）の製品である蓋然性が高いと判断できた。

第5章は、当古墳の背後の丘陵部に所在し、かつては「物集女ノ群集墳」と呼ばれた古墳

群の実態を、採集資料などを援用しながら復原的に考察した。さらに、首長墳である物集女車塚古墳を頂点とする在地の集団関係や古墳時代後期史における動態での、この「群集墳」の位置づけを示した。当「群集墳」をめぐる情報が今までほとんど議論されることがなかったため、基礎的作業として有意な検討になったと考えている。

　第6～第8章の3編は、近藤義郎先生（岡山大学）の主宰で1980年代前半に設立され、私もその最初からかかわった「前方後円墳研究会」の作業蓄積に関連した内容にあたる。当研究会では総括的な成果物として、全国を網羅した『前方後円墳集成』全5巻・補遺編（1991・92・94年、2000年、山川出版社）を刊行したが、私は地域分担として、近畿編の大阪府および奈良県の一部にたずさわった。

　第6章は、そのうち、大阪府の北・中河内地域の成果をふくむ概要を収載している。当該地域の古墳編年および首長墳系譜の整理やその特質を提示した。そして、枚方地域と八尾地域の優位性などを明確にし、巨大古墳群である古市・百舌鳥両古墳群（大阪府藤井寺市・羽曳野市・堺市）との関係にもふれた。

　なお、河内地域全体としては、天野末喜氏（藤井寺市教育委員会）・駒井正明氏（（財）大阪府埋蔵文化財協会）との分担執筆のかたちをとっていたが、地域総体の全容を理解するうえで重要と考えたので、あわせて河内全域の考察を収録させていただいた。

　第7章は、上記の基礎的な作業成果に依拠しつつ、北・中河内地域におけるその後の新出データなどを付加し再論した、補遺版的な内容となっている。

　第8章は、同じく北・中河内地域をあつかい、それら対象資料のうち前期古墳に限定した自説についての、口頭発表の記録にあたる。そこでは、古墳群（首長墳系列）の成立基盤に関しても現象整理を試みた。

　第9～第12章の4編は、1990年代後半～2000年代初頭に私の職場（（財）大阪府文化財調査研究センター勤務時）にアルバイト職員として集まってくれていた、考古学専攻の学生・院生ほかとの共同検討作業による収穫である。いずれも私が企図し全体を統括して成稿にいたった諸編であるため本書に収載した。ただ、ともに研鑽を継続させた結実であることから、初出稿において連名公表したものであり、本書でも各人の氏名を明示するようにしている。

　第9章は、発掘調査で新発見された古墳で、沖積地に埋没していた古相の横穴式石室墳、七ツ門古墳（大阪府八尾市）の位置づけを追究した内容である。近畿地方の初期横穴式石室や近接の群集墳内の石室との比較検討を実施し、この古墳の特異性にかかわる理解を示した。

第10章は、生駒山西麓中部に分布する群集墳である花草山古墳群・五里山古墳群（大阪府東大阪市）および周辺群集墳の実態整理や採集須恵器の検討を基礎とし、当該地の群集墳の形成過程や群構成の評価に関する再考をなした。ここでの群集墳の形成は6世紀後半と一般的に解釈されてきたが、古墳群形成の嚆矢が遡及する蓋然性が高いことなどを主張した。

　第11章は、池上曽根遺跡（大阪府和泉市・泉大津市、1976年国史跡指定）で検出した初期須恵器の詳細を提示し、当遺跡内の須恵器出現以降における集落動態を整理するとともに、初期須恵器を出土する諸遺跡との比較などをおこなった。池上曽根遺跡は陶邑須恵器窯跡群（大阪府堺市・和泉市ほか）の周辺地域に位置するが、この一帯ならではの、やや豊富な初期須恵器の分布状況にうかがえる特質を明確にできた。そこで叙述した様相は、他の地域との顕著な差異となる。

　第12章は、弥生時代末〜古墳時代初頭において吉備地方（岡山県ほか）で製作された「吉備型甕」の、近畿地方にみる分布様相の詳細整理をふまえ、その評価を試みた。具体的には、中河内地域への集中搬入を明確にし、古墳出現期における同地域の重要性を喚起した。つまり、前方後円墳の誕生にあたり吉備と大和との密接なつながりが力説されるが、それにおける中河内地域との関係性の追究が一層肝要となる点を示しえた。

Ⅲ

　もとより上の摘記だけでは内容を十分には提示できていない。そのため、個別詳細は各章の頁をくって確認いただければと願っている。

　なお、本書は全体として表記などの整序を一定ていどほどこしているが、各章の主旨・内容・文脈や成稿経緯を重視して、敬体・常体、年号、出典ほかの文献名、等々の記載スタイルに関しては、あえて統一をさけた箇所がある。

　また、本文中の文献指示表記などにおいて略称を用いた場合は、委員会＝委、教育＝教、協会＝協、研究所＝研、資料館＝資、センター＝セ、調査研究＝調研、調査研究会＝調査研、博物館＝博、文化財＝文、埋蔵＝埋、とした。所在地（行政区分）や機関名称、肩書きほかは、一部をのぞき初出稿の執筆当時のままである。さらに、〔補記〕〔付記〕は初出稿段階のものであるが、〔追記〕は本書の段階で加えている。

　　＊考古資料における「コンテキスト」「諸関係」などの概念に関しては、V.G.チャイルド（近藤義郎訳）『考古学の方法』（1964年、河出書房新社）、V.G.チャイルド（近藤義郎・木村祀子訳）『考古学とは何か』（1969年、岩波新書（青版）703、岩波書店）、近藤義郎「考古資料論」『日本考古学研究序説』（1985年、岩波書店）による。

古墳時代のモノと墓
■
目次

はしがき―個別分断資料に内包されるコンテキストをつかむ 3

第1章　古墳を発掘する　向日市・物集女車塚古墳——後期古墳の例 13
　　1— 不気味な写真 13
　　2— カメラが見た石室内部 13
　　3— 内部主体の発掘 18
　　4— 墳丘の調査――いびつな前方後円墳 36
　　5— 報告書作成と整備計画 38
　　6— おわりに 39
　　7— コラム：物集女車塚と杉の木 40
　　8—「物集女車塚古墳研究会」の開催記録 40

第2章　特異な組合式家形石棺とその系譜 45
　　1— はじめに 45
　　2— 特異な組合式家形石棺の属性 49
　　3— 物集女車塚石棺の特質と系譜上の位置 76
　　4— 京都府南部における物集女車塚石棺の位置 83
　　5— おわりに 85

第3章　古墳副葬須恵器の産地推定一例 89
　　　　――物集女車塚・井ノ内稲荷塚における微細特徴からの追究
　　1— 後期前方後円墳に副葬された高杯のクセ 89
　　2— 陶邑窯跡群と千里窯跡群、そして陶邑周辺部の窯跡 94
　　3— 生産地はどちらか 99
　　4— 微細観察の有効性――結びにかえて 103

第4章　物集女車塚の須恵器産地推定・補遺 107
　　1— 乙訓の後期首長古墳に副葬された高杯のクセと生産地 107
　　2— 杯・杯蓋ほかの内面にほどこされた最終調整の相違 109

3— 装飾付須恵器・人物小像の属性 112
　　　4— 口縁端部に刻目状調整をもつ杯蓋例の増加 114
　　　5— 結びにかえて 115

第5章　「物集女ノ群集墳」の再評価　117
　　　1— はじめに 117
　　　2— 「物集女ノ群集墳」の諸記録 119
　　　3— 採集地点と遺物の概要 123
　　　4— 若干の検討(1)　装飾付須恵器と結晶片岩類 131
　　　5— 若干の検討(2)　「物集女ノ群集墳」の現状把握と再評価 134
　　　6— おわりに 140

第6章　前方後円墳集成　地域の概要　河内　145
　　　1— はじめに 145
　　　2— 北・中河内 149
　　　3— 古市古墳群 154
　　　4— 南河内 160

第7章　北・中河内の古墳編年と首長墳系列　165
　　　1— はじめに 165
　　　2— 各地域における首長墳の編年と系列 167
　　　3— 首長墳系列の特質 179
　　　4— おわりに 181

第8章　北・中河内の前期古墳にみる特質　189
　　　1— フォーラム講演項目ほか 189
　　　2— はじめに 190
　　　3— 古墳の分布状況 196
　　　4— 各地域における前期古墳の状況 196
　　　5— 北・中河内にみる前期古墳の特質 207
　　　6— おわりに 209
　　　7— 「質疑・討論」での補足説明
　　　　　——楽音寺・大竹古墳群の成立基盤集落 209

第9章　埋没横穴式石室墳・七ツ門古墳の位置づけ　219
　　　1— はじめに——沖積低地で新発見された横穴式石室墳 219
　　　2— 七ツ門古墳の特異性 219
　　　3— 築造年代の検討 228
　　　4— 周辺の古墳との関係 232

5— まとめと課題 236

第10章　生駒山西麓中部の群集墳形成過程・構成をめぐって ……………………… 241
　　　——花草山古墳群・五里山古墳群と採集資料の検討

　　　1— はじめに 241
　　　2— 花草山古墳群・五里山古墳群の位置と環境 243
　　　3— 両古墳群および近接古墳群の実態再整理 244
　　　4— 新紹介の採集資料 256
　　　5— 各古墳群の再整理と採集資料が提示するもの 261
　　　6— おわりに 265

第11章　池上曽根遺跡の初期須恵器と断想 ………………………………………… 267

　　　1— はじめに 267
　　　2— 初期須恵器の検出状況 270
　　　3— 初期須恵器の概要 272
　　　4— 池上曽根遺跡における須恵器出土地点からうかがえる動態 276
　　　5— 若干の雑感 279
　　　6— おわりに 282

第12章　近畿における吉備型甕の分布とその評価 ………………………………… 287

　　　1— ことの発端 287
　　　2— 近畿における吉備型甕の発見・研究抄史 289
　　　3— 近畿各地域出土の吉備型甕の集成と概観 291
　　　4— 近畿における吉備型甕の分布傾向と特質 327
　　　5— 吉備型甕搬入の評価をめぐって——結びにかえて 332

　　　写真提供（掲載許可）機関ほか一覧 337
　　　初出文献（原題）・成稿一覧 338

　　　あとがき－古墳時代とのかかわり／定年退職の機に…… 341

　　　〈第6章は天野末喜・駒井正明との共同執筆、第9章は瀬川貴文、第10章は池谷梓、第11章は小林和美・仲原知之、
　　　　第12章は小林和美・後藤理加・山崎頼人との連名公表〉

装幀　勝木雄二

第1章
古墳を発掘する　向日市・物集女車塚古墳
──後期古墳の例

1── 不気味な写真

　1983年（昭和58）8月19日の新聞に、ショッキングで不気味な写真が掲載された（図1、図2）。後期古墳（6世紀頃）の横穴式石室の内部である。
　ふつう書物や新聞で見かける石室は、内部をきれいにして撮影したものが多いが、この写真は、落下した大小の石室石材が散乱したままで、石室奥にある石棺の蓋石の一つが開いている。しかも石棺の上や前方には、別の石棺材かと思われる板石が「バラバラ死体」のように転がっていた。
　これは、京都府物集女車塚古墳の内部の埋葬部分が初めて撮影され、しかも盗掘にあったままの状況を示す生々しい「強盗現場写真」だった。

2── カメラが見た石室内部

　物集女車塚古墳は、京都盆地南西部の段丘の端に位置し、前方部を東に向ける全長約45ｍの前方後円墳である（図3～図5）。
　昭和初年に、前方部の北東隅の一部が道路敷設で破壊されたことがあった（図25参照）。そのときの梅原末治氏による踏査報告（第1次調査）があり、前方部が発達した典型的な古墳時代後期の前方後円墳として著名だ。だが、内部主体（埋葬施設部）に関する情報はこれまでなかった。
　墳丘前方部の崩落が近年かなり進行して、墳丘復原をもふくめた保存対策が必要になってきた。そのため地元の向日市では、1983年（昭和58）7月から墳丘の調査を実施していた（第2次調

石室の天井石間の狭小なすきまからカメラを吊り下げ、調査前の石室内の様子を撮るのに成功した。石棺の蓋石の一部が開いたままで、盗掘された生々しい状況を示している。

図1　発掘調査前にカメラだけが見た石室内部

査）。後円部の頂部には盗掘を目的とした穴が掘られており、そこの調査も並行しておこなった。その作業が穴の底部に近づきつつあった8月2日、突如として下に空洞が現れ、大形の天井石の並びが顔を見せた。そして内部主体が横穴式石室であることが初めて明らかになった（本書カバー写真、図6、図7、図11、後掲図32参照）。

　しかし、天井石間のすきまは狭く、ここから盗掘者が石室内部に侵入できたとは考えられない。内部の様子をさぐろうと懐中電灯で照らしても、土がたまっていない石室床面のごく一部しか見えない。

　そこで調査担当者は、ストロボ装備カメラをセルフタイマーにしてすきまから吊り下げ、内部を撮影した。このときの写真が最初に述べたものである。写し出された石室内の様相は、およそつぎのとおりだった。

　入り口を南に向ける横穴式石室の玄室（墓室部）の平面形は整った長方形で、長い羨道（通路部）が玄室の東壁側にのびる右片袖式のタイプである。構築石材は比較的小振りで、近畿地方でも数少ない古式の横穴式石室の特徴をもっている。石室内は空洞になっていて、ほとんど土が流入していない。

　玄室の奥には、奥壁に並行して、組み合わせ形式の家形石棺が解体されずに置かれたままであ

やや不気味な雰囲気をただよわす写真が目をひく。
(1983年(昭和58)8月19日付『京都新聞』)

図2　石室内部の写真を掲載した新聞

JR・向日町駅または阪急・東向日駅から、山方向にしばらく歩くと古墳にたどり着ける。向日市内には、桓武天皇の都城である長岡宮・京もおかれていた。

図3　古墳の周辺図

物集女車塚古墳の西側の向日丘陵には、考古学史に名をとどめる著名な前期〜中期前葉の前方後円(方)墳や大形円墳が南北に並び立地している。

図4　向日丘陵の古墳分布図

第1章　古墳を発掘する　向日市・物集女車塚古墳　15

前方部の一部は道路のためにすでに削られている。後円部頂には杉の木立が見え、墳丘には葺石や埴輪列がある（図26参照）。奥には、多くの古墳が築造された向日丘陵がつらなる。
図5　古墳の全容

る。底石・蓋石ともに3枚からなる。そこには縄掛突起と呼ばれる突出部が多く付き、この特徴はめずらしい。蓋石が平らである点も、家形石棺としては異質な類に属する。中央の蓋石がすでに開けられ、内部の副葬品は持ち去られたようだが、写真では石棺内部の底までは見えず定かでない。

　石棺前方に散乱する板状の石材（図19-上参照）は、追葬者用の石棺材のように考えられるが、棺の種類は判然としない。石室床面に遺物がまったく見当たらないのは、徹底的に盗掘されたためだろうか。

　しかし、羨道の入り口側には土が充填されたままである。閉塞石かとみられる石が、その付近に散らばってはいるが、土の内部は掘り荒らされた形跡はない。このことから、「強盗」は石室の入り口を打ち破って侵入したのではないことが分かった。

　これらの観察は、実際に近寄って目撃したものでないので、細部までは把握できないし、一箇所からの撮影のため、死角部分も多い。

　だが、この年の発掘は、墳丘を対象としていたことから、内部主体についてはこれ以上の追究はあきらめざるをえなかった。

横穴式石室の玄室奥壁に平行して置かれた家形石棺。蓋石は板状をなし、棺の底石や蓋石に多くの縄掛突起が付く、古式の特殊なタイプである。白色凝灰岩製で、暗い石室のなかでも、目がなれてくるとほのかに浮かびあがってくる（本書カバー写真参照）。

図6 主体部の横穴式石室と家形石棺

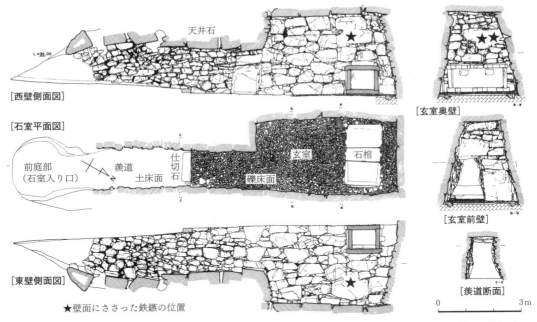

内部主体は、後円部に築かれた古式の横穴式石室で、全長は約11m、最大高は約3m、最大幅は約2.8mを測る。仕切石の南側に、もとは閉塞石による堅固な施設が築かれていた。仕切石から北側は礫床となっていて、そこには、石棺以外にも追葬の木棺がおさめられたことが調査で解明できた。玄室の壁面には鉄鏃が突きささっていた。

図7　横穴式石室の実測図

3— 内部主体の発掘

(1) 横穴式石室の調査

　この調査後、向日市では京都府とも協議したうえで、石室調査を翌年の1984年（昭和59）7月から開始した（第3次調査）。

　ところで、古墳の内部主体には、竪穴式石槨（石室）、粘土槨、木（石）棺直葬、横穴式石室などさまざまな形式がある。

　竪穴式石槨などは一度きりの埋葬を目的とするが、横穴式石室は追葬が可能な葬法である。

　前者では、盗掘にあっていたとしても、もとの状態を明らかにできれば、埋葬の最終状態を解明できる。

　しかし、横穴式石室では、石室内で何回もとりおこなわれた葬送の最終集積を調査で明らかにできても、それまでの埋葬ごとの様相は直接的には示してくれない。先立つ埋葬の副葬品や人骨を片づけている例もあるため、より複雑である。

　そこで、数回におよぶ埋葬が、各段階でどのようになされたかを明確にする調査方法が要求される。しかもこの古墳では盗掘にあっているので、のこされた少ないデータから、まず盗掘前の状態にもどさなければならない。このあたりに留意して調査に入った。

調査関係者で特注制作したトレーナー。バックプリントに、この古墳の実測図を用いた。気取って横文字を配したが、「TUMULUS」(塚・古墳)のスペルに誤謬があることが納品後に判明し、皆から揶揄された。「後の祭り」、である。

図8　石室・石棺実測図のオリジナルトレーナー

(2) 前庭部と閉塞施設の調査

　発掘は、石室入り口前の前庭部から開始した（図9）。

　前庭部をおおう化粧土、つまり墳丘表面を形成する土層を取りのぞくと、前庭部はまったく撹乱を受けていないことが分かった（図10–上）。

　盗掘者は、前庭部の背後から、羨道壁のごく一部を壊して石室内へ侵入したためらしい。他の横穴式石室の大多数では、前庭部を破壊して盗掘されているため、この遺存の具合はきわめて稀である。

　発掘の進行上、まず、これらの前庭部やそれにつづく閉塞の諸施設（図10）の調査をしてからでないと、前年夏に垣間見た石室内に入ることはできない。しかし、調査を部分的にとどめて、良好な遺存状態のままに閉塞施設を保存しておくべきか、すべてを解体調査すべきか、判断に迷うところでもあった。

　この頃、奈良国立文化財研究所（当時）の田中琢氏が来訪された。「破壊されていないからといって、肝要な部分を未解明のまま不十分に発掘を終えると、将来の調査でも不明のままになってしまうことが多い。本当の意味での保存にはならない」という、独特な口調の力強い意見に励まされて、閉塞施設の解体調査をおこなうことになった。

　幅1.5mたらずという羨道の狭さのなか、縦断・横断の土層観察用アゼをのこしながらの平面調査は、かなり困難だった。しかも、手狭なので少人数しか作業にあたれない。大勢で一気に掘り進めば短期間で石室内に到達できるが、それでは盗掘者と同じになってしまう。

石室入口の前庭部に架かる天井石は、崩落の危険があったので重機で取りのぞいた。

図9　主体部調査の開始

　遅々としつつも慎重な調査は、華々しくはなかったが、これまであまり分かっていない追葬ごとの閉塞の具体的状況を教えてくれることとなった。

　つまり、石室入り口の横断面の土層観察では、埋め土の「切り合い関係」（先後関係）がはっきりしていて、その掘削回数は少なくとも3回を数える（図10-下左）。このことは、追葬ごとに前庭部の埋め土を掘り返して石室を開口させ、石室内へ棺や副葬品などを安置したのちにふたたび意識的に土で埋めもどす、という行為がくりかえされたことを示している。

　また、前庭部では、羨道の東西壁面とひとつづきになった土壁面がつくりだされて、石室入り口部の空間を形成していたことも分かった。これまで横穴式石室といえば、石壁部分だけが注目されがちであったが、土または木材などの有機材を用いた空間が形づくられることがあるのも解明できたことになる。

　羨道内では、前庭部から奥の埋め土中に2箇所の集石遺構を検出した（図10-上・下中・下右）。一つは羨道入り口部の集石で、石室の内外を区画する施設、もう一つの羨道中央のものは、羨道幅いっぱいに、多くの石材を用いて堅固に組み上げられた閉塞石の施設である。閉塞石は途中で積み直した跡などは認められず、最終埋葬時に基底部から一時に積み上げたことも判明した。

　狭い空間でのそのような閉塞施設の取りはずし調査は、土層のちがいに留意しながら、石材個個の平面・断面形や高さを図面や写真に記録し、さらに数十kg以上もある石材をどうにか石室外に搬出するという、繊細作業かつ重労働だった。この過程によって、私たちは閉塞施設の頑丈さをあらためて体感した。

(3)「強盗現場」の検証と調査

　閉塞施設の発掘を終え、ようやく羨道奥部から玄室にいたる範囲の調査に着手できるようにな

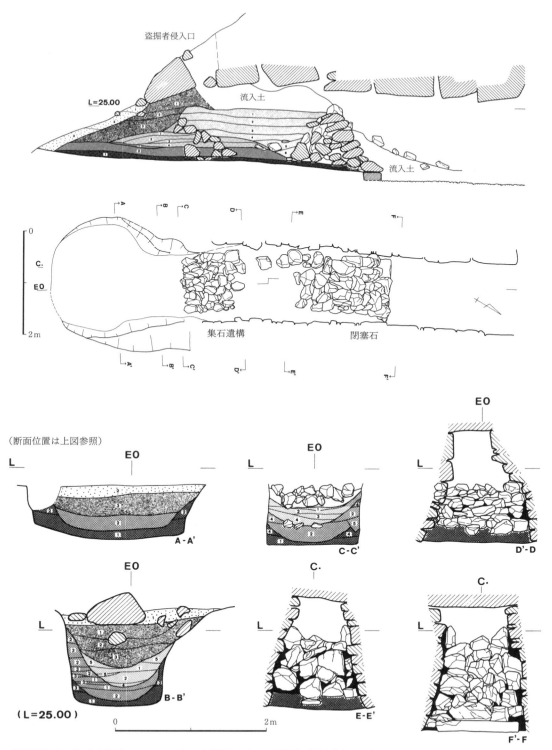

閉塞施設がほぼ完全な状態でのこっており、古墳研究において重要な成果をもたらした。
図10　前庭部・閉塞施設の実測図

った。

　石室内に入ってみると、それまで写真でしか見られなかった世界が目の当たりに広がる。盗人に部屋中を徹底的に物色された修羅場である。実際に近くで観察すると、写真だけでは分からなかった内容がいろいろと明らかになる。

　横穴式石室の全長は約11m、玄室は長さ約5m、幅約2.4～2.8m、高さ約3m、羨道は長さ約5.8m、幅約1.3～1.5m、高さ約1.6～1.7mで、玄室の長さが幅のおよそ2倍である（図7、図11、後掲図32参照）。

　石室を構築した当初から、羨道のなかほどに凝灰岩（ぎょうかいがん）製の仕切石を据え、それより奥側が埋葬空間となる礫床面、手前側が非埋葬空間である土床面とする。そして、土床面の範囲には、閉塞施設が構築されている。あたかも初めから追葬に要する面積を予定し、境界を仕切石で確定しているようだ。

　石室石材は、主に横積みされている。玄室と羨道において構築方法が異なり、羨道では、より小振りの石材を重箱積みに近い手法を用い構築する（図11）。石材の大部分は、比較的近接地で採取できる砂岩だが、玄室の天井石の3枚は竜山石（たつやまいし）（播磨地域産）、壁面の一部には竜山石や結晶片岩（推定・紀ノ川流域産）という、この古墳の周辺では入手できない岩種もふくまれている。

　組み合わせ形式の家形石棺（図6-下）は白色凝灰岩製（奈良県・大阪府境の二上山産）で、最初に石室内におさめられた棺と考えてよい。

　盗掘者によって開けられていた石棺中蓋は、玄室奥壁との狭いすきまに落とされていた。写真では見えなかった石棺の裏側をのぞいてみると、2枚の短側石にも垂直の縄掛突起が付き、長側石の表（北）面には方形突起があることも分かった。これらは特異性を一層きわだたせる、古式石棺の属性といえる（石棺の詳細に関しては、本書第2章参照）。

　風雪にさらされたことも、土中に埋まったこともないので、遺存状態はきわめてよく、石材加工の痕も鮮やかにのこる。

　石棺の内部を観察すると、堆積土はほとんどなく、内側に塗られた顔料によって、全体が目も眩むばかりの赤色の世界である。

　棺内の副葬品は、徹底的に荒らされ大部分が持ち出されたあとではあったが、底面上に遺物の破片が散乱している。また、東半分には棺内遺物片を土とともに掻き集めた集積がみられ、表面にはおびただしい副葬品片が顔を出していた。ここから、冠、耳環（じかん）（耳飾り）、鈴、空玉（うつろだま）、小玉、管玉、刀装具、刀子などが発見された（後掲図51参照）。

　石室床面は、写真に見えていたように流入土はほとんどない。ただし、玄室の南半には、天井石のすきまから落下した堆積土が、羨道の閉塞石寄りには、閉塞施設上端からの崩落土がみられた。他の部分には土のかぶりがうっすらとあるだけで、もともとの礫床面がなかば露出している。

　写真では不明だったが、流入土や礫床面の上には須恵器や金属器の破片が、石棺蓋石の上面には玉類や鉄器片が散乱しており、盗掘者によって移動された結果と考えられた。

　だが、幸いなことに、石室床面上の流入堆積土は盗掘者の侵入前に落下していたもので、それを掘り返してまで副葬品あさりはされていない。そのため、流入土の下には、原位置のまま副葬

羨道のほぼ中央に仕切石を据え、それより北側の床面には円礫が敷きつめられている。奥に家形石棺が見える。幻想的な雰囲気がただよう。

図11　石室の羨道から奥壁をのぞむ

排水溝の調査時の状況。礫床は厚さ20cmもあり、その下には、玄室・羨道ともに、入念に整備された排水溝がめぐらされている。

図12　石室の排水溝

第1章　古墳を発掘する　向日市・物集女車塚古墳　23

品がのこされていた。

　さて、実際の発掘調査を進めるにあたっては、石室内のすべての遺物に関して、出土位置と形状の図化や撮影をおこなってから取り上げた（図21）。さらに、小玉のような細かい副葬品も多いため、調査で排出した土はすべて持ち帰り、水洗いして検出モレを防いだ。根気のいるこれらの作業をへて、石室内の副葬品の出土状態をくまなく記録した。

　その後、破片の接合関係や組み合わせなどの検討から、図13～図16のように、副葬品などの本来の配置場所を推定した。

　轡（くつわ）や鞍金具など馬具類は、石棺の前後と羨道に（図13）、鉄刀、鉄鏃、鉄矛などの武器類は、石棺周辺と羨道の奥に（図14）、須恵器を中心とした土器類は、南東部以外の玄室に（図15）、銀製耳環、トンボ玉、小玉、棗（なつめ）玉などの装身具類は、玄室の入り口周辺や玄室の西半分などに（図16）、まとまって置かれていたり残存しているのが分かる（図17・図18参照）。

　ただし、これらは、石室内への最終の追葬が終了した段階での配置・遺存状況である。

　盗掘を受けていたにもかかわらず、このように多くの副葬品がのこっていたことは予想外だった。もし未盗掘の古墳であったなら、どんなに豊富な各種遺物があっただろうか。

(4) 追葬棺の推定

　副葬品のなかには、形態などから判断すると、追葬にともなったと思われる時期のやや新しいものがふくまれていた。

　たとえば須恵器では古い順に、6世紀中葉、6世紀後葉、6世紀末～7世紀初頭の3時期の各器種がみられた。須恵器の研究において命名されている型式では、それぞれの時期は、TK10型式の新相、TK43型式、TK209型式に相当する（図17）。

　先述したように、前庭部の埋め土の切り合い関係からも、追葬があったのは明らかである。

　しかし、追葬には木棺などの腐りやすい材の棺が使用されたようで、石棺以外に棺関係の部材はまったくのこっていない（板状石材は後述）。一般的に横穴式石室内への追葬は、鉄製の釘や鎹（かすがい）で組み立てた木棺を用いることが多く、人骨や棺自体はなくなっていても、それらの鉄製遺物の出土から棺の数や位置が判明する場合がある。だが、残念ながらこの石室には釘などはなかった。

　そこで、副葬品の配置や時期のちがいなどから、追葬棺に関する情報を検討するしかない。これが最後まで苦労の種だった。

　被葬者が身につけていたと思われる玉類以外に、副葬品がまったく置かれていない範囲が石室内にみられた。それは、玄室南東部、および、羨道奥部の西壁付近以外の箇所で、そこに追葬木棺の存在を推定した。

　また、玄室南西部の流入堆積土の下には多くの須恵器があったが、さらにその下から、もともと被葬者が着用していたと考えられる装身具の耳環が検出された。そのため、本来はここにも追葬木棺が存在した公算が高い。つまり、その木棺が腐朽などにともない取り片付けられたあとに、須恵器が置き直された可能性があろうか。

　このような状況証拠などから推断して、図16中に示した棺1～棺4の位置に、石棺（棺1）を

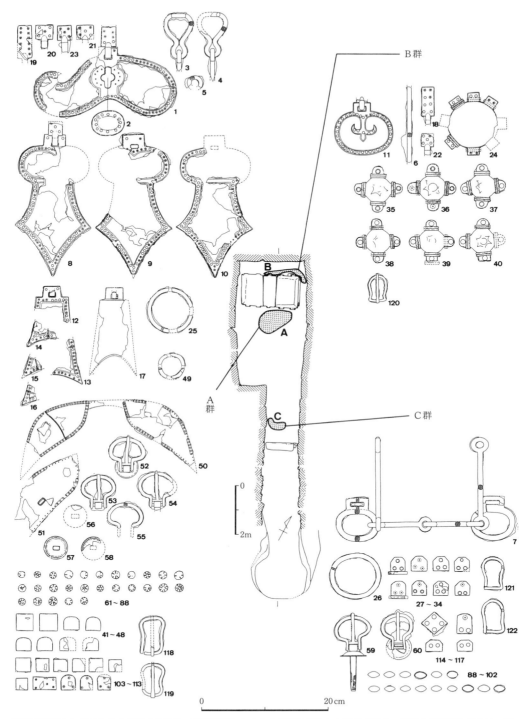

石棺の前後から出土した金銅装の馬具は、初葬石棺にともなう豪華に飾られた製品である。羨道の実用的な馬具は、追葬木棺の副葬品で、時期も少し新しい。

図13　石室における馬具の配置

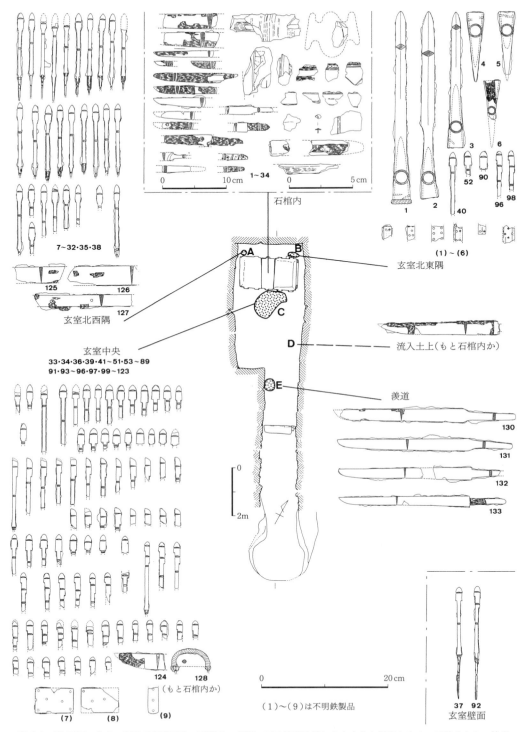

石棺内と石棺周辺の多くの個体は初葬石棺の副葬品、羨道の刀は追葬木棺にともなうと推定される。石棺内からの検出品はすべて断片であるが、本来は、さまざまに飾られた大刀類などがおさめられていたことが分かる。

図14 石室における武器の配置

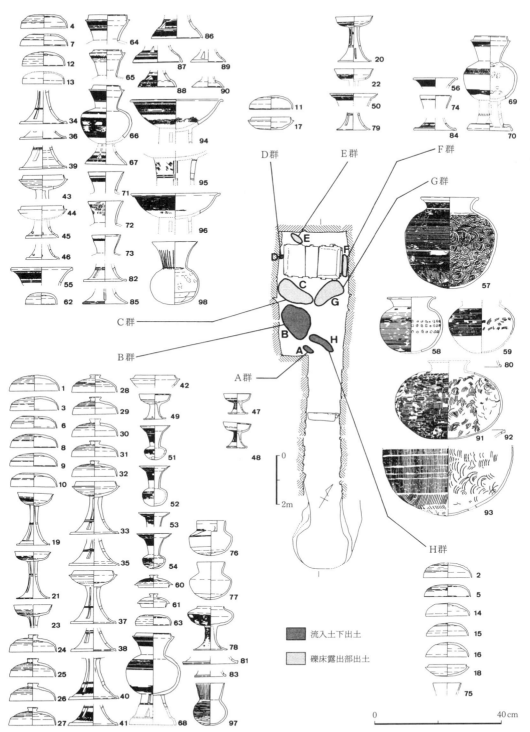

須恵器の形態的な特徴を観察すると、3時期のものがみられる。古い型式で初葬石棺にともなう製品が最も多く、その後の追葬木棺のものは副葬点数が少ない。

図15 石室における土器の配置

副葬品類の出土位置や所属時期を詳細に検討すると、初葬の石棺以外に、追葬木棺の基数や配置場所が推定できる。また、用途不明石材は、組み立てた状態での配置が可能な箇所は石棺の上か前面となる。

図16　石室における副葬品・棺配置の模式図

上は、須恵器の杯と杯蓋。それぞれの形態的な特徴から判断すると、3型式がふくまれており、少なくとも3時期にわたって埋葬(初葬・追葬)がおこなわれたことが分かる。中は、須恵器の高杯。有蓋高杯、無蓋高杯、小形無蓋高杯の3種がみられる。小形品の個体は、あまり例のない器種である。下は、須恵器と土師器の各種壺や甕など。手前右が土師器で、他は須恵器。

図17　石室内に副葬された土器

第1章　古墳を発掘する　向日市・物集女車塚古墳　29

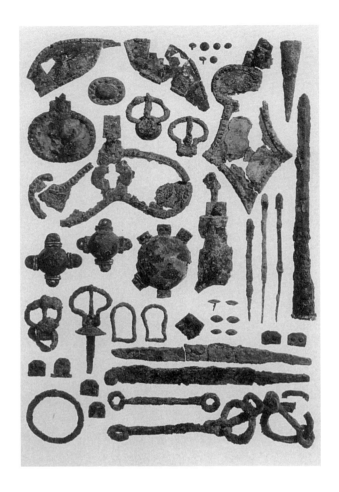

上は、玄室と羨道の床面および壁面から検出された馬具や武器（本書カバー写真参照）。下左は、さまざまな玉類の装身具。下右は、墳丘に立て並べられていた埴輪。このほかに、金銅製冠や銀製耳環など多種類が出土した。もし、この古墳が盗掘にあっていなかったら、奈良県・藤ノ木古墳に匹敵するような豪華な副葬品をおさめていた可能性があるかもしれない。

図18　石室内の副葬品と墳丘の埴輪

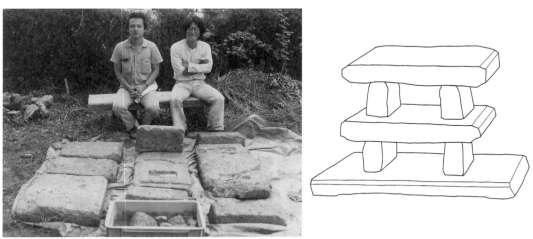

上は、石室内での検出状況。A～Gで示した7点の部材がある（枝番の数字は各部材の破片No.）。下左は、石室から搬出した各部材。下右は、組み立て案の模式図（配置推定場所は図16参照）。

図19 組み合わせ形式の「用途不明石材」

第1章 古墳を発掘する 向日市・物集女車塚古墳　31

左は、墳丘北側の埴輪列・葺石を検出した調査区、右は、「用途不明石材」の各部材の前で。後者の石材に関しては、泰斗・小林先生からも妙案はいただけなかった。

図20　小林行雄先生による現地視察・指導

ふくめて計4棺がおさめられていたにほぼちがいない、という結論にいたった。うち、棺4周辺の須恵器や馬具は、副葬品のなかで時期が一番新しい特徴をもっているので、羨道に配されたこの棺が最後の追葬棺となる。

(5) 副葬品の特殊な配置方法

　以上のほかに、副葬品の配置や出土状況に特異な例がみられたので紹介しておこう。
　第一は、凝灰岩製で組み合わせ形式の「用途不明石材」である（図19）。
　これは、当初だれもが追葬用の棺かと考えた、家形石棺の前に散乱していた板状の石材に相当する。盗掘時に搬出された可能性が低いにもかかわらず、石棺とするには構成部材が少ない。さらに、組み合わせ方も特殊で、一般的な石棺とは異なる。
　古墳研究の「神様」＝小林行雄先生にも、現地指導・視察の際に検討していただいたが、依然として「不明石材」のままだった（図20-右）。
　一つの解釈として、縦方向に組み上げられた3段の棚状構築物（高さ約0.9m）、つまり、副葬品を並べ置いた供献用の施設であった可能性がある（図19-下右）。このような構造物は他では類例がない。
　これの配置が可能な位置は、石棺の蓋石上か前（南）面しか考えられない（図16参照）。そうすると、石棺の前後（南北）に分かれて出土した馬具や武器の類が、もとはこの棚状の施設に置かれていたのだろうか。
　第二は、石室壁面の図面作成の過程で、玄室壁面の石材間に、鉄鏃が挿入されているのが発見できたことである（図8中の★位置）。
　奥壁に2箇所、東西両壁に各1箇所ずつ、すべてが、礫床面から上方へ約2m前後のほぼ同じ

暗く狭い空間内で、小さな遺物や円礫をできるだけ精確に図面に記録する。
奥は宮原晋一氏、手前は秋山（両名ともこの古墳の調査当時、26歳の嘱託：非正規職員）。

図21　石室内での実測

妥協を許さない「猪之介先生」の撮影助手をつとめるのは重労働だが、仕上がりが楽しみだ。
図22　高橋猪之介氏による撮影風景

高さで、石棺の三方を取り囲むような位置にあたる。鏃の茎（なかご）には木質をとどめており、もとは矢柄をともなっていたと考えられる。

　これらには、呪術的な意味合いも想定できるが、矢柄に布などが垂らされていた可能性もあろうか。いずれにしても、葬送時の石室内の様相を復原するにあたっての貴重な情報となる。

(6) 写真撮影

　礫床上や石棺内の流入土の除去、副葬品の記録や取り上げ図化（図21）を終了した段階で、石室内部の構築物として、石棺と仕切石がのこっているだけである。床面は仕切石を境にして礫床と土床となり、前庭部から玄室奥壁までほぼ完全な空洞になった。

　この状態での写真撮影を、高橋猪之介氏にお願いした（図22）。「猪之介先生」（皆、そう呼ん

第1章　古墳を発掘する　向日市・物集女車塚古墳　33

でいた）は、京都大学文部技官を務めた文化財写真の超ベテランで、重要な遺構や遺物を数多く手がけられている。

　自然光の入らない石室内での撮影では、ライトによる照明が必須だが、設置するスペースがほとんどない。そこで、私たちがライトを手に持ったり細棒の先に取り付けたりして、ライティングをした。また、先生は大のコーヒー好きで、撮影の区切りごとに、古墳近くにある喫茶店から入れ立てを取り寄せたりもした。数カットの撮影に、夜間もふくめて2日間を要した。

　2日目の夜に撮影が終わり、前庭部に出て、コーヒーを手にして吸ったタバコの味は、石室内禁煙であった愛煙家にとって今も忘れられない。できあがった作品はさすがに、これまでの横穴式石室写真のうちでは、群を抜いて迫力あるものになっていた（本書カバーや本章中の石室写真参照）。

(7) 排水溝の調査

　撮影後、石室や石棺を図化する作業をおこなったが、これも少人数の手仕事なので多くの時間を費やした。ここまでで、石室の上部構造に対する基本的な調査が終わった。

　しかし、石室の礫床面が薄いところでは、小板石の並びが部分的に見えかくれしており、下部に排水溝が構築されているのが分かる。これは、墳丘南側の裾部に顔を出している排水溝につながると予想できた。

　このときの第3次調査は、その段階で終了させるのも一案である。ここでまた、先ほどの田中琢氏の言葉を思い出した。そこで、礫床部面は取りはずし、土床部では数箇所において確認発掘をおこない、調査を進めた。礫床は厚さ約20cm、用いられた円礫（図6、図11、図12）はかなりの量だったが、すべて石室外に運び出し、あとで水洗してもとの位置にもどした。

　礫床下には、きわめて入念に構築された排水溝が現れた（図12、図23）。

　小板石を断面V字形に組み、中空状態で蓋石を置く構造である。

　玄室内では、四壁にそって配置されている。羨道では並行する3条の排水溝があり、中央のものだけが玄室内の排水溝と連結する。他の2条の羨道両壁ぞいの排水溝は、玄室内のものとはつながらず、仕切石の手前で中央排水溝と合流する。

　このようにして玄室四壁と羨道両壁からの排水を集めた中央排水溝は、仕切石下にもぐって前庭部の下を通り、墳丘の南裾へとつづく。

　以上のとおりの、羨道の両壁ぞいにも専用の排水溝を設置する例はほかに聞かない。もし調査が部分的なものにとどまっていたなら、この整備された排水溝の存在は一切分からなかったにちがいない。

(8) 内部主体の調査終了と仮封鎖

　排水溝の構造解明を最後に、このたびの石室調査は完了した。

　約4箇月におよぶ緊張の連続からの解放は、発掘参加者にどっと安堵感と疲労感をもたらした。しかし、調査を終えた石室内の状況は、必ずしも解放感に浸っておれるものではなかった。

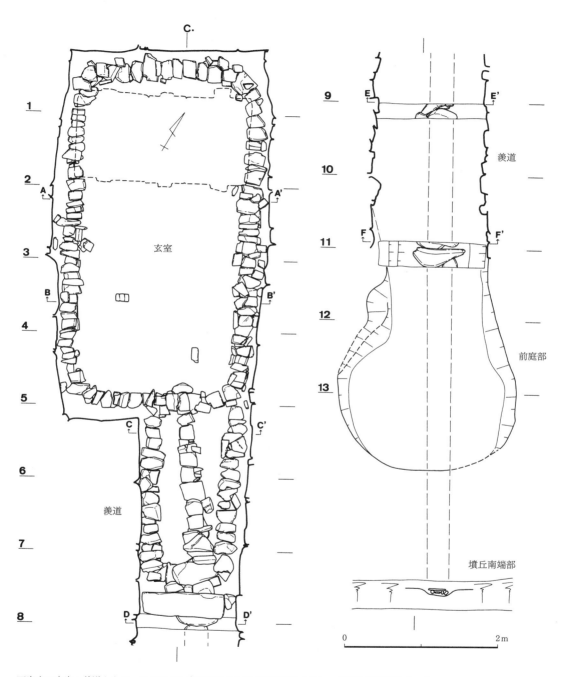

石室内の玄室・羨道ともに、これほど入念に配された排水溝は類をみない。貴重な調査例となった。
図23 石室排水溝の平面図

内部主体の調査は終了したが、これからの整理・報告や整備計画にかかわる作業が山積している。

図24　調査後に仮封鎖した石室入口

　変形が進み危険な状態となっている羨道付近を中心に、緊急の整備対策が必要であるのはだれの目にも明らかであった。そこで、羨道には太い角材で何本もの添え木をあて、かつて閉塞施設が存在した部分から前庭部にかけては何百個もの土嚢を充塡し、石室内の温湿度を旧状にもどすためにも、仮封鎖をおこなった（図24）。

　このようにして、万一の崩落にそなえるとともに、今後の整備計画の立案を待つことにした。

4―墳丘の調査――いびつな前方後円墳

　ところで、物集女車塚古墳は、これまで5次におよぶ調査がなされている。
　第1次は先述した1931年（昭和6）の梅原末治氏による墳丘測量調査（図25、図27-左参照）、第2次以降は向日市による古墳整備計画にともなう発掘である。
　第2次（1983年：昭和58）は墳丘、翌年の第3次は墳丘（図26）および内部主体、第4次（1989年〜1990年：平成元〜2）は墳丘を対象とした。第5次（1992年〜1993年：平成4〜5）は石室羨道の解体整備にともなう調査で、これら以外に、周辺道路のガス工事などの際に立ち会い調査を随時実施している。うち、本章で紹介した内部主体の調査は、主として第3次にあたる。
　さて、墳丘発掘は、上記のように何次かにわたっておこなわれた（後掲図31参照）。
　たびかさなる調査を実施したのは、前方部北東の一部が削り取られていたことも一因ではあるが、何よりも、墳形が左右対称をなす整美なものではなく複雑な平面形と構造をとっているので、復原するにあたってその形を確定しにくかったことによる。
　墳形は、いびつな形状を呈する（図27）。
　墳丘は2段築成であり、下段部の平面形は、北側ではくびれ部をなさず直線状で、前方部の前

1931年（昭和6）の梅原末治氏による踏査報告に掲載された墳丘写真。
図25　第1次調査時の古墳墳丘

左は、1984年（昭和59）の調査中における航空写真。右は、その墳丘中腹に見える葺石と埴輪列。葺石は比較的大きな石塊を用いており、埴輪は基底部がのこる。
図26　第3次調査時の古墳墳丘

面は墳丘主軸に直交せずに北東側に開いている。

　南側くびれ部付近では、築造のときには「造り出し」（張り出し部）が存在した可能性がある。そして、追葬された段階には、そこに埴輪が並べられた。

　上段部と下段部の境のテラス面は、北側で広く、南側は狭い。しかも、テラス面は、石室の前庭部付近ではみられず、くびれ部では南側のほうがかなり東側にずれる。

　墳丘の構築は、下段部の大半は旧地形面の削り出し、上段部は人為的な盛り土で、墳丘の外表は埴輪列と葺石で飾られた（図5、図18-下右、図20-左、図26）。

　以上のような、梅原氏報告の測量図やこれまでの発掘成果の検討などから、この古墳の規模は、おおむね全長43〜48m、後円部径31m、前方部幅38m、墳丘高6.8〜8.9mになると総合的な判断をくだした。

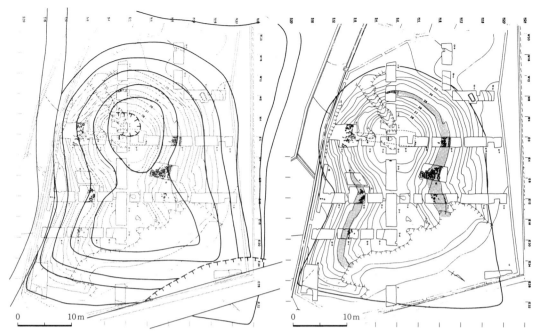

左は、梅原氏報文と第3次調査成果の墳丘図を重ねたもの。右は、検討をへて示した墳丘復原案。
図27　第3次調査後における墳丘の検討・復原図

5— 報告書作成と整備計画

　1984年（昭和59）秋に第3次調査が終了し、1986年（昭和61）から、墳丘・石室の整備計画（図29参照）の基礎データとなる正報告書のための具体的な動きをはじめた。

　幸いにも、発掘中から京都近隣の考古学専攻学生が集まってきてくれていて、彼らから力を借りた。

　また、途中経過を報告・検討しあったり成果を共有するため、「物集女車塚古墳研究会」を計12回開催した（8節参照）。これには、周囲の文化財関係者にも出席してもらったり、ときには研究発表もお願いした。このささやかな会の継続が報告書にむけての大きな原動力となった。

　1988年（昭和63）3月に正式報告書『物集女車塚』をようやく刊行した（図28）。

　できあがった報告書は、発掘調査からつかみとった情報を執拗なまで詳細に報告し、関連事項や類例へのあくなき探求心が目につくものとなっている。執筆者7人の刊行時の平均年齢が、二十歳代後半という未熟さもあったが、大部の報告書を曲がりなりにも刊行できたもう一つの起爆剤はこの若さでもあった。

作成にかなりのエネルギーを費やし難渋したが、刊行後は好評を博し、苦労が報われた心持ちにいたった。
図28　完成した調査報告書『物集女車塚』

1991年（平成3）作成の整備計画案に示された墳丘完成予想図。
図29　古墳の整備完成予想図

6— おわりに

　なお、古墳に葬られた人物を具体的に明らかにすることは、特殊な例をのぞいてむずかしい。
　物集女車塚古墳では、調査で判明したさまざまな内容から、各地の古墳との関連性は指摘できるが、主人公の名前までは分からない。
　ただ、向日丘陵上の元稲荷古墳や寺戸大塚古墳のような有名な前期古墳（図4参照）を築きつづけた地域集団の系譜につながり、地域一帯を代表する6世紀中頃の首長であるのはまちがいない。
　古代の文献によると、当時は、継体天皇の擁立をめぐって激しい権力抗争がくりひろげられて

いた。そのなかにあって、この地域でヤマト政権と最も密接な関係をもっていた人物が、この古墳の被葬者であろう（本書第5章参照）。

7— コラム：物集女車塚と杉の木

　この古墳にかかわる近世の文書・絵図史料などが、地元の旧家にのこされている（図30）。それらの史料から興味深い事実を知った。

　物集女車塚古墳は、元禄期（17世紀末）以降、いわゆる「文久の修陵」（19世紀後半）前まで、淳和天皇陵に関連する参考地「御車塚」としてのとりあつかいを受けていた。つまり、天皇の霊柩車を埋めた塚として比定されていたのである。

　もし現在も陵墓参考地のままであったなら、科学的な調査はおろか、墳丘内への立ち入りもいっさい不可能だったろう。

　参考地の時期には、墳頂に柵門や杉生垣が設けられたという（図30－②）。そこで思いあたるのが、今なおこの古墳の後円部頂に生えている杉の木立である（図5・図25・図26参照）。

　この杉については、史料の存在を調査前には知らなかったにもかかわらず、発掘中も切り倒されることもなく、古墳のシンボル的存在としてのこされていた。現在の幹の太さからは、史料に描かれている幕末の苗木が生長したものとは考えにくいが、陵墓参考地であった時代に植えられた杉の子孫であることはまちがいないだろう。

　何気なくいつも目にしている樹木にも、それなりの歴史的背景があったと思うと、感慨ひとしおである。

8—「物集女車塚古墳研究会」の開催記録

　5節で述べたように報告書作成の大きな原動力と基盤になった研究会の記録を、以下に紹介しておく。なお、特記以外は、向日市教育委員会文化財事務所において実施したものである。

　第1回　1986年（昭和61）5月17日
　　　　弘田和司「横穴式石室の規模と構造—北山城を中心として—」
　　　　宮原晋一「物集女車塚の墳形について」
　第2回　1986年6月14日
　　　　白井宏子「日本出土の冠の分類と出土古墳の概要」
　　　　不破隆「物集女車塚古墳出土の馬具の検討」
　第3回　1986年7月19日
　　　　成迫智美「物集女車塚古墳周辺の古墳群の概要—須恵器を中心とした考察—」

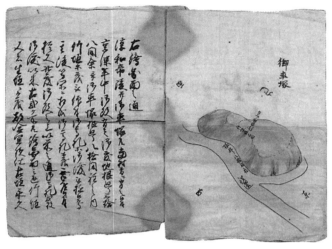

①「淳和帝陵幷車塚生垣高札ニ付請書」
（文化3年：1806）
江戸時代後期の物集女車塚の絵図。描画の左上が後円部で、竹垣跡が見える。前方部が発達した後期前方後円墳の姿を象徴的に表現している。

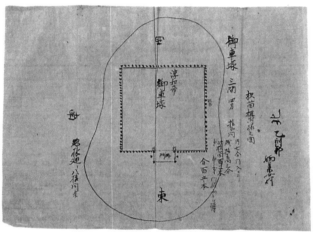

②「陵地御見分ニ付柵門絵図幷杉苗植付図」
（安政2年：1855）
柵門を設け、杉苗を植えて方形の生垣をつくろうとした様子がうかがえる。

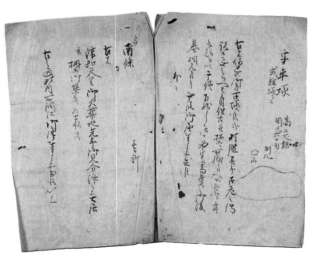

③「皇妃・皇子・皇女之儀ニ付申上書」
（明治4年：1871）
右下に古墳の側面観が線描され、かたわらには制札が立てられている。

（各史料：中山祥夫氏蔵、向日市文化資料館保管）

図30　物集女車塚古墳にかかわる近代以前の史料（中山家文書）

　　　　　不破隆「物集女車塚古墳の馬具の検討－補遺－」
　　　　　秋山浩三「物集女車塚古墳の須恵器の検討」
　第4回　1986年8月16日
　　　　　中塚良「物集女車塚古墳周辺の地形について」
　　　　　不破隆「物集女車塚古墳墳丘の中世墓出土遺物」
　第5回　1986年9月6日
　　　　　弘田和司「物集女車塚古墳の埴輪の検討」
　第6回　1986年10月25日
　　　　　秋山浩三「物集女車塚古墳墳丘出土遺物の検討」
　第7回　1986年11月22日
　　　　　宮原晋一「物集女車塚古墳の横穴式石室について」
　　　　　橋本清一「物集女車塚古墳の石材」
　第8回　1986年12月28日
　　　　　山中章「物集女車塚古墳のガラス小玉の検討」
　第9回　1987年（昭和62）1月24日
　　　　　玉城玲子「近世絵図・文書にみる物集女車塚」
　　　　　清水みき「文献にみる古墳時代の乙訓地域の氏族」
　第10回　1987年2月5日　　於）財団法人京都市埋蔵文化財研究所
　　　　　上村和直・丸川義広「京都市域の後期古墳－大枝山古墳群を中心に－」
　第11回　1987年2月28日
　　　　　中塚良「首長墓の立地分析－京都盆地を例にして－」
　　　　　秋山浩三「近畿地方におけるⅤ期埴輪と須恵器の平行関係の検討」
　第12回　1987年3月28日
　　　　　弘田和司「断続ナデ技法に関するメモ」
　　　　　丸川義広「京都盆地の横穴式石室」

〔もっと深く知りたい方のために　－主要引用・参考文献（発行年順）〕
梅原末治　1931「寺戸の車塚古墳」『京都府史蹟天然記念物調査会報告』12　京都府
新納泉編　1984『物集女車塚古墳』（向日市埋蔵文化財調査報告書12）向日市教育委員会
山中章編　1985『物集女車塚古墳Ⅱ』（向日市埋蔵文化財調査報告書16）向日市教育委員会
秋山浩三・山中章編　1988『物集女車塚』（向日市埋蔵文化財調査報告書23）向日市教育委員会
秋山浩三　1989「「物集女ノ群集墳」の再評価」『京都考古』52　京都考古刊行会
秋山浩三　1990「物集女車塚古墳第4次発掘調査概要」『向日市埋蔵文化財調査報告書』30（財）向日市埋蔵文化
　　財センター・向日市教育委員会

〔図出典〕
　掲載の図（・写真）に関しては、報告書〔秋山・山中編 1988〕ほかからの転載、同書の所収図面をベースにした新規作成、向日市教育委員会・向日市文化資料館保管写真、および、秋山所有写真などによる。いずれも一部改変をふくむ。

〔謝辞ほか〕

　本章稿の準備にあたり、当古墳の数次にわたる調査担当者や関係者である山中章・新納泉・宮原晋一・國下多美樹・渡辺博・中塚良の各氏、現地指導いただいた小林行雄・高橋美久二・川西宏幸・辻村純代・山田邦和の諸先生・各氏をはじめとする多くの方々、ならびに、向日市教育委員会・向日市文化資料館・(財)向日市埋蔵文化財センター・京都考古学研究会の各機関、同組織所属の各氏からお世話いただいた。

　深謝申しあげたい。

（元稿：1994年3月）

第2章
特異な組合式家形石棺とその系譜

1— はじめに

　本書第1章では、京都府向日市に所在する古墳時代後期（6世紀中葉）に築造された首長墳、物集女車塚古墳をとりあげた。そして、その発掘の方法や展開を中心とし、このモニュメントの実態や特質をドキュメンタリー風に叙述してきた。

　何よりもこの古墳に関し特筆に値する事項は、前方後円墳で葺石、埴輪列をともなう墳丘（図31）、石棺をおさめる横穴式石室を採用する埋葬施設（図32）、冠、装身具、馬具、武器、土器類ほかの各種副葬品（図33）、そのような肝要となる諸要素が一体となって遺存していた事実といえる。また、総合的な発掘調査の実施を継続しえたことも、付加してよいであろう。

　それらの具体的な詳細や意義に関しては、調査後に刊行した報告書『物集女車塚』〔秋山・山中編 1988〕を通覧いただきたい。

　さて、この古墳では古式の横穴式石室を内部主体としており、その玄室には、組合式（くみあわせしき）の家形石棺が、石室奥壁の手前に安置されている（本書カバー写真参照）。初葬の棺と考えてよいこの石棺は、蓋石が板状で、多くの縄掛突起をもつ点などから、稀有な家形石棺となる。また、畿内中枢部（大和地域ほか）にみられる同タイプの石棺とは系譜を異にすると想定でき、さらに、石枕が石棺内にともなった公算が大きい。

　本章以下では、この家形石棺にあらためて焦点をあて、その特異性の実態をやや詳細に順次提示し、それをふまえ、出現系譜の問題や在地・山城地域における位置づけについて考察を試みたい。なお、本石棺は最終的な解体調査を実施していないので、石棺に関する記載は、盗掘者によって中蓋石が開けられていた状態での観察結果に依拠している。

図31 物集女車塚古墳：墳丘平面・調査区配置図

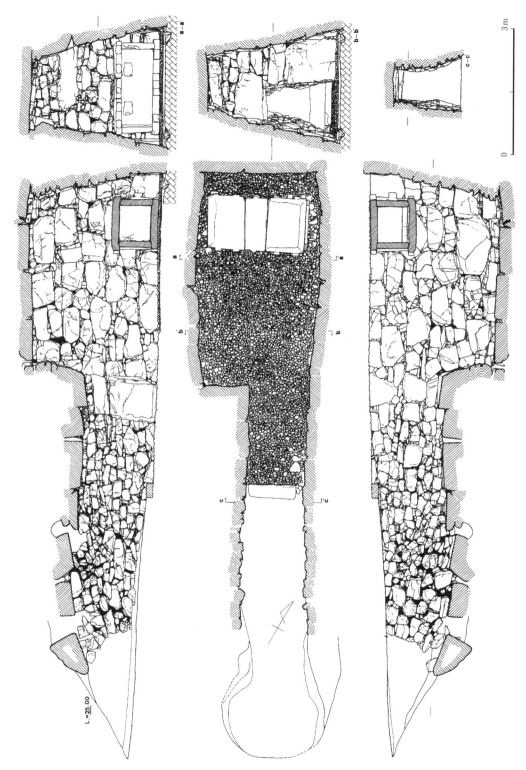

図32 物集女車塚古墳：横穴式石室の実測図

第2章 特異な組合式家形石棺とその系譜　47

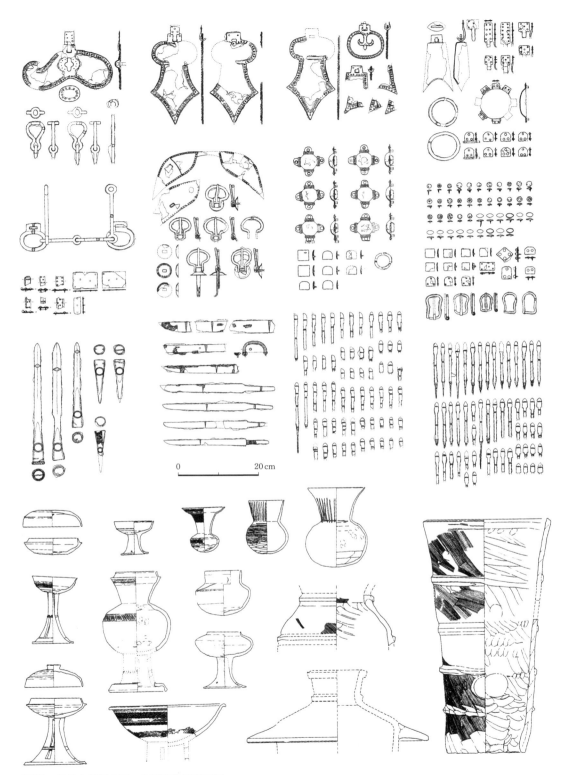

図33 物集女車塚古墳：主要遺物の実測図

2— 特異な組合式家形石棺の属性

(1) 石室内の位置

　前述したように、物集女車塚古墳の組合式家形石棺（以下、石棺と略す）は、横穴式石室の主軸に直交し、玄室奥壁にそった位置に設営されている（図32、図34）。厳密に表現するならば、石棺主軸は石室主軸の直交ラインに対してやや斜交し、石棺東端が若干ながら南にふる（石室・石棺主軸は正方位にはのらないが、以下、近い方位にしたがって東西南北を示す）。

　石棺と石室東西両壁との間は、基底部でさえ20～25cmほどしかなく、石棺の蓋石付近の高さにいたってはわずか10数cmで、人間が通ることは不可能である。玄室奥壁との間は約50cmの空間があり、そこには、石棺の中蓋が石室盗掘者によって落とされていた。

(2) 設置状況

　石棺は、石室の葬送時床面である礫床の上に設置されているが、石棺の底石を置くにあたって、礫床との間の2～3箇所に小板石を配置し安定をはかっている（図39の石棺底石下を参照）。

　この小板石の下面にもさらに1～2重の円礫がはさまっているため、石棺設置後において石室の礫床がほどこされたのではなく、礫床の河原石を敷き並べたのちに石棺が据えられたのは確実である。

　また現状において、底石設置の下端レベルは、東西方向では東側が、南北方向では南側が、ほんのわずか高くなっている。これは、本来のあり方なのか、経年による変化の結果なのか判断できないが、もともとの設置意図として積極的には評価しなくてよいであろう。

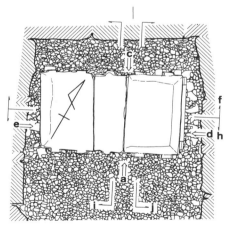 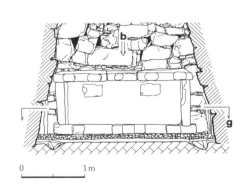

a～jは図35～図38に対応

図34　組合式家形石棺：図面指示図

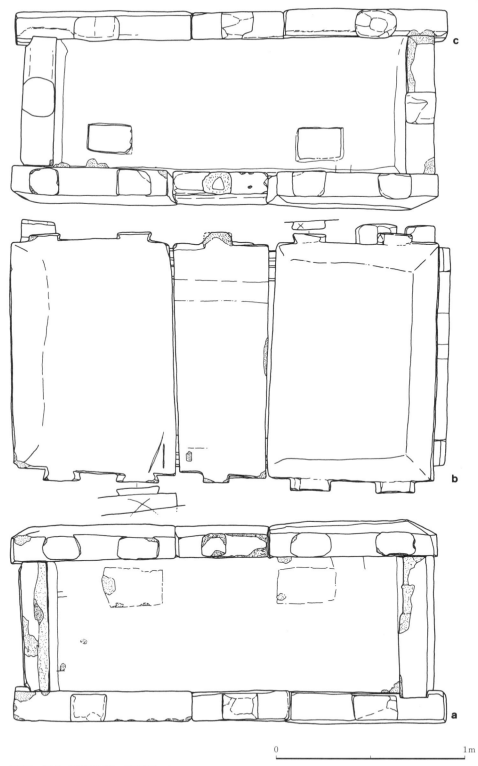

図35 組合式家形石棺：実測図—1

(3) 形態・規模

　石棺は、底石3枚、長側石2枚、短側石2枚、蓋石3枚の、計10枚の板状石材（厚さ14～18cm）で組み合わされている。長側石をのぞく各材の各所に縄掛突起が配され、長側石には、低い方形突起やその痕跡がみられる（図35～図42）。

　蓋石は、この種の石棺のなかにあって、非常に扁平かつ特異な形態で、上面は幅広い平坦面をなす。ちなみに、上部の平坦面幅指数（上部平坦面／蓋幅×100）を算出すると、76～84となる。この蓋石形状は、本石棺を特徴づける大きな要素となる。

　東蓋石の上面は、比較的明瞭な稜線をもち、傾斜面と上部平坦面との区分がたやすい。その稜は平面的にみると胴張りの形状を示す。それに対して、西蓋石の上面は、一部にやや明瞭な稜線がみられるが全面にめぐらず、傾斜面と上部平坦面との境界は不明確で、丸みをもつ印象をあたえる。中蓋石の上面は、北側端では平坦面をなしたのち傾斜面をもつが、南側は明瞭な稜線など

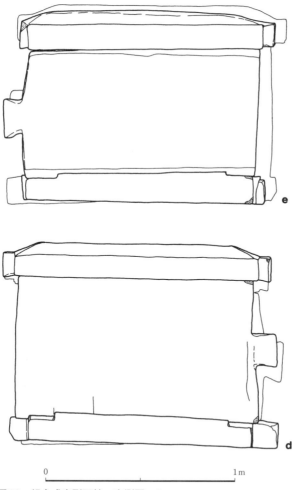

図36　組合式家形石棺：実測図－2

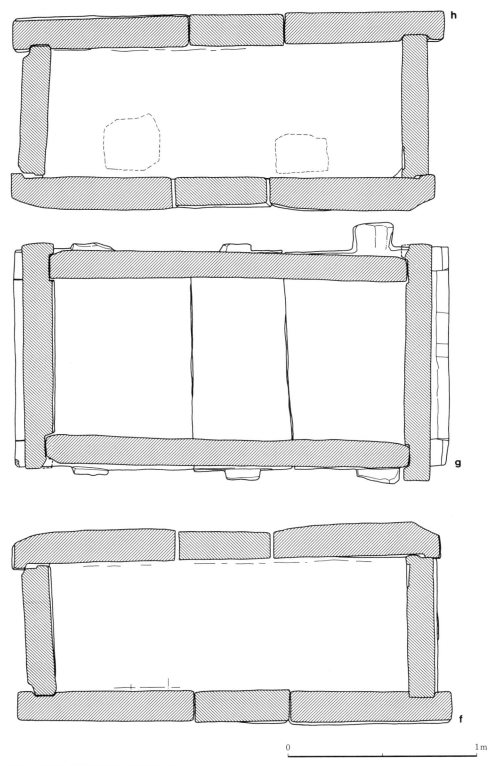

図37 組合式家形石棺:実測図―3

はみられない。

　なお、中蓋石の平面形は、南端幅に対して北端幅のほうが約6cm大きく、明らかに石室奥壁側が幅広いが、石棺前（南）面に立ってながめるなら、中蓋石の両側線はあたかも平行であるように見える。これは、石棺製作にあたって、一種の遠近手法を意識した設計を採用している可能性がある。

　側石・底石は、後述する箇所以外はおおむね平板である。

　長側石は、南北の2枚ともにほぼ同形同大であるが、短側石では、東短側石のほうが西短側石より若干大きく、幅にして約3〜5cm、高さにして約10cmていどうわまわる。これに相応するかのように、東短側石に架かる東蓋石の最上部の高さは、西蓋石のそれより5cmほど高くなる。

　3枚の底石は、ほぼ水平に据えられているが、現状では先述のとおり、少しばかり北側のほうが低くなっている。

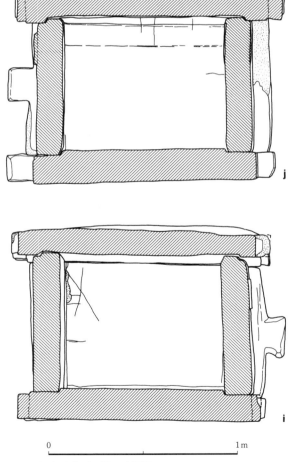

図38　組合式家形石棺：実測図-4

第2章　特異な組合式家形石棺とその系譜　53

(1) 正面（南から）

(2) 正面上方（南から）

図39　組合式家形石棺：全景

(1) 蓋石（西から）

(2) 西蓋石北側（西から）

(3) 北東部（西から）

図40 組合式家形石棺：細部―1

(1) 内面東半部（西から）

(2) 内面南西隅（北東から）

図41　組合式家形石棺：細部—2

(1) 蓋石・長側石 　　　　　　　　(2) 西蓋石・南長側石

(3) 西蓋石南面付近 　　　　　　　(4) 東蓋石南面付近

(5) 西底石南面付近 　　　　　　　(6) 東底石南面付近

図42　組合式家形石棺：細部―3

これら10枚の板状石材の組み合わせによって、直方体の空間が形成される。

内法では、東西長186 cm、東端幅88 cm、西端幅86 cm、東端高74 cm、西端高71 cmを測り、石棺内部でも東側のほうが心持ち広くかつ高くなるようにつくられている。

ちなみに、縄掛突起をふくめた外形の最大規模は、蓋石部では東西227 cm、南北142 cm、底石部では東西230 cm、南北133 cm、蓋石・底石以外の部位では東西217 cm、南北130 cmを測る。全高では109 cmにおよび、きわめて大形の石棺となる。

また、上述したように、東短側石が西短側石より若干大きく、東蓋石の上部も高くなるあり方や、棺内部でも東端において広く高いという、東と西の差異は極端なものではないが、被葬者の頭位方向（つまり東側）を示す特徴になると想定してよいだろう。

ただし、すでに盗掘者によって石棺内は荒らされていたため、人骨・歯の遺存や副葬品の本来の配置状況などの情報からは、明確な頭位方向は確定できない。棺内遺物の検出様相に関しては、あらためて後述する。

(4) 各材の端部形態と結合方法

各材の組み合わせの大要は、底石の上に長側石と短側石がのり、短側石が長側石をはさみこむ。蓋石と側石との合わせは、印籠蓋（いんろうぶた）形式になる。

細部の構築状況は、つぎのとおりである（図35〜図38、図42）。

〔底石と長側石〕

各底石の上面の、南北両端の箇所を東西いっぱいに、2〜3 cm段状に彫り下げて平坦面を形成し、その上に長側石を立てる。

底石の段平坦部の幅は15 cm強を測るが、長側石の下端の厚さより広くなっているため、底石のほうが長側石より外方に少しはみでる。

なお、段状の彫り下げ部の東西端の細部形状は、南北ともに、西側では西底石の西端垂直面と直角をなすが、東側では東底石の東端垂直面との間に面取りをほどこし角を落としている。

底石に接する長側石の最下端部の断面形状は、南長側・北長側石ともに外側は直角であるが、石棺内部側は先すぼまりになるように加工してあり、一部に面取り状を呈する箇所もみられる。

〔底石と短側石〕

底石の東西両端付近の上面を、深さ2.5〜3 cm、幅15 cm前後の溝状に彫りくぼめ、そのなかに短側石を立てる。

この溝状彫り込みの下面は、原則として、先述の長側石を受ける段状の彫り下げ面より下位にまでおよんでいる。したがって、その底石上面の南北端の段状彫り下げ面部にも浅い溝がみられる。ただし例外として、西短側石の南端の最下端部では、段状彫り下げと溝状彫り込みの両下面の深さが等しく、ここだけは段状彫り下げ部に浅い溝はみられない。

なお、底石の溝状彫り込みは東西端部よりやや内側に寄せてほどこされているため、底石は、西短側石より約5 cm、東短側石より約10 cm、外方にはみでている。また反対に、短側石の南北両端は、底石より約1〜8 cm外側にでる状況で設置されている。

底石の溝状彫り込みに挿入される短側石最下端部の断面形状は、東西の両者で異なる。

すなわち、東短側石は内外面ともに直角である。一方、西短側石では、外側は幅の広い匙面取り、内側は幅の狭い面取りをなし、最下端部を細く仕上げている。これは、西短側石を挿入する西底石上面の溝状彫り込みが、東底石のそれに比べて幅が若干狭いことによる微調整の結果であろう。

〔長側石と短側石〕

長側石は、短側石の内面に垂直にほどこされた深さ1.5〜5cm、幅15cm前後の溝状彫り込みにはめ込まれる。したがって、短側石の南北端は、長側石外端面より2〜7cm外方にはみでる。

長側石の水平方向断面の端部形状は、南長側・北長側石ともに、外側は面取りがなされているが、石棺内部側は直角かやや先細りに丸くおさめられる。

〔長側石・短側石と蓋石〕

印籠蓋形式である。つまり、側石上端部の外周側を段状に彫り下げ、蓋石下面の外周側を段状に突出させて、両者を合わせる。

蓋石下面は、外周の突出部以外においては、おおむね平坦であるが、側石上端があたる部分をゆるやかに若干くぼませているところもみられる。その部分の蓋石中央寄りに、かすかな稜が存在する箇所も観察される。

蓋石に接する長側石・短側石の上部端の断面形状は、三様のあり方を示す。

南長側石と東短側石では内外ともに直角を呈するが、北長側石では内外ともに面取りをほどこし角を落としており、西短側石では外側だけに面取りがみられる。

(5) 縄掛突起

東蓋石と西蓋石の南北に各2個、中蓋石の南北に各1個、3枚の底石のそれぞれ南北に各1個、東短側石と西短側石の北側に各1個、都合18個という、数多くの縄掛突起が確認できる（図35〜図40）。この様相も、本石棺を特徴づける顕著な属性となる。

各材の縄掛突起ごとに様相を述べる。

〔蓋石例〕

蓋石の縄掛突起はすべて、石棺長軸ぞいの垂直面に取り付いており、蓋上面の傾斜面におよんでは一切かからない。この取り付き方は、この石棺のきわだった特色として指摘できる。

これらの縄掛突起には、①3枚のうちの個々の蓋石材に取り付けられているものごとに共通する特徴、②個々の蓋石材のちがいをこえ、南面するもの、北面するものごとに共通する特徴、がある。

①では、平面形をみると、西蓋石の縄掛突起は、先端より基部の幅が狭くなって強くくびれるのに対し、中蓋石と東蓋石のものの大部分は、先端と基部の幅がほぼ等しい。

また、南北方向の断面形では、東蓋石のものは、縄掛突起の上面と蓋石上面の傾斜面との境に傾斜変換点をもち、両者の区分が非常に明瞭である。

一方、西蓋石と中蓋石では、縄掛突起の上面が蓋石上面の傾斜面に連続していくような様相を

示す。一部には、あたかも蓋石上面の傾斜面からの延長のごとく、縄掛突起の上面が、外方に若干の下降傾斜をみせるものもある。

②では、南・北からの側面観でみると、南面するものでは、隅丸長方形あるいは小判形に近い形状をなし、北面するものでは、長方形あるいは正方形に近い形態を呈する類が多い。

また、南面例のほうが、形自体が大きく、しかも南北に長く、つまり外方への突出度が強い。

このように峻別できる特徴の①は、それぞれの蓋石材の製作にあたった工人のちがいなど、②の大きさや突出度の差異は、石棺の正面（南）と裏面（北）を意識した結果のあらわれであろう。

〔底石例〕

底石の縄掛突起もすべて、石棺長軸ぞいの垂直面に取り付いている。

ここでも、蓋石でみたのと同様な特徴①②が指摘できる。

①として、西底石と中底石の縄掛突起は、やや小形で突出度も弱いのに対し、東底石のものでは、大形で突出度が強い。

②として、南・北からの側面観でみると、南面するものでは、比較的整った長方形であるとともに、底石垂直面の上端よりやや下がった位置から縄掛突起が取り付けられている。

それに対し、北面するものでは、隅丸長方形や正方形に近い形状を呈し、また、縄掛突起と底板垂直面の上端はそろっている。

なお、それらと若干関連することとして、底石の縄掛突起部以外の、北面する垂直面には、その上端位置に、工具のはつりによる粗い面取りあるいは段状の加工ほかがみられる（図40-3の下端参照）。これは、底石の南面する垂直面には存在しない。

この現象は、南面・北面する縄掛突起の取り付け上端位置の相違などに連動した所作となる可能性があろうか。たとえば、南・北からの側面観において、南面例では縄掛突起と底石垂直面の区分が明瞭だが、北面例においても同様な差別化を意図した加工とも考えられるが判然としない。

〔短側石例〕

短側石の縄掛突起は、東短側・西短側石ともに、北側すなわち石棺の正面からは見えない、石室奥壁側にみられ、垂直方向に各1個ずつ取り付いている。

西短側石のそれは、大形のもので、北側から見ると小判形に近い形状を呈し、東・西からの側面観では、上下双方から基部が大きくくびれる。

他方、東短側石のそれは、やや小形で、北側から見ると正方形に近い長方形を呈し、側面観は基部がほとんどくびれない。

(6) 方形突起およびその痕跡

南長側・北長側石の内外面に、方形の突起あるいはその痕跡ではないかと判断されるものがある（図35、図37、図40、図41、図43、図49ほか、ただし北長側石の内面ではやや不明瞭）。

そのうち最も顕著な例は、北長側石の外面（つまり石棺裏面）にのこされたもので、長側石上部の東西2箇所に、26cm×19cm（東側）と24cm×16cm（西側）の範囲が、約1.5cmの突出をみせる（図35-c、図40-3、図43-6・7）。

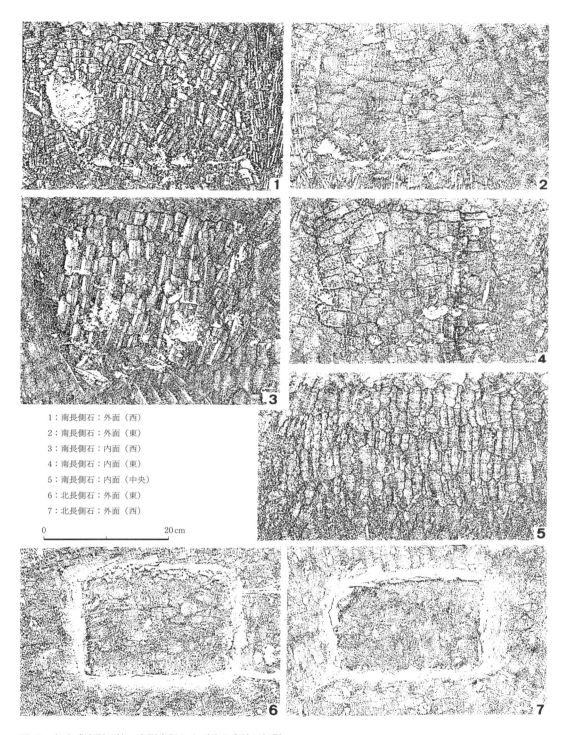

1：南長側石：外面（西）
2：南長側石：外面（東）
3：南長側石：内面（西）
4：南長側石：内面（東）
5：南長側石：内面（中央）
6：北長側石：外面（東）
7：北長側石：外面（西）

図43　組合式家形石棺：方形突起およびその痕跡の拓影

南長側石の外面にもそれらに対応する位置に、方形突起の痕跡状のものをのこすが、突出度はごくわずかである（図35－a、図43－1・2、図49－1）。

後者の南側石の2箇所は、かつて北長側石例と同様にあるていど突出していたものを、あたかものちに削り落としたと判断できるあり方を示す。具体的に述べると、周囲の仕上げ工具痕とは明らかに様相を異にする工具痕跡が遺存していたり、削り落とす際に誤って棺材本体の一部を剥脱させてしまった状況が観察できる。

同様で類似した痕跡は、同じく南長側石の内面にもみられ、外面の部分と対応する位置に存在する（図37－h、図41－2、図43－3・4）。その箇所では、工具痕によって、反対に周囲の面よりくぼむ。

したがって、北長側石外面の方形突出部と同様のものが、南長側石の外面・内面にもかつて存在していたが、棺内ではなく正面（南）側からも見えない石棺裏（北）面のものだけをのこして、他は削り落とされた蓋然性が高い。この推定がもし許されるなら、それは、石棺の正面観に関連した加工となろう。

また、上にみた痕跡にやや関連しそうなものが、南長側石の内面上部の中央（図43－5）と北長側石の内面東寄りの位置（図46－4参照）の、少なくとも2箇所にみられ、同様の可能性を指摘できるかもしれない。

なお、上記してきた、長側石にみられる方形突起およびその痕跡が観察できる位置に関しては、図46－1〜4中においてもおおむね把握できるので確認していただきたい。

(7) 東短側石内面の溝状加工痕

東短側石の内面に、石棺の構造上、機能的には意味をもたないと考えられる加工痕がのこされている（図37－f右端、図38－j、図41－1、図48－12）。

それは、側石内面の上端付近にみられ、幅約12cm、深さ約1.5〜0.5cmの南北方向の浅い溝状の彫り込みに相当する。しかし、側石の南北両端まではおよばずに、南長側・北長側石をはめ込むための、溝状彫り込み2条の内側間の範囲だけに限定される。

この石材が本石棺に利用される前の、別途の製品を製作しようとした際の加工痕かとも考えられるが、長側石を受ける溝状彫り込みの内側にだけほどこされているため、合理的な解釈にいたるには検討を要する。

(8) 加工・仕上げ工具痕

本石棺は、石室内に設置後、流入土に埋積されることもなく閉ざされた空間内に安置されていたこともあって、保存状態が比較的良好である。そのため、石棺にのこされた加工・仕上げ工具痕が各所に遺存している（図43〜図47、図49）。

石棺に観察できる工具痕の大部分は、最終的な仕上げ段階にほどこされたものと判断できる。また、そのほとんどがごく一部の不明部分をのぞき、浅深の差異はあっても匙面状を呈する削り単位の連続体として観察できるため、鉄製手斧によってなされたものかと推定される。

そして、工具痕には、滑らかなものから、刃こぼれが著しく凹凸のあるものまで、さまざまな例が存在する。全体的にみて最も刃こぼれが顕著な仕上げ痕跡が、石棺正面にあたる南長側石の外面に集中している。このような事実からも、ある特定の部分を、刃こぼれが跡が目立たないよう、ていねいに仕上げようとした意図がないことは明らかである。

　ただ、刃こぼれの進行具合や工具の使用状況などから、石棺材の最終的な仕上げには、少なくとも複数の工具の使用と複数の作業工人の存在が予測される。

　たとえば、先にみた南長側石の外面における2箇所の方形突起の削り落とし痕跡は、ほぼ同時段階になされたとみることに妥当性があるにもかかわらず、東西の二者で大きく様相を異にする。

　東側のもの（図43−2）は、あまり大きな刃こぼれのない工具を用いて、細かくかつ何回かの作業単位に分けて、順に右から左へていねいに突起を削り落としており、棺材本体の塊状の剥脱もみられない。

　一方、西側のもの（図43−1）は、比較的大きな刃こぼれ痕ののこる工具で、粗く二巡ていどの作業手順だけで一気に削り落としており、そのため、突起痕跡の左端部では材の大きな塊状剥脱をおこしている。

　さて、図46・図47には、そのような工具痕の範囲・単位や先後関係を模式的に示した。これは、石棺内外面から採取した拓影に依拠して図化したものにあたる（両図の凡例参照）。

　非常に繁雑でまた採拓しえた箇所のみしか表現できていないため、これらから積極的で有効な法則性を導きだすことは不可能に近い。だが、つぎの諸点は追認することができよう（以下の個別No.は両図中のもの）。

　①—長側石の場合（1〜4）、南長側・北長側石の内外面ともに、最も先行する可能性のある工具痕は、各石材の短軸にそう方向になされている。

　　　たとえば、（1）では図中の中央や右上のもの、（2）では中央右や右端のもの、（3）では左中央や中央のもの、（4）では中央のものなど。

　　　また、周縁部の面取りや方形突起の削り落とし（状）痕は、最終段階になされている。

　　　たとえば、前者では、（1）の左右両端のもの、（3）の上端のものなど。後者では、（1）の上部の2箇所、（2）では上部の3箇所、（4）では上部右の1箇所など。

　②—短側石の場合（5〜8）、判明するかぎりにおいて、東短側・西短側石の内外面ともに、最も先行する可能性のある工具痕は、各石材の長軸にそう方向になされている。

　　　たとえば、（6）では最上部や下半部のもの、（7）では中央のもの、（8）では上部や最下部のものなど。

　③—蓋石のうち、比較的遺存が良好な東蓋・西蓋石の下面の場合（10・14）、ともに最も先行する可能性のある工具痕は、石材の短軸にそう方向になされている。

　　　たとえば、（10）の中央、（14）の中央上部。

　　　また、蓋石が長側石と短側石の上面と合わさる部分には、浅いくぼみ状の加工痕がみられ、それらは最終段階になされている。

　　　たとえば、（10）の上・右・下部、（14）の上・左・下部。

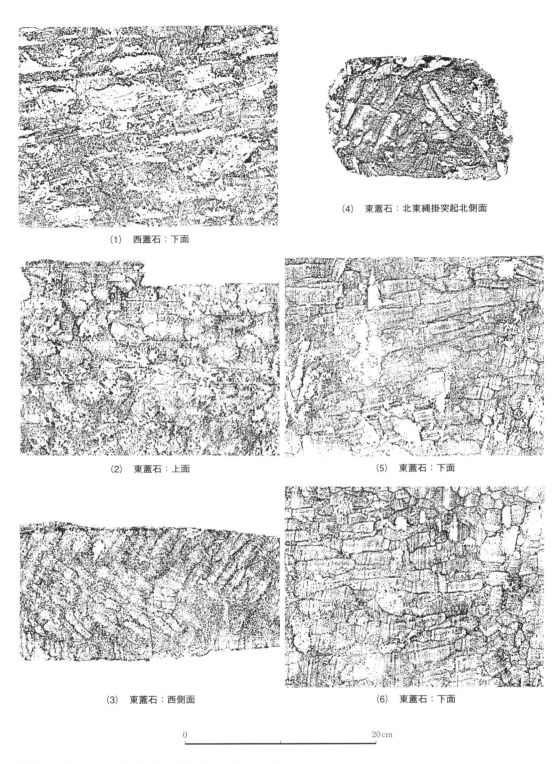

図44 組合式家形石棺：加工・仕上げ工具痕の拓影—1

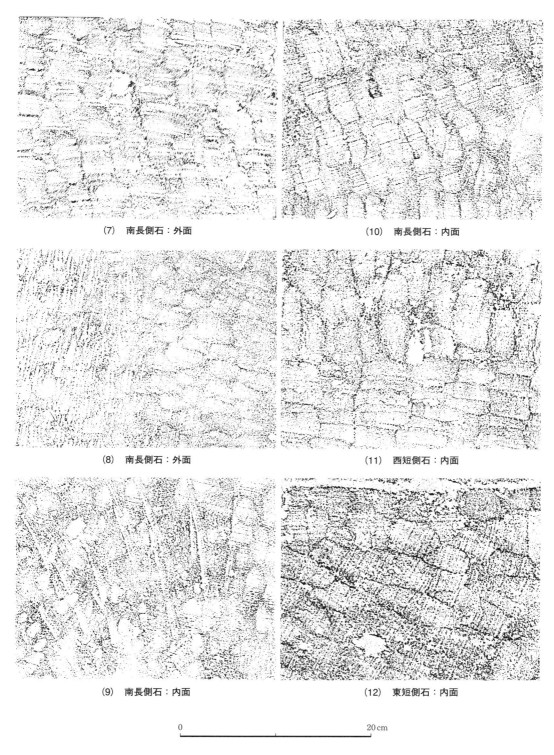

図45 組合式家形石棺：加工・仕上げ工具痕の拓影—2

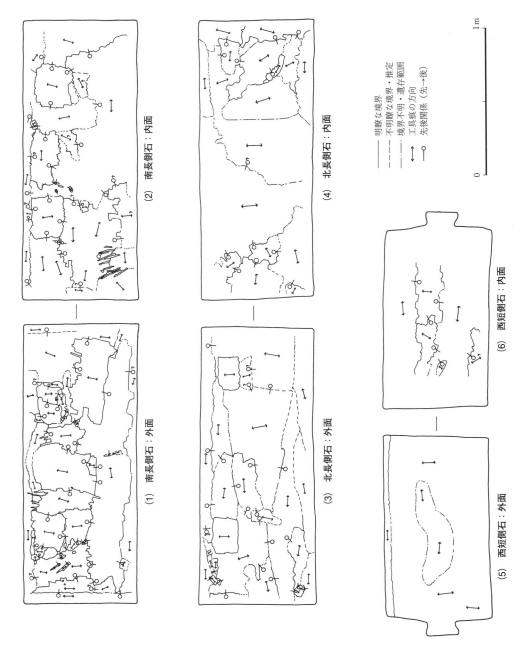

図46 組合式家形石棺:加工・仕上げ工具痕の模式図-1

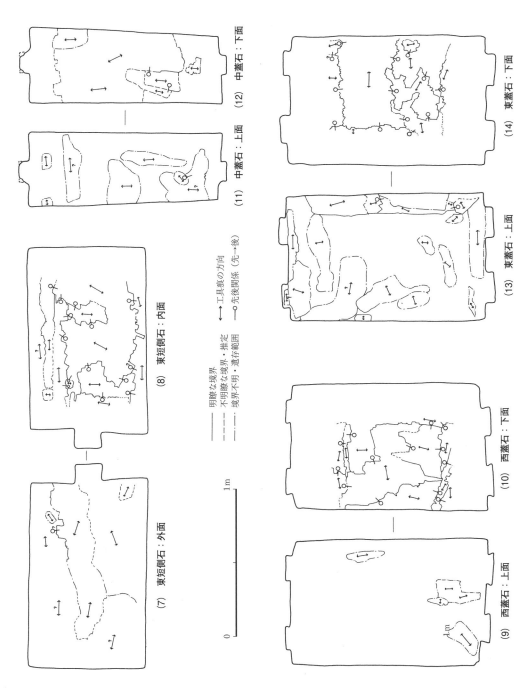

図47 組合式家形石棺：加工・仕上げ工具痕の模式図－2

第2章 特異な組合式家形石棺とその系譜 67

(9) 線刻

　現状で判明するかぎり、石棺の内外面の17箇所に、線刻がなされている（表1、図48、図49-3〜5）。

　刻まれている線自体の溝は、幅・深さともに1mmていどのもので、しかも、とりわけ目につくような存在ではない。

　すべて、直線の単純な組み合わせを原則にした記号的な構図で、明らかに曲線を意識してなされているものや具象ととらえられる例はない。

　表1のように、ほどこされた構図を便宜的に分類すると、a：直線1条、b：平行する直線2条、c：平行する直線3条（しかも一方の刻線間が極端に広い）、d：aとcが直角に接する、e：直線2条が「×」形に交差する、の5類に区分できる。

　このあり方は、それぞれの線刻が無秩序に加えられたものではないことを示している。しかも、b〜dの諸例には、刻まれた平行線の間隔やそのバランスが近似したものがあったりして、一定の法則性が存在した可能性が高い。

　石棺を構成する部材別では、多い順に、東短側石5箇所（外面2・内面3）、南長側石3箇所（外面）、西短側石3箇所（内面）、北長側石2箇所（外面1・内面1）、東蓋・中蓋・西蓋石各1箇所（下面）、東底石1箇所（上面）となる。

　注意すべきこととしては、大部分が、線刻が各部材の端部に接するかそれに近い箇所になされている点と、構図自体が部材端ラインに対し直角に配されている点である。

　つぎに、線刻がどの時点でほどこされたかを考えてみたい（以下のNo.は表1・図48中のもの）。

　まず、線刻はすべて、石棺材表面の仕上げ調整ののちになされている。

　また、石棺の最終的な組み立てのあとには刻むことができないような、部材組み合わせ目にまでおよんでいる例（15）があったり、石棺内部にほどこされている例がかなり多くあることから、蓋石を最終的に架ける前になされたものである。加えて、刻線の溝内にも、石棺に観察できる赤色顔料がおよんでいる（17ほか）ので、その塗布行為の前でもある。

　さらに、南長側石の外面西端付近にみられる例（6）では、線刻端部は、長側石西端に面取りをつけている工具痕によって削り落されている。

　その面取りは、西短側石に彫られた溝の幅より長側石の厚みが大きかったため、実際に両部材を（仮にでも）組み合わせようとした段階に、ほどこされたと推定できるものである。したがって、（6）例は、初めて実際に各部材の組み合わせを試みた段階より前にはなされていたといえる。

　以上の観察所見から、線刻がほどこされた段階は、各部材表面の仕上げ加工が終了したのちで、実際に各部材の組み立てをおこなってみた時点より前である蓋然性が高い。

　ただし、この解釈は、確認できた線刻が同じ工程過程においてなされたと仮定した場合である。また、それらがほどこされたのが、石棺の製作や仮組み立ての場所であったのか、あるいは、現在石棺が置かれている石室内の場所であったのかを判断する材料はない。

　ところで、線刻は何のために加えられたのであろうか。

　上にみてきたような構図・線刻箇所などの諸特徴から、装飾的・呪術的・祭祀的な要素や単な

表1　組合式家形石棺：線刻の分類一覧表

分類	番号	部材	線刻面（棺内外）	線刻位置	部材端辺との関係	各線刻長（各線刻との間隔）cm	備考
a	1	中蓋石	下面(内部)	西端の南半	斜位	8	
a	2	南長側石	外面	西端付近の下半	直角	4.5	やや疑問
a	3	東短側石	外面	北端・縄掛突起付近の下半	平行	33	
a	4	東短側石	内面(内部)	南端付近の中央	直角	9.5	
a	5	東短側石	内面(内部)	下端の北半	直角	8.5	
b	6	南長側石	外面	西端付近の上半	直角	3.5・(2.5)・5.2	
b	7	南長側石	外面	上端の東端付近	やや斜位	5・(16.5)・7	
b	8	北長側石	外面	上端の東半	直角	4・(8)・4	
b	9	北長側石	内面(内部)	下端の西半	直角	4・(19.5)・6.5	
b	10	東短側石	外面	下端の南半	直角	4.5・(21)・9.5以上	
b	11	西短側石	内面(外部)	北端の上半	平行	18・(5)・29	
c	12	東短側石	内面(内部)	上端の中央	直角	5以上・(4.5)・8・(20)・11	
c	13	西短側石	内面(内部)	南端付近の中央	直角	6.5・(20)・16.5・(7)・8	
d	14	東底石	上面(外部)	東端の中央	直角／平行	6.5・(7)・6.5・(16.5)・7／91.5	
e	15	西蓋石	下面(外部)	南東縄掛突起付近	―	12以上・13以上	
e	16	東蓋石	下面(外部)	北西縄掛突起の西端	―	4.5・4.5	
e	17	西短側石	内面(内部)	上端の南半	―	26・29	

分類基準	a	b	c	d	e
	直線1条	平行する直線2条	平行する直線3条（線間は一方が広い）	a・c類が直角に接する	直線2条の交差

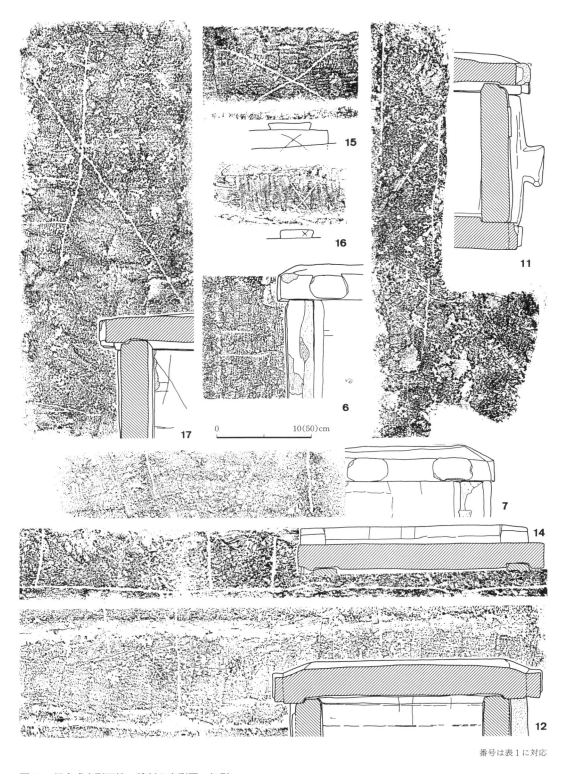

番号は表1に対応

図48　組合式家形石棺：線刻の実測図・拓影

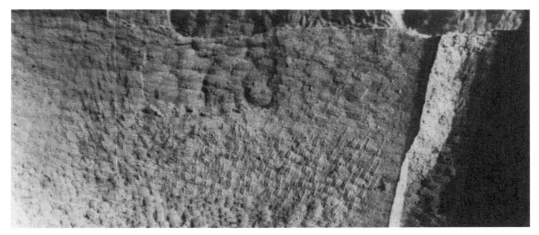

(1) 加工・仕上げ工具痕（南長側石外面）

(2) 加工・仕上げ工具痕細部（南長側石外面）　　(3) 線刻（南長側石外面）

(4) 線刻（西蓋石下面）　　(5) 線刻（西短側石内面）

図49　組合式家形石棺：加工・仕上げ工具痕および線刻

る戯書とは考えにくい。むしろ、線刻自体に機能的・実利的な役割や目的が存在した可能性があると思われる。

　刻線された段階の推定から、石棺の各部材を組み合わせるための何らかの目印や符牒かとも憶測されるが、それを積極的に解決できる法則性は残念ながらみいだしえなかった。

（10）赤色顔料
　石棺内部の各面も、全体的に保存状態が良好で、厚く塗布された赤色顔料が鮮やかである。
　盗掘者によってすでに開けられていた中蓋石の下（内）面全体や、東蓋・西蓋石との合わせ目にあたる中蓋石の垂直端面にも厚く遺存する。また、3枚の蓋石との合わせ部になる、南長側・北長側石の上端面にも、明瞭に赤色顔料が観察できる。
　加えて、石棺組み立て後には、本来なら外部にはでない部分であるはずの箇所にもみられる。つまり、短側石内面の溝状彫り込み内にはめ込まれた、長側石の端部付近の面取り部や端面にも、赤色顔料が確実に塗布された状態で残存している（合わせ部すきまや破損部における観察）。
　この点を重視しいったん直截的に理解するなら、石棺を組み立ててから赤色顔料を塗布したのではない。
　少なくとも各材を最終的に組み合わせ固定する前段階において、各部材ごとに予定した範囲、すなわち、蓋石下面の全体や蓋石相互の合わせ面をふくめ、石棺内側に相当する箇所や、材組み合わせ部位の付近などに、あらかじめ塗布をおこなっていたことを示す。
　なお、注意を要する点は、石棺の底・長側・短側石の組み立て後、最終的に蓋石を架ける前においても、さらなる塗布をくりかえした行為を否定するものではないことである。むしろ、そのような段階の所作が、ことに石棺内面などに対してなされたと推測することのほうが自然かもしれない。
　また、上述の解釈以外に、さらに何段階にもおよぶ塗布行為を想定すべきとも考えられようか。
　他方、組み立て後には石棺外となる蓋石下面の四周をのぞき、石棺の外表面は、現状において赤色顔料の遺存状態が非常に悪い。というより、確認できる部分はかなり少ない。
　そのなかで、他材に比べてまだ把握しやすかった南長側・北長側石の外面に観察できる赤色顔料では、上方から垂下してきたような状態の線状遺存を呈するものなどが何箇所かに存在する。
　この様相の赤色顔料は、①元来塗布する予定ではなかった部分にあやまって付着した結果なのか、②経年変化のなかで上方から水分とともに流下しそれが乾燥し付着した結果なのか、③本来は全面に塗布されていたものが流されてしまった後の局所的な残存結果なのか、等々と想定されるが、いずれとも断言できない。ちなみに②のケースでは、もともとの赤色顔料の有無はどちらとも想定されるが、本来の塗布がなかった場合のほうが可能性ありか。そうならば、蓋石下面などからの流下かと考えられる。また、本来の塗布があったとすれば③との峻別はむずかしい。
　ともあれ、線状遺存以外の部位では、赤色顔料の付着・残存状態が極端に劣ることなどから、上記の①または②ではないかと推察される。要するに、石棺の外表面（蓋石下面以外）には、意図的な赤色顔料の塗布が当初から存在しなかったとひとまずは理解しておきたい。

なお付言しておくと、現状で石棺外面として外部から見ることができる範囲内において、長側石と短側石の結合位置の付近には赤色顔料が局所的に観察できる。だがこの箇所は、先記した、組み立て前に塗布されていたものであり、それが短側石端の部分的な剥脱によって外面にあらわれたものと判断できる。

また、理化学的分析では、石棺各所に塗布された赤色顔料は、すべてベンガラであるという結果が得られている〔安田・井村 1988〕。

(11) 石材種

石棺に用いられた石材はすべて白色凝灰岩で、奈良県・大阪府境の二上山産と同定される〔橋本 1988〕。

加えて、私たちの肉眼による観察においても、それらの石材は、つぎの3種に区別することが容易かつ可能である。

①―白色の度合いが非常に強く、基質になっている粒子がきわめて細かく、石材表面に縞状のラインが通るもの……東蓋石
②―白色の度合いは強いが、基質粒子がやや粗く、主として1mm以下の黒色のピッチストーン（松香石＝黒色ガラス質片）を含有するもの……西蓋石、南長側石
③―淡灰緑色系の色調を呈し、構成粒子（白色軽石粒、黒色ガラス質片ほか）が非常に粗大（最大長約8cm）なもの……東短側石、西短側石、北長側石、3枚の底石、中蓋石
（ただし、③の、後二者4枚は、前三者3枚のものほど構成粒子は大きくはない）

したがって、石棺の前（南）面から見た場合、石材の広い面が目に入る部材石のうち、中蓋石以外は、①および②、つまり白色で基質粒子の細かいものを用いている。

反対に、石材の狭い面だけが目に入る部材石のすべてと、石棺裏面に相当する北長側石には、③、つまり色調がやや暗くしずんだ淡灰緑色系で、粒子がとりわけ粗いものを使用している。

以上のように、岩石学的分類では等しい名称をもつ白色凝灰岩という石材のなかでも、その個別的な色合いや肌合いが良質と判断される材を、視覚的な効果が得やすい、石棺の前（正）面あるいは上面に意図的に選択し採用しているといえる。

この場合、広い面が上面となるにもかかわらず中蓋石に③材を用いている点は、棺構成材のなかで中蓋石が最小という事実と相関すると推測できる。つまり、本来なら①②のような良質材をあてるはずが、材不足により次善策として最小材に③を使用した、という瑕疵を最小限にとどめる一定の故ある苦肉の策だったのであろう。

(12) 石枕

棺内ではなく石棺周辺の石室床面から出土したものであるが、本来は石棺内に置かれていた蓋然性の高い、石枕を検出している（図50）。

推定長22cm、推定幅30cm強の大きさをそなえ、平面形がやや幅広い馬蹄形に復原できる、凝灰岩製品である。

図50　石枕：実測図・各面形状

　破損が著しく、頭部右辺に相当する部分のみ観察が可能となる。周縁部は稜をもち、内傾する面をなし、推定中央部にむかってくぼんだ鞍部をつくる。平面が直線をなす手前側には、頸部があたるくぼみがみられる。縁部厚約11cm、頸部厚約7cmを測る。
　原形を保つ部分の全面には、赤色顔料がのこる。材質は、石棺と同じ二上山産の白色凝灰岩であるが、上で石棺材を細分類した区分における③に近い特徴をみせる。

(13) 石棺内における副葬品の残存状況
　先述したように、石棺の中蓋石は盗掘者によってすでに開けられており、内部の副葬品は徹底的に荒らされたありさまであったが、参考として棺内遺物の確認状況を記しておく（図51）。
　堆積土がほとんどみられない底石上には各種副葬品の残欠が散乱していたが、東半中央部には、棺内の遺物片を土とともに掻き集めたあり方を示す集積が観察できた。その内部からは、多種のおびただしい遺物が検出された。
　それらには装身具と武器があり、前者には、銀製耳環1点、銀製空玉20数点、金銅製冠片多数、青銅製鈴1点、ガラス製小玉1000点以上、後者には、何種類かの刀装具片数点（鹿角製品、銀製品、金銅製三輪玉）、鉄製刀・木製鞘片数点、鉄製刀子片数点などがふくまれていた。同じガラス製玉でも、石室床面でみられた黄色と水色の小玉が棺内からはまったく検出されなかった点は注意される。
　これらの副葬品片は原位置を保っていないものの、上述した諸遺物の大半が、棺内東側にあたる東底石・中底石上から検出されている。またその中央部に存在した集積のなかからは、耳環や数多くの冠片、ガラス製小玉という、被葬者の頭部付近に存在したと推定される装身具が確認できた。このような消極的な状況証拠ではあるが、本石棺の埋葬頭位は東方向であった蓋然性が考えられる。

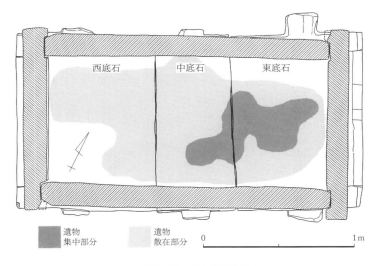

(1) 棺内遺物の検出状況模式図

(2) 棺内における副葬品片の集積状況

図51　組合式家形石棺：棺内副葬品の残存状況

第2章　特異な組合式家形石棺とその系譜　　75

(14) 石棺の頭部方位と正面観に対する意識

　標記の内容について、各所で個別に言及してきたが、ここであらためて確認しておく。

　石棺の頭部方位に関しては、短側石の材そのものにおいて、西短側石より東短側石が大きく、幅や高さもうわまわり、それにのる東蓋石の頂部も高くなっている、そのような事実が注意される。また、石棺の内部空間も、東側において幅および高さが大きくなっている。これら東西の差異は極端な数値ではないが、相対的な傾向としては有意情報としてよいであろう。

　このことから、決定的な判断材料にはならないが、東側を被葬者頭部の方向として推定した。なお、棺内副葬品などの原位置情報などはまったくないが、残存していた副葬品断片の検出位置やその品目による付帯状況では、東頭位とするに整合的ではある。

　つぎに、石棺の正面観（南）への意識に関しては、縄掛突起の南面するものにおいて、蓋石例では大きく突出具合が長い、底石例では整った長方形をなす点、方形突起においては、南長側石の外面にかつて存在したものを削り落とし平滑にする点、石材の選択においては、南側から見た場合に目立つ部位に、白色で基質粒子が細かい良質と判断される材を用いる点、などから、明らかに南側からの視線＝正面を意識した配慮がなされている。

　また、短側石においては、石棺裏面にあたる北側のみに縄掛突起が存在する様相も、方形突起のあり方とも相関して、同様な意図・傾向の反映であろう。

3― 物集女車塚石棺の特質と系譜上の位置

(1) 特異な属性をめぐって

　以上、物集女車塚古墳におさめられた石棺について、煩瑣ながら縷々示してきた。

　それらをふまえるなら本例は、やや不明瞭な部分があるものの蓋石が屋根形を呈し、棺身が箱形で、底石上に側石がのり、短側石が長側石をはさみ込んで組み立てられている、という特徴をそなえる。あらためて記すまでもなく、そのような諸点から、これを組合式家形石棺にふくめることには異論ないであろう。

　ただし、この石棺は、一般的にみられる家形石棺の形態から大きく逸脱したともいえる傾向をもち、きわめて個性的である。

　家形石棺の研究は、小林行雄、和田晴吾、間壁忠彦・間壁葭子・山本雅靖、増田一裕の各氏の論文など〔小林1951、間壁・間壁・山本1976、和田1976、増田1977〕にみるように、これまで詳細におこなわれている。しかし、本例は、それらによって得られた家形石棺の系譜に、にわかにはあてはめることができない。

　その特異性とは、つぎの諸属性に要約できる。

　　①―縄掛突起の数が多い
　　②―蓋石以外の材に縄掛突起をもつ
　　③―蓋石の縄掛突起が取り付けられる位置が縁辺の垂直面に限定される

④―蓋石が低い（薄い）板状を呈する
　　⑤―側石と蓋石の合わせが印籠蓋形式になる
　　⑥―長側石に方形突起やその痕跡をもつ
　　⑦―線刻を多くもつ
　　⑧―石棺内に石枕をもつ蓋然性が高い
　これらの点をめぐって、以下、若干の検討を加えてみたい（表2、図52、図53、以下の個別提示あるNo.は同表・図中のもの）。
〔属性①〕
　縄掛突起の数に関しては、蓋石では棺長辺側に各5個の計10個、底石では棺長辺側に各3個の計6個、両短側石では北側に各1個の計2個、合計18個におよぶ。
　増田氏論文の分類による組合式家形石棺の蓋石2枚継ぎB型では、計10個の縄掛突起が想定されているが、本古墳石棺ではそれをはるかに凌駕する。
　このように、縄掛突起の個数の多さは、この石棺の顕著な特性となる。
〔属性②〕
　家形石棺では、蓋石以外の材に縄掛突起を付加する個体はきわめて特例に属する。畿内では、つぎの諸例がある。
　大阪府・南塚古墳奥棺（1、〔川端・金関 1955〕）では片方の長側石の両端に1個ずつ、同・耳原古墳奥棺〔梅原 1935〕では底石の両長辺に1個ずつ、の縄掛突起が取り付けられている。なお、耳原古墳例と等しいものは、岡山県・八幡大塚2号墳棺（9、〔鎌木・亀田 1986〕）にもみられる。
　また、やや趣を異にするが、奈良県・星塚古墳棺〔小島 1955〕と同・珠城山3号墳2号棺〔伊達 1960〕では、短側石の両側縁辺の肩部に接して小方形の突起をもつ。
　南塚古墳や耳原古墳ほかの前者例は、家形石棺の時期以前に盛行をみた長持形石棺の長側・底石にみる縄掛突起のなごり的な要素と考えられており、星塚古墳ほかの後者例は、奈良盆地東部の地域的特色と認識されている。
　本古墳石棺の場合、前者例とやや類似したあり方を示し、家形石棺のなかでは古い要素をのこしていると考えられる。
〔属性③〕
　蓋石に縄掛突起を取り付ける位置が、原則として蓋石縁辺の垂直面にかぎられており、蓋石傾斜面におよばない点は、非常に特徴的である。
　通例の家形石棺にみる縄掛突起の場合、一部は垂直面にかかることはあっても、基本的には突起基部の位置が傾斜面に相当している。また、縄掛突起が垂直面に一定ていどかかる例も若干存在するが、傾斜面に主体がある様相をみせる。このように本古墳石棺は、一般的な家形石棺とは対照的なあり方を示す。
　ほぼ蓋石垂直面にのみ突起が取り付いている例はきわめて少なく、畿内では、兵庫県・御園古墳棺（3、〔渡辺・八木・村川 1980〕）や京都府・大覚寺3号墳棺（4、〔安藤 1976〕）があるだけ

である[(1)]。畿外では、岡山県・八幡大塚2号墳棺（9）も類例にふくまれる。

一方、先行する長持形石棺のなかには、蓋石長辺の縄掛突起が、傾斜面にかからず、垂直面にのみ取り付けられている例が少なからずみうけられる。例示すると、大阪府・津堂城山古墳、同・乳岡古墳、兵庫県・山伏峠在棺、同・小林地蔵堂在棺、同・阿弥陀町地蔵堂在棺、岡山県・花光寺山古墳、京都府・法王寺古墳ほか〔間壁・間壁 1975〕があげられる。

家形石棺において蓋石垂直面だけに縄掛突起をもつ特徴は、このような長持形石棺のなごりである可能性を指摘できるかもしれない。

〔属性④〕

家形石棺に分類されている石棺のうちには、特異ともいえる板状の蓋石をもつ例が少ないながらみられる（表2、図52）。

それらは、間壁氏分類〔間壁・間壁・山本 1976〕の〔板突〕・〔板無突〕、和田氏分類〔和田 1976〕の「山畑型」組合式家形石棺にほぼ相当する。

このうち、棺構成部材の数が多く、石棺自体が小形化した（時期の新しい）、典型的な「山畑型」の諸棺をのぞくと、大阪府・南塚古墳奥棺（1）、同・南塚古墳前棺（2）、兵庫県・御園古墳棺（3）、京都府・大覚寺3号墳棺（4）などが、板状蓋石の例としてあげられる。

他に、やや湾曲した蓋石形状を示す岡山県・八幡2号墳棺（9）も、類例として入れてよいであろうか。

上の属性の②や③でみた、本古墳石棺の特徴と共通した形態をもつ南塚古墳奥棺や御園古墳棺などが、これらにふくまれている点は注目される。

表2　畿内における板状蓋石をもつ家形石棺：一覧表

No.	古墳名	地名	古墳内容	石棺形態	石材種	文献
1	南塚古墳・奥棺	大阪府茨木市宿久庄	前方後円墳(50m)・横穴式石室	組合式	二上山白石	〔川端・金関 1955、小林 1964〕
2	南塚古墳・前棺	大阪府茨木市宿久庄	前方後円墳(50m)・横穴式石室	組合式	二上山白石	〔川端・金関 1955、小林 1964〕
3	御園古墳	兵庫県尼崎市御園鼓田	前方後円墳(60m)・石棺直葬か	組合式	神戸層群石材	〔渡辺・八木・村川 1980〕
4	大覚寺3号墳（南天塚古墳）	京都市右京区嵯峨大覚寺門前登り町	墳形不明(8×13m)・横穴式石室	組合式	竜山石	〔安藤 1976〕
5	山畑8号墳	大阪府東大阪市上四条町	石棺直葬か	組合式	二上山白石	〔藤井 1966、東大阪市教委 1973〕
6	すえの森古墳	大阪府八尾市大窪	不詳	組合式	二上山白石ほか	〔大阪文化財セ 1976〕
7	珠城山1号墳	奈良県桜井市大三輪町穴師	前方後円墳(50m)・横穴式石室	組合式	二上山白石	〔伊達・小島 1956〕
8	奥ノ芝2号墳	奈良県宇陀郡榛原町福地奥ノ芝	横穴式石室（塼槨式）	組合式	榛原石	〔泉森・河上 1972〕
9 (参考)	八幡大塚2号墳	岡山県岡山市北浦	円墳(35m)・横穴式石室	組合式	竜山石	〔鎌木・亀田 1986〕

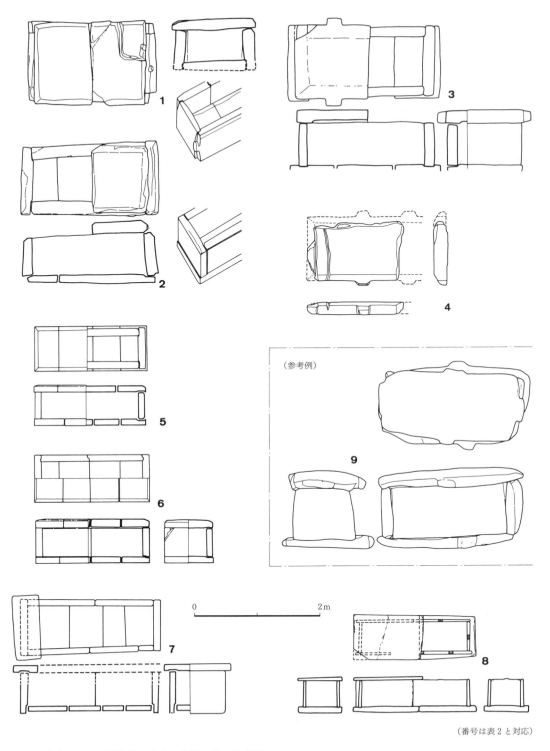

図52 畿内における板状蓋石をもつ家形石棺：集成図

第2章 特異な組合式家形石棺とその系譜 79

〔属性⑤〕
　蓋石と側石との合わせが印籠蓋形式になる点は、畿内家形石棺の祖形と考えられている大阪府・長持山古墳棺〔梅原 1934〕や同・唐櫃山古墳棺〔同〕がその形式であることをひくまでもなく、初現的な家形石棺にみられる特色である。
　本古墳石棺も古式家形石棺にふくめてよい重要な特徴となる。
〔属性⑥〕
　長側石にみられる方形突起ならびにその痕跡と考えられるものは、家形石棺に分類されている諸棺にはまったくみられない。
　他に類例を求めるとすると、典型的な長持形石棺における、短側石の外面にみられる方形突起である。長持形石棺の方形突起は、しばしば2個一組になっており、本古墳石棺の長側石外面に存在する様相と等しい。
　本石棺の北長側石の外面には明瞭な方形突起が2個認められる。そして、その長側石を、縁辺に縄掛突起をもつ2枚の短側石がはさみ込んでいる。このあり方は、あたかも、典型的な長持形石棺を短側石側からながめたありさまを、左右に引き伸ばした関係そのものである。
　長持形石棺の側石の組み方は、組合式家形石棺とは逆で、長側石の間に短側石をはさみこむ方法をとっている。その組み方の相違から、本石棺との関係では、縄掛突起と方形突起の取り付けられる部材そのものが、長側石と短側石のあいだで単に逆転しただけの現象になっているともいえよう。
　つまり、長持形石棺と本古墳石棺ともに、はさみ込まれる側石には方形突起が存在し、はさみ込む側石の端面には縄掛突起が付く、という相関性はまさに共通しているのである。
　このように考えてよければ、本石棺の方形突起やその痕跡は、長持形石棺のなごり現象と想定できよう。
〔属性⑦〕
　家形石棺材に加えられた線刻に関しては、これまでにも、奈良県・市尾墓山古墳棺〔河上 1984〕や同・烏土塚古墳棺〔伊達ほか 1972〕に、その存在が知られていた。
　また、岡山県・八幡大塚2号墳棺（9）の内面に、赤紫色の顔料で記号風のものが描かれていた例も、線刻に類似したものであろうと考えられる。
　本古墳石棺の線刻では、ほどこされた箇所数が多く、構図に一定の法則性がみられた点、また、線刻のなされた段階をあるていどまでは推測できた点が注目される。ただし、線刻の目的自体は断定できなかった。
〔属性⑧〕
　畿内で、石枕をもつ家形石棺の例もきわめて少ない。
　石棺の底石面に造り付けの石枕をもつ奈良県・権現堂古墳棺〔佐藤 1916〕と、本古墳石棺と同じく別造りの凝灰岩製石枕をもつ大阪府・南塚古墳奥棺（1、〔川端・金関 1955、千葉県立房総風土記の丘 1979〕）が知られるだけである。
　南塚古墳の奥棺例の石枕は、平面長方形のもので、上面には一方にかたよって弧状の刳り込み

がみられる形態を呈する。本古墳石棺の石枕は断片資料であるので全容を明確にはできないが、南塚古墳例とは形状はやや異なるようである。

だが、同じく凝灰岩製である点や、別造りの石枕をそなえる点は、共通項となろう。

(2) 系譜の問題をめぐって

ここまで検討してきた諸属性から、物集女車塚古墳の石棺が、形態的にみて畿内の家形石棺のなかでも、長持形石棺の諸特徴を一部に残存させた古相の部類に属するものであることが明らかになった（属性②③⑥参照）。

しかしながら、本石棺と全体的な形態が酷似した石棺は、畿内例などには存在しない。

ただし、蓋石が板状を呈するものに分類できる石棺（属性④）、縄掛突起の位置や取り付き方に脈絡をそなえる石棺（属性②③）、また、わずかながら線刻や石枕の様相で言及した石棺（属性⑦⑧）などにおいて、本古墳石棺との関連性を示唆する例をいくつか確認することができる。

具体的には、大阪府・塚塚古墳奥棺（1）、同・南塚古墳前棺（2）、兵庫県・御園古墳棺（3）、京都府・大覚寺3号墳棺（4）、岡山県・八幡大塚2号墳棺（9）ほか、との間にいくばくかの共通する属性をみてとれる。

南塚古墳（図53）は、全長約50mの前方後円墳と推定される古墳で、横穴式石室内に2基（奥棺・前棺）の組合式家形石棺が配置されていた。

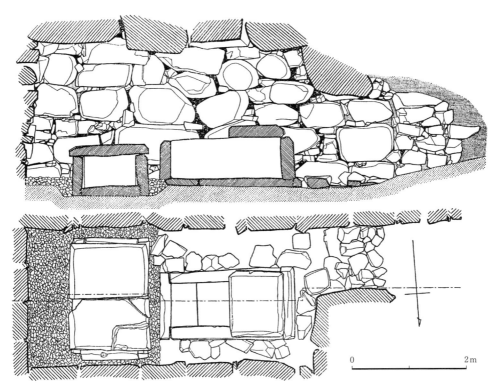

図53　南塚古墳（大阪府）の石室・石棺：実測図

第2章　特異な組合式家形石棺とその系譜　81

先行して安置された奥棺は、底石の外側に側石を立て、長側石の間に短側石をはさみこむ構造をとっており、一般的な家形石棺の組み立て方とは大きく相違する。だが、同じ組合式石棺である前棺とともに、二上山産の白石凝灰岩製である。

　石室内出土の「土器の形式のうえにもそれほど明確な差が認められない」〔川端・金関 1955〕ので、2棺は比較的接近した時期の所産と考えられている。図面が一部公にされている須恵器〔小林編 1959〕から判断すると、田辺昭三氏編年（〔田辺 1966、1981〕、以下同じ）のMT15型式前後の段階である。

　御園古墳は、全長約60mの前方後円墳で、埴輪片から古墳時代中期＝5世紀後半の築造と推定されている。組合式家形石棺は、後円部の主体部ではなく、くびれ部寄りの地点で不時発見された。石棺材は、近接する神戸層群の石材である。

　一緒に検出されたという須恵器には、かなりの型式幅があり、石棺自体の時期は限定できない。古墳築造期に近いのか、時間的に離れるのか、今後注意しておく必要がある。

　大覚寺3号墳は、現状で約8m×13mの方墳状を呈する古墳であり、横穴式石室内では、播磨地域産石材である竜山石を用いた棺が確認されている。

　石室からはTK43型式～TK209型式併行の須恵器が出土しているので、その間の段階に石棺の時期を求めることが可能である。

　八幡大塚2号墳は、直径約35mの円墳で、横穴式石室内に竜山石製の組合式家形石棺がおさめられていた。

　石室からは、少なくともTK43型式併行の須恵器が出土しているというが、より具体的な内容は不明である。

　以上のとおり、物集女車塚古墳の石棺と系譜的に関連をもちそうな、板状蓋石などいくつかの属性をそなえる諸石棺は、石材に二上山白石凝灰岩、竜山石、神戸層群石材というように各種のものがみられる点に特徴がある。つまり、石材のちがい（石材供給元の相違）をこえた系譜上の共通性（製作集団あるいは石棺供給先の特質）が存在した可能性が考えられる。

　また、上記の各石棺に共伴した須恵器では、MT15型式～TK43型式・TK209型式の幅をもっていることがうかがわれる。

　これらの石棺のなかでは、本古墳石棺は須恵器型式から比較的古相の部類に属すると考えられる。出土土器類に関して検討するならば、本古墳の石室内須恵器の最も古い段階のものは、TK10型式（新相）に相当し、それが組合式家形石棺の時期を示していると判断してよい（〔秋山 1988〕、前掲図15・図17、本書第1章参照）。

　したがって本石棺は、須恵器型式でいうと南塚古墳両石棺（1・2、図53）にすぐ後続する時期の所産となる。また、本石棺も南塚古墳両石棺も、等しく二上山白石凝灰岩を用いた組合式石棺である。

　そのような留意すべき属性やそれ以外の上記した共通性などから判断するなら、今後、とりわけ南塚古墳との系譜上の関連性を視座に入れた詳細な検討が必要となろう。

4— 京都府南部における物集女車塚石棺の位置

　京都府南部(旧山城国の範囲)では、現在までに約30数例の家形石棺と考えられている石棺がみられる(図54、表3)。

　このうち、物集女車塚古墳の位置する乙訓地域(向日市・長岡京市ほか)では、約10例の石棺の存在が確認されており、分布密度の濃い一帯にあたる(図54・表3—20〜30)。その意味では、本古墳石棺は、石棺集中地域にあらたな一例を加えたといえる。

　それのみならず、つぎの点で重要な資料となる。

　乙訓地域にかぎらず京都府南部の家形石棺は、不明資料をのぞいて、ほとんどが竜山石製であり、そこに強い地域的特質を示しているとされていた〔間壁・間壁・山本 1976、和田 1976〕。

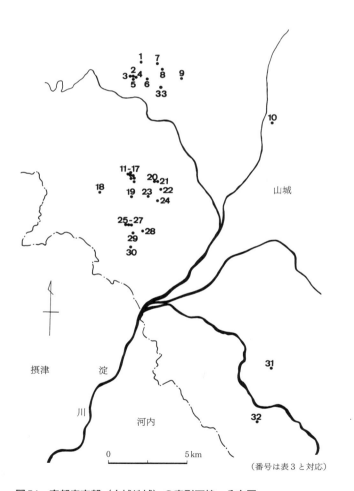

図54　京都府南部(山城地域)の家形石棺:分布図

表3 京都府南部（山城地域）の家形石棺：一覧表　　　　　　　　　　　　　　　　　　　組合：組合式、刳抜：刳抜式

No.	古墳名・所在地	地名	古墳内容等	石棺形態：遺在部材等	石材種	文献
1	（後宇多前）	京都市右京区北嵯峨植木屋在	（伝奈良県出土）現在所在不明	組合：蓋・底	竜山石	〔安藤 1975〕
2	大覚寺1号墳（円山古墳）	京都市右京区嵯峨大覚寺門前登り町	円墳・50m 横穴式石室	組合	竜山石か	〔鎌田・西・和田ほか 1971〕
3	大覚寺1号墳（円山古墳）	京都市右京区嵯峨大覚寺門前登り町		組合：蓋（突起6か）	竜山石か	〔鎌田・西・和田ほか 1971〕
4	大覚寺2号墳（入道塚古墳）	京都市右京区嵯峨大沢柳井出町	方墳・25×30m　横穴式石室	組合	竜山石か	〔安藤 1975〕
5	大覚寺3号墳（南天塚古墳）	京都市右京区嵯峨大覚寺門前堂ノ前町	形不明・8×13m　横穴式石室	組合：蓋（板状）・底	竜山石	〔安藤 1976〕
6	広沢1号墳	京都市右京区嵯峨広沢池下町	横穴式石室（堀川高校グランド在）	組合：蓋（突起あり）ほか	竜山石	〔樋口 1961〕
7	御堂ヶ池1号墳	京都市右京区梅ヶ畑向ノ地町	円墳・30m　横穴式石室	組合	竜山石	〔北田・丸川 1983〕
8	音戸山5号墳	京都市右京区鳴滝音戸山町	円墳・15m　横穴式石室	組合：蓋	二上山凝灰岩	〔北田・丸川 1984〕
9	双ヶ岡1号墳（一ノ丘古墳）	京都市右京区御室双岡町	円墳・44m　横穴式石室		竜山石	〔平尾ほか 1981〕
10	阿古屋墓	京都市東山区六波羅蜜寺境内	（台石）	組合？：突起6	竜山石	〔安藤 1975〕
11	福西1号墳	京都市西京区大枝東長町	（人家横道端在）	組合：底	竜山石	〔安藤 1976〕
12	福西2号墳	京都市西京区大枝東長町	（京大在）	組合：完形（突起なし）	竜山石	〔藤沢・小野山 1961〕
13	福西21号墳	京都市西京区大枝東長町	（墓地棺台）	組合：底	竜山石か	〔安藤 1975〕
14	福西古墳群中	京都市西京区大枝東長町	（東長町公民館在）	組合：長側	竜山石	〔安藤 1975〕
15	福西古墳群中	京都市西京区大枝東長町	（右京区衣笠山麓植木屋在）	組合：蓋（突起は特殊）	竜山石	〔藤沢・小野山 1961〕
16	福西古墳群中	京都市西京区大枝東長町	（右京区衣笠山麓鎚植木屋在）	組合：蓋・底	竜山石	〔梅原 1914〕
17	福西古墳群中	京都市西京区大枝東長町	（右京区衣笠山麓植木屋在）	組合：蓋	竜山石か	〔岩井 1908〕
18	大原野	京都市西京区大原野南春日町	（大原野神社下、中沢忠次郎宅前）	組合：長側	竜山石	〔安藤 1975〕
19	大道古墳	京都市西京区大原野西竹の里	円墳	組合		〔島田 1926〕
20	来迎寺在A	向日市物集女町	（刻梵字）	刳抜：身	竜山石	〔安藤 1975〕
21	来迎寺在B	向日市物集女町		組合：長側	竜山石	〔安藤 1975〕
22	物集女車塚古墳	向日市物集女町	前方後円墳・43〜48m　横穴式石室	組合：完形（突起18）	二上山白石	本章〔秋山・山中編 1988〕
23	芝山古墳	向日市寺戸町	（向日町駅旧在ほか）	組合：蓋（突起なし）・長側	竜山石か	〔梅原 1923〕
24	西垣内古墳	向日市寺戸町西垣内付近	（右京区花の寺境内在）	刳抜：身	竜山石か	〔安藤 1975〕
25	光明寺在（光明寺古墳）	長岡京市栗生西条		刳抜：身（突起は短辺に各1）	竜山石	〔堤・高橋 1968〕
26	光明寺在（光明寺古墳）	長岡京市栗生西条		組合：蓋（突起6）・底	竜山石	〔堤・高橋 1968〕
27	光明寺在（光明寺古墳）	長岡京市栗生西条		刳抜：身	竜山石	〔堤・高橋 1968〕
28	薬師堂在	長岡京市今里薬師堂		組合：底	竜山石	〔安藤 1975〕
29	山之下古墳	長岡京市長法寺山之下		組合：短側	竜山石	〔安藤 1975〕
30	走田7号墳（寂照院古墳）	長岡京市奥海印寺明神町	（寂照院の橋）	組合：底	竜山石	〔安藤 1975、長岡京市教委 1987〕
31	寺田在石棺仏	城陽市寺田	（マーケット東在）	組合：底	竜山石	〔安藤 1975〕
32	堀切6号墳	綴喜郡田辺町堀切	横穴（田辺公民館在）	組合：突起なし	竜山石	〔高橋 1969〕
33	常磐東ノ町3号墳	京都市右京区常磐東ノ町	円墳・18〜20m　横穴式石室	不明	（凝灰岩）	〔鈴木ほか 1977〕

竜山石以外では、音戸山5号墳〔北田・丸川　1984〕の調査で、断片的な資料ながら、二上山産凝灰岩例が確認されているだけであった。つまり、本古墳石棺は、当地域で数少ない二上山産凝灰岩製となる。

　従来把握されていた京都府南部の竜山石製家形石棺は、長岡京市光明寺境内所在のやや特殊な形態の刳抜式石棺（身は、印籠合わせで、両端辺部に突起をもつ、時期不明、〔堤・高橋　1968〕）をのぞいて、6世紀末から7世紀中葉・後葉におよぶ新しい時期のものばかりであった。

　今回確認された本古墳石棺は、それらよりかなり時期がさかのぼる当地域最古（6世紀中葉）の家形石棺であり、それが二上山産の白石凝灰岩製であったことが判明した意義は大きい。

　また、上にみたように、本古墳石棺と系譜的にいくばくかの共通性をもつと考えられる、主として板状蓋石ほかの特徴をもつ石棺が、摂津地域（大阪府・南塚古墳、兵庫県・御園古墳）から山城地域（京都府・大覚寺3号墳）において数少ないながらみうけられる点は、本古墳と等しく淀川水系に分布する家形石棺の形態的特徴を示している可能性が高い。

　さらに、物集女車塚古墳や南塚古墳のような、古墳時代後期としては規模が比較的大きい淀川水系の前方後円墳の被葬者の棺に、この種の組合式家形石棺が供されている事実は、上方に突出した太い縄掛突起をもつ古式の刳抜式家形石棺をもっぱら首長墳に用いる地域（大和ほか）とは異なった状況を想定できる。

　そのような当時の地域的な様相差、ひいては社会・政治的な動向をこれから実証的に解明するうえにおいて、物集女車塚古墳の石棺は重要で鍵となる情報を少なからず提供したといってよいであろう。

5— おわりに

　以上、物集女車塚古墳の組合式家形石棺に関する詳細記載と、それをふまえた若干の考察をおこなってきた。

　同種石棺のなかでは古式に属するこの石棺の諸特徴において、先行する長持形石棺との脈絡がうかがえる要素をふくむことを示し、また、大阪府・南塚古墳、兵庫県・御園古墳、京都府・大覚寺3号墳、岡山県・八幡大塚2号墳などの家形石棺との、諸属性における関連性をいくつかの点で指摘できた。そして、なかんずく、同じ淀川水系に位置する南塚古墳棺との系譜上の追究が肝要になると考えた。

　さらに、畿内中枢部（大和地域ほか）におけるほぼ同時期の家形石棺との形態・構造的な差異などに大きなものがある点を、物集女車塚古墳例の特徴を整理することを通じて再確認した。その具体的な要因・背景のさらなる追究は、古墳時代後期という激動期における諸関係の解明に有効性を発揮しよう。

　今後の課題としたい。

〔註〕
（１）なお、このうち御園古墳棺に関し若干付記しておく。

　本例は、公表されている実測図（図52－3）を検討するかぎり、蓋石の縄掛突起は蓋石垂直面に限定して取り付いている表現になっている。

　しかしながら実物にあたってみると、保存状況はあまりよくはないが、現在確認できる2縄掛突起のうち少なくとも一方では、突起が、低いながらわずかに蓋石上面の傾斜部分にもかかっている痕跡を観察することが可能である。

　ただし、本文で記載したようにこの石棺は、「ほぼ蓋石垂直面にのみ突起が取り付いている例」に相当させて理解してよいと考えている。

〔主要引用・参考文献〕
秋山浩三　1988「各論－評価と問題点　土器」『物集女車塚』（『向日市埋蔵文化財調査報告書』23）向日市教育委員会

秋山浩三・山中章編　1988『物集女車塚』（『向日市埋蔵文化財調査報告書』23）向日市教育委員会

安藤信策　1975「山城の石棺」『京都考古』15　京都考古刊行会

安藤信策　1976「大覚寺古墳群発掘調査概要」『埋蔵文化財発掘調査概報（1976）』京都府教育委員会

泉森皎・河上邦彦　1972『宇陀福地の古墳』（『奈良県文化財調査報告書』17）奈良県教育委員会

岩井武俊　1908「山城葛野乙訓両郡の古墳二三」『考古界』7－2　日本考古学会

梅原末治　1914「山城の古墳墓」『人類学雑誌』29－12　日本人類学会

梅原末治　1923「寺戸五塚原附近の古墳」『京都府史蹟勝地調査会報告』5　京都府

梅原末治　1934「大阪府における主要古墳の調査」『大阪府史蹟名勝天然記念物調査報告』5　大阪府

梅原末治　1935「摂津耳原古墳」『近畿地方古墳墓の調査1』日本古文化研究所

（財）大阪文化財センター　1976『大阪文化誌』2－2（通巻6）：『特輯　清原得巖所蔵考古資料図録』

鎌木義昌・亀田修一　1986「八幡大塚二号墳」『岡山県史』考古資料　岡山県史編纂委員会

鎌田元一・西弘海・和田晴吾ほか　1971『嵯峨野の古墳時代』京都大学考古学研究会

河上邦彦　1984『市尾墓山古墳』（『高取町文化財調査報告』5）高取町教育委員会

川端真治・金関恕　1955「摂津豊川村南塚古墳調査概報」『史林』38－5　史学研究会

北田栄造・丸川義広　1983『御堂ヶ池1号墳発掘調査概報』（財）京都市埋蔵文化財研究所

北田栄造・丸川義広　1984『音戸山古墳群発掘調査概報　昭和58年度』（財）京都市埋蔵文化財研究所

京都府教育委員会　2015『乙訓古墳群調査報告書』

小島俊次　1955『星塚古墳』（『奈良県史蹟名勝天然記念物調査抄報』7）奈良県

小林行雄　1951「家形石棺」『古代学研究』4・5（小林　1976『古墳文化論考』平凡社、に所収）

小林行雄　1964『続古代の技術』塙書房

小林行雄編　1959『世界考古学大系』3　日本Ⅲ　古墳時代　平凡社

佐藤小吉　1916「東乗鞍ノ古墳・権現堂古墳」『奈良県史蹟名勝天然記念物調査報告』3　奈良県

島田貞彦　1926「山城国乙訓郡大原村発見の陶棺と其遺跡に就きて」『歴史と地理』18－4　八重洲出版

鈴木廣司ほか　1977『常盤東ノ町古墳群』（『京都市埋蔵文化財研究所調査報告』Ⅰ）（財）京都市埋蔵文化財研究所

高橋美久二　1969「堀切横穴群発掘調査概要」『埋蔵文化財発掘調査概報（1969）』京都府教育委員会

伊達宗泰　1960「大三輪町穴師珠城山二号・三号墳」『奈良県文化財調査報告（埋蔵文化財編）』3　奈良県教育委員会

伊達宗泰・小島俊次　1956『珠城山古墳』奈良県教育委員会

伊達宗泰ほか　1972「烏土塚古墳」『奈良県史跡名勝天然記念物調査報告』27　奈良県教育委員会

田辺昭三　1966『陶邑古窯址群Ⅰ』平安学園考古学クラブ

田辺昭三 1981『須恵器大成』角川書店
千葉県立房総風土記の丘 1979『日本の石枕』（図録No.6）千葉県立房総風土記の丘
堤圭三郎・高橋美久二 1968「向日丘陵地周辺遺跡分布調査概要」『埋蔵文化財調査概要（1968）』京都府教育委員会
長岡京市教育委員会 1987『長岡京市遺跡地図』
橋本清一 1988「付論-1 物集女車塚古墳の葺石・横穴式石室の石材岩質」『物集女車塚』（『向日市埋蔵文化財調査報告書』23）向日市教育委員会
東大阪市教育委員会 1973『山畑古墳群1』（『東大阪市文化財調査報告書』1）
樋口隆康 1961「京都府嵯峨野広沢古墳」『京都府文化財調査報告』22 京都府教育委員会
平尾政幸ほか 1981「双ヶ岡1号墳の発掘調査及び保存修景事業概要」『名勝双ヶ岡保存整備事業報告』京都市文化観光局
藤井直正 1966「古墳文化」『枚岡市史』3 史料編（一）大阪府枚岡市役所
藤沢長治・小野山節 1961「京都大枝福西古墳」『京都府文化財調査報告』22 京都府教育委員会
間壁忠彦・間壁葭子 1975「石棺研究ノート（三）長持形石棺」『倉敷考古館研究集報』11 倉敷考古館
間壁忠彦・間壁葭子・山本雅靖 1976「石棺研究ノート（四）石材からみた畿内と近江の家形石棺」『倉敷考古館研究集報』12 倉敷考古館
増田一裕 1977「畿内系家形石棺に関する一試考（上）・（下）」『古代学研究』83・84 古代学研究会
安田博幸・井村由美 1988「付論-2 京都府向日市物集女車塚古墳の赤色顔料物質の微量化学分析」『物集女車塚』（『向日市埋蔵文化財調査報告書』23）向日市教育委員会
和田晴吾 1976「畿内の家形石棺」『史林』59－3 史学研究会
渡辺久雄・八木哲浩・村川行弘 1980『尼崎市史』11 尼崎市役所

〔図・表出典〕
　図31～図33：〔京都府教委 2015〕（なお、図32元図：〔秋山・山中編 1988〕）、図34～図54、表1～表3：〔秋山・山中編 1988〕（なお、図53元図：〔川端・金関 1955〕）、いずれも一部改変をふくむ。

（元稿：1987年10月）

第3章
古墳副葬須恵器の産地推定一例
——物集女車塚・井ノ内稲荷塚における微細特徴からの追究

1— 後期前方後円墳に副葬された高杯のクセ

　主として1980年代に私が発掘調査や報告書作成にかかわった、京都府向日市の物集女車塚古墳（図55・図56-16）は、山城地域北部、桂川右岸の乙訓地域に位置する〔秋山・山中編 1988、秋山 1990、1995、ほか〕。

　当該地一帯は全国的に著名な前期以降の前方後円（方）墳が多く築造され、大別して3グループの首長墳系列が把握されている（図56）。そのなかの向日グループは、古墳初現期の元稲荷古墳（前方後方墳）や五塚原古墳（前方後円墳）を嚆矢とし、古墳時代後期の物集女車塚古墳（同）が最後の首長墳となる。

　この後期の前方後円墳、物集女車塚は全長約45mを測り、古式の横穴式石室を内部主体とし、玄室に家形石棺を安置する。築造・初葬の時期は、出土した須恵器（TK10型式新相≒MT85型式、〔田辺 1981〕ほかの田辺昭三氏編年による、以下同じ）などから、6世紀中葉と推定される。

　一部に盗掘をこうむっていたが、石室内からは多くの副葬須恵器が出土した（〔秋山 1988a・b〕、前掲図15・図17参照）。

　そのなかで、やや点数が多い有蓋高杯Aと分類した高杯とそれとセットになる蓋（図57・図58-上）は、初葬段階に属する「石室土器1群」にふくまれ、「全個体とも胎土・色調・焼成硬度・自然釉調に強い共通性をもち、同一窯のもとで同時に製作・焼成された製品群と判断してよい」須恵器であった。

　つまり、生産地（窯ほか）と消費地（古墳）とが直結したあり方で、しかも、まとまった状態で副葬された一括品と理解できた。

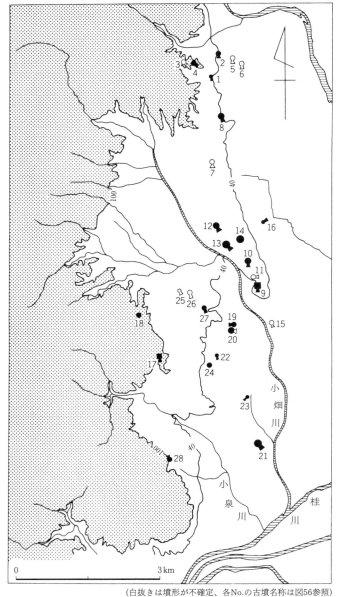

(白抜きは墳形が不確定、各No.の古墳名称は図56参照)

図55 京都（山城）乙訓地域における首長墳の分布

　と同時に、この一群の高杯の「脚端部は、一般的な高杯の形態とは少し異なり、外傾する浅い凹面をなす特徴的なもの」で、一種独特なクセをそなえる製品であった。爾来、この形態の高杯脚端部に注意をはらっていた。

　一方、この古墳の調査からおよそ10年後、同じく乙訓地域に属し向日グループに南接する長岡グループにふくまれる、物集女車塚とほぼ同時期に構築された井ノ内稲荷塚古墳（図55・

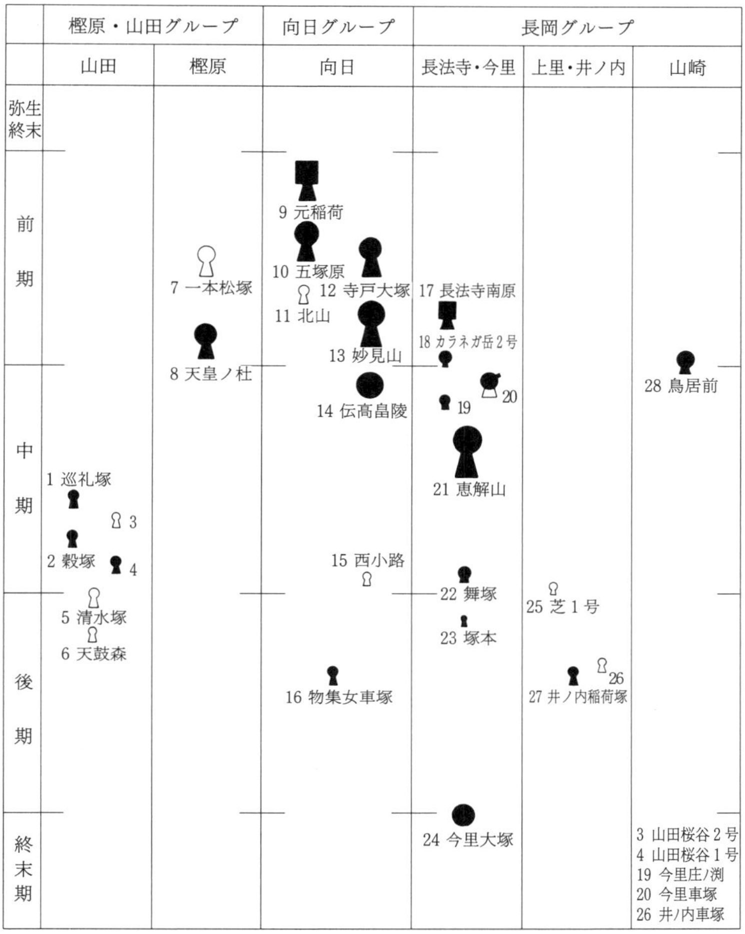

図56 京都（山城）乙訓地域における首長墳の変遷

（白抜きは墳形・時期が不確定、各No.は図55に対応）

図56-27）の継続的な発掘が、大阪大学考古学研究室によって開始された。

　全長約46mのこの首長墳も主体部に横穴式石室を採用し、その首長墳系列における最後の前方後円墳となるが、物集女車塚とは直線距離が2km強を測るにすぎない指呼の間の位置にある。

　井ノ内稲荷塚の発掘成果は研究報告書『長岡京市における後期古墳の調査』〔大阪大学稲荷塚古墳発掘調査団編 2002〕として後に刊行されているが、その整理・準備過程で出土須恵器を観察させていただいたことがあった。その際、物集女車塚で留意していた、独特な脚端部のクセをもつ高杯（図57・図58-下）に遭遇しやや驚いた。

　このように、乙訓最後の前方後円墳2基に副葬された須恵器の一部は、共通した生産地から調達された一括品で構成されていることが判明した。

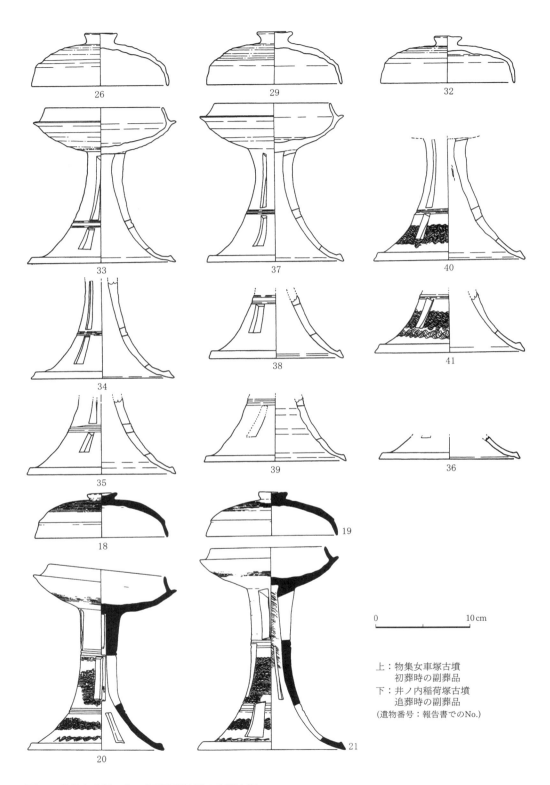

図57 物集女車塚・井ノ内稲荷塚古墳の有蓋高杯―1

上：物集女車塚古墳出土（33・37） 下：井ノ内稲荷塚古墳出土（20・21）　　　　　（遺物番号：報告書でのNo.）
図58　物集女車塚・井ノ内稲荷塚古墳の有蓋高杯－2

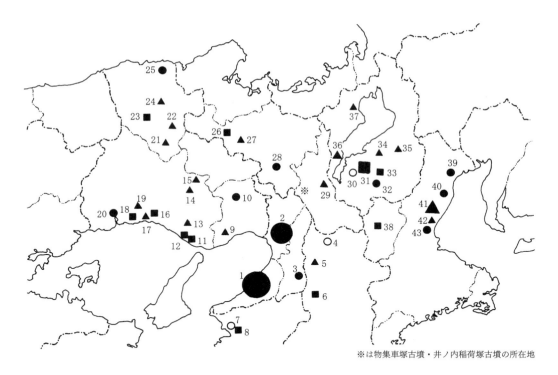

※は物集女車塚古墳・井ノ内稲荷塚古墳の所在地

〔窯跡（群）〕● 5世紀操業開始　■ 6世紀前半操業開始　▲ 6世紀後半操業開始　（白ヌキは推定地）

〔大阪府〕1：陶邑　2：千里　3：一須賀　〔奈良県〕4：ウワナベ古墳周辺　5：平野　6：今井　〔和歌山県〕7：楠見遺跡・鳴滝遺跡周辺　8：砂羅谷　〔兵庫県〕9：林山　10：末野郡塚　11：赤根川金ヶ崎　12：岡鴨谷池　13：野村　14：童子山　15：大谷山　16：元江尻病院裏山　17：青山　18：碇岩　19：中井鴨池　20：那波野丸山　21：松谷　22：岡田　23：中山　24：尾鼻　25：鬼神谷　〔京都府〕26：賀茂野　27：西原　28：園部　29：山科大峰　〔滋賀県〕30：野洲川流域周辺　31：鏡山　32：泉　33：宮川　34：観音寺山（石寺支群）　35：犬上・宇曾川（高平山支群）　36：堅田　37：饗庭野（美園支群）　〔三重県〕38：二ッ峠　39：小杉大谷　40：稲生　41：徳居　42：藤谷　43：久居

図59　近畿の主要窯跡と物集女車塚・井ノ内稲荷塚古墳の位置

　その産地の厳密な特定は今なお未決着だが、本章では、この須恵器群の生産地をめぐる検討作業の一端を紹介し、考古学的な手法を用いた産地推定に関するささやかな問題提起にしたいと思う。また、それらの具体的な生産地が確定できれば、古墳時代後期の生産と流通、さらには政治体制にかかわる課題にも有効性を発揮するだろうとの展望をもっている。

2— 陶邑窯跡群と千里窯跡群、そして陶邑周辺部の窯跡

　近畿地方の須恵器生産に関しては、現在では図59に示したように、各地で大小の窯跡（群）の把握がなされ、出土品の報告も以前に増して多くなってきている。
　このなかで、近畿の須恵器生産地といえば、大阪府南部（和泉地域）に所在する大規模な陶邑窯跡群（堺市・和泉市ほか）が著名である。そこで生産された膨大な須恵器が近畿一円に流通し

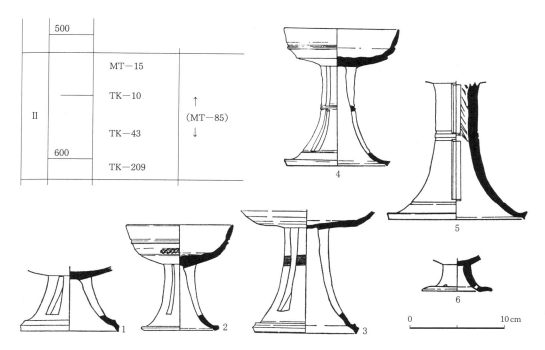

1〜3：MT15号窯　4：MT85号窯　5・6：TK209号窯

図60　『須恵器大成』にみる陶邑窯跡群のⅡ期高杯（脚端部）

たという理解が、詳細な議論を除外すれば今でも大略的には誤謬といえない。

　須恵器研究の〈バイブル〉である『陶邑古窯址群Ⅰ』〔平安学園考古学クラブ 1966〕や『須恵器大成』〔田辺 1981〕に掲載された陶邑製品と酷似・近似した須恵器が、各地で現在も発掘されつづけている。

　物集女車塚の調査時点で、本古墳の有蓋高杯Aの脚端部が「一般的な高杯の形態とは少し異なり」独特なクセをそなえると理解したのは、類似個体が、上記したような〈陶邑バイブル〉中の実測図にもなく、各地の多くの出土品のなかにも見かけないという、当時における一般的な感覚から発したものであった。

　実際に陶邑の編年基準資料では、物集女車塚や井ノ内稲荷塚の築造時期に前後するⅡ期段階（「6世紀前半〜7世紀前半」）の高杯類にみられる脚端部の特徴は、図60のようになる。

　微細な差異をはぶくと、脚端部は、内傾するか、ほぼ垂直か、やや丸くおさめられた個体などでしめられている。また、編年標識データ以外の他報告を通覧しても、大部分は同図中の4・5のような端部処理がほどこされることが多い。

　さらに、現在まで各機関が発刊した陶邑関係の報告書類は合わせて厚さ1m近くにもおよぶが、各期須恵器の集積となっているそれらの頁をくってもおおむね例外はみられない。つまり、物集女車塚のようなクセをもちつつ外傾する端部の製品は、陶邑における既報告の須恵器では確認できないようである[(1)]。

第3章　古墳副葬須恵器の産地推定一例　95

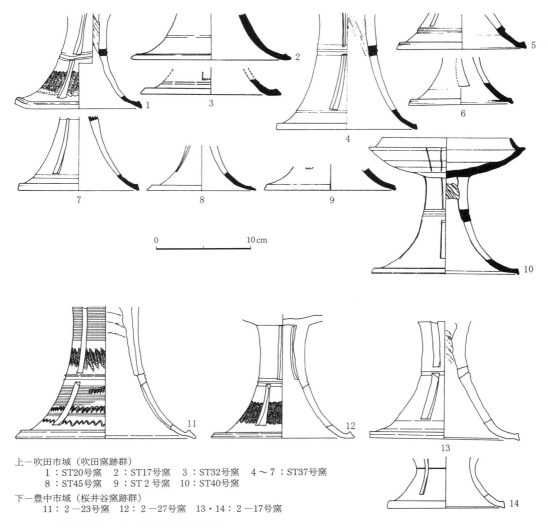

上―吹田市域（吹田窯跡群）
　　1：ST20号窯　2：ST17号窯　3：ST32号窯　4～7：ST37号窯
　　8：ST45号窯　9：ST2号窯　10：ST40号窯
下―豊中市域（桜井谷窯跡群）
　　11：2－23号窯　12：2－27号窯　13・14：2－17号窯

図61　千里窯跡群における類似脚端部の高杯

　したがって、ここで問題にしている有蓋高杯は、陶邑窯跡群の製品でないと判断してよいであろう。
　そこで陶邑以外の窯跡資料を瞥見していると、大阪府北部に位置する千里窯跡群の須恵器のなかに、関連する個体が若干数だが出土しているのに気づいた。
　この窯跡群は、吹田市・豊中市域ほかにわたって分布し、細分されて個別には、吹田窯跡群や桜井谷窯跡群と呼称されることがある。1970年代前半に鍋島敏也・藤原学両氏の尽力でまとめられた『千里古窯跡群』〔鍋島・藤原 1974〕があり、物集女車塚発掘の当時は、再整理された資料が収載された『吹田市史 第8巻』〔吹田市史編さん委編 1981〕や、編年案がもりこまれた『桜井谷窯跡群2－17窯跡』〔柳本編 1982〕などの成果が発刊された直後であった。

それら窯跡出土の須恵器のほとんども、原則的には、上記した陶邑の個体特徴とおおむね共通する。
　しかしながら、多数資料のなかには、今対象としている脚端部に類似ないし関連を示しそうな個体が一部に確認され、それらを図61に掲げた。10基の窯で把握でき、これらには物集女車塚や井ノ内稲荷塚の高杯脚端部のクセに酷似する資料も散見されるのが分かる。
　以上のことから、このような外傾面をそなえた脚端部の高杯類は、陶邑窯跡群では生産されておらず、千里窯跡群で生産された可能性が高いと推定できた。要するに、物集女車塚の須恵器の一部は千里産かと当時判断した。
　なお、物集女車塚の須恵器全般をみると、胎土、色調、焼成硬度、器表の肌合いなどの諸属性から、いくつかのまとまり（窯や生産地の相違）が予測された。このこともあり、そのような須恵器の群のなかには、有蓋高杯だけでなくそれ以外の器種においても千里窯跡群から持ち込まれた製品がふくまれるかとも密かに目論んでいた。
　ところが、である。
　その後、1995年（平成7）に発刊された『日置荘遺跡』〔江浦編 1995〕の報告書を通覧していて、同形態の高杯脚端部の類例が、千里窯跡群だけではないのが判明した。
　この遺跡は大阪府堺市ほかに所在し、中世集落や埴輪窯の調査成果がとくに著名だが、物集女車塚と近似した時期の須恵器窯が2基発掘されている。所在地は陶邑窯跡群の中心部から北へ約4kmにあたり、陶邑周辺部の小規模な須恵器窯跡群として評価される。ここの窯跡灰原や別地点の土器群から、類似した脚端部をそなえる高杯が出土しているのである（図62－1～6）。
　したがって、乙訓地域における後期前方後円墳の有蓋高杯の産地候補は、千里窯跡群に限定できないことになった。
　この実態に関連して、それ以降に刊行された陶邑周辺域における須恵器窯跡の報告書を猟渉してみると、類似資料が追加できた。
　図62中にそれらを示したが、深井畑山1号窯（堺市）は日置荘に西接しともに関連する窯跡群と推定でき、狭山池1・3号窯（大阪狭山市）はその南東約6kmにあたる。いずれも陶邑窯跡群の本体（中心部＝陶邑そのもの）ではなく、その周辺部に点在し、小規模な須恵器生産を操業した窯跡として位置づけうる。
　加えて、報告書『日置荘遺跡』に掲載された江浦洋氏による論考「陶邑周辺部における須恵器生産点描」〔江浦 1995〕には、本章と深く関係する内容がふくまれている。この論文では、陶邑窯跡群と、日置荘をふくむ陶邑周辺部の窯跡との差異や関連性が、いくつかの考古事象とからめて明快に論じられている。
　具体的には、口縁端部に刻目状の調整をほどこす杯蓋類（図63参照）の集成や検討が重要である。それらの製品は、陶邑の北・東側に位置し、6世紀以降に新造された小規模な窯跡群で主体的に生産されたもの（図63－1～4）で、陶邑本体の窯跡群の須恵器とは原則的傾向として区分できる特徴になる、という。そして、この属性は時期・地域的にかなり限定できる技法的特色であり、それらの個体が付近一帯における群集墳の副葬品や集落に供給されたと理解されている。

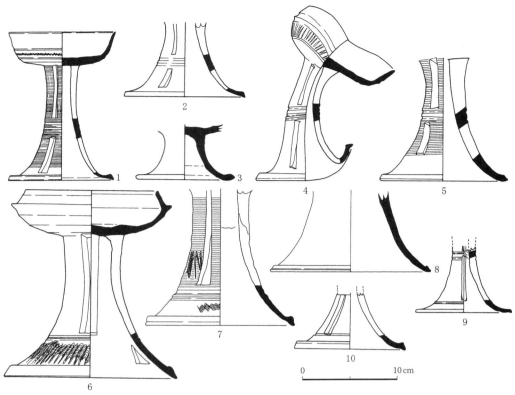

1・2：日置荘窯L-1　3～5：日置荘窯P-1　6：日置荘土器群A-1
7・8：深井畑山1号窯　9：狭山池1号窯　10：狭山池3号窯

図62　陶邑周辺部の窯跡における類似脚端部の高杯

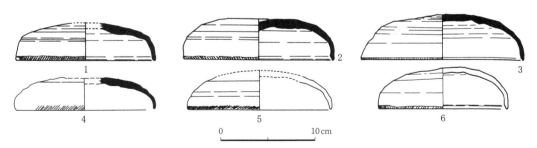

陶邑周辺部〔1・2：日置荘窯L-1　3：日置荘窯P-1　4：池尻新池南窯〕
千里窯跡群〔5：桜井谷2-17号窯〕　その他〔6：物集女車塚古墳（追葬時共伴）〕

図63　口縁端部に刻み目状調整をもつ杯蓋

関連してさらにこの論文には、私にとって興味深いデータの収載がある。
　「大阪府下における口縁端部に刻み目状調整を有する須恵器一覧表」という情報で、そこには、1点だけではあるが、千里窯跡群に属する桜井谷2-17号窯例（図63-5）がふくまれているのである。ただし、江浦氏の論点はこの技法を陶邑周辺部窯の特質とする主旨であるため、千里窯跡群の実例の評価に積極的には立ち入っていない。
　しかし上述のように私は、本章で問題にしている高杯脚端部にみられる類似性から、千里窯跡群と陶邑周辺部の窯との強い共通性が把握できることを推測した（図61・図62参照）。これを考慮すると、口縁端刻み目調整個体の分布様相からも、千里と陶邑周辺部の両者間における深い関連性の一端を理解することが可能といえる。そのことを、江浦氏論文の一覧表は奇しくも提示していることになる。
　このような高杯と杯蓋にみる2属性からの、千里・陶邑周辺部両地域の窯跡群間における共通性の強調は、同氏の意図とは反するかもしれないが、本章のテーマにかかわっては重要な視点となる[2]。

3— 生産地はどちらか

　前節で記した内容から、千里窯跡群と陶邑周辺部窯との技法的な共通性が、複数属性にわたってうかがえた。この点からすると、本章で課題としている、物集女車塚や井ノ内稲荷塚の有蓋高杯の出自はどちらかに求められる公算が高い。
　新出の窯跡資料が蓄積し類例が今後明らかになれば、新しい産地候補もでてくるわけだが、現有考古データでは当面のところ、千里か陶邑周辺部かの2候補地に的をしぼっておきたい。どちらに蓋然性があるのか、粗密はあるが以下で、①〜④の項目に分け若干の検討をおこなってみよう。
〔項目①〕
　物集女車塚と井ノ内稲荷塚の高杯脚端部のクセに類似する個体では、図61と図62に示したように、確認できた窯跡基数と個体数からみれば、陶邑周辺部窯より、千里窯跡群のほうが確率としては有利となる可能性がある。
〔項目②〕
　資料調査を進めてみると、生産地（窯）以外においても、乙訓地域の2古墳のほかに、近似傾向をそなえるか関連をもちそうな個体が多くはないものの確認できる。
　管見にあがった当該期の諸データのうち、代表例の実測図を図64に掲げた。それらに加えて、これまで把握している各情報を、旧国の地域割りで示すと下記のようになる（高杯以外の脚台部資料もふくむ）[3]。

　　　備前（岡山県）……槌ヶ谷遺跡

播磨（兵庫県）……西宮山古墳、鳥坂5号墳
　　丹後（京都府）……上野1号墳、峰山桃谷古墳
　　丹波（京都府）……栗ヶ丘横穴群
　　山城（京都府）……畑山1号墳、下鳥羽遺跡、森垣外遺跡、物集女車塚古墳、井ノ内稲荷
　　　　　　　　　　　塚古墳
　　摂津（兵庫県・大阪府）……八十塚E号墳、具足塚古墳（以上は西摂津：兵庫）、金塚古
　　　　　　　　　　　墳、丸山1号墳、安満山A2号墳、嶋上郡衙跡、難波宮跡下層（以上
　　　　　　　　　　　は東摂津：大阪）
　　河内（大阪府）……百済寺遺跡、養父古墳群、奥山1号墳（以上は北河内）、高井田横穴
　　　　　　　　　　　E号墳、大和川今池遺跡、久宝寺遺跡、山畑27号墳、瓜生堂遺跡（以
　　　　　　　　　　　上は中河内）、シショツカ古墳（南河内）
　　和泉（大阪府）……土師(はぜ)遺跡、大庭(おばでら)寺遺跡、西山古墳
　　大和（奈良県）……石光山50号墳、東狐塚古墳
　　紀伊（和歌山県）…井辺八幡山古墳、船戸箱山古墳
　　伊勢（三重県）……井田川茶臼山古墳

　近畿では図59にみるように、各地で小規模ながらも須恵器窯（群）が多く操業されていることから、上に列挙した製品を、千里と陶邑周辺部のどちらかに産地特定しようとする意図ではない[4]。また、遺漏がかなりに達するのも明白なので、これらの事例からの積極的な発言は危険である。
　しかし、上掲の分布傾向では相対的に、近畿北半に密度が高くなる兆候は看取できそうである。とくに、陶邑周辺部にあたる和泉や近接の南河内、紀伊、大和には確認が少ない反面、千里窯跡群が位置する摂津や東接する山城に多い傾向が把握できる。しかも、西方向では播磨や備前に、北方向では丹波や丹後に分布域が展開していく様相をみせる。
　流通圏の観点からしごく単純に評価すると、この傾向は、千里窯跡群との関連性に主体性がうかがえるとしたほうが理解しやすい。
〔項目③〕
　上項とも関連するが、物集女車塚と井ノ内稲荷塚が所在する乙訓地域は、陶邑周辺部窯と千里窯跡群の二者を比較すると、後者のほうが圧倒的に近接地となる（図59参照）。

〔図64中における各須恵器の出土地〕
〈地域〉
1：備前地域（岡山県）　2：播磨地域（兵庫県）　3・4：丹後地域（京都府）　5：丹波地域（京都府）　6〜8：山城地域（京都府）　9〜13：摂津地域（兵庫県・大阪府）　14〜20：河内地域（大阪府）　21・22：和泉地域（大阪府）　23・24：大和地域（奈良県）　25：紀伊地域（和歌山県）　26：伊勢地域（三重県）
〈遺跡・古墳名〉
1：植ヶ谷遺跡　2：西宮山古墳　3：上野1号墳　4：峰山桃谷古墳　5：栗ヶ丘横穴群　6：畑山1号墳　7：下鳥羽遺跡　8：森垣外遺跡　9：八十塚E号墳　10：具足塚古墳　11：金塚古墳　12：丸山1号墳　13：難波宮跡下層　14：百済寺遺跡　15：養父古墳群　16：高井田横穴E号墳　17・18：大和川今池遺跡　19：久宝寺遺跡　20：シショツカ古墳　21：土師遺跡　22：大庭寺遺跡　23：石光山50号墳　24：東狐塚古墳　25：井辺八幡山古墳　26：井田川茶臼山古墳

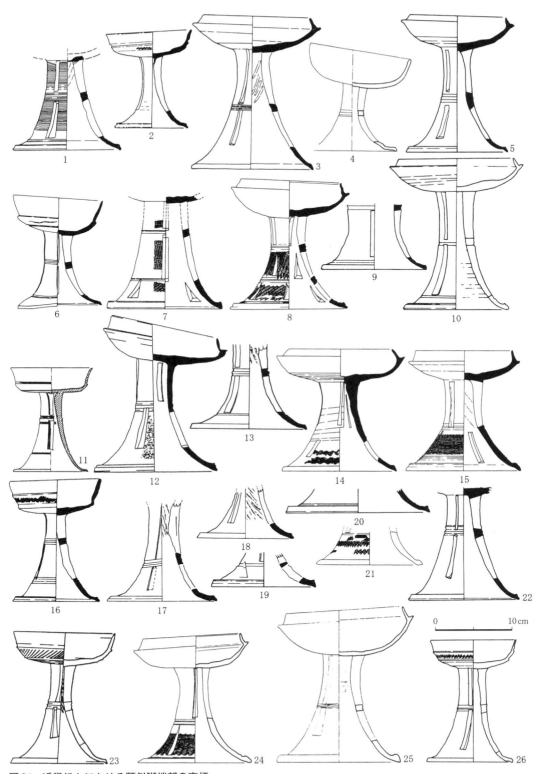

図64 近畿ほかにおける類似脚端部の高杯

第3章 古墳副葬須恵器の産地推定一例 101

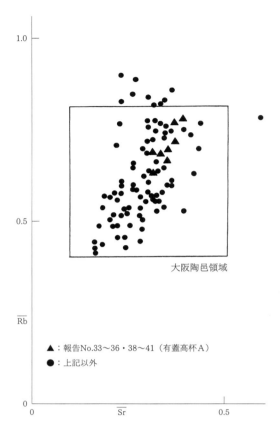

図65　物集女車塚古墳の須恵器における蛍光X線分析

しかも、乙訓と千里丘陵は淀川水系として直結する地理的環境のもとにあり、諸現象において有機的な関係が成立しやすいと推定できる。

〔項目④〕

物集女車塚の調査整理過程において、石室内の須恵器全点を対象とし、蛍光X線照射方法による胎土分析を三辻利一氏に依頼した。報告書『物集女車塚』〔秋山・山中編　1988〕では、その検討成果を掲載している〔三辻　1988〕。それを私なりに再整理し図65に示した。

三辻氏の論考では、朝鮮半島産の陶質土器の可能性がある1点以外は、本古墳の須恵器の多くが陶邑産という評価に達している。

ただし記載において、図中で「大阪陶邑領域」からはずれる何点かに対しては千里窯跡群の可能性を示唆し、また、「千里丘陵の窯跡群出土須恵器の胎土は大阪陶邑産須恵器に類似しているが、K、Rb量がやや多い特徴をもつ。したがって、大阪陶邑産と推定されたものの中にも、千里丘陵の窯跡群で作られたものが含まれている可能性もある」、という但し書きを付す。

さて、図65では、本章で問題にしている有蓋高杯Aのうち8個体の測定値を、他と区別して▲で表示した。それらはいずれも「大阪陶邑領域」内に収束し、三辻氏の検討において陶邑産の蓋

然性が提示されることになる。

　ここで、それらのドット位置を詳細にみてみよう。

　▲ドットそのものが比較的近接した領域に分布することから、胎土の類似性つまり産地の同一性が予測できる点は、私の肉眼観察による推定とも合致する。

　加えて、より重要と判断できる内容は、それらのRb値が非常に高率になっている現象である。このことは、三辻氏の先の付記を積極的にとりいれるなら、有蓋高杯Aは「大阪陶邑領域」にありながら、千里窯跡群産となる可能性が他個体よりもかなり高いことになる。

　理化学データを、このように人文・情緒的に利用してよいか躊躇する。しかし、千里丘陵付近の胎土（粘土）が物集女車塚の有蓋高杯Aやその蓋に利用されていた可能性を、真っ向から否定するというよりも支持的な内容かと考えられる。

　以上、いくつかの項目にわたり雑感めいた叙述をおこなってきた。

　これらの点から、物集女車塚と井ノ内稲荷塚の有蓋高杯が千里窯跡群産だと理解することに、一定の妥当性がみいだせると現状では把握しておきたい。つまり、乙訓地域の後期前方後円墳＝首長墳の副葬品には千里窯跡群の須恵器が一定量ふくまれる、というのが私なりの推断となる。

4— 微細観察の有効性——結びにかえて

　本章では、須恵器の端部における微細形態差に着目し、生産地（窯）を考古学的に追究してみた。

　今回は、各資料の実見をふまえた検討をあまり実施していない段階での起稿だったので、胎土、色調、焼成硬度、焼き上がりの肌合い、整形や調整にかかわる他の特徴（クセ）など、須恵器を実際に手に取り観察しないと把握できない属性に関しては、恣意的な言及をさけた。総合的な考察をへていないという意味では、きわめて不十分な所見ではある。

　このような不徹底さや、さらに、今後における資料の増加などの予測からすれば、ここでの推論が将来的に否定される可能性もあると考えざるをえない。その点は十分に自戒しているつもりである。

　ただ、些末なことと失笑をさそう事項かもしれないが、本章でとりあげた高杯脚端部の微細な形態的特徴などは、これまでまったく留意されてこなかったのではないだろうか。同様な観察所見や、比較項目をふやしての考古学的な追究を継続すれば、より信頼度の高い産地推定に到達すると期待している。

　理化学的な分析を実施さえすれば産地推定の見当が得られるものではない、という実態は考古関係者は十分に理解している。しかし、一部には分析報告の所見を妄信する場面にも遭遇することがある。それらの分析と考古サイドとの相互（協業）検討こそが重要であり、それにも増して、第一には、本章で示したような考古学的手法を用いた追究が基礎的で肝要とあらためて強調しておきたい。

〔註〕
（１）陶邑TG10－Ⅰ号窯出土品（『陶邑Ⅱ』所載）のように、脚端部にやや外傾する面をそなえる個体が確認できることもあるが、陶邑産品に通常みられる端部形態のやや変形したタイプと判断できる。
（２）口縁端刻み目調整という特徴をそなえる杯蓋が、図63に併載したように、じつは物集女車塚古墳の石室内の副葬品に1点だが存在する（前掲図17-上の右下端の個体）。

　　江浦氏の研究主旨をそのまま援用すれば、この杯蓋は日置荘をはじめとする陶邑周辺部の窯で生産された個体の可能性が高いことになる。ただし、物集女車塚の当該品は、本文でこれまで問題にしてきた有蓋高杯Aが属する初葬副葬品「石室土器1群」ではなく、追葬時に共伴した「石室土器2群」（TK43型式）に相当する時期の新しい個体である（後掲図69参照）。

　　よって、たとえ追葬時の副葬須恵器が陶邑周辺部窯産であったとしても、本章でとりあげている初葬時の有蓋高杯Aが陶邑周辺部窯産だったという直接的な証左にはならない。

　　ただ、追葬時の須恵器において日置荘などの陶邑周辺部窯との関連が濃厚となれば、初葬須恵器の産地推定にも一応は無視できない要素にはなる。が、ここでは厳密には別問題の範疇としておく。

　　なお、本文で示唆したように、口縁端刻み目調整をもつ当該品そのものが千里窯跡群産となる可能性も十分にありうる（本書第4章参照）。
（３）図64に提示した実測図をふくめて、個別資料の出典文献は割愛したが、原則としてそれぞれの報告書などによる。
（４）たとえば、三重県亀山市井田川茶臼山古墳の須恵器（図64－26）では、類似した製品が比較的まとまってみられることから、在地の窯跡で生産された可能性が十分予測できるであろうか。

　　その際、当地の四日市市岡山窯跡群〔中村編 1997〕において、関連しそうな須恵器が出土しており注意される。

〔主要引用・参考文献〕
秋山浩三 1988a「出土遺物 横穴式石室内（床面・壁面）の遺物 土器」『物集女車塚』向日市教育委員会
秋山浩三 1988b「各論－評価と問題点 主体部の遺物 土器」『物集女車塚』向日市教育委員会
秋山浩三 1989「物集女車塚古墳第4次発掘調査概要」『向日市埋蔵文化財調査報告書』30（財）向日市埋蔵文化財センター・向日市教育委員会
秋山浩三 1990「「物集女ノ群集墳」の再評価」『京都考古』52 京都考古刊行会
秋山浩三 1995「ケース・スタディ 古墳を発掘する 向日市物集女車塚古墳－後期古墳の例」『歴史を読みなおす 第2巻 古墳はなぜつくられたのか』（朝日百科 日本の歴史 別冊）朝日新聞社
秋山浩三・山中章編 1988『物集女車塚』向日市教育委員会
市川秀之・植田隆司編 1992『池尻新池南窯発掘調査報告書』大阪狭山市教育委員会
江浦洋 1995「陶邑周辺部における須恵器生産点描」『日置荘遺跡』（財）大阪文化財センターほか
江浦洋編 1995『日置荘遺跡』（財）大阪文化財センターほか
大阪大学稲荷塚古墳発掘調査団編 2002『長岡京市における後期古墳の調査』長岡京市教育委員会
大阪府教育委員会 1976〜1990『陶邑Ⅰ』〜『陶邑Ⅶ』
亀田修一・伊藤晃ほか 1988「「官」逆字押印須恵器について」『考古学と関連科学』鎌木義昌先生古稀記念論文集刊行会
木下亘 1983「摂津桜井谷古窯址群に於ける須恵器生産」『史学研究集録』國學院大學日本史学専攻大学院会
古代の土器研究会 1997『古代の土器5－2 7世紀の土器（近畿西部編）』
狭山池調査事務所編 1998『狭山池 埋蔵文化財編』
吹田市史編さん委員会編 1981『吹田市史 第8巻』
田辺昭三 1981『須恵器大成』角川書店
東京国立博物館 1994『東京国立博物館蔵 須恵器集成Ⅰ（近畿篇）』便利堂

豊中市 2005『新修 豊中市史 4 考古』
中村浩編 1997『須恵器集成図録 第6巻』雄山閣出版
鍋島敏也・藤原学 1974『千里古窯跡群』
樋口吉文 1994「深井畑山窯跡群発掘調査概要報告」『堺市文化財調査概要報告』47 堺市教育委員会
平安学園考古学クラブ 1966『陶邑古窯址群Ⅰ』
三辻利一 1988「付論 向日市域の古墳出土埴輪・須恵器の蛍光X線分析」『物集女車塚』向日市教育委員会
柳本照男編 1982『桜井谷窯跡群2－17窯跡』少路窯跡遺跡調査団
余語琢磨 1996「近畿地方の6世紀の須恵器」『日本土器事典』雄山閣出版

〔図出典〕
　図55・図56：〔大阪大学稲荷塚古墳発掘調査団編 2002〕、図57・図58：〔秋山・山中編 1988〕〔大阪大学稲荷塚古墳発掘調査団編 2002〕から作成、図59：〔余語 1996〕に加筆作成、図60：〔田辺 1981〕から作成、図61：〔吹田市史編さん委員会編 1981〕〔鍋島・藤原 1974〕〔柳本編 1982〕から作成、図62：〔江浦編 1995〕〔狭山池調査事務所編 1998〕〔樋口 1994〕から作成、図63：〔秋山・山中編 1988〕〔市川・植田編 1992〕〔江浦編 1995〕から作成、図64：各報告書ほかから作成、図65：〔三辻 1988〕に加筆作成、いずれも一部改変をふくむ。

〔付記〕
①－東京国立博物館が1889年（明治22）に京都府より購入した資料のなかに、出所や経緯が不明ながら、「長岡京市大字井ノ内（乙訓郡井之内村）」の須恵器・高杯があり（〔東京国立博 1994〕中のPL25－12）、その脚端部形態が本章でとりあげた特徴と一致する。
　したがって、本例は井ノ内稲荷塚古墳からの発見品となる可能性があろうか。
②－本章であつかった諸例より時期が新しい、7世紀中頃～8世紀後半に属する窯跡出土の須恵器で、しかも近畿例ではないが、備中地域の岡山県総社市道金山窯跡〔亀田・伊藤ほか 1988〕の低脚高杯には、類似したクセの脚端部がみられる点を参考までに付記しておく。
③－本章初出稿の校正中に『新修 豊中市史 第4巻 考古』〔豊中市 2005〕が発刊され、千里窯跡群の桜井谷窯跡群2－1・2－31号の2基の窯跡出土品に、問題となった須恵器・高杯例がふくまれている事実があらたに確認できた。
　このことから、本章で整合性を指摘した産地同定の蓋然性が、より一層高まったことになる。

〔謝辞ほか〕
　このたびの吉岡康暢先生古希記念論集『陶磁器の社会史』に参画させていただくにあたり、まずもって、お声がけをたまわった吉岡先生にお礼を申し述べたい。先生からは、私の前職場である向日市の時代、都城・長岡京跡の古代律令期土器にとりくんでいた20歳代後半ごろにご指導をいただいていた。
　本章稿は古墳時代を対象とするが、はからずもその当時に漠然と想定していたことがらを雑文にした。非実証的な結末にご寛恕を乞うとともに、これまでのご厚誼にあらためて謝意を述べておきたい。
　なお、本章稿の準備では、（財）大阪府文化財センターでの同期入社である山元建氏から、関連文献の借用をはじめ多くの教示や示唆をいただいた。また、岡本智子・小田桐淳・木下亘・合田茂伸・合田幸美・後藤理加・積山洋・寺前直人・柳本照男・山本輝雄・渡辺博・大阪大学考古学研究室・長岡京市教育委員会・向日市教育委員会の各氏・機関からご援助を受けた。
　末筆ながらあわせてお礼申しあげたい。

（元稿：2004年8月）

第4章

物集女車塚の須恵器産地推定・補遺

1— 乙訓の後期首長古墳に副葬された高杯のクセと生産地

　私は26〜32歳の頃、小林行雄先生や高橋美久二氏をはじめ多くの泰斗からご指導を得て、京都府向日市の物集女車塚古墳（図66）の発掘調査や報告書作成にたずさわった（本書第1・第2章ほか参照）。

　全長約45mを測るこの後期の前方後円墳は、古式の横穴式石室を内部主体とし、玄室に家形石棺を安置する。築造・初葬の時期は、出土した須恵器（TK10型式新相≒MT85型式、型式は〔田辺 1981〕による）などから6世紀中葉と推定される〔秋山・山中編 1988、秋山 1990、1995、ほか〕。

　また、同じ乙訓地域（淀川支流・桂川右岸）には、本墳とほぼ併行して構築された前方後円墳の井ノ内稲荷塚古墳があり、全長約46mで、主体部に横穴式石室と木棺直葬を採用する。この古墳の発掘は物集女車塚の約10年後に開始されたが、その後、充実した研究報告書が発刊されている〔大阪大学稲荷塚古墳発掘調査団編 2002、2005〕。

　両墳は直線距離で2km強をへだてるにすぎず、ともに当地域の首長墳系列における最後の前方後円墳となる。

　そして、物集女車塚の調査当時から茫洋といだいていた内容であるが、井ノ内稲荷塚の成果が明らかにされるにおよび、これら2古墳に副葬された須恵器には、大阪北部（吹田市・豊中市ほか）の千里窯跡群（吹田窯跡群および桜井谷窯跡群の総称）で生産された製品をふくむ蓋然性が高いという理解にいたった。その根拠を前章稿で展開した〔秋山 2006a〕。詳細はそれにあたっていただきたいが、要はつぎのとおりである。

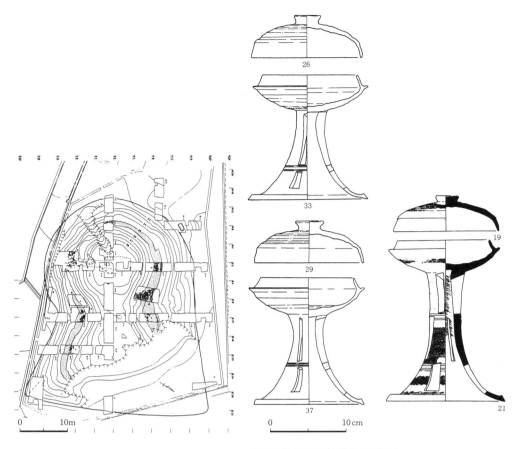

左：物集女車塚（初葬時の副葬品）
右：井ノ内稲荷塚（追葬時の副葬品）

（遺物番号：報告書でのNo.）

図66　物集女車塚古墳の墳丘推定復原（1988年段階）　　**図67　物集女車塚・井ノ内稲荷塚古墳の有蓋高杯**

　当２古墳の有蓋高杯にみられる様相として、「脚端部は、一般的な高杯の形態とは少し異なり、外傾する浅い凹面をなす」顕著な特徴を示し、それらは一種独特な「クセ」をもつ須恵器であった（図67、個別土器 No. は報告書ほかを踏襲、以下同じ）。この属性を論証の端緒とし、それ以外の諸要素をからめ、これらの高杯を千里窯跡群産と推定した。
　その結果、乙訓地域の後期首長墳には、同窯跡群産の須恵器が一定量供給されていたという見通しを提示できた[1]。
　その後の当見解にかかわる評定について個人的には懸念されるところだが、前章稿は短期間に執筆したという経緯もあり、記載で失念した内容、さらに以降、関連事項に思いあたった点が二、三ある。
　本章ではそれらについて述べ、卑見の補遺にしたいと考えている。

2― 杯・杯蓋ほかの内面にほどこされた最終調整の相違

　まず、千里窯跡群の調査・研究をこれまで精力的に牽引してきた、藤原学氏の論文「群集墳と群集窯」〔藤原 2002〕にもりこまれた成果に関してである。

　同氏論文は、その収載書名『八十塚古墳群の研究』からも判明するように、兵庫県八十塚古墳群から出土した須恵器と周辺の生産地との関連性をめぐって検討された内容だが、なかんずく、杯（身）や杯蓋の内面中央部の最終技法にみられる、窯跡群ごとのクセを明確化した成果は肝要な論点となる[2]。

　つまり、図68－1に示されたように、当該部の仕上げ調整には、ａ手法＝回転ナデのみ（●）、ｂ手法＝静止ナデ（◎）、ｃ手法＝スタンプ（★）、ｄ手法＝押圧その他（○）、の４種があり、そのうちどれを最終的に採用するかは、各窯跡群の相互で必ずしも共通しないという。

　本章で主に関連する、千里窯跡群（吹田窯跡群）と大阪南部（堺市・和泉市ほか）の陶邑窯跡群（谷山地区窯）の出土品を観察し整理したデータが、図68－2・3となっている。

　藤原氏は、本図などを用い瞭然と提示されたとおり、6・7世紀の須恵器にみる当該部位の最終技法において、千里ではｂ手法（◎）、陶邑ではａ手法（●）が主体をしめている事実を解明した[3]。

　このような細部調整にみられる差異は、今まで須恵器の観察において窯跡ごとに留意されたことがまったくなく、また、各報告書の図面・写真のみからでは判読できない属性の指摘だけに、非常に刮目される。

　同じ視点で、ここで問題にしている乙訓地域の後期前方後円墳から出土した須恵器を通覧するとどうなるであろうか。

　物集女車塚では、私が須恵器の報告をおこなった際（〔秋山 1988a・b〕、前掲図15・図17参照）、当該部の調整のちがいを、同一器種内における細別基準の一部に活用したりした。このこともあり、報告書中の本文や観察表には、その箇所にみられる調整内容の具体を記述しておいた。

　それにもとづき、物集女車塚の石室内に副葬されていた杯、杯蓋および、高杯の杯部、同蓋における調整のあり方を、藤原氏の分析方法に準拠して示したのが図69となる。

　それらのうち、杯と杯蓋にかぎると、ほとんどがｂ手法（◎）で、一部にｃ手法（★）をまじえる。この特徴は、千里データ（図68－2）と類似した様相をみせる。少なくとも、陶邑データ（同－3）に対し、まったく異質という明瞭なちがいを読みとることが可能となる。

　ついで、前章で俎上にのせた有蓋高杯Ａをふくむ高杯では、ａ手法（●）があるていど存在するという、杯や杯蓋とはやや異なった状況がうかがえる。だが、図68の藤原氏の提示資料そのものには高杯類が一切加えられていないため、千里・陶邑の両窯跡群それぞれにおいて、高杯類が杯類と共通する様相をなすかここでは判断できない。

　このように厳密な対比データを欠くものの、物集女車塚の高杯類にあってもｂ手法（◎）が約6割占有するという実態は、陶邑窯跡群より千里窯跡群との相関性を首肯させる。

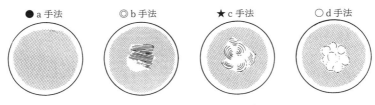
(1) 須恵器杯の内面調整技法の各パターン

(2) 千里窯跡群（吹田窯跡群）における須恵器杯の調整技法

(●回転ナデのみ　◎静止ナデ　★スタンプ　○押圧その他)

(3) 陶邑窯跡群（谷山地区窯）における須恵器杯の調整技法

図68　千里・陶邑窯跡群における杯・杯蓋の内面調整傾向

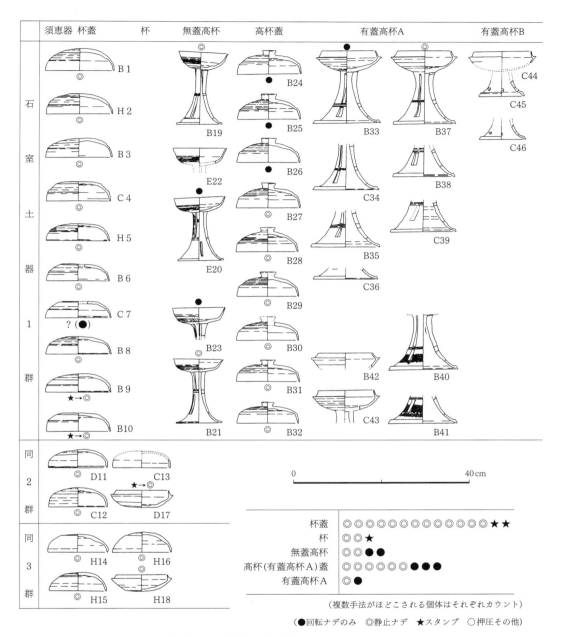

図69 物集女車塚古墳における杯・杯蓋・高杯の内面調整傾向

以上のことから、物集女車塚の副葬須恵器の全点とは当然ながらいえないものの、一定量は千里窯跡群との関連性を示す蓋然性がかなり高い、と類推してよいであろう[4]。

3― 装飾付須恵器・人物小像の属性

　つぎに、物集女車塚の発掘時には気づいていたにもかかわらず、不覚にも前章稿の執筆時に検証を失念してしまった内容である。
　物集女車塚には、石室内の副葬品ではないが、墳丘に並置されていたと考えられる須恵器のなかに、人物と鳥の小像や小壺、円環を口縁部などに配した、装飾付きの高杯形器台がある〔秋山1988c・d〕。
　そのうち装飾部の人物小像に限定すると、①頭部が丸く、小串状工具を用いた3点の刺突を顔面に加えて目・口の表現とし、右肩に斜位の棒状品をかつぐ1体（図70―44、人物埴輪による類推から、鍬を肩にのせた農民の可能性あり）、②突起する陽物を露骨に強調した男性像2体（同―42・43）、の2種がみられる（本書カバー写真参照）。
　①の類については、兵庫県・西宮山古墳と同・毘沙門1号墳で、水平方向の天秤棒を肩にかけ、荷物運搬の動きを示す、やや関連しそうな小像例が出土している〔間壁 1988a、ほか〕。だが、物集女車塚の人物肩に遺存する棒状品は確実に斜め上方へ伸びており、天秤棒を負う状態とは異なると判断される。
　したがって、須恵器にみる本意匠の小人物像に関し、物集女車塚例は古墳発見品として初出資料になるようである。
　また、②のような、性器を表現した須恵器装飾部もしくはその可能性がある諸例には、古墳からの出土品として他に、島根県・めんぐろ古墳、岡山県・槌ヶ谷（1号墳＝推定）、兵庫県・西石ヶ谷4号墳、同・挙田古墳、同・舎利田4号墳、和歌山県・天王塚古墳の数例ぐらいしかない〔間壁 1988a、秋山 2006b〕。
　よって、物集女車塚でこの類が2体も確認された事実は、特筆事項としてよい。
　さて、これら①②の属性に関係して、カギとなる重要データが千里窯跡群内に存在するのである。
　上記例をはじめ各種の小像や小壺、小杯ほかが配される装飾付須恵器そのものは、全国的にみてこれまで600弱の古墳や遺跡から確認されている〔間壁 1988a・b、山田 1998〕。そのなかにあって、生産遺跡＝須恵器窯跡で人物小像が出土した報告のみられるのはわずか2例しかなく、その1基が、千里窯跡群の西部域に位置する桜井谷2―17号窯跡（6世紀中頃～後半主体）となる。
　本須恵器窯には3点の小像が存在し、うち2体が人物である（図71―2・3、〔柳本編 1982、間壁 1988a〕）。
　しかも重要なこととして、1体（3）は、斜位またはほぼ垂直に伸びる何らかの物を右肩にのせ、他例（2）では、下腹部にやや隆起があり、ヘラによる縦位の切れ目をほどこすと看取されるた

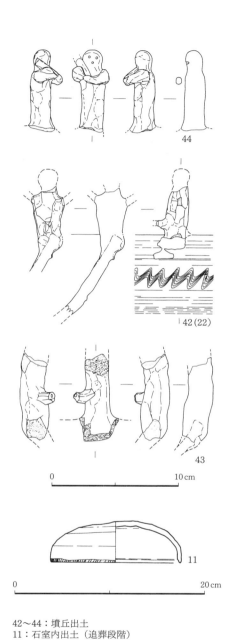

42～44：墳丘出土
11：石室内出土（追葬段階）

（遺物番号：報告書でのNo.）

図70　物集女車塚古墳の人物小像と
　　　口縁端部に刻目状調整をもつ杯蓋

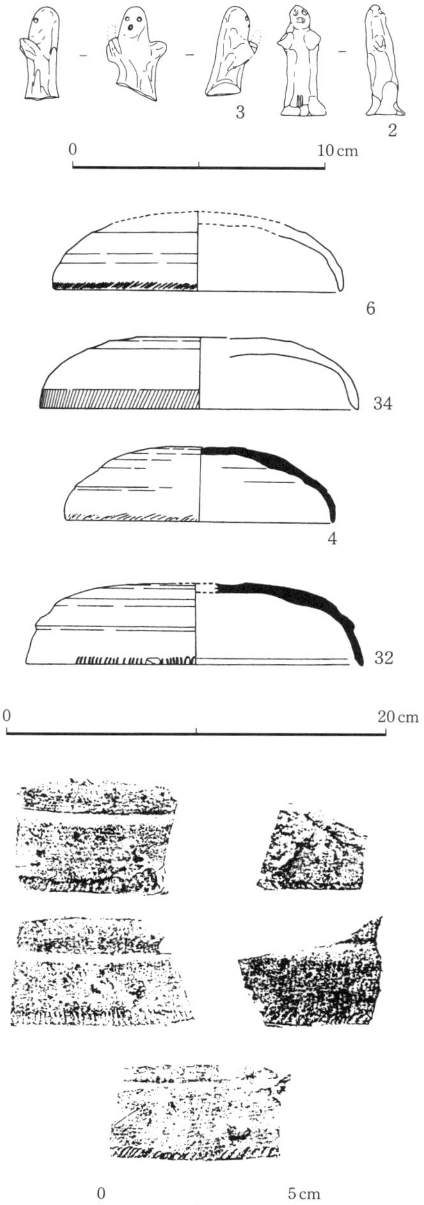

2・3・6・34：桜井谷2－17号窯
4：吹田53号窯
32・拓影：桜井谷2－29号窯

（遺物番号：報告書でのNo.）

図71　千里窯跡群の人物小像と
　　　口縁端部に刻目状調整をもつ杯蓋

第4章　物集女車塚の須恵器産地推定・補遺　　113

め、女性器をあらわした公算が大きいといわれる。また2体とも、頭頂は円弧状をなし、目・口が刺突3点によって表現されている。
　このように、きわめて特異例にあたる須恵器生産地の出土となる千里窯跡群において、同じく稀少例に属する、右肩に斜位状物をかつぐ人物と、男女差はあるが性器を露出する人物という、2種の小像がみられるのである。
　加えて、それらの頭部や目・口の具象や、その愛くるしさをただよわす雰囲気までもが、上記した物集女車塚例①②（図70－42～44）と共通かつ酷似していることになる。
　この様相も、たんなる偶然の産物としては軽視できず、物集女車塚と千里窯跡群の須恵器における強い共通性を顕示している注目すべき属性となろう。

4― 口縁端部に刻目状調整をもつ杯蓋例の増加

　最後に、本書前章でも言及した事項ではあるが、口縁端部の外面に、刻目状の調整をほどこす杯蓋（〔江浦 1995〕、前掲図63参照）を再度とりあげておく。
　前章の検討において、直接的には、この種の調整技法が、物集女車塚や井ノ内稲荷塚の須恵器の産地比定にあたって、千里窯跡群との関連性をみせる証左として例示したのではない。
　しかし、江浦洋氏論考に掲載された該当資料の集成データを援用して、陶邑窯跡群本体でなくその周辺に分布する窯跡群と千里窯跡群との技法における共通性を示し、さらには、それらと物集女車塚の副葬須恵器とのかかわりについて若干ながらふれた。
　その際、この技法をもつ杯蓋が物集女車塚に1個体ふくまれている点も提示しておいた（前掲図63－6、図69・図70－11：追葬時の石室土器2群）。
　ここでは、江浦氏集成の以降に把握できた類似技法をもつ千里窯跡群内からの検出例を追加して掲載しておく（図71－6・34・4・32・および拓影例5点）。当技法をそなえる須恵器それ自体の出土頻度がけっして高くないなかにあって、千里窯跡群における確認例が増加しつつある実態が十分に理解できる。
　このことから、江浦氏が指摘したような、当技法が陶邑周辺部窯における（固有な）特質としては、単純には評価できないことになろう。むしろ、千里窯跡群のほうに主体がみられる可能性があるかも、と考えられる。
　したがって、杯蓋におけるこの種の調整が僅少部類に属するという状況を前提としつつ、また、近年認識できた千里窯跡群内での上記した増加現象と、わずか1個体かつ追葬時の副葬品といえども物集女車塚から出土していることとを勘案するなら、物集女車塚と千里窯跡群との関連性に支持的な要素が些少ながらふえたと判断できる。
　上記の内容は、本章の考証において主眼とはならないが、将来のさらなる検討にそなえあえて記した次第である。

5 ― 結びにかえて

　以上、物集女車塚古墳や井ノ内稲荷塚古墳という乙訓地域の後期首長墳2基に副葬された須恵器のうち、一定量が千里窯跡群産だと推断した前章の補遺内容を記載してきた。

　前章では有蓋高杯（A）を主眼とした考察を進めたが、本章においては、杯・杯蓋ほかの内面最終調整、装飾付須恵器の人物小像、杯蓋口縁端の刻目状調整、そのようないくつかの属性をめぐり物集女車塚の須恵器をあらためてとりあげ、議論をさらに一歩深化させようと努めた。

　その結果、自明ながら副葬須恵器のすべてに敷衍できないが、有蓋高杯以外の器種にあっても、千里窯跡群産品との親縁性を少なくとも複数要素において確認できたと考えてよいであろう。

　前章の作業と同様に、やや叙情的な展開に終始した感は否めないが、私が試みた産地比定の蓋然性を一層高めることができたのではないかと思っている。

　大方の検証を待つことにしたい。

〔註〕
（1）なお、前章の〔付記〕③にも一部紹介しておいたが、物集女車塚や井ノ内稲荷塚の有蓋高杯（A）にみる特徴的な脚端部に近似した資料に関し、あらたに実測図が確認できた千里窯跡群内例としてつぎの資料ほかがみられる（前章で掲載した個体以外）。
　　〔原口編 2005〕中の第440図－15・16、第465図－2／〔賀納・田中・増田ほか 1994〕中の第60図－100
（2）器種表記に関して述べておくと、私は「杯」「杯蓋」、藤原氏は「杯身」「杯蓋」をあわせて「杯」というタームを用いているが、図68・図69中の個別表記では、各々のオリジナルを踏襲したままとしている。
（3）〔藤原 2002〕の分析に提示されたデータは、千里・陶邑の両窯跡群内における、特定の支群窯跡群の須恵器に対する観察に依拠したものである。そのため、それ以外の支群・地区から看取される様相が同一であるという敷衍化を、同氏論文からなすことはできない。
　　そのため、千里の吹田窯跡群以外の桜井谷窯跡群に関しては元・（財）大阪府文化財センター（現・池田市市会議員）山元建氏、陶邑の谷山地区以外の窯跡群に関しては和泉市教育委員会白石耕治氏に情報のご教示を願った。
　　その結果、両氏の判断としては、全面的な整合は保証のかぎりではないとしながらも、藤原氏論文で示された各様相は、千里・陶邑ともに共通して一定ていどは首肯できそうである、とされる。
　　したがって本章では、若干の危惧を前提としつつ、藤原氏分析を両窯跡群の総体的な傾向として、現状ではひとまず把握することにした。
（4）付言しておくと、井ノ内稲荷塚の須恵器についても同様な比較を試みようとしたが、残念ながら有効な情報は報告書から把握できない。
　　したがって、今後、実見の機会を得て、あらためて検討をおこないたいと考えている。

〔主要引用・参考文献〕
秋山浩三 1988a「出土遺物 横穴式石室内（床面・壁面）の遺物 土器」『物集女車塚』向日市教育委員会
秋山浩三 1988b「各論―評価と問題点 主体部の遺物 土器」『物集女車塚』向日市教育委員会
秋山浩三 1988c「出土遺物 墳丘出土遺物 土器」『物集女車塚』向日市教育委員会
秋山浩三 1988d「各論―評価と問題点 墳丘出土の須恵器」『物集女車塚』向日市教育委員会
秋山浩三 1990「物集女車塚古墳第4次発掘調査概要」『向日市埋蔵文化財調査報告書』30（財）向日市埋蔵文化

財センター・向日市教育委員会
秋山浩三 1995「ケース・スタディ 古墳を発掘する 向日市物集女車塚古墳－後期古墳の例」『歴史を読みなおす2』（朝日百科 日本の歴史 別冊）朝日新聞社
秋山浩三 2006a「古墳副葬須恵器の産地推定一例－物集女車塚・井ノ内稲荷塚における微細特徴からの追究－」『陶磁器の社会史』桂書房
秋山浩三 2006b「女と男の考古学－階級社会の成立と性象徴／"男尊女卑"の起源－」（考古学講座「考古学にみる女性の果たした役割」第6講資料）よみうり天満橋文化センター（本編に関しては後日刊の、秋山 2017『交合・産・陰陽道・白－考古学とその周辺』清風堂書店、を参照されたい）
秋山浩三・山中章編 1988『物集女車塚』向日市教育委員会
江浦洋 1995「陶邑周辺部における須恵器生産点描」『日置荘遺跡』（財）大阪文化財センターほか
大阪大学稲荷塚古墳発掘調査団編 2002『長岡京市における後期古墳の調査』長岡京市教育委員会
大阪大学稲荷塚古墳発掘調査団編 2005『井ノ内稲荷塚古墳の研究』真陽社
賀納章雄・田中充徳・増田真木ほか 1994『佐井寺南土地区画整備事業にともなう埋蔵文化財調査報告書』吹田市都市整備部・吹田市教育委員会
髙橋真希編 2004『千里丘陵の須恵器』吹田市立博物館
田辺昭三 1981『須恵器大成』角川書店
西本安秀・藤原学 1990「吹田53号須恵器窯跡の調査」『平成元年度埋蔵文化財緊急発掘調査概報』吹田市教育委員会
原口正三編 2005『新修 豊中市史4 考古』豊中市
藤原学 2002「群集墳と群集窯－八十塚古墳群出土須恵器と周辺の生産地の関連から－」『八十塚古墳群の研究』関西大学文学部考古学研究室
間壁葭子 1988a「装飾須恵器の小群像－製作の意図と背景－」『倉敷考古館研究集報』20 倉敷考古館
間壁葭子 1988b「岡山県総社市法蓮出土の装飾須恵器」『倉敷考古館研究集報』20 倉敷考古館
柳本照男編 1982『桜井谷窯跡群2－17窯跡』少路窯跡遺跡調査団
柳本照男・浅田尚子編 1996『桜井谷窯跡群2－29窯跡』豊中市教育委員会
山田邦和 1998『須恵器生産の研究』学生社

〔図出典〕
　図66：〔秋山・山中編 1988〕、図67：〔秋山 2006a〕から作成、図68：〔藤原 2002〕から作成、図69：〔秋山・山中編 1988〕をもとに新規作成、図70：〔秋山・山中編 1988〕から作成、図71：〔柳本編 1982〕〔柳本・浅田編 1996〕〔西本・藤原 1990〕から作成、いずれも一部改変をふくむ。

〔謝辞ほか〕
　〈『明日をつなぐ道－髙橋美久二先生追悼文集－』に一文を加えさせていただくにあたり……〉
　「美久二さん」と私とのつながりとその想いは、拙著『日本古代社会と物質文化』（青木書店、2007年）の「あとがき」、および『京都考古』第95号（2006年）掲載の拙稿において記したが、このたびは、私が前職場（京都府向日市）で美久二さんと深い接点があった、物集女車塚古墳に関係する内容をとりあげることにした。今となっては、美久二さんへの心胆からの謝意をくりかえしつつ、ご冥福をお祈りしたい。
　また、本章稿の準備にあたり、網伸也・大木要・白石耕治・東影悠・山元建の各氏からのご援助を受けた。深謝申しあげる次第である。

（元稿：2007年5月）

第5章
「物集女ノ群集墳」の再評価

1— はじめに

　京都府、山城地方北西部の向日丘陵上には、元稲荷古墳、五塚原古墳、妙見山古墳、寺戸大塚古墳などからなる著明な前期古墳群が形成されている[1]。
　さらに、その北側、向日市物集女町の西側丘陵上には、かつて「物集女ノ群集墳」と呼ばれ、100基以上の主に後期古墳で構成される古墳群が存在したといわれる（図72、〔梅原 1919〕）。
　しかし、20世紀初頭までに丘陵上をほぼおおいつくした孟宗竹林（筍栽培用）への開墾〔玉城 1989〕によって、その「群集墳」の大部分が破壊され、現状では1、2基をのぞき存在しない。ほとんどが何の調査もなされずに消滅にいたったため、実態は不明な点を多くのこす。
　ところが、丘陵上の竹林では、筍栽培のための土移動が現在でも毎年くりかえされ、その際に発見された遺物が地元の教育委員会や資料館に届けられることが時折ある〔秋山 1987、ほか〕。また、私自身も現地来訪時に、若干の関連遺物を採集している。それらは、未解明部が山積する「物集女ノ群集墳」の一端を示す貴重な資料といってよい。
　本章では、それらの遺物を紹介するとともに、この「群集墳」に関する若干の検討を加えてみたいと考えている。
　なお、本章で対象とする「物集女ノ群集墳」ほか各古墳・古墳群が所在する一帯は、淀川の上流である桂川の右岸域に相当し、乙訓地域と呼ばれ、淀川水系に属している点を後項との関係もありここで記しておく。
　また、本書第1〜第4章においてとりあげてきた物集女車塚古墳（後期・前方後円墳）は、当「群集墳」のすぐ東側に位置している。

図72 向日丘陵の古墳分布図

1：一本松塚古墳（前期）
2：長野古墳（後期）
3：長野乙古墳群（後期）
4：長野丙古墳群（後期）
5：丸塚山古墳
　　（現「淳和火葬塚」）
6：南条古墳群（中・後期）
7：物集女車塚古墳（後期）
8：寺戸大塚古墳（前期）
9：芝山1号墳
10：芝山2号墳
11：芝山3号墳（後期）
12：芝山4号墳
13：乾垣内遺跡（前期）
　　（埴輪棺）
14：伝高畠陵古墳（中期）
15：妙見山古墳（前期）
16：牛廻し古墳（中期）
17：西垣内古墳（後期）
18：芝山古墳（中期）
　　（芝山ノ内古墳）
19：大牧1号墳（後期）
20：大牧2号墳（後期）
21：五塚原古墳（前期）
22：北山古墳（前期）
23：元稲荷古墳（前期）
24：稲荷社古墳
25：西ノ岡遺跡
　　（縄文・弥生時代）
26：北ノ口遺跡（古墳時代）
27：中海道遺跡
　　（旧石器～古墳時代）
28：物集女車塚周辺遺跡
　　（縄文～古墳時代）
29：南条遺跡（古墳時代）
30：芝山遺跡（古墳時代）
31：宝菩提院廃寺（白鳳時代）
32：中野遺跡
　　（縄文・弥生時代）
33：北山遺跡
　　（旧石器・弥生時代）
34：南山遺跡（縄文時代）

▲ 遺物採集地点
○ 〔梅原 1923b〕
　　文献にのる古墳
1～24：古墳・埴輪棺
25～34：古墳以外の遺跡
　　（古墳の可能性あるもの
　　もふくむ。奈良時代以
　　降の遺跡ははぶく。）

2 ―「物集女ノ群集墳」の諸記録

(1) 考古学者による明治・大正年間の報文

　最初に、これまでに把握できる「物集女ノ群集墳」に関する情報を整理しておこう。

　まず、考古学者による記録として、当地における不時発見資料の一部が、幸いにも梅原末治氏らの踏査報文としてのこされており、「物集女ノ群集墳」の様相を垣間見ることができる。

　1919年（大正8）の梅原氏報文〔梅原 1919〕およびその後の同氏による補記録〔梅原 1923c〕にそって、概要を記すとつぎのとおりである。

- 100基をこえる古墳が物集女の丘陵上の各所に点在していた。
- いずれも円墳で、規模は大小あり、また、内部構造も各形式がある。
- 集中分布するのは小字「恵美須山」で、遺物もここから最も豊富にみられる。
- 古墳は、埴輪をもたず横穴式石室を内部構造とするものが多く、須恵器、玉、刀剣などの副葬品をもつ。
- なかには、石室内に陶棺をおさめた古墳があり、また別に、石棺（長持形石棺）の例なども推測できる。

　さらに、具体的な図面や写真が示された情報が若干ながら存在する。

　その第一は、当該地から、内部主体が粘土槨で鏡を副葬する径約15mの円墳（恵美須山古墳：中期、図73－1）が発見された事例で、その調査に関する簡略な記載がのこされている。

　第二は、この地域からの出土とされ、俗に「親子鏡」として知られている資料で、鏡面どうしが錆着したままの状態で検出された2面の銅鏡（図73－2）について紹介がなされている。本例には、碧玉製石釧2点、同管玉9点が共伴したという補記がみられる。

　1923年（大正12）には、それらの所見を受け、同氏によって向日丘陵一帯の古墳などの分布図〔梅原 1923b〕が公表されるが、「物集女ノ群集墳」に関しては、古墳位置が何箇所かに示されるにとどまる。それらには、個々の名称や内容が特記されていないため、既報告墳との対応関係はまったく不明となっている。

　さらに、岩井武俊氏の1910年（明治43）の短報〔岩井 1910〕にも、小字「恵美須山」で発見された後期古墳の記事がみられる。石室内から、須恵器、金環、馬具などが検出されたという。

　また他に、後述するように、推定あるいは伝とされる、当地および付近で発見されたという銅鏡の存在も知られている〔高橋編 1987〕。

(2) 地元の文書・絵図にみる「古墳」

　これら以外に、地元に保管されている近世以降の文書や絵図には、「丸キ塚山」「石塔（塚）」「石塚」「石作り」などの墳墓とおぼしき表現が散見でき、かつて存在した古墳の多さがこの点からもうかがえる（図74）。

　そのうち、1698年（元禄11）文書の写し[2]にみられる「丸キ塚山」は、今の「淳和天皇火葬

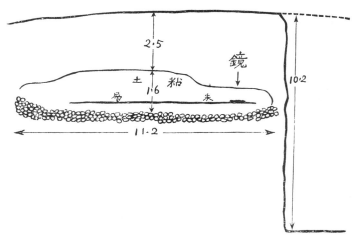

(1) 惠美須山古墳の踏査図面

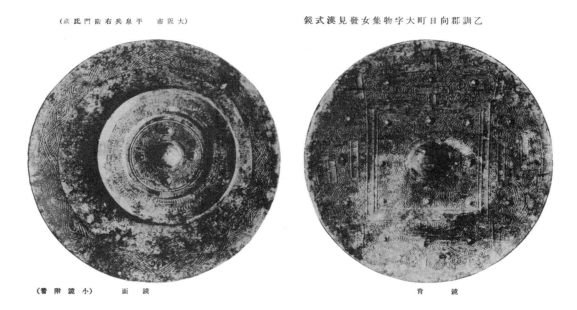

(2) 惠美須山において発見された銅鏡2面（左：鏡面錆着状態）

図73 梅原末治氏報文〔梅原 1919〕にみる「物集女ノ群集墳」関係資料

(1) 右:「石塚」、左:「石作り」
　　（註（4）絵図より）
　　（(1)(2)：中山祥夫氏蔵、向日市文化資料館保管）

(2) 「石塔（塚）」
　　（註（3）文書より）

(3) 石棺（身）転用の
　　「種子曼荼羅板碑」

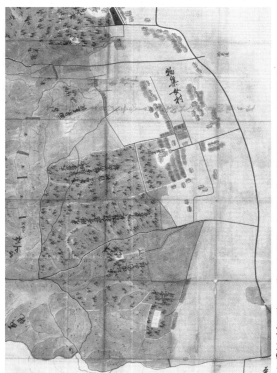
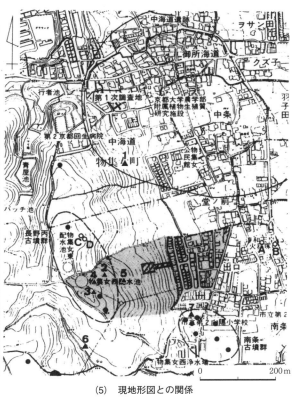

(4) 物集女古図の一部（明和8年：1771年）
　　（〔向日市文化資 1987b〕より）
　　（中村光枝氏蔵、向日市文化資料館保管）

(5) 現地形図との関係

凡例　○文書・絵図にのる「塚」　A：「丸キ塚山」　B：「石塔（塚）」
　　　　　　　　　　　　　　　　C：「石塚」　　　D：「石作り」
　　　斜線部：「夷社」　網部：「夷社境内山林」
　　　▲遺物採集地点　1：中海道　2：長野丙a地点　3：同b地点
　　　　　　　　　　　4：同d地点　5：同c地点　6：芝山　7：南条

図74　文書・絵図などにみる「物集女ノ群集墳」

第5章　「物集女ノ群集墳」の再評価　　121

塚」にあたるとされる〔玉城 1988〕。

現在、方墳状に整備され宮内庁によって管轄されている同「火葬塚」は、「丸キ」という描写からして、比定以前には円墳であった可能性が考えられる（以降、現「火葬塚」を丸塚山古墳と仮称する）。

つぎに、19世紀末頃の文書[3]にある「石塔（塚）」（図74－2）は、現「火葬塚」の東約22mの段丘端に立地し、藪地内に存在した小円墳と考えられる。

その文書では、17世紀初頭までこの「塚」にあったという「石塔」〔玉城 1988〕を、現在は物集女町来迎寺に移されている刳抜式石棺（推定、家形石棺棺身）転用の「種子曼荼羅板碑」（図74－3、〔都出・井上 1983、熱田・藤井 1983〕）にあたると考証しようとしている。

仮にこれが正しければ、その位置に、家形石棺を内部主体に用いた後期小円墳がかつて存在したことになろう。

さらに、1870もしくは80年代（明治年間）の絵図[4]にある「石塚」と「石作り」（図74－1）では、墳墓の側面観が写実的に表現されている。絵図中の位置関係から、現在の物集女東配水池（図74－5-左下）の北々東約100mあたりに並列してあった円墳2基とみられる。

今は両者の痕跡すら確認できないが、その地点は、現在において長野丙古墳群とされる一帯にふくまれる。

(3) 「恵美須山」の推定位置

なお、上記の梅原氏や岩井氏の報文にみる小字「恵美須山」は、現字名にはなく、さらに1889年（明治22）以降の地形図にも確認できないため、位置不明となっている。

その範囲を推測する手がかりが、1771年（明和8）、1870年（明治3）、1870もしくは80年代（明治年間）の絵図[5]にみられる。

それらによると、現在の物集女町長野の丘陵斜面（物集女西配水池の東斜面）にかつて「夷社」（「夷子社」）があり、その一帯が「夷社境内山林」または「蛭子山境内」であったことが判明する（図74－4）。図74－5には、その分布領域を、現在の地図上に網部として示した。

梅原氏らが認識していた小字「恵美須山」と当該地とが完全に一致するかは不明であるものの、かつての古墳集中地や恵美須山古墳の所在地の見通しが、これによって得られる。この範囲の最頂部付近は、現在の長野丙古墳群と一部重複し、しかも、本章で紹介する遺物の採集地点がそのあたりに最も集中していることは注目される。

(4) 小結

以上の報文や古記録などによって、「物集女ノ群集墳」は、①もとは100基以上の古墳が分布していたこと、②それらは、横穴式石室をもつ小円墳からなる後期の群集墳を主体としていたこと、③なかには、陶棺や家形石棺をともなう古墳があったこと、④それ以外に、粘土槨や長持形石棺を内部構造とする例や、副葬品に銅鏡や碧玉製腕飾類などをもつ例など、前期〜中期にさかのぼる古墳が存在したこと、などが分かる。

しかし残念ながら現在では、古墳個々のかつての所在地のほとんどは不明である。

また、各報文に記載のある発見品も、恵美須山古墳ほかの銅鏡などをのぞいて、その詳細や所在すら判明せず、遺物の面からによる具体的な時期比定をも困難にしている。

3— 採集地点と遺物の概要

(1)「物集女ノ群集墳」にかかわる現在の遺跡名称

つづいて採集遺物の記載にうつるが、まず、つぎの点を確認しておきたい。

京都府や向日市が発行している遺跡分布図〔京都府教委 1972、向日市教委 1988〕では、総称としての「物集女ノ群集墳」という名称そのものは踏襲していないものの、梅原氏の報文や分布図に典拠して作成されてきた。ただし、上記の事由により少なからずの混乱や不明点を内包したままになっている。

なお、遺跡分布図のうち、1988年（昭和63）刊の『向日市遺跡地図〔第2版〕』〔向日市教委 1988〕では、今回紹介する資料を加味して作成されているが、かつて漠然と「物集女ノ群集墳」と呼ばれていた範囲には、現名称の、北ノ口遺跡、中海道遺跡、長野古墳、長野乙古墳群、長野丙古墳群、南条古墳群などがふくまれる。

以下に示す採集遺物の紹介における遺跡・古墳（群）名称は、それらにしたがう。

(2) 北ノ口遺跡

1986年（昭和61）冬、物集女町北ノ口の竹薮で造成工事がおこなわれた際に採集された遺物が、当時の向日市立第2向陽小学校児童（岡部典明・安田隆宏両氏ほか）によって、向日市文化資料館に届けられた（図75—1〜6）。

採集地点は、遺跡の未確認地であったため急きょ現場へ赴いたが、工事はすでに終了しており本来の遺物包蔵地は推定できなかった。現地は、標高約50ｍを測る向日丘陵東斜面にあたり、付近は宅地化がかなり進行している地域である（図72—26）。

届け出遺物には、装飾付器台などの特殊な須恵器もふくまれていたため、その後、断続的に当地を訪れて遺物の確認に努めたが、あらたな情報は得られなかった。

採集遺物には、埴輪（1）と須恵器（2〜6）がある。

（1）は、埴輪の突帯（タガ）部付近の破片で、突帯の断面形は低い台形状を呈する。淡橙褐色で、軟質焼成であるが、黒斑はない。内外面ともナデ調整か。

（2）は、小片のためやや疑問がのこるが、杯もしくは有蓋高杯の口縁部付近と推定される。受部は短く水平にのびる。暗灰色で硬質焼成、内外面とも回転ナデ、ナデ調整。

（3）は、長脚2段透孔の高杯脚部にあたる。透孔の穿孔は推定3方で、上下の方形透孔の境には2条の沈線文がめぐらされる。暗灰色で硬質焼成、外面は回転ナデ調整、内面にはしぼりめがのこる。

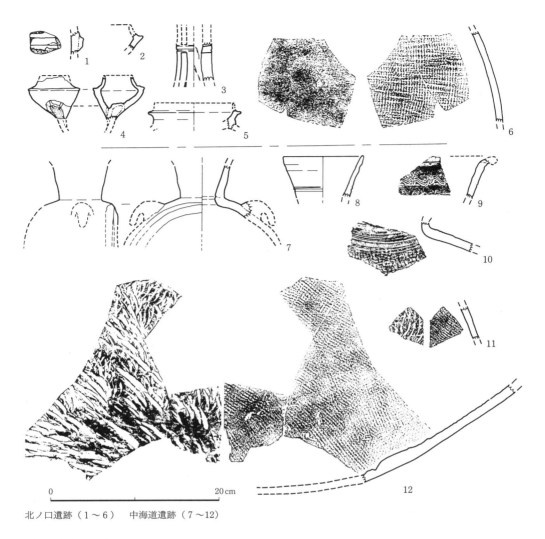

北ノ口遺跡（1～6）　中海道遺跡（7～12）

図75　採集遺物類－1

（4）は、装飾付器台である。装飾部は、全周の約半分がのこる小壺で、その口縁部は、体部から屈曲して上内方にのび、蓋受け状をなす。器台本体の口縁部の断面形は、端部付近で外折し、端部は先すぼまりに丸くおさめられる。暗灰～灰色でやや軟質焼成、内外面ともナデ調整。

（5）は、器種不明の破片である。図示した上半部は杯や有蓋高杯の口縁部の形状に類似するが、下半は外下方へさらにつづくありさまを示す。復原径や形態から、装飾付須恵器の装飾部になる可能性がある。暗灰色で硬質焼成、内外面とも回転ナデ調整。

（6）は、壺・甕類の体部片で、同一個体片が他に数点ある。暗青灰色で硬質焼成、外面はタタキ調整、内面はタタキ当具痕をていねいに消す。

これらの遺物は断片ながら、埴輪や装飾付須恵器という葬送用の品目がある点から、付近にか

つて存在した古墳にともなうものと考えられる。

（1）の埴輪片は、突帯の形状やその断面形の低さなどから考えて、川西宏幸氏編年（〔川西 1978〕、以下同じ）のⅤ期に相当しよう。

須恵器のうち、長脚2段3方透孔の高杯（3）は、陶邑窯跡群における田辺昭三氏編年（〔田辺 1966、1981〕、以下同じ）のTK10型式～TK43型式にあたる。体部片（6）では、内面のタタキ当具痕をていねいに消しており、古い様相を呈する。装飾付器台（4）は、その盛行期が古墳時代の後期前半（TK10型式まで）にあたる。

したがって、これらの遺物は、須恵器型式でいうとTK10型式～TK43型式前後（6世紀中葉～後半頃）のものである可能性が高い。

（3）中海道遺跡

物集女町在住の中山祥夫氏が、同町中海道の竹林における土入れ作業で1970年代後半頃に採取された遺物を、向日市文化資料館に寄贈された（図75－7～12）。

その地点は、中海道遺跡として現在把握されている範囲内の南西端に相当する（図72－27、図74-5-1）。採取地点とおぼしき竹林は、標高約40ｍの丘陵緩斜面にあたるが、現状では本来の遺物包蔵地は確認できない。

採集遺物には、古墳時代の須恵器（7～12）、平安時代の須恵器、緑釉陶器片がある。今回、後者ははぶく。

（7）は、提瓶（さげべ）の体部上端から口頸部にあたる。体部の一側面には比較的明瞭な稜をもち、肩部には把手が付けられていた痕跡をみせる。口頸部は上外方に開くが、口縁端部は欠損する。内外面に緑茶色自然釉がかかり、口頸部は焼けひずみがみられる。灰～淡灰色で硬質焼成、内外面とも回転ナデ、指圧痕調整。

（8）は、壺類の口縁部で、上外方に開き、端部は先すぼまりにおさめられる。外面には1～2条の沈線文がめぐる。色調、焼成、調整、自然釉、焼けひずみ状態などが（7）に似るので、同一個体の可能性がある。

（9）は、高杯形器台の口縁部片である。端部は欠損するが、外面は櫛描波状文で装飾される。暗灰～青灰色で硬質焼成、内外面とも回転ナデ調整。

（10）は、壺・甕類の体部上端部片である。淡灰色でやや軟質焼成、外面はタタキ、カキメ、回転ナデ、内面はタタキ当具痕をのこし、回転ナデ調整。

（11）は、壺・甕類の体部片である。暗灰色で硬質焼成、外面はタタキ、カキメ調整、内面はタタキ当具痕をのこす。

（12）は、大形甕の底部付近にあたる。暗灰色で硬質焼成、外面はタタキ、カキメ、内面はタタキ当具痕をのこし、ナデ調整。

以上の遺物のうち提瓶（7）や高杯形器台（9）は、一般集落からほとんど出土せず、主体としては古墳にともなう器種であるので、この点から、付近に消滅古墳が存在した蓋然性が推定される。

また、上述資料のうち時期の推定可能なものに、同じく提瓶（7）と高杯形器台（9）がある。
　前者の体部の一側面周縁が比較的明瞭な稜をそなえる個体は、陶邑窯跡群の資料ではMT15型式に確認できる。後者の器台の口縁部外面にみられる装飾手法は、一般的に、櫛描波状文から櫛描原体による列点文に変化する傾向をもつ。その境は、TK10型式とTK43型式の間にあるようなので、櫛描波状文の装飾をそなえる本例は、TK10型式以前の資料であるといえる。
　したがって、これらはMT15型式～TK10型式前後（6世紀前半～中葉頃）に属すると考えられる。
　なお、本地点は上述のとおり、弥生時代後期～終末期を中心とする中海道遺跡の範囲内にふくまれるが、中海道遺跡第1次調査（図74－5－×地点、〔高橋編 1979〕）の際、包含層からⅤ期の埴輪（円筒・朝顔形・形象埴輪）と須恵器（TK43型式前後）が出土しており、近辺にはほかにも古墳が存在した可能性が高い。
　ちなみに、今回紹介した須恵器の採集地点と第1次調査地との距離は約150mを測る。

（4）長野丙古墳群

　長野丙古墳群はまさに、「物集女ノ群集墳」の報文にみられる、小字「恵美須山」の丘陵頂およびその周辺部に位置すると考えられる。現在では、物集女町長野丙にあたる。
　この古墳群内の山口彦一氏所有竹林における、1982年（昭和57）頃の土入れ時に出土した遺物が向日市教育委員会へ寄贈された（図76－13～19）。
　その地点は、本古墳群の最頂部に存在する物集女西配水池の東約50mの斜面に相当する（a地点、図72－4-a、図74－5-2）。
　また、私が実施した、筍栽培土入れ時の文化財パトロールの際、あらたに3地点において以下の資料を採取している。
　第一は、配水池の南々東約30mの丘陵頂部にあたる山本五一氏所有竹林で、比較的まとまった遺物を確認した（b地点、図72－4-b、図74－5-3、図76－20～22、図77-右下以外）。
　第二は、1点だけではあるが、配水池の東約100mの丘陵斜面の竹林でも須恵器片を得た（c地点、図72－4-c、図74－5-5、図76－23）。
　第三は、同じく東約15mの小径上において、古墳構築材の可能性がある石材を採集した（d地点、図72－4-d、図74－5-4、図77-右下）。
　現在、いずれの地点（a～d）も古墳を思わせるような土地の隆起はなく、上記の遺物類は、年々おこなわれる土入れにともなって二次的な移動を受けていると推定される。これらの採集地点は標高約65～75mを測るが、前述した推定「恵美須山」の最高所のすぐ東～南斜面に相当し、かつて古墳が最も多く分布していたとされる箇所にあたる。
　したがって、各地点の採取品は、以前に破壊された古墳に関連したものと推測できよう。以下、地点ごとに遺物類の概要を述べる。
　〔a地点〕
　数点の須恵器（13～19）がある。

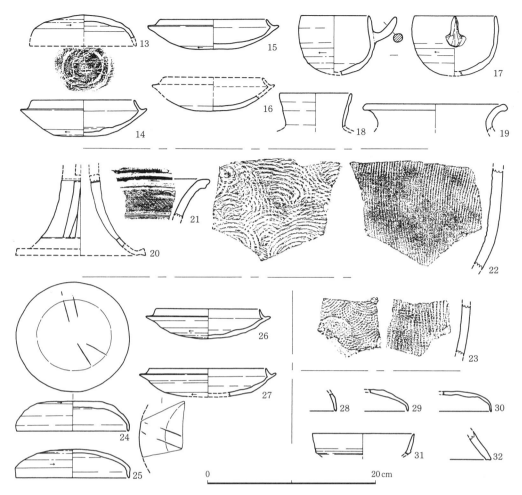

長野丙古墳群（a地点：13～19、b地点：20～22、c地点：23）
芝山遺跡（24～27）　南条古墳群（28～32）

図76　採集遺物類－2

　（13）は、杯蓋で、口縁端部を欠くが、やや器高の高い個体に推定できる。丸い天井部からやや屈折して口縁部につづく。灰～灰白色で軟質焼成、外面は回転ヘラケズリ、回転ナデ、内面は回転ナデ調整で、天井部内面に同心円状のタタキ当具痕がみられる特徴をもつ。
　（14～16）は、杯である。
　器高が高く口縁のたちあがりの長い（14）と、器高が低くたちあがりの短い（15）がある。（14）は、淡灰色でやや軟質焼成、外面は回転ナデ、回転ヘラケズリ、内面は回転ナデ、ナデ調整。ほぼ完形品。（15）は、灰白～暗灰色で軟質焼成、外面は回転ヘラケズリ、回転ナデ、内面は回転ナデ調整。（16）は、灰白色で軟質焼成、内外面とも摩滅のため調整不明。
　（17）は、把手付椀である。半球形を呈する体部に、上向きで先細りの把手が付く。口縁端部

第5章「物集女ノ群集墳」の再評価　127

は、先すぼまりで素直におさめられる。暗灰～灰色で硬質焼成、外面は回転ナデ、回転ヘラケズリ、ナデ、内面は回転ナデ調整。ほぼ完形品。

（18）は、直口壺で、口縁部は上外方に開き、端部は丸い。暗灰～灰白色で軟質焼成、内外面とも回転ナデ調整。

（19）は、甕形の壺の口縁部で、弓なりに外反し、端部は丸い。灰色で硬質焼成、内外面とも回転ナデ調整。

採取者の談によると、これらは石塊とともに出土したといい、実際にその周辺に一抱えほどの大形石が実見できた。また、須恵器には完形品や大形破片が多く、注意される。当時なお遺存していた古墳（横穴式石室墳）を開墾した折に採取された、一括品の一部である可能性が高い。

以上の須恵器のうち、杯蓋（13）の天井部内面にみられる同心円状のタタキ当具痕は、TK208型式～TK43型式にみられる技法である〔森下・宮原 1986〕。本例の場合、形態的特徴からTK43型式前後になろうか。杯では、型式的にやや古い（14）と新しい（15）があるが、ともにTK43型式～TK209型式頃に相当すると考えられる。

これらの杯・杯蓋類から、以上の須恵器はTK43型式～TK209型式（6世紀後半～7世紀初頭頃）と考えられ、他の器種も矛盾はないであろう。

〔b地点〕

須恵器（20～22）と結晶片岩類（図77-右下以外）がある。

（20）は、長脚2段透孔の高杯の脚下半部である。下方へ裾広がりに開き、透孔は3方に穿たれる。下段透孔の上下には、現状で1条ずつの沈線文がみられる。灰～暗灰色で硬質焼成、内外面とも回転ナデ調整。外面は自然釉によって淡灰～黒色を呈する。

（21）は、高杯形器台の口縁部で、端部は丸くおさめられ、その直下外面には、にぶい突帯がめぐる。外面は、整美な櫛描波状文で装飾される。淡紫褐灰色で硬質焼成、外面は回転ナデ、内面は回転ナデ、ナデ調整。

（22）は、甕の体部片で、図示以外に同一個体片が10点弱ある。灰～暗灰色でやや軟質焼成、外面はタタキ、カキメ調整、内面はタタキ当具痕をのこす。

これらの須恵器のうち時期の判断材料となるものに、高杯（20）と高杯形器台（21）がある。

前者は、長脚2段で3方透孔であることからもTK10型式前後（6世紀中葉頃）、後者は、杯部がやや深い形態に復原できると同時に、外面が整美な櫛描波状文で加飾される点から、MT15型式～TK10型式前後（6世紀前半～中葉頃）と推定される。

これら以外に、古墳と関連をもつ可能性がある結晶片岩類（約25点）を須恵器片とともに採取した。いずれも板状を呈し破面の風化は古く、うち最大のもの（図77-左上）は、23cm×14cm×2.5cmを測る。

この種の石材は、本地域では産出しないが、後述するようにしばしば古墳の石室（石槨）材ほかとして利用されることがあるので、本例も古墳用材などの一部として持ち込まれた可能性がある。ただし、本地点では、関連をもちそうな他の石材はなかった。

なお当然ながら、これらの結晶片岩類が古墳や石室石材に関連した資料と断定はできないのは

長野丙古墳群（b地点：右下以外、d地点：右下）

図77　採集遺物類－3

明白であるが、一定ていどの蓋然性はあるとしておきたい。

〔c地点〕

須恵器1点がある。

（23）は、壺・甕類の体部片である。灰～淡灰色でやや軟質焼成、外面はタタキ調整、内面はタタキ当具痕をのこす。

本例だけでは、細かい型式比定は困難であるが、タタキ当具痕の残存が内面にみられることから、6世紀代を中心とする時期の製品であろう。

〔d地点〕

安山岩の板状石材を1点採取した（図77-右下）。

破面の風化は古いもので、25cm×24cm×4cmを測る。上記した結晶片岩類と同様に、本地域では産出せず、かつ、古墳用材に供される石材でもあるので、古墳の一部に利用されていた可能性も考えられる。追加資料の確認を待ちたい。

(5) 芝山遺跡

長野丙古墳群が立地する丘陵の南西斜面にあたる、物集女町芝山の竹林から出土した須恵器数個体が、現在、向日市立第2向陽小学校に保管されている（図76－24～27）。

出土地点とおぼしき竹林を踏査したが、正確な採取位置は確認できなかった。本来、長野丙古

墳群の一角にふくまれる可能性があるものの、分布域を異にする傾向がみられるため、仮に芝山遺跡とした（図72－30、図74－5-6）。

採集遺物には、須恵器の杯、杯蓋（24～27）がある。

（24・25）は、杯蓋で、前者は器高が高く、後者は低い。ともに、天井部から屈曲して口縁部がのびる。（24）の天井部外面には、2条1単位の焼成前ヘラ記号が2箇所にみられる。（24）は青灰色で硬質焼成、（25）は淡灰色で硬質焼成、ともに、外面は回転ヘラケズリ、回転ナデ、内面は回転ナデ、ナデ調整。

（26・27）は、杯である。両者とも低い底体部で、口縁部のたちあがりは短い。（27）の外面には、平行線の焼成前ヘラ記号がある。（26）は灰白色でやや軟質焼成、（27）は淡青灰色で硬質焼成、ともに、外面は回転ヘラケズリ、回転ナデ、内面は回転ナデ、ナデ調整。

以上の須恵器には完形品が3点（24～26）ふくまれていることから、遺存していた古墳の内部主体の一部へ土取りがおよんだ際に出土した可能性がある。

これらの杯・杯蓋の形態的特徴は、ほぼTK43型式～TK209型式（6世紀後半～7世紀初頭頃）に相当しよう。

（6）南条古墳群

南条古墳群（図72－6、図74－5-7）は、これまでに7基の古墳が確認されているが、現存するのは5世紀中葉～後葉の南条3号墳（別称：二校前古墳、〔都出・井上 1983〕）だけである。この古墳群内で採集された古墳時代～平安時代の遺物が、向日市教育委員会に保管されている。

古墳と関連をもちそうな採集品には須恵器がある（図76－28～32）。

（28～30）は、杯蓋で、（28）は器高が高く、他は低い。いずれも、口縁端部は丸い。（28）は、暗灰～青灰色で硬質焼成、内外面とも回転ナデ調整。（29）は、暗灰色で硬質焼成、外面は回転ナデ、内面は回転ナデ、ナデ調整。（30）は、青灰色で硬質焼成、内外面とも回転ナデ、ナデ調整。

（31）は、無蓋高杯の口縁部で、シャープなつくりを示す。遺存最下部に突帯がめぐり、口縁端部は先すぼまりでするどい。暗灰色で硬質焼成、内外面とも回転ナデ調整。

（32）は、壺類に付く脚台端部で、端部付近でわずかに内湾する。小片であり、透孔の有無は不明である。暗灰色で硬質焼成、内外面とも回転ナデ調整。外面には暗緑茶色自然釉がかかる。

これらの遺物は、古墳群内のどの地点から採取されたか判然としないが、群内の古墳にともなった遺物となる可能性がある。

以上のうち、杯蓋は、形態的特徴から可能性として、（28）がMT85型式～TK43型式前後、（29・30）がTK209型式～TK217型式前後、無蓋高杯（31）は、口縁部のたちあがり具合からTK43型式前後になろうか。

したがって実年代では、6世紀中葉～7世紀前葉の時期幅をもつ。

4— 若干の検討（1） 装飾付須恵器と結晶片岩類

　ここまで紹介した資料のうち特徴的な遺物に関連する問題点、採取遺物などの情報から派生することがら、「物集女ノ群集墳」の内容にかかわる理解、などに少しばかりの検討を以下で加えてみたい。関連データとして、図78と図79を掲載した。

（1）北ノ口遺跡の装飾付器台をめぐって
　北ノ口遺跡では、6世紀中葉ないし後半頃（TK10型式〜TK43型式）と推定できる装飾付器台があった（図75－4、図78－13）。装飾付須恵器は、古墳のなかでも大勢として首長墳にともなう器種と判断されており〔岸本 1975〕、付近に首長墳と目されるような古墳が存在した可能性も考えられる。

　当遺跡の装飾付須恵器は、高杯形器台の口縁部を小形壺で装飾した個体であり、このタイプは類例が少ない。一般的に、小形器種が取り付けられる装飾付器台の大部分は、器台の口縁部に杯をのせた製品でしめられ、しかも、それらは近畿地方に分布の中心をおく〔柴垣 1984、山田 1988〕。

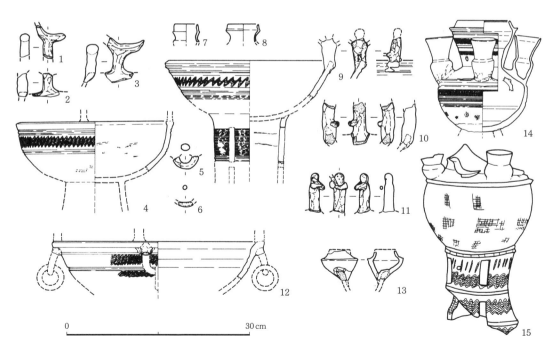

物集女車塚古墳（1〜11）　塚本古墳（12）　北ノ口遺跡（13）
長法寺七ッ塚7号墳（14）　マト塚古墳：南原2号墳（15）

図78　乙訓地域の装飾付須恵器

一方、山城地域の装飾付須恵器をあつかった山田邦和氏の研究〔山田 1988〕によれば、山城では、近畿中央部に位置しながら、杯装飾の器台は分布をみない。逆に、京都市巽1号墳（6世紀末ないし7世紀初頭、〔木下 1987〕）で、器台口縁部に小形の長頸壺や𤭯形壺を付けた例がみられ、近畿における山城の装飾付須恵器の地域色として評価されている。
　北ノ口遺跡の個体も、巽1号墳と同じく壺で装飾する器台例で、山城の地域色を補強する追加資料になる。
　のみならず、本例は、巽1号墳より時期がさかのぼる個体となり、この地域色が6世紀中葉ないし後半から発現している事実を明らかにした。
　なお、6世紀中葉の築造である物集女車塚古墳の須恵器装飾部の小壺片2点（図78-7・8）は、他の器台の胎土との共通性などから、高杯形器台の口縁部における装飾品となる可能性がある〔秋山 1988a〕。この理解が正しければ、同様の補強データとなろう。
　つづけて、山城の装飾付須恵器に関して述べれば、つぎのような興味深い事実が多くみられる（図78、〔秋山 1988b、山田 1988〕）。
　装飾付須恵器のなかで出土の少ない例に、器台の口縁部に人物などの小像を取り付けて飾るものがある。
　その分布をみると、山城（京都府）に4古墳6点以上（向日市物集女車塚古墳〔秋山・山中編 1988〕、長岡京市塚本古墳〔木村 1985〕、山城町山際古墳〔川西 1987〕、木津町音乗谷古墳〔奈良国立文研平城宮調査部 1973〕）、紀伊（和歌山県）に2古墳6点（和歌山市井辺八幡山古墳〔森ほか 1972〕、同岩橋天王塚古墳〔末永ほか 1967〕）と、両地方に最も集中している。
　加えて、山城・紀伊両地方の装飾付器台には、ともに、①瓔珞状の円環装飾を口縁部直下に取り付ける例（図78-5・6・12：山城例、以下同じ）、②人物小像のうち、性器を露出した裸体男性像で飾る例（同-9・10、本書カバー写真参照）、③口縁部上面が平坦な器台は類例をほとんどきかない器形であるにもかかわらず、それに小像が取り付けられている例（同-4）などがみられ、一層、両地方における共通性を強調する。
　これらのことから、山城と紀伊の特殊な相互関係を想起させる。
　なお、上の装飾付器台にみる①～③の特色は、山城の物集女車塚古墳、塚本古墳と、紀伊の先記した井辺八幡山古墳、岩橋天王塚古墳の間に看取される。
　山城の2古墳はともに乙訓地域に存在する古墳で、山城・紀伊2地方間の親縁性の強さは、乙訓地域でより顕著であるといえるかもしれない。ことに物集女車塚古墳は、本章であつかっている「物集女ノ群集墳」の隣接地もしくは同一地域に立地する首長墳である点から、次項との関係などからも留意しておきたい。

(2) 長野丙古墳群の結晶片岩類をめぐって

　長野丙古墳群は「物集女ノ群集墳」の主要域にふくまれると考えてよいが、そのb地点において須恵器片とともに採取された結晶片岩類（図77-右下以外）については、古墳の石室構築材の一部の可能性、もしくは、何らかのかたちで古墳に関連した資料としての公算を想定した。

採集資料であるので正確な時期比定の根拠を欠くが、一緒に確認できた須恵器（6世紀前半～中葉頃）が示す、後期古墳の石室ほかに用いられていた蓋然性が指摘できる。

これまで近畿地方において古墳石室に結晶片岩類が供されている例、もしくはそのように推定できる例には、前期・中期で、大阪府・将軍山古墳、同・紫金山古墳、京都府・恵解山古墳、奈良県・室大墓古墳、さらに、大阪府・津堂城山古墳、同・玉手山7号墳、同・玉手山9号墳、同・茶臼山古墳、同・弁天山C1号墳、奈良県・燈籠山古墳、同・櫛山古墳、兵庫県・五色塚古墳、同・小壺古墳などがある（〔宇垣 1987〕ほか、個別出典は同文献参照）。

このうち前者の4古墳では、竪穴式石室（石槨）の壁材に高い割合で結晶片岩類が利用されている。4古墳のうち室大墓古墳以外は、淀川水系の古墳でしめられ、その利用状況は、この地域の特色とされる[6]。

その後の後期では、石室石材種の詳細な報告例が少ないため全般的な傾向を指摘できないが、淀川水系においてこれまで、大阪府・海北塚古墳（箱式石棺材、〔梅原 1937〕）、京都府・物集女車塚古墳（石室壁体材のごく一部、〔橋本 1988〕）、同・塚本古墳（周溝内出土、〔木村・近沢 1984、木村 1985〕）にみられた。

本章での、長野丙古墳群例を追加することができるならば、淀川水系の前期・中期古墳にみられた結晶片岩類使用の特色が、後期にいたっても継続している点を一層きわだたせる結果になる。

上記の諸古墳のうち、乙訓地域（＝淀川上流にあたる桂川の右岸域）での確認例をあげると、中期の恵解山古墳、後期の物集女車塚古墳、塚本古墳、長野丙古墳群となり比較的多い。

一方、この地域の前期古墳の竪穴式石室（元稲荷古墳、寺戸大塚古墳、長法寺南原古墳、鳥居前古墳）では、寺戸大塚古墳の石室天井石の一部に他地域産の花崗岩が使われているが、それ以外は粘板岩、チャートなどの在地産の石材を用いている。淀川水系に包括されながらも、乙訓地域の前期における結晶片岩類は未確認である〔都出・井上 1983、宇垣 1987、ほか〕。

つまり、乙訓地域の古墳では、中期になって初めて結晶片岩類が使用され、後期では、使用量そのものは少ないが確認基数が増加するという特色を指摘できる。なお、中期の恵解山古墳では結晶片岩類以外に他地域産の安山岩も利用されており〔山本ほか 1981〕、前期と中期の境に利用石材のあり方に大きな画期をみいだすことが可能となる。

ともあれ、周知されるとおり結晶片岩類は三波川帯に産するもので、乙訓地域からの最も近い産出地は、紀伊地方の和歌山県紀の川流域である。結晶片岩類の正確な原産地同定は不可能であり、さらには、搬入された経緯は未解明であるものの、乙訓地域と紀伊地方との相互関連性が想起させられることになる。しかもこの特徴は、中期の恵解山古墳の築造を嚆矢とし、後期にいたってより顕著になったといえる〔補記参照〕。

この点は、前項で指摘した、装飾付須恵器における乙訓地域と紀伊地方との強い親縁性とまさに符合し、おおいに関心がもたれる重要事項となろう。

なお、長野丙古墳群d地点で確認した安山岩板状石材（図77-右下）に関しても、古墳の石室構築材としての可能性を想起でき、注目すべき素材となる。しかし、現状では流動的な要素が多いため、今後の検討課題としておきたい。

5― 若干の検討（2）「物集女ノ群集墳」の現状把握と再評価

(1)「群集墳」の復原
A 古墳後期の状況

　先述した採集遺物をめぐる検討の結果、具体的な時期比定が困難であった「物集女ノ群集墳」の形成過程などに一定の見通しが得られた。

　今までこの「群集墳」に対しては、梅原末治氏らの記載など〔梅原 1919、1923c、ほか〕をよりどころにして、後期古墳群のうちでも、「爆発的」とも表現される築造状況を各地でみせる6世紀後半（須恵器のTK43型式前後）の群集墳を主体とする、と私もふくめ漠然と一般的に理解してきた。これに、追葬期の営為を考慮すれば、7世紀初頭までという把握にはなる。

　本章で示した採集遺物のうち、長野丙古墳群a地点例、芝山遺跡例、南条古墳群例などは、ほぼその時期頃と想定してよいであろう。梅原氏報文の陶棺出土古墳や現・物集女来迎寺在の家形石棺（身）など〔梅原 1919、都出・井上 1983、安藤 1975〕も、当該期の所産と考えてよい。

　一方、採集遺物のうちには、北ノ口遺跡例、中海道遺跡例、長野丙古墳群b地点例などのように、上記例をさかのぼる、6世紀前半ないし中葉の資料（須恵器のMT15型式〜TK10形式前後）も少なからずふくまれている。よって、上述の想定よりも比較的早い時期から、後期群集墳の築造が開始されている可能性が高い。

　つまり、「物集女ノ群集墳」では、6世紀の前半ないし中葉〜後半を通して、小規模墳を主体とする築造が継続的におこなわれていた様相が指摘できる。

　またそれらは、梅原氏らの言説のように、集中分布域を示しつつ各所に点在するあり方、つまり分布に一定の偏在性があったようなので、いくつかの大小古墳群に分かれ、それらの複合体として「群集墳」を構成していたと考えられる。

　したがって、「物集女ノ群集墳」の実態は、詳細消長にこだわらず後期にかぎり大要として推測すると、6世紀の前半ないし中葉以降、7世紀初頭までの間における、複数集団による累積的な造墓・葬送活動の産物であったと評価できよう。

　この時期は、下記のように、東接部に位置する首長墳：物集女車塚古墳〔秋山・山中編 1988〕が墳墓として実際的に機能していた期間とおおむねかさなる。

　物集女車塚古墳は、「物集女ノ群集墳」が分布する丘陵の裾をなす段丘端部に立地し、先年、向日市教育委員会によって発掘調査され、内容が具体的に明らかになっている（本書第1〜第4章参照）。

　全長約45m（43〜48m）の前方後円墳の後円部に古式の横穴式石室が築かれ、組合式家形石棺を安置する。金銅製の冠、馬具などの豊富な副葬品をおさめ、地域の首長墳にふさわしい内容をそなえる。石室内で出土した須恵器からみて、6世紀中葉（TK10型式新相）に築造・初葬され、6世紀後半から7世紀初頭頃（TK43型式〜TK209型式）にかけて追葬がなされている。

　つまり、大部分が小規模墳と推定される後期「物集女ノ群集墳」の造営と、首長墳である物集

女車塚古墳の構築・葬送が、須恵器型式の理解などに準拠するならば、時間的にほぼ並行しておこなわれていたとする理解が許されるであろう。

そして、二者の地理的な近接さ、のみならず、東方平野部からながめた場合、あたかも物集女車塚古墳が「群集墳」の入り口ともいうべき箇所に立地する点からみて、当時、両者は没交渉もしくは排他的な関係にあったとはとうてい考えられない。

B 古墳前期・中期の状況ほか

つぎに、それをさかのぼる前期・中期の「物集女ノ群集墳」に関しては、本章において新資料を一切提示できなかった。ただ、所在地がまったく不明であった、小字「恵美須山」（恵美須山古墳ほか分布）の位置に見通しを得た点は成果の一つにあげられる。

従来の知見で、後期をさかのぼる時期の当該地の古墳には、先記した中期前半の恵美須山古墳（径約15ｍの円墳、粘土槨、四乳四獣形鏡出土、〔梅原 1919、高橋編 1987〕、図73－1）、中期中葉～後葉の南条3号墳（径約24ｍの円墳、埴輪・須恵器出土、〔都出・井上 1983〕）がある。また、先掲（図73－2）の、「恵美須山」出土の変形方格規矩八獣形文鏡や四獣形鏡〔梅原 1919、高橋編 1987〕も、前期後半～中期初頭の古墳からの出土品であろう。

これら以外に、竹林開発にともない何ら調査をへずに消滅した前期・中期の古墳が存在したらしく、推定または伝とされながらも物集女町発見といわれる、注目すべきいくつかの遺物がある。

その第一は銅鏡で、「恵美須山」出土とされる内行花文鏡、伝・物集女町付近出土とされる三角縁獣帯三神三獣鏡、結び紐文鏡がある〔高橋編 1987、ほか〕。三角縁神獣鏡がふくまれており留意されるが、採取地に不確実性をのこすようではある。

第二は、これまであまりとりあげられなかった、長持形石棺の小口板片である。1919年（大正8）の梅原氏報文など〔梅原 1919、1923c〕では、当時、物集女村の北端に近い小川のそばに存在し、朱の塗布も観察できたらしい。だが、現在ではその行方は不明となっている。

間壁忠彦・間壁葭子両氏の研究〔間壁・間壁 1975、1976〕によると、本例は、図示された形状から播磨産竜山石製でまちがいないという。長持形石棺は、中期古墳の、しかも、大阪府の古市古墳群や百舌鳥古墳群の大王墓の内部主体に採用されていることが如実に示すように、大形古墳の埋葬主体となる棺形式である。

そのような長持形石棺を内蔵する中期（大形）古墳が、梅原氏が推測するように「物集女ノ群集墳」内あるいは近辺にかつて存在した可能性が考えられるわけである。物集女車塚古墳に先行する、本地域所在の中期首長墳となろう。

したがって、「物集女ノ群集墳」の範囲と想定される地域・周辺に、中期段階では数基（複数群）の小規模墳などと首長墳（「長持形石棺墳」）がみられたことになる。それらは、物集女車塚古墳を長とする後期の古墳群に示される分布状況の、前段階の姿を示している。

要するにこのような評価にしたがえば、物集女付近では、中期・後期ともに、物集女「長持形石棺墳」と物集女車塚古墳という首長墳に示される首長が実在し、その周囲に小規模墳ほかによって群形成をなした造墓諸集団の存在が想定できる。

(2) 向日丘陵の古墳系譜と「物集女ノ群集墳」

　都出比呂志氏は、乙訓地域における首長墳の系譜を整理した際（前掲図56参照）、「物集女ノ群集墳」が所在する向日丘陵の古墳群（向日グループ）を、南北2群（向日北グループ、向日南グループ）に分け、その築造順序や系列を考究している〔都出・井上 1983、都出 1988、1989〕。
　図79は、同氏が示した古墳の変遷図を基礎にし、本章提示の採集資料から得られた情報や最近の発掘・立会調査の成果などを加味して新規に作成したものである[7]。「物集女ノ群集墳」は、本図では向日北グループに属する。
　この変遷図からうかがえることは、南グループは、北グループに先立ち前期前葉に大形墳（元稲荷古墳）の築造を開始するが、主要古墳の築造は中期にはとだえる。
　他方、北グループは、前期：寺戸大塚古墳、妙見山古墳→中期：伝高畠陵古墳、牛廻し古墳、（物集女「長持形石棺墳」）→後期：物集女車塚古墳の順に主要古墳の系列がたどれ、前期中葉から中期・後期における、南グループに対しての優位性を保持し、向日グループ全体を代表する造墓系譜となる。
　この古墳系譜における、「物集女ノ群集墳」域およびその周辺部の様相についてふれてみたい。
　中期では、今日までに確認されている向日グループ最大の古墳は、伝高畠陵古墳（円墳、径65m）である。この古墳は、「群集墳」域よりやや南にはなれた丘陵部に立地する。また、物集女には、先にみたように長持形石棺をもった中期の首長墳が予想できた。
　現在のところ、大形墳・首長墳と推測できるこれら両者とも、それ以上の実態がまったく不明であるため相互の関係性など詳細な検討は不可能である。ただし、物集女地域およびその近接地を中枢とする向日北グループが、向日グループ全体の集団を代表する造墓主体であったことは上記のとおりまちがいない。
　なお、「物集女ノ群集墳」内に所在した、中期前半の銅鏡を副葬品にもつ恵美須山古墳（円墳、径15m）などは、当時の向日北グループの首長のもと、首長権の行使にあたり重要な位置をしめ、その一部をも分担した有力成員の墓であったと予想される。さらに、同じく「群集墳」内の、中期中葉～後葉の南条3号墳（円墳、径24m）は、群形成をなす古墳群内に築造されることから、このあり方は、つぎにみる後期群集墳の先駆的存在となる可能性がある。
　だがここでも、ともにのこされたデータがあまりにも少なくこれ以上の検証は深化できない。
　後期では、後期中葉の物集女車塚古墳（全長約45m）が唯一の前方後円墳で、向日グループ総体を代表し権力をそなえた首長が被葬者であることは明白である。
　この古墳が、長岡グループほかをふくめた乙訓地域全体における、当時の卓越した首長の墓であるという旨の指摘〔都出 1988〕、前掲図56参照）もみられ、その可能性は高い。
　しかし、物集女車塚古墳より南に分布し、ほぼ同時期と推定される、長岡京市所在の井ノ内稲荷塚古墳（全長46m、〔堤・高橋 1968〕）、井ノ内車塚古墳（全長37m、〔同〕）、細塚古墳（規模不明、〔長岡京市教委 1987〕）という、長岡グループの前方後円墳〔都出 1988、1989〕などの詳細実態がなお不明である現在、その点に関してはさらなる議論を要しよう。
　そこでこの問題はいったん不問とし、項をあらためて、別の角度からの検討を試みる。

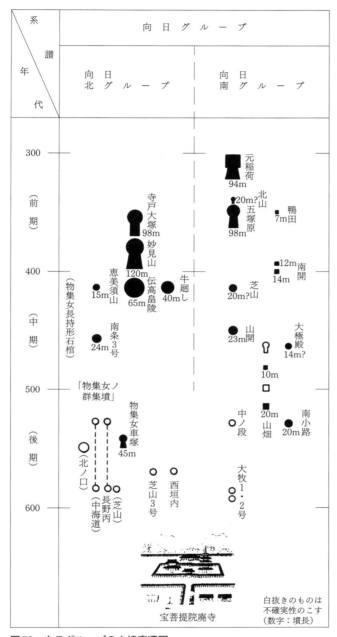

図79 向日グループの古墳変遷図

(3) 物集女車塚古墳と「物集女ノ群集墳」およびヤマト政権との関係

　ここでは、図79の向日グループ内のデータなどにかぎり、標記の関係性をめぐって記述を進める。関連古墳の分布状況に関しては、図72および図74−5を参照されたい。

　後期古墳として、物集女車塚古墳以外に、北グループにおいては、「物集女ノ群集墳」内およ

び付近所在の北ノ口遺跡例、中海道遺跡例、長野丙古墳群、長野乙古墳群、長野古墳があり、他に、芝山3号墳（家形石棺確認）、西垣内古墳（同）ほかがみられる。

　南グループにおいては、山畑古墳群（中期後半から継続）、中ノ段古墳、大牧1号墳（陶棺確認）、大牧2号墳（同）、南小路古墳などがある。

　北・南両グループとも、古代都城・長岡京造営や竹林開発という後世の大規模な土地改変行為によって、数多くの古墳が過去に削平を受けたと推定されるので、本来の実態は格段にふえると考えられる。

　ただし、現在までに確認された上記の後期古墳は、ほとんどが小規模墳と考えられ、なかには、家形石棺や陶棺を内部にもつものがある。また、丘陵部からさがった段丘上に立地し、埴輪をともなう古墳のいくつか（中ノ段古墳、南小路古墳）は横穴式石室より前の古墳となる可能性があるが、他の多くは横穴式石室墳かと推定される。

　この類の小形古墳は、一般的に単独で存在するのは稀で、もとは群を形成していた古墳群もしくは群集墳であろう。

　つまり、向日丘陵およびその周辺には、いくつかの後期の古墳群・群集墳がみられ、なかでも「物集女ノ群集墳」の地域に最も分布が集中し、その東接地で地域唯一の前方後円墳である物集女車塚古墳が存在する、という後期の古墳築造状況が復原できる。

　これらのうち後期群集墳については、学界でのこれまでの研究成果として、〈生産力上昇にともなう余剰の相対的増加などの結果としての、私有化の進展を背景に成長した「家父長的家族体」の中枢部の墓〉と理解されている。そしてその個々の古墳は、〈「家父長」の死を契機に築造された＝「家父長墓」〉といわれる。

　また、各地にみる後期群集墳の普遍的で広範な出現は、〈ヤマト政権（＝大和連合勢力、ヤマト王権）が、直接的にあるいは各地首長層を介し、新しい古墳秩序の設定（＝古墳築造の容認）を家父長層との間に積極的に形成〉したあらわれである。さらにそれは、〈ヤマト政権による家父長的家族体の支配、余剰の「収奪」を目的〉になされた。

　等々として、評価される〔近藤 1983、広瀬 1978、西嶋 1961、ほか〕[8]。

　そうであるならば、等しく向日グループのうちにあっても、上にみたような群内古墳数の多寡、もしくは、出現時期の異同などが示すとおり、上記「家族体」の成長の度合いが、必ずしも地域内で同時並行かつ均質に進行したのではないことが確認できる。

　そのような跛行性はあるものの、①地域における権力体現者である物集女車塚古墳の被葬者と、個別の余剰私有化を希求する群集墳の被葬者たちとは、在地における一側面として、いわば対抗関係の存在でもあった。群集墳を家父長墓とする論説では、そのように理解される。

　また他方で、②前方後円墳という墳形の許諾と採用に表出される、ヤマト政権と物集女車塚古墳被葬者との政治的な関係、さらに、③余剰をめぐり直接・間接の収奪・被収奪の位置にある、ヤマト政権と群集墳被葬者との経済的な関係、というそれぞれの関係性が存在する。

　このような、ヤマト政権・物集女車塚古墳・群集墳にみる①～③の三様のバランスのなかで、ヤマト政権にとって、直接・間接にせよ、家父長的家族体からの収奪を最も効果的に遂行するに

は、在地首長の関与やその有効的利用が重大な関心事であったであろう。また、ヤマト政権には、所期の目的を最大限かつ効率的に貫徹するために、合理的と目される在地首長の選別・創出が必須であったと推測できる。

以上をふまえここで注意しておきたい点は、向日グループのなかで「家父長墓」の築造数が最も多い「物集女ノ群集墳」と、当時の首長墳：物集女車塚古墳との、実際的な関連性である。

上記において、両者には一側面としての対抗関係が仮定されるとし（①）、他方、先項では、時間的な並行性と立地位置を根拠に、両者が排他的で無関係な存在ではなかったと推定した。

以下は、それにかかわるコメントとなる。

群規模の大きさ、つまり古墳数の多さが、台頭しつつあった家父長的家族体の数に相応すると判断してよいなら、「物集女ノ群集墳」を形成しえた集団（群）の規模の優位性、ひいては、生産力発展の度合いの高さを反映していると考えられる。なおその状況は、後期にいたってにわかに形成されたのではなく、前代の蓄積から生起したものと理解してよいが、これは、前期中葉以降の主要古墳のあり方からうかがえる、向日グループ内での向日北グループの優位性とは無関係でないであろう。

そのような有力家族体群と首長という、ともに卓抜とみなしてよい、隣接併存する「物集女ノ群集墳」集団（群）と物集女車塚古墳被葬者とのつながりは、上記の対抗関係を内包しつつも、その基本的な大前提としては、両者が密接不可分なあり方と考えるのが自然である、と判断したい。

ともあれ、物集女車塚古墳は、前期・中期における向日北グループの系譜上につながる当地の有力な首長墳であり、加えて、「物集女ノ群集墳」と総称された古墳群・群集墳との強い有機的関係を背景にした存在であったと理解してよい。

すなわち、古墳時代前期あるいは弥生時代以降に醸成された在地の共同体的諸関係のなかから輩出された、〈諸集団の「同族的結合」の結束点〉〔白石1973〕、つまり、諸集団の中心・要と意識された人物の墳墓としての物集女車塚古墳、の姿がうかびあがる。

再言にもなるが、「物集女ノ群集墳」を造営した諸集団、もしくは、その前段階において形成されつつあった諸集団の結束を背景にした、地域的な紐帯のなかから擁立された有力人格が、物集女車塚古墳の築造契機となった首長であったと考えられる。

当地域の古墳・古墳群の様相から把握できる、在地の集団関係における実態をそのように理解しておきたい。

そして、ヤマト政権が、家父長的家族体内に蓄積されつつあった経済力を有効に収奪する目的のもとに、向日グループの優勢諸集団を基盤にした物集女車塚古墳の被葬者に挺入れし、前方後円墳という墳形を容認してそれと政治的関係を結び、他をふくめた向日グループ全集団の直接的な掌握をもはかったと推測できる。

ヤマト政権は、そのような在地に形成されていた集団関係を効果的に利用することによって、収奪の貫徹をおこなったのであろう。

6 ― おわりに

　以上、ラフスケッチではあったが、「物集女ノ群集墳」における不時発見遺物の検討を出発点にした内容を叙述してきた。最後に、そこから把握できた見通しなどを簡単に列記し、まとめにかえておきたい。

　①―今まで実態がほとんど不明であったこの「群集墳」は、後期では、6世紀後半を主体としつつ、大要としては6世紀前半ないし中葉以降、追葬をふくめると7世紀初頭まで、複数の造墓集団によって累積的に形成されたこと。

　②―物集女にかつて存在したと推測される長持形石棺を内部主体とする古墳は、向日グループを代表する中期首長墳となる可能性があること。

　③―装飾付器台や結晶片岩類の検討から、本「群集墳」が所在する山城・乙訓地域（桂川右岸域）と紀伊地方との、6世紀における強い相互関係性を指摘できること。

　④―本「群集墳」は、6世紀中葉の首長墳：物集女車塚古墳と密接に関連した古墳群であり、物集女車塚古墳の被葬者は、本「群集墳」を背景にし、そこから擁立された有力な在地首長であること。

　⑤―6世紀のヤマト政権が、台頭しつつあるこの地域の「家父長的家族体」からの余剰物を有効に「収奪」するため、物集女車塚古墳を頂点とする在地の集団関係を効果的に利用したと推定できること。等々。

　ただし、のこされた問題点は多い。

　①②では、まだまだ未解明部分が山積する。

　とりわけ中期以前の様相は、実証的にはまったく不明といっても過言ではない。

　③では、紀伊地方との親縁性は当時の諸関係の一側面であることを忘れてはならない。

　たとえば、物集女車塚古墳では、結晶片岩類以外に、石室材に播磨産の竜山石、石棺材に二上山産の凝灰岩が用いられている（〔秋山・山中編　1988〕、本書第1・第2章参照）。このような現象を個別・総合的に整合性をもたせて考究する必要がある。

　④では地域内での検討、⑤では他地域との比較、を前提とした、各古墳・古墳群の一層の解析と諸関係における過不足ない評価の構築、さらに、それらと本「群集墳」・物集女車塚古墳との連関性の追究が必須である。

　あわせてこれには、当時の政治・社会関係のなかでの位置づけを十分に意識した議論が求められよう。

　今後の課題としたい。

　なお、本章稿はもと、向日市教育委員会が1988年（昭和63）に発行した、発掘報告書『物集女車塚』〔秋山・山中編　1988〕の一項として予定していた内容であるが、紙幅の関係で割愛したものである。

その報告書では当初、物集女車塚古墳という後期首長墳の実態を総合的に把握し、それを自分たちの「武器」にして、地域内での位置づけ、当時の近畿地方さらには列島社会内での評価ほか、遠大な課題を調査参加者は企図していた。
　それらは、時間的な制約などがあったとはいえ、主として私の力不足から実現できなかった。
　このことは、当該報告書を書評にとりあげていただいた評者の真摯な指摘〔広瀬 1988〕を待つまでもなく、報告書の編集担当としての私の大きな悔恨である。
　本章稿が、その責のうめあわせのごく一部になれば幸いである。

〔補記〕
　その後に実施された長岡京市今里大塚古墳の周溝部の発掘で、結晶片岩類の出土があったことを、(財)長岡京市埋蔵文化財センター木村泰彦氏から脱稿後ご教示を得た。
　この古墳は後期後半における乙訓地域全体の首長墳と考えられる大形古墳（前掲図56参照）で、先の調査では、全長80m強の大形前方後円墳になる可能性もでてきた。結晶片岩類がこの古墳（石室）に使用されていたと考えてよいならば、本章論旨における重要な補強材料になる。
　なお、詳細報告は、長岡京市教育委員会『長岡京市埋蔵文化財調査報告書』22に掲載予定と仄聞している。

〔註〕
（１）向日丘陵の前期古墳に関する、1980年代初頭までの主要文献には、〔梅原 1920、1922、1923a・d、1931、1955a・b〕〔西谷 1964〕〔堤・髙橋 1968〕〔京都大学文学部考古学研究室向日丘陵古墳群調査団（近藤喬一・都出比呂志）1971〕〔和田 1981〕などがある。
（２）中山祥夫家文書中の「人王五十三代淳和天皇御陵御改書写」：〔玉城 1988〕文献中のNo.37文書。
（３）中山祥夫家文書中の「古来ヨリキヽ（ママ）續キタル御陵」と表題のある文書。
（４）中山祥夫家文書中の「旧光勝寺山」に関する絵図。
（５）中山祥夫家、橋本廣次家、中山茂家各蔵の2種4葉の物集女絵図、および、中山祥夫家蔵の註（４）絵図による。
　　その一部は、〔向日市文化資 1987b、1989〕ほかの文献に紹介がみられる。
（６）なお、山城における他の関連資料を提示すると、同じく淀川水系にふくまれる木津川右岸所在の、中期に属する城陽市赤塚古墳例〔近藤 1983〕がある。
　　この古墳の周溝にそう位置で検出された土壙（平面：0.74×2.2m）の底面に、「片岩系」の石材が敷かれていた。共伴遺物が皆無であったので明言できないが、古墳と従属関係にある埋葬施設である可能性が高い。
（７）これに関して、個々の古墳の概要を記す余裕がないので、詳細や出典文献などは、〔都出・井上 1983〕〔都出 1988、1989〕〔梅原 1920、1922、1923a・d、1931、1955a・b〕〔西谷 1964〕〔堤・髙橋 1968〕〔京都大学文学部考古学研究室向日丘陵古墳群調査団（近藤喬一・都出比呂志）1971〕〔和田 1981〕の論考などによられたいが、都出氏変遷図との異同に関連することがらだけをつぎに述べる。
　　〔都出 1988、1989〕論文後の、当地の古墳に関する調査成果に、主として向日南グループに関するものがある。
　　まず、向日丘陵南端の東側段丘上に位置する山畑古墳群とその周辺における成果があげられる。
　　以前に一部が確認されていた山畑4号墳の延長部が立会調査で検出され〔中塚・吉田 1989〕、また、その東約60mであらたに大極殿古墳（円墳なら径14mか）と名づけられた古墳が発見された〔山中 1986〕。
　　ともに、調査範囲が古墳のごく一部にかぎられていたため全容を把握できないが、蓋形（山畑4号墳）や楯形（大極殿古墳）などの形象埴輪をふくむ川西氏編年Ⅳ期の埴輪を確認している。
　　報告者は慎重を期して明言していないが、山畑4号墳は周溝をそなえた前方後円墳となる可能性がある。これ

らの成果は、山畑古墳群およびその周辺における、中期後半の有力な古墳群の存在を予想させる。

また、向日丘陵の南端裾部では、今まで古墳の分布がまったくみられなかった箇所で、川西氏編年Ⅴ期の埴輪をもつ、後期に属する南小路古墳（径20m）の周溝の一部を検出している〔秋山 1989〕。

さらに、低地部にあたる鴨田（かもんでん）遺跡では、周溝内から布留式の土器が多量に出土した方墳（一辺7m）が確認されている（未報告）。

（8）本文中における私なりの摘記内容が誤謬をおかしていないか、やや心許ないが、本章における古墳、古墳群、群集墳などの理解にあたっては、近藤義郎氏、広瀬和雄氏および西嶋定生氏、白石太一郎氏による一連の著作ほかに負うところが大きい。

〔主要参考・引用文献〕

秋山浩三 1987 「市内採集遺物の調査」（『向日市文化資料館報』3）

秋山浩三 1988a 「出土遺物 墳丘出土遺物 土器 須恵器 装飾部」（『物集女車塚』：『向日市埋蔵文化財調査報告書』23）

秋山浩三 1988b 「各論―評価と問題点 墳丘出土の須恵器 装飾付器台」（『物集女車塚』：『向日市埋蔵文化財調査報告書』23）

秋山浩三 1989 「長岡京跡左京第198次（7ANFMZ－3地区）〜左京三条一坊四町、西小路遺跡、南小路古墳〜発掘調査概要」（『向日市埋蔵文化財調査報告書』27）

秋山浩三・山中章編 1988 『物集女車塚』（『向日市埋蔵文化財調査報告書』23）

熱田公・藤井学 1983 「神仏の信仰」（『向日市史』上）

安藤信策 1975 「山城の石棺」（『京都考古』15）

岩井武俊 1910 「山城国乙訓郡向日町物集女古墳」（『考古学雑誌』1－4）

宇垣匡雅 1987 「竪穴式石室の研究―使用石材の分析を中心に―」（『考古学研究』34－1・2）

梅原末治 1919 「物集女ノ群集墳」（『京都府史蹟勝地調査会報告』1）

梅原末治 1920 「向日神社附近ノ古墳」（『京都府史蹟勝地調査会報告』2）

梅原末治 1922 「大枝村妙見山古墳ノ調査」（『京都府史蹟勝地調査会報告』3）

梅原末治 1923a 「寺戸ノ大塚古墳」（『京都府史蹟勝地調査会報告』4）

梅原末治 1923b 「向日町長野ノ墳墓」（『京都府史蹟勝地調査会報告』4）

梅原末治 1923c 「補記一束」（『京都府史蹟勝地調査会報告』4）

梅原末治 1923d 「寺戸五塚原附近ノ古墳」（『京都府史蹟勝地調査会報告』5）

梅原末治 1931 「乙訓郡にて新に発掘せられたる二古墳」（『京都府史蹟名勝天然記念物調査報告』12）

梅原末治 1937 「摂津福井の海北塚古墳」（『近畿地方古墳墓の調査』2）

梅原末治 1955a 「向日町妙見山古墳」（『京都府文化財調査報告』21）

梅原末治 1955b 「乙訓郡寺戸大塚古墳」（『京都府文化財調査報告』21）

川西宏幸 1978 「円筒埴輪総論」（『考古学雑誌』64－2・4）

川西宏幸 1987 「国家の形成」（『山城町史』本文編）

岸本雅敏 1975 「装飾付須恵器と首長墓」（『考古学研究』22－1）

京都大学文学部考古学研究室向日丘陵古墳群調査団（近藤喬一・都出比呂志） 1971 「京都向日丘陵の前期古墳群の調査」（『史林』54－6）

京都府教育委員会 1972 『京都府遺跡地図』

木下保明 1987 「巽古墳」（『京都市内遺跡試掘立会調査概報』昭和61年度）

木村泰彦 1985 「右京第173次（7ANKHT－3地区）調査略報」（『長岡京市埋蔵文化財センター年報』昭和59年度）

木村泰彦・近沢豊明 1984 「長岡京跡右京第106次調査概要（7ANKHT地区）」（『長岡京市埋蔵文化財調査報告書』1）

近藤義行 1983 「平川廃寺・赤塚古墳発掘調査概要」（『城陽市埋蔵文化財調査報告書』12）

近藤義郎 1952 『佐良山古墳群の研究』
近藤義郎 1983 『前方後円墳の時代』（岩波書店）
柴垣勇夫 1984 「装飾付須恵器の器種と分布について」（『愛知県陶磁資料館研究紀要』3）
白石太一郎 1966 「畿内の後期大型群集墳に関する一試考－河内高安千塚及び平尾山千塚を中心として－」（『古代学研究』42・43合併号）
白石太一郎 1973 「大型古墳と群集墳－群集墳の形成と同族系譜の成立－」（『橿原考古学研究所紀要 考古学論攷』2）
末永雅雄ほか 1967 『岩橋千塚』（『関西大学文学部考古学紀要』2）
高橋美久二編 1979 「中海道遺跡発掘調査報告」（『向日市埋蔵文化財調査報告書』3）
高橋美久二編 1987 『鏡と古墳－景初四年鏡と芝ケ原古墳－』（京都府内巡回展示図録）
田辺昭三 1966 『陶邑古窯址群Ⅰ』
田辺昭三 1981 『須恵器大成』（角川書店）
玉城玲子 1988 「古文書・絵図にみる物集女車塚古墳」（『物集女車塚』：『向日市埋蔵文化財調査報告書』23）
玉城玲子 1989 「向日市域における竹林分布の移り変わり」（『乙訓文化』49）
堤圭三郎・高橋美久二 1968 「向日丘陵地周辺遺跡分布調査概要」（京都府教育委員会『埋蔵文化財発掘調査概要』1968）
都出比呂志 1988 「古墳時代首長系譜の継続と断絶」（『待兼山論叢』22）
都出比呂志 1989 「古墳が造られた時代」（『古墳時代の王と民衆』：『古代史復元』6）（講談社）
都出比呂志・井上満郎 1983 「古墳時代」（『向日市史』上）
長岡京市教育委員会 1987 『長岡京市遺跡地図〔第2版〕』
中塚良・吉田野乃 1989 「長岡京跡第88079次（7ANEDN地区）～山畑4号墳～立会調査概要」（『向日市埋蔵文化財調査報告書』25）
奈良国立文化財研究所平城宮調査部 1973 「第20号地点－音乗谷古墳－の調査」（『奈良山 平城ニュータウン予定地内遺跡』）
西嶋定生 1961 「古墳と大和政権」（『岡山史学』10）
西谷真治 1964 「向日町元稲荷古墳」（『京都府文化財調査報告』23）
橋本清一 1988 「付論-1 物集女車塚古墳の葺石・横穴式石室の石材岩質」（『物集女車塚』：『向日市埋蔵文化財調査報告書』23）
原秀樹・中尾秀正・山本輝雄 1986 「長法寺七ツ塚古墳群第1次調査概要」（『長岡京市文化財調査報告書』17）
広瀬和雄 1975 「群集墳研究の一状況－六世紀代政治構造把握への方法論・覚書－」（『古代研究』7）
広瀬和雄 1978 「群集墳論序説」（『古代研究』15）
広瀬和雄 1988 「書評 向日市教育委員会『物集女車塚』 出雲考古学研究会『石棺式石室の研究』」（『考古学研究』35－3）
間壁忠彦・間壁葭子 1975 「長持形石棺」（『倉敷考古館研究集報』11）
間壁忠彦・間壁葭子 1976 「「長持形石棺」補遺」（『倉敷考古館研究集報』12）
向日市教育委員会 1984 『物集女車塚古墳』（『向日市埋蔵文化財調査報告書』12）
向日市教育委員会 1985 『物集女車塚古墳Ⅱ』（『向日市埋蔵文化財調査報告書』16）
向日市教育委員会 1988 『向日市遺跡地図〔第2版〕』
向日市文化資料館 1987a 『向日市文化資料館報』3
向日市文化資料館 1987b 『特別展示図録 郷・村・町』
向日市文化資料館 1989 『企画展 絵図にみる人々のくらし』
森浩一ほか 1972 『井辺八幡山古墳』（『同志社大学文学部考古学調査報告』5）
森下大輔・宮原文隆 1986 『黒石山古墳群』（『加東郡埋蔵文化財報告』7）
山田邦和 1988 「山城の装飾付須恵器」（『考古学と技術』：『同志社大学考古学シリーズ』Ⅳ）

山中章 1986「長岡宮跡第158・165次（7AN9N―1・2地区）～大極殿院北面回廊・大極殿古墳～発掘調査概要」（『向日市埋蔵文化財調査報告書』18）
山本輝雄ほか 1981「恵解山古墳第3次発掘調査概要」（『長岡京市文化財調査報告書』8）
和田晴吾 1981「向日市五塚原古墳の測量調査より」（『王陵の比較研究』）

〔図出典〕
　図72：新規作成、図73：〔梅原 1919〕から作成、図74：1＝註（4）絵図、2＝註（3）文書、3＝秋山撮影、4＝〔向日市文化資 1987b〕、5＝本章情報等、から新規作成、図75・図76：新規作成、図77：新規秋山撮影、図78：〔秋山・山中編 1988〕〔原・中尾・山本 1986〕〔山田 1988〕から新規作成、図79：新規作成（元図は〔都出 1988、1989〕参照）、いずれも一部改変をふくむ。

〔謝辞〕
　遺物の採集・保管および文書・絵図の所蔵にかかわる、岡部典明・中村光枝・中山祥夫・安田隆宏・山口彦一・山本五一・向日市教育委員会・向日市文化資料館・向日市立第2向陽小学校の各氏、各機関には資料公表の快諾をいただいた。
　また、全般にわたっては山中章氏、近世以降の文書・絵図の探索や評価には玉城玲子氏、石材の鑑定には橋本清一氏のご援助を得、高橋美久二・木村泰彦・渡辺博・清水みき・松崎俊郎・國下多美樹・宇垣匡雅・古川雅英の各氏からは種々のご配慮を受けた。さらに、遺物の図化、浄書ほかは、宮原智美・不破文子・松崎才枝・大嶋秀子・田口京子の各氏のご助力を得た。
　末筆ながら、上記の方々に深謝申しあげたい。

（元稿：1989年7月）

〔追記〕
　本章稿は、かなり以前の成稿であり、また、当時の後期群集墳の研究状況にみられた「雰囲気」に大きく影響を受けていることでもあるので、こなれていない生硬な内容や表現が随所に目立つ。
　そのため本書収載に躊躇をおぼえたが、不明要素が多い「物集女ノ群集墳」を理解するうえで、現時点においても一定の意義があると考え再録することにした。

第6章

前方後円墳集成　地域の概要　河内

＊天野末喜・駒井正明との共同執筆

1— はじめに

　本章でとりあつかう河内の範囲は、奈良時代に分立した和泉国をのぞいた河内国にほぼ相当する地域である。現在の行政区画では、大阪府域の東半分が該当する。地理的には、大和川水系に属し、旧河内湖に面した中河内、石川の流域に展開する南河内、淀川を左岸からのぞむ枚方丘陵（台地）を中核とする北河内、に区分することができる。

　いずれの地域にも弥生時代からいくつもの拠点的な集落が営まれたことが確認されており、有力な首長墳を析出する基礎的な条件はととのっていたとみなすことができる。しかし、各地域の前方後円（方）墳の出現時期や大きさには不均などが明らかに観察され、政治的条件は一様でなかったことをうかがわせる。

　以下では、北河内・中河内、南河内に区分し、それぞれの地域を必要に応じさらに小地域に区分して首長墳の動向について記述することにする。ただし、地域的には南河内に属する古市古墳群については、大王墳に比定される大形前方後円墳をふくむ特殊性のため、別に一節をさくことにした。また、記載において特記以外、当地域に所在する各古墳の墳形は前方後円墳である。

　なお、期（編年）区分や表記基準に関しては、山川出版社『前方後円墳集成　近畿編』〔近藤編1992〕に示された内容に準拠している。期区分（いわゆる「集成区分」）に関連し記しておくと、古墳時代3分期との対応は、1期～4期が前期、5期～7期が中期、8期～10期が後期、におおむね相当するが、4期内において前期・中期の境界とする見解もみられる（本書第7・第8章、後掲表5・表7参照）。

　さらに本章では、河内地域全体における前方後円（方）墳およびやや規模の大きい他形墳の編

表4 河内の古墳編年表

	北 河 内						中 河 内			
	枚方地域		交野地域	寝屋川地域（南群）	四條畷地域	大東地域	東大阪地域		八尾地域	
	北群	南群					北群	南群	北群	南群
1期			森1号 ●106							
2期			森2号 ●58						向山 ●55	
3期		万年山 ●100 / 禁野車塚 ●110	森3号 ●46 / 森4号 ●50		忍岡 ●90		(石切劔箭神社※)	猪ノ木 ○30	西ノ山 ●55 / 花岡山 ●73	
4期		藤田山 ●50	東車塚 ■50以上						中ノ谷山 ●50	
5期	牧野車塚 ●108					峯垣内 ●40			心合寺山 ●130	
6期					墓の堂 ●120	堂山1号 ○25				
7期										
8期							大賀世 ○30	鏡塚 ○28		郡川西塚 ●60 / 郡川東塚 ●50
9期		禁野上野 ●40 / 白雉塚 ○30		殿山 ○35 / 寝屋 ○30	清滝1号 ○26	城ノ越 ●40	芝山 ●26	瓢箪山 △50		
10期							五条 □30 / 山畑22号 △30 / 山畑2号 □28	愛宕塚 ○25		

●前方後円墳　■前方後方墳　○円墳　□方墳　△双円墳　※墳形など不明　数字：規模（m）　墳形・規模：推定を一部ふくむ

柏原地域（大和川右岸部）	古市古墳群	南河内 玉手山丘陵周辺	南河内 石川谷周辺	その他
		玉手山1号 ●110　　玉手山9号 ●65	真名井 ●60	
		玉手山2号 ●70　玉手山4号 ●50　玉手山5号 ●75　東山 ●80　宮山 ●65　松岳山 ●130	九流谷 ■65　大師山 ●52	
安堂5-2号 ●40	津堂城山 ●208　古室山 ●150　二ツ塚 ●110　楯塚 ●64　岡 □33	勝負山 ●106　玉手山6号 ●69　後山 ●150　北玉山 ●44	お旅山 ●45　板持3号 ■40　廿山 ●48	
	仲津山 ●290　古市墓山 ●225　野中宮山 ●154　大鳥塚 ●110　高塚山 □50			一ヶ塚 ●45
	誉田御廟山 ●425　はざみ山 ●103　青山 ●73　鞍塚 ●39　アリ山 □45　珠金塚 □28			
	市野山 ●230　軽里大塚 ●190　黒姫山 ●116　唐櫃山 ●53　長持山 ○40　藤の森 ○22　野中 □34			
太平寺D-1号 ●26	岡ミサンザイ ●242　峯塚 ●98　高屋八幡山 ●85　鉢塚 ●60　蕃上山 ●53		奥城 ●113	長原七ノ坪 ●24
太平寺7号 ●22	（河内大塚）●335　野中ボケ山 ●122　高屋築山 ●122　白髪山 ●115　小白髪山 ●46		平1号 ■50	

第6章　前方後円墳集成　地域の概要　河内　　147

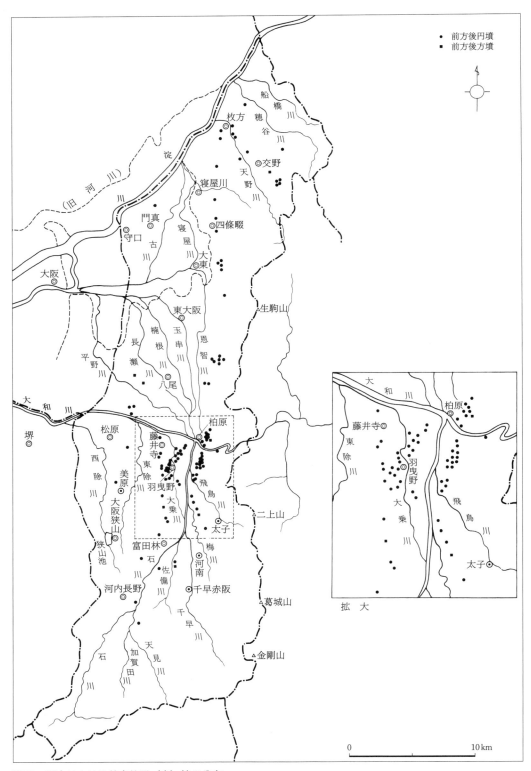

図80 河内における前方後円(方)墳の分布

年を表4、前方後円（方）墳の分布状況を図80、に掲載しておいたが、古墳個別にかかわる情報や墳丘図、関連・典拠文献、地形図上での立地などの詳細データは、上記書〔近藤編 1992〕に収載していることを付記しておく（〔秋山ほか 1992〕ほか、本章では省略）。

2— 北・中河内

　河内のうち旧大和川以北は、枚方丘陵および生駒山地北端を中心とした北河内と、生駒山西麓部の中河内に分けられる。

　これらの地域では、現代の行政市域ごとに、首長墳を輩出した1ないし2の古墳分布のまとまりが存在する。それらを北から順に概観していくが、以下の、(1) 枚方地域〜(5) 大東地域が北河内、(6) 東大阪地域〜(8) 柏原地域が中河内に相当する（本節の北・中河内における各古墳の墳丘図、副葬遺物写真・図ほかの諸情報に関しては、本書第7・第8章参照）。

(1) 枚方地域

　細分して、穂谷川流域の北群と、天野川流域の南群がある。

　前期ではまず、南群において推定墳長100mの万年山古墳と墳長110mの禁野車塚古墳が築造される（万年山の墳形・規模は石川昇氏による）。

　前者は、仿製鏡をふくまず中国鏡だけを副葬する初現期古墳の一つとして、後者は、墳形が現状で前方部がバチ形に開くという特徴から、ともに1期に比定されることがある。

　しかし、万年山古墳は、粘土槨を主体部にすると推定される点や、同様の鏡群をもちながらも、京都府の長法寺南原古墳のように前期後半にくだる例がある点から、また、禁野車塚古墳の墳形は、水田耕作による改変結果である可能性を否定できず、さらには、大阪府の弁天山C1号墳例と類似した特殊文様のある埴輪をもつ点から、ともに3期の所産と考えたい。

　ただし、本地域が100mにもおよぶ大形墳として首長墳を出現させている点は、北接する淀川の当時における水運上の重要性をかんがみて注意する必要がある。

　つづく4期では、粘土槨3基を主体部とする、推定墳長50mの藤田山古墳が築かれる。

　中期の5期にいたると首長墳は北群に移動し、この時期では北河内唯一の前方後円墳である、墳長108mの牧野車塚古墳が出現する。本墳は、2重の周濠をそなえ、外堤上付近に小形墳を随伴させる。

　6期・7期では、前方後円墳はおろか大形円墳も皆無となる。

　後期の8期ないし9期にいたって、ふたたび南群において、墳長40mの禁野上野古墳がみられる。後続する南群の首長墳は、横穴式石室を主体部とする径30mの円墳・白雉塚古墳で、もはや前方後円墳ではない。

　時期を明確にしえない他の前方後円墳に、やや疑問のあるものをふくめると、墳長80mの津田古墳、推定墳長100〜150mのヒゲ山古墳、墳長60mの鷹塚山古墳、墳長40mの郡津丸山古

墳（本墳のみ交野市）がある。

このように本地域では多くの前方後円墳の築造がみられ、前期から後期にいたるおおむね安定した首長墳系列の存在が予想できる。一方、前期・後期では南群、中期では北群というように、首長墳所在地の移動が看取できるとともに、中期後半（6期・7期）の首長墳系譜の断絶が特徴としてあげられる。

(2) 交野地域

まず、山地部の森古墳群において、前期前葉・中葉の首長墳系列が存在する。

本古墳群では4基の前方後円墳が築造されるが、いずれも内部主体や副葬品などは不明である。墳形・立地から判断すると、前方部がバチ形に開く1期の墳長106mの森1号墳を嚆矢とし、3期までに、墳長58mの森2号墳、墳長46mの森3号墳、墳長50mの森4号墳が継続的に築造される。

つづく首長墳は、低地部におりた墳長50m以上の前方後方墳・東車塚古墳である。

後方部にある3主体部のうちの1基（割竹形木棺直葬）から、中国鏡や仿製鏡をはじめ碧玉製石釧、滑石製臼玉をふくむ各種玉類などの豊富な副葬品が出土しており、4期に比定される。

本地域では、その後まったく前方後円（方）墳は築造されず、前期のうちで系列はとだえる。

なお、上記群とやや離れた位置に、長さ7mの粘土槨を主体部とする妙見山古墳（墳形不明）がみられるが、これも前期後半におさまる。

(3) 寝屋川地域

前方後円墳は、やや疑問がのこるもの以外は存在しない。

首長墳と目される例に、径35mの円墳または後円部径35mの前方後円墳となる可能性がある殿山古墳、径30mの円墳・寝屋古墳（横穴式石室墳）があるが、ともに9期ないし10期に推定される後期古墳である。

また、これらの北方に、墳長120mの前方後円墳かと一部に想定されている菅相塚古墳があるが、判然としない。

(4) 四條畷地域

前期と中期に各1基の前方後円墳が築かれる。

前期は、墳長90mの忍岡古墳で、竪穴式石槨（石室）内に長大な割竹形木棺をおさめ、碧玉製の石釧、紡錘車、最古型式鍬形石などを副葬しており、ここでは3期に比定しておく。

中期では、採集埴輪から6期ないし7期に推定される、墳長120mの墓の堂古墳がみられる。比定時期に誤りがなければ、この時期における北・中河内唯一の前方後円墳となる。しかも、大形墳であり注意すべき存在である。

後の9期には、径26mの円墳・清滝1号墳（双子塚古墳）があり、刳抜式家形石棺が出土したとされる。

（5）大東地域

　前期の首長墳はみあたらない。

　中期では、埴輪などから5期と考えられる、墳長40mの峯垣内古墳が築かれる。中形といえども、数少ない中期の前方後円墳として重要である。

　ついで、径25mの円墳・堂山1号墳がみられる。組合式木棺を主体部とし、三角板革綴短甲などの鉄製品、玉類、最古型式の須恵器などを副葬し、6期に比定される。

　後期では、墳長40mの前方後円墳と考えられる城ノ越古墳がある。

　他に、時期不明の前方後円墳に、墳長50mのメノコ古墳、墳長35mの十林寺古墳があるものの詳細は未解明である。

（6）東大阪地域

　北群と南群に区別できるが、南群では確実な前方後円墳は知られていない。

　北群では、石切劔箭神社に、京都府の椿井大塚山古墳などと同笵関係をもつ中国製三角縁神獣鏡ほか12面の鏡群、環頭大刀把頭、銅剣、碧玉製腕飾類、碧玉製鏃などの一括性の高い古墳副葬品が保管されているのが1985年（昭和60）に公開され、付近に未知の前期首長墳が存在した可能性が高くなった。遺物内容から判断すると3期に属する。

　その後、北群には、以下の古墳が確認できる。

　中期の5期には、小形墳ではあるが、径20mの円墳・塚山古墳がみられる。

　後期にいたると、古式横穴式石室をもつ前方後円墳として著名な、墳長26mの芝山古墳が築造される。同墳は明治初年にW.ゴーランドによって調査され、その副葬品（大英博物館蔵）の一部が大塚初重氏によって1977年（昭和52）に報告された。共伴した須恵器は、MT15型式で9期に属する。

　つぎに南群では、前期において、径30mの円墳（前方後円墳の可能性ものこる）・猪ノ木古墳があり、埴輪から3期ないし4期に属する。

　中期では、小形墳すらまったくみられない。

　後期ではまず、径30mの円墳・大賀世古墳（大賀世1号墳）があり、群を形成する同2号墳・3号墳の様相などから、8期の蓋然性が高い。

　つづく9期・10期には、前方後円墳はみられないが、広義の山畑古墳群にやや規模の大きい古墳がみられる。

　すなわち、瓢箪山古墳（山畑52号墳）は墳長50mの双円墳で、2基から3基の古式横穴式石室を内部主体とする。墳長30mの双円墳・山畑22号墳、一辺28mの上円下方墳という特異な山畑2号墳は、ともに横穴式石室墳で、また、古絵図にのこる推定墳長40mの鬼塚古墳（山畑53号墳）は双円墳として描かれている。

　山畑古墳群は、このように双円墳が目立ち特殊性がうかがえる。

　同古墳群の北方にある、一辺30mの方墳・五条古墳も横穴式石室墳で、10期に相当する。

(7) 八尾地域

　少し距離をおいて北群と南群に区分できるが、両群をあわせると、北・中河内で最も安定した首長墳系列を形成する（後掲図98参照）。

　前期・中期には、北群の楽音寺・大竹古墳群において、以下のような前方後円墳が継続的に築かれる。

　前期では最初に、墳長55mの向山古墳が存在する。壺形埴輪が確認されており、2期に比定できる。

　つづく3期～4期には、墳長55mの西ノ山古墳、墳長73mの花岡山古墳、墳長50mの中ノ谷山古墳がみられる。

　西ノ山古墳では、銅鏡、各種玉類、銅鏃、鉄刀、鉄剣が開墾時に発見された。中ノ谷山古墳は、円墳の可能性もあるが、箱式石棺に男女2体の合葬がみられ、碧玉製・滑石製玉類、鉄刀、刀子が副葬されていた。

　中期では、墳長130mと、各期を通じての北・中河内における最大規模をほこる心合寺山古墳が、楯形周濠をそなえて5期に出現する。草摺、靫、蓋などの器財形埴輪や、長持形石棺の縄掛突起片（竜山石製）が採表されており、同棺を内部主体としていた可能性が考えられる。

　このような2期～5期までの安定した楽音寺・大竹古墳群の首長墳系列は、つぎの6期～7期では断絶する。同期の在地首長墳のゆくえが問題とされなければならない。

　後期に入ると、楽音寺・大竹古墳群中に鏡塚古墳がみられる。

　現状では径28mの円墳形状を呈するが、前方後円墳の後円部とする指摘もある。断片的な情報であるが、主体部は粘土槨とされ、石棺蓋片も採集されている。埴輪はV式で、8期に相当しよう。

　8期ないし9期では、前方後円墳の築造は南群に移動する。

　横穴式石室を主体部とし、近接した時期と推定される、墳長50mの郡川東塚古墳と墳長60mの郡川西塚古墳の2基がそれで、主軸をそろえて並存する。両墳ともに豊富な副葬品をもち、ことに銅鏡は、熊本県の江田船山古墳や大阪府の長持山古墳など、南九州から北関東におよぶ多くの古墳との間に同笵関係を保有し注目される。

　なお、後期では北群において、径25mの円墳で巨石横穴式石室をもつ愛宕塚古墳がみられる。金銅装馬具などの優品が副葬されており、首長墳と目される。本墳ではMT15型式の須恵器が出土していることから、ここの大形石室を古式横穴式石室と評価されることがある。しかし、石室の構造は明らかに6世紀末以降の特徴を示すので、10期の構築と判断しておきたい。

　したがって、本地域の首長墳は、最終的にはふたたび北群にもどったといえる。

　加えて、上記の北群・南群とは別に、低地の河内平野部において、前期に属する、一辺27mの方墳・萱振1号墳や径34mの円墳・中田古墳などが近年確認されている点を付記しておく。

　いずれも現地表下に埋没していた古墳であり、今後、この種のような新発見の古墳に注意をはらう必要がある。

(8) 柏原地域（大和川右岸部）

10基たらずの小形・中形の前方後円（方）墳が、小形円墳と群をなす形態をとり、近接して築造される。

ただし、時期を推定できる例は、2基ないし3基である。

すなわち、墳長40mの平尾山古墳群・安堂支群第5支群2号墳は、竪穴式石槨を主体部としⅡ式の埴輪をもつことから、前期の3期または4期に、墳長26mの太平寺D－1号墳は木棺直葬と考えられ、周溝内発見の須恵器から、後期の8期または9期に推定できる。墳長22mの太平寺7号墳は、Ⅴ式の円筒、蓋、鶏、人物などの埴輪をもち、MT15型式の須恵器群を出土することから、後期の9期に比定される。

時期の比定・推定が可能なこれらの例からは、今のところ中期（5期～7期）の前方後円墳はみられない。

他には、墳長18mの鳥坂古墳、同40mの安堂南古墳、同30mの平尾山古墳群・安堂支群第5支群10号墳、同26mの太平寺C尾根所在古墳の前方後円墳や、墳長50mの前方後方墳・安堂支群第5支群1号墳などがあるが、時期は確定できない。

(9) 各期の特徴と系列

以上、北・中河内における首長墳系列がみられる各地域を概観した。全体を通じて、各期の動向を整理するとつぎのとおりである。

前期（1期～4期）では、5地域（枚方・交野・四條畷・八尾・柏原）で前方後円（方）墳が築造される（東大阪市の石切劔箭神社の例をふくめると6地域）。しかも、基数は、他期と比較すると多い。

うち、いち早く1期に出現をみた交野地域と、2期～3期に築造を開始する枚方地域と八尾地域が、前期内でのおおむね安定した系譜をもつ。この段階では、北河内の枚方・交野の2地域に、推定をふくめると墳長100m以上の大形墳が3基存在し、中河内に対して優位性を示す。ただし、交野地域は、前期のうちで造営を終える。

中期（5期～7期）では、5期において、北河内・枚方地域の牧野車塚古墳（墳長108m）、中河内・八尾地域の心合寺山古墳（墳長130m）の大形墳2基と、大東地域の峯垣内古墳（墳長40m）が築造されるが、前方後円墳を築きえた地域は減少する。また、基数も少ない。

つづく6期～7期でも、その傾向にさらに拍車がかかり、前方後円墳は四條畷地域の墓の堂古墳（墳長120m）だけになり、他地域における中形・小形の前方後円墳の築造すら許さない。

前期に存在した首長墳系列をのこした集団が中期にいたって消滅したとは考えにくいので、この現象はきわめて異様である。当該期は、後述する巨大古墳群である古市古墳群（図81～図83、南河内地域）および百舌鳥古墳群（和泉地域）の発展期・最盛期にあたり、それらと関連した動向と考えざるをえない。

すなわち、①各地域の首長に対する前方後円墳築造の制限・禁止の結果か、もしくは、②北・中河内の首長が、古市古墳群などの大首長（大王）墳に随伴する中形・小形墳というあり方で葬

地を他律的に定められたか、のいずれかであろう。古市・百舌鳥両古墳群内の中形・小形墳の基数（本章3節ほか参照）を勘案するならば、一部に②の場合がみられたにせよ、主たる要因は①であったと推測したい。

後期（8期～10期）では、5地域（枚方・大東・東大阪・八尾・柏原）で、前方後円墳が築造されるようになる（やや不確定な寝屋川を加えると6地域）。

ただし、かつて存在した大形墳は一切みられず、墳長20～60mの小形・中形墳が、1地域内に1基ないし2基築かれる特徴をもつ。築造状況における地域数と規模にみるこのようなあり方は、中期段階との大きな差異となる。

これらは、古市・百舌鳥両古墳群を頂点とした、中期の古墳構成・築造体制が再編成された結果の反映である可能性がうかがえる。

このようにみてくると、前期・中期・後期を通じて前方後円（方）墳を築きえた、おおむね安定した系列をもつ地域は、北河内の枚方地域、中河内の八尾地域だけであり、2地域の優位性が指摘できよう。

3― 古市古墳群

大和盆地から流れ出る大和川と金剛・葛城山系に源を発する石川が合流する地点の西側には、段丘地形が発達する。古市古墳群はこの段丘を占拠するように形成され、その総数は約100基をかぞえる。このなかには皇陵の伝承をもつ墳長200mをこえる巨大な前方後円墳6基がふくまれ、この古墳群を著名なものにしている（図81～図83）。

その群形成は4期の津堂城山古墳を嚆矢とし、9期の白髪山古墳にいたることが知られている。なお、不分明ながら、もし三ツ塚の助太山古墳が石棺式石室を内部主体とする古墳とすれば、その終焉は古墳時代終末期におよぶことになる。

ここでは、古市古墳群の成立から終焉にいたる変遷過程を、成立期（4期）、発展期（5期）、最盛期（6期・7期）、変質期（8期）、終息期（9期以降）の五つの画期に分けて記述を進め、群形成の過程を通覧することによって、古墳に表出された動態から古墳時代の政治的動向をうかがおうとするものである。

（1）古市古墳群の成立期（4期）

古市古墳群は、津堂城山古墳の築造をもって群形成を開始する。

津堂城山古墳は、古市古墳群の北西端に位置する墳長208mを測る前方後円墳である。3段築成の墳丘に方壇状の造出をそなえ、濠内墳丘をともなう2重の濠と堤をめぐらせる。内部構造は、亀甲文を陰刻した典型的な長持形石棺と、これを被覆する竪穴式石槨からなる。

石棺の内外からは中国鏡の可能性が高い大形鏡をふくむ9面以上の鏡、硬玉製勾玉ほかの玉類、碧玉製腕飾類、巴形銅器をはじめとする各種の銅製品、多様な滑石製模造品、鉄製武器・武具な

図81 古市古墳群

どの副葬品の出土が知られる。

　津堂城山古墳と同時期の古墳としては、楯塚古墳、岡古墳をあげることができる。

　楯塚古墳は、濠をめぐらせた墳長64mの前方後円墳であるが、前方部は低平かつ短小という特徴をもつ。後円部の主体部は、長大な割竹形木棺を内蔵した粘土槨構造をとり、中形仿製鏡、碧玉製勾玉をはじめとする玉類、碧玉製腕飾類、筒形銅器をふくむ銅製品各種、長方形板革綴式短甲に三角板革綴式衝角付冑を組み合わせる武具類、刀、剣、鏃からなる鉄製武器などが副葬されていた。

　また、岡古墳は一辺33mの2段築成の方墳であり、主体部は大きく撹乱をこうむっていたが、楯塚古墳と同様の長大な粘土槨構造であることが確認された。ただ、副葬品は3面の小形仿製鏡を検出したにとどまった。

　これら3古墳の内容を比較すると、墳丘規模や墳形はもとより内部構造や副葬品にいたるまで、明確な序列が存したことをうかがわせる。

1：津堂城山　3：岡ミサンザイ　4：鉢塚　6：稲荷塚　7：野中ボケ山　9：峯塚　10：白髪山・小白髪山　11：軽里大塚　12：高屋城山・高屋八幡山　13：市野山　14：唐櫃山　15：三ツ塚　16：仲津山　19：古室山　20：大鳥塚　21：楯塚　22：土師の里8号　23：誉田御廟山　25：二ツ塚　26：アリ山・東山　28：蕃上山　29：はざみ山　31：野中宮山　33：古市墓山　34：西墓山

図82　古市古墳群の分布

図83 古市古墳群の全景（1945年撮影）

出土した円筒埴輪からこの3古墳と同時期の築造になると推定される、墳長150mの前方後円墳・古室山古墳、同110mの前方後円墳・二ツ塚古墳、ならびに、一辺30m前後の方墳である、割塚古墳、野々上古墳、五手治古墳、大半山古墳を加えると、古市古墳群が、津堂城山古墳を頂点とする階層的序列をとって群形成を開始したことが一層鮮明となる。

(2) 古市古墳群の発展期（5期）

　5期の古市古墳群の動態からは、4期と基数こそ大差ないものの、全体的な墳丘規模の増大傾向が明らかなこと、また、方墳群が大形前方後円墳の周辺に立地を移すことが指摘される。

　墳長290mの仲津山古墳や同225mの古市墓山古墳の大形前方後円墳では、3段築成の整った墳丘に方壇形の造出をそなえ、楯形を呈する周濠と幅広い周堤、加えて、周縁に陪塚を配した、中期大形前方後円墳としての完成された様式をみることができる。

　これに対して、墳長154mの野中宮山古墳や同110mの大鳥塚古墳といった中形前方後円墳には、墳丘の形状と表飾および墳丘外域構造に古い形態的要素が散見され、大形前方後円墳との較差が、古墳の大きさ以上にひらいたものであったことをうかがわせる。

　仲津山古墳にともなう鍋塚古墳（一辺50m）や高塚山古墳（一辺50m）、古市墓山古墳に随伴する向墓山古墳（一辺60m）や西墓山古墳（一辺19m）、大鳥塚古墳にともなう赤面山古墳（一辺15m）が、方墳に限定され、かつ墳丘規模が総体的な増大傾向をみせることは、これら陪塚の性格をうかがううえで重要な要素となると考えられる。

　西墓山古墳への3000点をこえる大量の鉄製武器・農工具の埋納は、主墳である古市墓山古墳の被葬者の直接的な意思の反映と理解すれば、大王周辺への権力の集中と古墳祭祀の形骸化の進行度合いをはかる示準となる。

(3) 古市古墳群の最盛期（6期・7期）

　誉田御廟山古墳の出現が、6期の画期となる。

　墳長425mを測る誉田御廟山古墳は、巨大な前方後円墳が集中する古市古墳群にあっても傑出した規模の前方後円墳である。墳丘外域には、2重の濠と堤をめぐらせ、方墳を主体とする陪塚群を配する。

　陪塚の一つである径50mの円墳・誉田丸山古墳からは金銅製の鞍金具が、同じく一辺45mの方墳・アリ山古墳からは2700点をこえる鉄製武器・農工具が出土しており、大王権の特質をうかがう資料となる。

　誉田御廟山古墳の造営を契機として、古市古墳群における群構成に大きな変化があらわれる。

　すなわち、前方後円墳は大形と中形の各1基となり、あらたに円墳3基が出現し、方墳は4期・5期を凌駕して7基をかぞえる。誉田御廟山古墳と、はざみ山古墳（墳長103m）をはじめとする同期諸墳との較差はきわめて大きく、ゆるやかな階層的序列を想定させる4期・5期とは対照的な構成を示している。

　それは誉田御廟山古墳を中核とした古墳分布のうえからも、この期の特質をあざやかに描き出

しているといえよう。
　7期における大形前方後円墳は、国府台地の南北の両端に確認される。
　北端の市野山古墳は墳長230mを測り、2重の濠と堤をそなえ、円墳を主体とする陪塚を配している。南端の軽里大塚古墳は、墳長190mにすぎないが、前方部を拡張した新しい築造企画が注目される前方後円墳である。
　市野山古墳に随伴する古墳は、前方後円墳1基、円墳6基、方墳5基をかぞえる。小形前方後円墳の唐櫃山古墳は墳長53mを測り、阿蘇溶結凝灰岩製の古式家形石棺の蔵置が確認されているが、その存在が市野山古墳の陪塚的な位置関係にあることが注目される。
　6期・7期における群構成では、大形前方後円墳の巨大化とともに、中形・小形前方後円墳の築造数の減少と規模の縮小が注目され、その結果、大形前方後円墳が群内でより懸隔をもった存在となるのである。加えて、円墳の出現と方墳の増加という現象にも注意をはらう必要があろう。

(4) 古市古墳群の変質期（8期）

　古市古墳群においては7期の小形円墳・藤の森古墳（径22m）の内部主体として出現をみた横穴式石室は、8期には大形前方後円墳に採用されたと推測できる。
　岡ミサンザイ古墳は墳長242mの大形前方後円墳であるが、前方部幅が拡張され、後円部頂径が狭いという、特徴的な墳丘形態を呈している。また、現墳丘の等高線の乱れからすると大小の谷が墳丘斜面に刻まれていることが推測される。このような状況から、岡ミサンザイ古墳は斜面に葺石をほどこさず、内部主体に横穴式石室を採用した、画期的な大形前方後円墳とみなすことも可能であろう。
　しかし、円筒埴輪の大量樹立や楯形の周濠など、前代からの形態的要素は確実に継承しており、何より大形の前方後円形の墳丘を保持していることにも注意をはらう必要がある。その内容は、後続する前方後円墳・峯塚古墳（墳長98m）からも推測することができる。
　この期のもう一つの特徴として、小形古墳の爆発的な増加現象が注意される。
　これらの多くは発掘調査によってその存在が明らかにされてきたが、大半がすでに主体部を喪失し、内部構造や副葬品の内容を知りえないことから、その被葬者の性格についても鮮明にできない部分が多い。
　大形前方後円墳が古市古墳群を離れるつぎの9期には、その築造がほとんど確認されない事実を考慮におくと、これら小形古墳の被葬者に関しては、大王権の整備の過程で輩出された新興勢力を想定しておきたい。

(5) 古市古墳群の終息期（9期以降）

　9期以降の古市古墳群には、依然として前方後円墳の築造を確認することができるが、8期までにみられた確実に大王墳とみなすことが可能なものは皆無となる。
　古市古墳群の南部には、野中ボケ山古墳（墳長122m）、白髪山古墳（同115m）、高屋築山古墳（同122m）などの、中形前方後円墳が展開する。

これらはいずれも横穴式石室を内部構造に採用した形跡があり、所要の円筒埴輪からみると、8期後半から9期にかけてあいついで築造されたことが推定される。周濠や周堤をそなえるが、白髪山古墳に対する小白髪山古墳（墳長46m）以外には、陪塚の存在を確認できない。

　大形円墳の島泉丸山古墳（径76m）や中形方墳の助太山古墳（一辺36m）は、10期以降に編年される可能性を示す古墳であるが、現在の資料からは確証を得ない。

　古市古墳群から西に偏し、百舌鳥古墳群とのほぼ中間に築かれた河内大塚古墳は、墳長335mの大形前方後円墳である。

　楯形の周濠をそなえるが、後円部頂が狭いこと、前方部が低平でかつ前端部が外側に張り出すような形態をとること、造出がみられないことなど、中期の典型的な前方後円墳とは明らかに異なる墳丘形状を示している。

　後円部に露出していたと伝える巨石が内部主体の用材とすれば、巨大な横穴式石室の存在が想定される。墳丘における埴輪の存否を明らかにしえないが、おそらく古市・百舌鳥両古墳群をふくめた河内・和泉地域で最後に築造された大形前方後円墳と考えられる。

4― 南河内

　南河内地域とは、河内南部、大和川支流の石川・千早川流域一帯の石川谷と呼ばれる地域をさす。当地域で確認されている前方後円墳は、主に石川右岸の玉手山丘陵周辺に集中し、そのほかは石川谷各地に点在するていどである。

(1) 玉手山丘陵周辺

　玉手山丘陵上に立地する前方後円墳（図84）は、位置関係などから少なくとも3群に分けることが可能であるが、以下では、全体的な特質を古い時期から述べる。

　1期にさかのぼるものは未見であるが、2期には、割竹形木棺をおさめた竪穴式石槨やⅠ式に属する円筒埴輪を検出した玉手山9号墳（墳長65m）が築造される。

　また、玉手山1号墳（墳長110m）も、2期もしくは3期にあたる。

　玉手山4号墳（墳長50m）は、後円部の粘土槨から、直弧文を配した楯をはじめ、勾玉、鉄鏃、銅鏃などが出土した。玉手山5号墳（墳長75m）は、前方部と後円部にそれぞれ2基ずつの主体部が検出された。そのうち3基は粘土槨であったが、後円部の竪穴式石槨から、碧玉製鍬形石や巴形銅器などが発見されている。

　これらはいずれも3期に比定される。

　さらに、宮山古墳（墳長65m）や東山古墳（玉手山8号墳、墳長80m）も同じく3期にふくまれる。

　一方、玉手山6号墳（墳長69m）では、後円部で2基の竪穴式石槨が検出され、東槨では内行花文鏡（中国製か仿製か不明）をはじめ玉類、鉄刀、銅鏃、鉄斧などが、中央槨では鏡片や管玉、

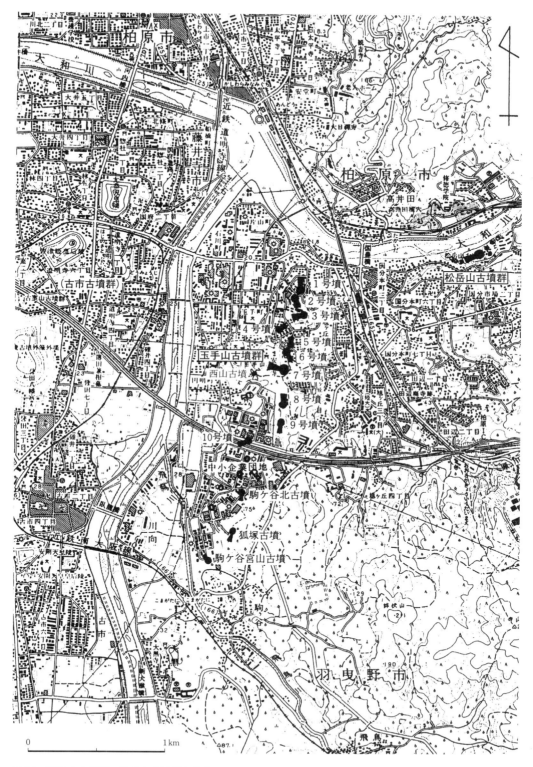

図84 玉手山古墳群・松岳山古墳群の分布

鉄刀、鉄鏃、銅鏃、短甲、鉄斧などが出土した。
　また、北玉山古墳（玉手山10号墳、墳長44m）は、前方部の粘土槨から捩文鏡と剣が、後円部の竪穴式石槨から多量の玉類、鉄鏃をはじめ鉄剣、鉄刀、農工具類が出土している。
　これらは、滑石製合子を出土した古墳群中で最大規模をほこる後山古墳（玉手山7号墳、墳長150m）とともに4期に属する。
　このように玉手山古墳群では、各小群とも2期から4期にかけて継続的に前方後円墳を築造するようで、玉手山2号墳（墳長70m）や勝負山古墳（玉手山3号墳、墳長106m）についても、当期内にふくまれる可能性が高い。しかし、現在のところ確実に5期以降にくだるものは見つかっていない。
　この玉手山古墳群の北東の丘陵上には、松岳山古墳群が位置する（図84）。
　主墳と考えられる墳長130mの松岳山古墳は、後円部頂にある竪穴式石槨に、長持形石棺の祖形と考えられる組合式石棺を安置し、鏡、玉類、碧玉製腕飾類、鉄製武器・農具などの副葬品をもつ。3期に比定される。
　しかし、同古墳群中には、玉手山古墳群にみられるような、相前後した時期につながる古墳が現状では存在しない。上記のような、松岳山古墳における内部構造と豊富な副葬品類などを考えあわせると、玉手山古墳群とは異なった性格をもつ古墳群と考えられる。

(2) 石川谷周辺

　つぎに、石川谷周辺に点在する前方後円（方）墳を概観すると、まず、中国鏡1面と碧玉製紡錘車3点を出土した、2期の真名井古墳（墳長60m）が石川左岸で築造される。
　つづいて、石川最奥部に位置する、3期の大師山古墳（墳長52m）では、粘土槨におさめた割竹形木棺から多量の石製腕飾類が出土した。また、採集された埴輪から、九流谷古墳（墳長65m、前方後方墳）も3期と考えられる。
　4期に属するものとして、多量の中国鏡と仿製鏡などを出土した石川右岸のお旅山古墳（墳長45m）、重圏文鏡や鉄鏃、銅鏃をもつ板持3号墳（墳長40m、前方後方墳）や廿山古墳（墳長48m）などがある。
　しかし、5期以降と考えられる前方後円（方）墳は、8期の奥城古墳（墳長113m）や9期の平1号墳（墳長50m、前方後方墳）まで確認されていない。このような2期〜4期が主体となるあり方は、玉手山古墳群と類似した構築展開の傾向を示す。

(3) その他

　一方、南河内地域の北端に位置する長原古墳群では、5期に属する一ヶ塚古墳（墳長推定45m）以後、多数の馬具などを出土した8期の長原七ノ坪古墳（墳長24m）が出現する頃には、150基をかぞえる小形方墳があいついで築造される。

(4) 小結

　以上述べてきたように、南河内地域における前方後円（方）墳の動向は、2期から4期にかけて活発な造墓様相を示すが、5期以降は低調となる。

　この動きは、4期以降にみられる石川左岸の古市古墳群（図84参照）の展開との密接・相関的な関係が指摘できよう。

〔主要引用・参考文献（発行年順）〕
（1）William Gowland「The Dolmens and Burial Mounds in Japan」『ARCHAEOLOGIA』（1897年）
（2）William Gowland「The Dolmens of Japan and their Builders」『Transactions and Proceedings of the Japan Society』4－3（1899年）
（3）梅原末治「河内枚方町字萬年山の遺蹟と発見の遺物に就て」『考古学雑誌』7－2（1916年）
（4）梅原末治「河内四條畷村忍岡古墳」『近畿地方古墳墓の調査』2（1937年）
（5）末永雅雄「古墳の周庭帯と陪冢」『書陵部紀要』13（1962年）
（6）北野耕平「河内における古市古墳群出現の意義」『河内における古墳の調査』（1964年）
（7）森浩一『古墳の発掘』（1965年）
（8）藤井直正・都出比呂志「考古資料」『枚岡市史』3 史料編（1）（1966年）
（9）北野耕平「古墳時代の枚方」『枚方市史』1（1967年）
（10）白石太一郎「畿内における大型古墳群の消長」『考古学研究』16－1（1969年）
（11）野上丈助「摂河泉における古墳群の形成とその特質」『考古学研究』16－3・4（1970年）
（12）東大阪市教育委員会『山畑古墳群1』（1973年）
（13）山本昭「古代の柏原」『柏原市史』2 本編（1）（1973年）
（14）大阪府教育委員会『平尾山古墳群分布調査概要』（1975年）
（15）（財）大阪文化財センター『大阪府文化財地名表』（1977年）
（16）大塚初重「大阪府芝山古墳の出土遺物をめぐる諸問題」『考古論集』（1977年）
（17）荻田昭次・藤井直正編「四条地区の考古資料」『河内四條史』2 史料編Ⅰ（1977年）
（18）櫻井敬夫『畷の歴史・畷の文化財』（1977年）
（19）森浩一「古墳文化と古代国家の誕生」『大阪府史』1（1978年）
（20）久貝健「高安地域の首長系譜の動き」『河内太平寺古墳群』（1979年）
（21）石部正志『大阪の古墳』（1980年）
（22）東大阪市立郷土博物館『河内の古墳をたずねて』（1981年）
（23）藤井利章「津堂城山古墳の研究」『藤井寺市史紀要』3（1982年）
（24）石川昇「大阪府の前方後円墳地名表」『大阪文化誌』16（1983年）
（25）柏原市教育委員会『太平寺古墳群』（1983年）
（26）交野市教育委員会『森古墳群発掘調査概要』（1983年）
（27）近藤義郎『前方後円墳の時代』（1983年）
（28）天野末喜「古市古墳群の変遷」『古市古墳群』（1986年）
（29）河内一浩「大東市の埴輪」『大東市埋蔵文化財調査報告書』1（1987年）
（30）広瀬和雄「大王墓の系譜とその特質」『考古学研究』34－3・4（1987年）
（31）和田晴吾「古墳時代の時期区分をめぐって」『考古学研究』34－2（1987年）
（32）吉岡哲ほか『増補版 八尾市史（前近代）本文編』（1988年）
（33）天野末喜ほか『岡古墳』（1989年）
（34）天野末喜「地域の古墳 近畿中部 大阪」『古墳時代の研究』10（1990年）
（35）河内一浩「埴輪をめぐる製作集団の動向」『考古学論集』3（1990年）

(36)秋山浩三・駒井正明・北條芳隆・吉村健・天野末喜・田中和弘・仮屋喜一郎・松村隆文「前方後円墳集成 大阪府」『前方後円墳集成 近畿編』(1992年)
(37)天野末喜・松村隆文「埴輪の種類と編年 円筒埴輪 近畿」『古墳時代の研究』9(1992年)
(38)近藤義郎編『前方後円墳集成 近畿編』(1992年)
(39)藤井寺市教育委員会事務局『新版 古市古墳群－藤井寺市の遺跡ガイドブックNo.6－』(1993年)
(40)柏原市教育委員会『玉手山古墳群の研究Ⅴ 総括編』(2005年)
(41)石切劔箭神社『穂積殿の歴史と宝物』(パンフレット)(発行年不記載)

〔図・表出典〕
　図80：新規作成(〔近藤編 1992〕所収)、図81～図83：〔藤井寺市教委事務局 1993〕から作成、図84：〔柏原市教委 2005〕から作成、表4：新規作成(〔近藤編 1992〕所収)、いずれも一部改変をふくむ。

〔謝辞ほか〕
　2節を作成するにあたり、立命館大学・和田晴吾氏、藤井寺市教育委員会・天野末喜氏、大阪府教育委員会・一瀬和夫氏、岡山県古代吉備文化財センター・宇垣匡雅氏、徳島大学・北條芳隆氏から、4節を作成するにあたり、大阪府教育委員会・山本彰氏、羽曳野市教育委員会・笠井敏光氏および天野末喜氏からご教示を得た。
　なお、1節・3節は天野末喜氏〔藤井寺市教育委員会〕、2節は秋山、4節は駒井正明氏〔(財)大阪府埋蔵文化財協会〕が分担執筆した〈ただし本書段階で、いずれも秋山が若干の調整をおこない、図81～図84を加えている〉。

(元稿：1991年6月)

第7章
北・中河内の古墳編年と首長墳系列

1— はじめに

　「大和古中近研究会」主催の、第2回研究集会「大和・河内・和泉・摂津の古墳編年―共通認識の到達線―」が1992年（平成4）2月に実施されて、すでに3年以上が経過した[1]。拙い発表〔秋山 1992〕をふくむ当日の記録集出版の計画について、関川尚功・今尾文昭両氏から依頼いただいておりながら、現在まではたせずじまいであった。まずもって、両氏と研究集会に参画され早々に原稿を提出されていた方々に深くお詫び申しあげておきたい。

　さて、研究集会における私の報告は、それ以前に近藤義郎先生の勧めで用意していた、『前方後円墳集成 近畿編』（山川出版社）の分担部の作業成果〔秋山ほか 1992、天野・秋山・駒井 1992〕にもとづき、大阪府の中部以北にあたる北・中河内の古墳編年と首長墳系列について述べた。

　上記書の出版は研究集会後であったが、口頭発表の概要自体はそれに収載された拙稿とほぼ同じ内容になっているので、その刊行物を、研究集会の個人分の記録として読み変えていただければよい（本書第6章参照）。

　一方、研究集会後の約3年間には、当該地域において、新しく前方後円（方）墳が発見された調査もみられ、また、まったく未調査であった古墳を対象とした発掘が実施された例もある。加えて、未刊だった古墳の発掘報告書がいくつか出版されもした。

　このように関連古墳の新情報が日常的に追加されつつあり、さらに、それらに依拠した古墳編年案もあらたに提示されている。したがって、それらの情報前であった研究集会の発表内容について、一部には再考を必要とする箇所も生じているのも事実である。

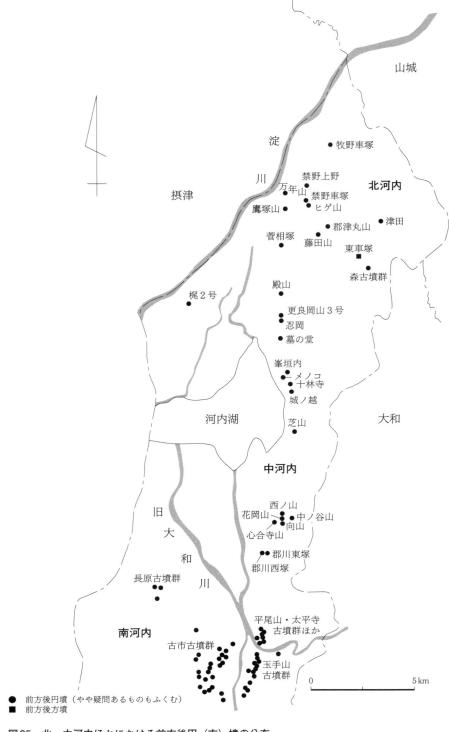

図85　北・中河内ほかにおける前方後円（方）墳の分布

そこで本章稿では、集会当日の内容を基礎としながら、とくに近年の成果などをもりこんだかたちの増補版として、標題の内容に関し順次述べたい。

2— 各地域における首長墳の編年と系列

　河内地方のうち旧大和川（現在の長瀬川）以北は、淀川左岸の枚方丘陵・台地および生駒山地北端を中心とした北河内と、生駒山西麓部の中河内に分けられる（図85）。
　これらの地域では、奇しくも現在の行政市域ごとに、首長墳（前方後円墳、前方後方墳、大形円墳、大形方墳）を築造した1ないし2の古墳分布のまとまり、つまり、首長墳系列として把握できる可能性を示す領域が存在する。
　以下では、北から南へそれらを概観することにしたいが、記載において特記以外、当地域に所在する各古墳の墳形は前方後円墳となる。
　なお、主要古墳の墳形、規模、内部主体、埴輪、土師器、副葬品、編年的位置などの情報は、表5、表6、図86、図87に示してあるので、個々の概要については、とくに留意すべき場合をのぞいてふれない（本書第8章の関連図も要参照）。
　また、記載にあたって、表記スタイルなどは研究集会実行委員会の方針に準拠し、同様に、時期区分は和田晴吾氏の11期区分〔和田 1987〕にあてはめて提示している。
　前方後円墳研究会『前方後円墳集成』による10期区分（いわゆる「集成区分」、〔広瀬 1991〕ほか）との対応、および、古墳時代3分期との関係などについては、表5・表6中において併記しておいた。
　加えて、本文中に示した北・中河内における各古墳の関連・参考文献は、本章末尾に一括した。さらに、個別古墳の墳丘図や分布立地、各種の詳細情報については、『前方後円墳集成 近畿編』〔近藤編 1992〕に収載したデータ〔秋山ほか 1992〕を別途参照いただければ幸いである。

(1) 北河内

A　枚方地域
　細分して、穂谷川流域の北群と、天の川流域の南群がある。
　前期ではまず、南群において、推定全長100mの万年山古墳と全長110mの禁野車塚古墳が築造される（万年山の墳形・規模は石川昇氏による）。
　前者は、倭鏡（仿製鏡）をふくまず三角縁神獣鏡を主体とする中国鏡（舶載鏡）だけを副葬する、小林行雄氏のいう初現期古墳〔小林 1961〕の一つとして、後者は、墳形が現状で、前方部がバチ形に開くという特徴などから、ともに古くみつもり1期に比定されることがある〔天野 1990〕。
　ただし、万年山古墳では、粘土槨を主体部にすると推定される点、同様の鏡群をもちながらも

京都府・長法寺南原古墳〔梅原1937、都出・福永編1992〕のように前期後半にくだる例がある点、加えて、必ずしも古い鏡群だけで構成されない点から、また、禁野車塚古墳では、墳形は後世の水田耕作による改変結果である可能性を否定できず、さらには、大阪府・弁天山C1号墳例〔原口・西谷1967〕と類似した特殊文様のある埴輪をもつ点から、ともに前期後半3期の所産と考えたい。

しかし、禁野車塚古墳に関しては、今までまったく発掘調査が実施されておらず、内部主体や副葬品の内容が不明のため、厳密には編年的位置を確定できない。採集されている埴輪のうち、特殊な線刻文様をもつ個体の存在などを重視して私はやや古く位置づけるが、前期末4期〜中期中葉6期にまでさげる見解もみられる〔河内1990、宇治田1995、吉田1996（予定）〕。

ただしいずれにせよ、本地域が、全長100mにおよぶ大形墳として首長墳を2基も出現させる事実は、北接する淀川の当時における水運上の重要性をかんがみて注意する必要がある。

つづく4期では、同じく南群において、粘土槨3基を主体部とする、推定全長50mの藤田山古墳が築かれる。

中期の6期にいたると、首長墳は北群に移動し、当該期では北河内唯一の前方後円墳と考えられる、全長108mの牧野車塚古墳が出現する。この大形墳は、2重の周濠をそなえ、外堤上付近に陪塚と目される小形墳を随伴させる。

中期後半7期・8期では、北群・南群ともに前方後円墳はおろか大形円墳も皆無で、6期の牧野車塚古墳のあり方との断絶が対照的な様相をみせる。

後期では、近年、重要な古墳が南群で確認されだした。

これまで墳丘が最大長約11mしか遺存していなかった姫塚古墳が、隣接地での河川改修工事で周溝が初めて発見され、直径37mの円墳あるいは前方後円墳の後円部として復原することが可能になった。仮に前方後円墳とすると、全長70〜80mの規模になるという。周溝から出土した埴輪や須恵器から、後期前葉9期にあたる。

同じく南群ではこれまで、姫塚古墳と同時期ないし後続する10期かと考えられる前方後円墳・禁野上野古墳が先だって発見されていた。

これらの2古墳の確認は、後期における南群の優位性を一層きわだたせることになった。

つづく首長墳は、同じく南群にある10期の、横穴式石室を主体部とする径30mの円墳・白雉塚古墳であるが、もはや前方後円墳ではない。

なお、本地域における時期を明確にしえない他の前方後円墳に、やや疑問のある例をふくめると、全長80mの津田古墳、全長100〜150mのヒゲ山古墳、全長60mの鷹塚山古墳、全長40mの郡津丸山古墳（本墳のみ交野市）がある。

以上のように本地域では、多くの前方後円墳の築造がみられ、前期から後期にいたる比較的安定した首長墳系列の存在が確認できる。一方、前期と後期では南群、中期では北群、というように首長墳所在地の移動が看取できるとともに、中期後半7期・8期の首長墳系譜の断絶が特徴としてあげられる。

表5 北・中河内の古墳編年表（案）

時期区分※1	須恵器編年※2	埴輪編年※3	集成区分※4	北河内 枚方地域 北群	北河内 枚方地域 南群	北河内 交野地域	北河内 寝屋川地域（南群）／守口地域	北河内 四條畷地域	大東地域	中河内 東大阪地域 北群	中河内 東大阪地域 南群	中河内 八尾地域 北群	中河内 八尾地域 南群	柏原地域（大和川以北）
1期		特殊	1期			森1号●106								
2期		Ⅰ	2期			森2号●58								
3期	TK73		3期		万年山●100 禁野車塚●110	森3号●46		忍岡●90				向山●55		
4期	TK208	Ⅱ	4期		藤田山●50	森4号●50				（石切）鋺筋神社	猪ノ木○30	西ノ山●55 花岡山●73 中ノ谷山●50	（平野部）(菅振1号□27)(中田○34)	平尾山安堂 5-2号●40
5期	TK23	Ⅲ	5期	牧野車塚●108		東車塚50以上		墓の堂●120	峯垣内●40			心合寺山 140以上		
6期	TK47		6期											
7期		Ⅳ	7期						堂山1号●40 ○25					
8期	MT15		8期	姫塚○37			殿山/尾2号○35 ●30	更良岡山3号●27			大賀世○30	鏡塚○28	郡川西塚●60	
9期	TK10	V	9期	禁野上野●40				清滝1号●26	城ノ越●40		瓢箪山△50	芝山●26	郡川東塚●50	太平寺D-1号●26
10期	TK43		10期	白雉塚○30			寝屋●30				五条□30 山畑22号△30 山畑2号□28	愛宕塚○25		太平寺7号●22
11期	(MT85) TK209													

●前方後円墳 ■前方後方墳 ○大形円墳（25m以上、前方後円墳の可能性あるものもふくむ） □大形方墳（25m以上） △双方墳 数値は規模（単位m） 墳形・規模：推定を一部ふくむ 不明墳は未記入
※1 和田晴吾「古墳時代の時期区分をめぐって」（『考古学研究』134号、1987年）による時期区分
※2 田辺昭三『須恵器大成』（1981年）による須恵器編年
※3 川西宏幸「円筒埴輪総論」（『考古学雑誌』64-2、1987年）による埴輪編年
※4 広瀬和雄「前方後円墳の畿内編年」（近藤義郎編『前方後円墳集成』中国・四国編、1991年）による時期区分

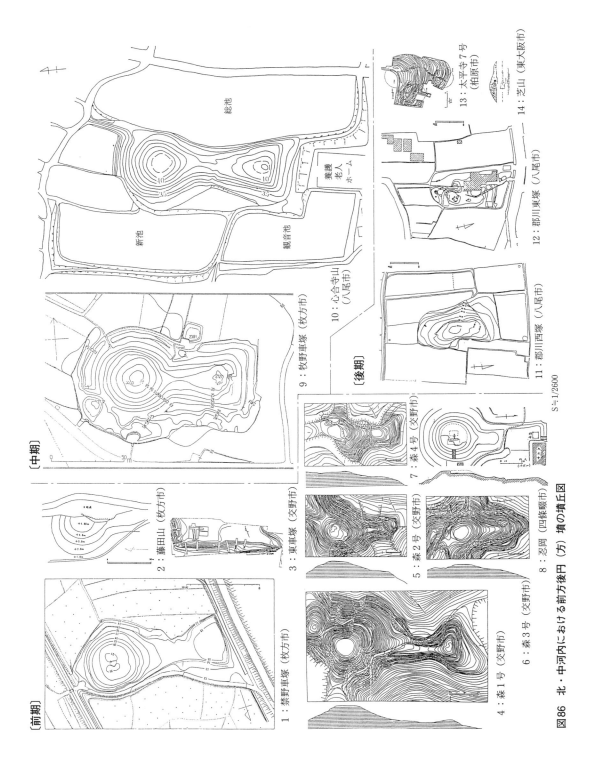

図86 北・中河内における前方後円(方)墳の墳丘図

170

図87 北・中河内における前方後円墳出土の土師器・埴輪

表6 北・中河内の主要古墳副葬品一覧

古墳名	施設	鏡	装身具	石製腕飾類	石製模造品（碧玉製）
万年山 ●か100m 3期	粘土槨か 割竹形木棺？	中-三角縁吾作銘四神四獣鏡 ・三角縁君宜官獣文帯三神三獣鏡 ・三角縁有銘四神四獣鏡 ・三角縁日月唐草文帯四神四獣鏡 ・三角縁波文帯龍虎鏡・三角縁獣帯鏡 ・平縁獣帯鏡・三角縁獣文帯神獣鏡	玉類？		
忍岡 ●90m 3期	竪穴式石槨 割竹形木棺			石釧1、 鍬形石1	紡錘車6
（石切劔箭神社蔵品） 3期		中-三角縁獣文帯四神四獣鏡 ・三角縁唐草文帯二神二獣鏡 ・二神四獣鏡・二神二獣鏡2・獣帯鏡2・内行花文鏡・画文帯獣鏡 倭-唐草文帯二神二獣鏡 ・環状乳神獣鏡・龍虎鏡	硬・棗玉、 碧・管玉	鍬形石1、 車輪石1、 石釧4	鏃
東車塚 ■50m以上 5期 （集成4期）	1号棺 割竹形木棺	中-四獣鏡1 倭-獣形鏡1・盤龍鏡1	硬・勾玉2、メノウ勾玉2、碧・管玉36、棗玉4、水晶玉1	石釧1	
藤田山 ●50m 4期	中央槨 粘土槨	中-画文帯環状乳神獣鏡			無茎式鏃2
西ノ山 ●55m 3～4期	石棺 （あるいは竪穴式石槨）	不明2 （三角縁神獣鏡1含か）	勾玉1、 管玉2、 小玉96		
中ノ谷山 ●50m 4期か	箱式石棺		碧・勾玉1、 碧・小管玉2、 竪櫛5		
堂山1号 ○25m 7期 （集成6期）	組合式木棺　棺内 　　　　　　　棺外 副棺 （副葬品用）		硬・勾玉1、 碧・管玉10、 ガラス丸玉8		
郡川西塚 ●60m 9期 （集成8期）	横穴式石室 木棺	倭-神人歌舞画象鏡 ・変形四獣鏡 ・画文帯獣鏡ほか5	勾玉、管玉、小玉、 金製耳環、銀製耳環、 銀製垂飾付耳飾		
芝山 ●26m 10期 （集成9期）	横内式石室 　　推定棺内 　　（木棺片中） 　　棺外 　　（石室床面）		碧・管玉17、 ガラス小玉152、 銀製空玉17、 銀製耳環4 碧・管玉24、 ガラス丸玉639、 土玉123、勾玉3、水晶製切子玉2、 銀製釧2		
郡川東塚 ●50m 10期 （集成9期）	横穴式石室　棺内 　　　　　　　棺外	倭-画文帯神獣鏡1	金製耳環2 ガラス玉84、 青玉大勾玉1、 六角水晶玉1、棗玉1、 管玉32、水晶製・青玉製勾玉（計5）、水晶製切子玉30、 銀（銅？）製鈴4		

●：前方後円墳、■：前方後方墳、○：円墳　／　墳形・規模：推定を一部ふくむ　／　期：〔和田 1987〕区分、集成期：〔広瀬 1991〕区分

武 器	武 具	馬 具	農 工 具	滑石製品	その他（備考）
刀 2 ？					（工事中発見）
剣 2、大刀 1 鉾 2、 鉄鏃片若干、 木製刀装具	コハゼ形小札数個 （革綴冑）		鎌 2、斧 3、 刀子 1、鉇 1		（盗掘あり）
環頭大刀把頭、 銅剣					
剣 2、刀 2、 小刀 1、 筒形銅器 1	三角板革綴襟付短甲 1、三角板革綴甲 1、 草摺 1、 巴形銅器 3		ミニチュア鉄斧・ 鉇・釘・刀子・鎌ほか、 袋状鉄斧 1	琴柱形 5、 白玉 2700、 管玉約 60	（未盗掘、副葬品内容は『交野市史』による）
銅鏃 6			鑿 1、斧 1		採集品：斧 3（もしくは剣 1、斧 2）
剣・刀片 16、 銅鏃（柳葉式 24・定角式 30、鑿頭式 4）					（開墾時出土）
刀 1			刀子 5	勾玉 6、 管玉 11、 白玉 41	（開墾時出土）
				紡錘車 1	須恵器 3：TK73（棺内かは？）
短剣 28					
刀 18、剣 3、 矛 1、槍 1、 鉄鏃 198	三角板革綴短甲 1 三角板革綴衝角付冑 1		刀子 4、鑿 3、斧 1、 鎌 6、鍬先 5		
刀剣、槍	甲冑				枕石？ 須恵器：TK47
長頸鉄鏃 6、 不明鉄鏃 34、 金銅製三輪玉 10（棺外かも）					（未盗掘）
剣 1、 捩紐状環頭大刀 1、円頭大刀？ 1		鉄鋲留心葉形杏葉 3、 鉄地金銅張剣菱形杏葉 2、 鉄地金銅張五角形杏葉？ 2、 鉄地金銅張花文付雲珠 1、 鉄地金銅張留金具 2、 鉄地金銅張鉸具 2、 鞍金具片？ 1、 鉄地金銅張波状文付飾具一括、 辻金具、鈴付青銅製鏡板？ 1	刀子 1、斧 1、鑿 1	玉 133 ？、 紡錘車 2	銅製環状金具 1、銅地銀象嵌環状金具 1、鉄製小形環状金具 1、金銅製鞘（箸か）2、 須恵器 16：MT15 なお、再調査の際、石室内からガラス玉数個発見 （？付のものは他古墳出土品かも）
剣・刀約 50				勾玉	須恵器・土師器多数、 新羅製台付壺

／　中：中国鏡、倭：倭鏡　／　硬：硬玉製、碧：碧玉製　／　点数：特記ないものは 1 点もしくは不明

第 7 章　北・中河内の古墳編年と首長墳系列　　173

B　交野地域

　まず、山地部の森古墳群において、前期前葉・中葉の首長墳系列が存在する。
　この古墳群では、4基の前方後円墳が築造されるが、いずれも内部主体や副葬品などは不明である。墳形・立地およびわずかに採集された遺物から判断すると、前方部がバチ形に開く1期の全長106mの森1号墳を嚆矢とし、おおむね3期までに、全長58mの森2号墳、全長46mの森3号墳、全長50mの森4号墳が継続的に築造されるが、細かな編年上の位置は確定しがたい。
　つづく首長墳は低地部におりた、全長50m以上の前方後方墳・東車塚古墳である。
　この古墳では、後方部にある3主体部のうちの1基(割竹形木棺直葬)から、盗掘を受けていない状態で豊富な副葬品が検出されていた。これまで部分的に把握していた副葬品目から、4期ないし5期に推定していたが、その後発行の『交野市史 考古編』〔水野ほか 1992〕では、実測図はそえられていないものの内容が詳述され、「5世紀前葉」の築造とされる。
　副葬品には、中国鏡・倭鏡をはじめ碧玉製石釧、滑石製臼玉をふくむ各種玉類、筒形銅器、巴形銅器、三角板革綴襟付短甲、三角板革綴甲、草摺などの武具・武器類ほか、多くの品目がみられる。
　そのうち、この古墳の編年上の位置を考究するうえで最も問題になるのが、時期をさげる要素ともいえる三角板革綴襟付短甲である。
　襟付短甲そのものが出土例の少ない武具で、三角板革綴襟付となると、奈良県・円照寺墓山1号墳〔佐藤・末永 1930〕、大阪府・野中古墳〔北野 1976〕、同・大塚古墳〔柳本編 1987〕例があげられるだけである。それらの古墳は、埴輪のⅢ期～Ⅳ期、古墳時期区分の6期～8期に相当する段階の中期古墳である。
　だが他方で、高橋工氏や柳本照男氏の研究〔高橋 1987、柳本 1987〕によると、この特殊な短甲が4世紀までさかのぼる可能性を十分に示唆している。
　さらに、東車塚古墳から出土した埴輪では、円筒埴輪にB種ヨコハケがかなりある一方で、透孔が円形以外に方形、三角形、小形円形などがあり、外面の二次調整のタテハケも観察できるという〔小貫 1993〕。このようにⅡ期埴輪の特徴をとどめる様相をもそなえる。
　加えて、碧玉製石釧、各種装身具、滑石製品ほかの存在などを総合的に考慮して、中期初頭5期の範囲内に位置づけておきたい。
　本地域では、この東車塚古墳のあとにはまったく前方後円(方)墳は築造されず、中期初頭のうちで系列はとだえる。
　なお、上記グループとやや離れた位置に、長さ7mの粘土槨を主体部とする妙見山古墳(墳形不明、円墳か)がみられるが、これも前期後半におさまると考えてよい。

C　寝屋川地域

　確実な前方後円墳は存在しない。
　首長墳と目されるものに、直径35mの円墳(前方後円墳とする説もあり)・殿山古墳、同30mの円墳・寝屋古墳(横穴式石室墳)があるが、ともに10期ないし11期に推定される後期古墳で

ある。

なお、これらの北方に、全長120ｍの前方後円墳とも一部に想定される菅相塚古墳があるが、不確定要素が多く判然としない。

D　守口地域

過去には古墳の存在がまったく知られていなかった低地部にあたる。

ところが近年、埴輪を多く出土する前方後円墳・梶2号墳が発見され、注目を集めていた。この古墳の報告書がその後刊行され、復原全長約30ｍの帆立貝式古墳であり、周溝出土の須恵器（MT15型式）から後期10期の築造であると報告された。

同時に調査された梶1号墳は、時期的にやや先行する可能性をもち、方丘部の一部が確認されただけだが、前方後円（方）墳になるとも指摘されている。

低地部では、これらの古墳のように、発掘調査で偶然にしか埋没古墳が発見されず、現状では、当古墳群をふくめ周辺部における首長墳系列に関しては検討できない。

E　四條畷地域

ここでは、前期・中期・後期に各1基の前方後円墳が築かれる。

前期は、全長90ｍの忍岡古墳で、竪穴式石槨（石室）内に長大な割竹形木棺（推定）をおさめ、碧玉製の石釧、紡錘車、最古型式の鍬形石などを副葬しており、3期でも古い段階になろう。

中期では、採集埴輪から7期ないし8期に推定される、全長120ｍの墓の堂古墳がみられる。

比定時期にあやまりがなければ、当該期における北・中河内唯一の前方後円墳となる。しかも、大形墳であり注意すべき存在である。しかし、他の情報がまったくなく、十分には検討できないのが実状となっている。

後期では、墳丘の一部があらたに発掘で確認された更良岡山3号墳がある。

復原全長が27ｍとなり、かなり小形の前方後円墳であるが、周溝から、円筒埴輪、形象埴輪（人物、家、楯ほか）、石製紡錘車、鉄刀、土師器、須恵器が多量に出土した。須恵器には時期幅がみられるようであるものの、9期の築造と推定される。

つづく10期には、直径26ｍの円墳・清滝1号墳（双子塚古墳）があり、刳抜式の家形石棺が出土したとされる。

F　大東地域

前期の首長墳はみあたらない。

中期では、埴輪などから6期と考えられる、全長40ｍの峯垣内古墳が築かれる。中形といえども、数少ない中期の前方後円墳として重要である。

ついで、直径25ｍの円墳・堂山1号墳がみられる。組合式木棺を主体部とし、三角板革綴短甲ほかの鉄製品、玉類、最古型式の須恵器などを副葬し、7期に比定される。

この古墳の報告書が発掘から約20年ぶりに刊行され、全体的な内容が詳細に公になった。そ

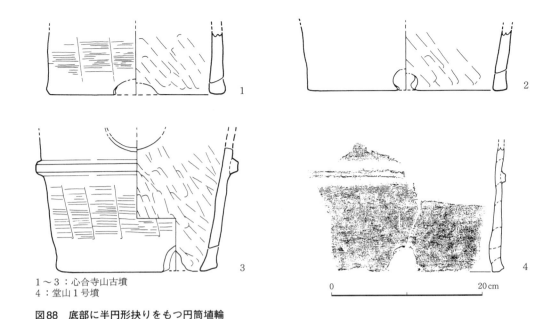

1~3：心合寺山古墳
4：堂山1号墳

図88　底部に半円形抉りをもつ円筒埴輪

のうち埴輪の論考では、この古墳の円筒埴輪の底部下端に半円形抉りがみられる特徴（図88）は、後述する、北・中河内最大の前方後円墳である八尾市・心合寺山古墳（中期）と共通したものであるとされる。そのような重要な指摘が報告書でなされている〔小浜 1994〕。

この底部手法は、南河内の古市古墳群にはみられないので、同古墳群の埴輪生産にかかわった工人とは別の工人群が中河内に存在したことを意味する。在地の首長墳系列や集団領域を把握するにあたっての、今後の有効な視座となろう。

後期では、全長約40ｍの前方後円墳とされる城ノ越古墳において、Ⅴ期の埴輪が採集されている。9期～11期におさまる首長墳と考えられるが、それ以外の情報は皆無である。

他に、時期不明の前方後円墳として、全長50ｍのメノコ古墳、同35ｍの十林寺古墳が存在するものの、詳細は未解明となっている。

(2) 中河内

A　東大阪地域

北群と南群に区別できるが、南群では確実な前方後円墳は築かれていない。

まず北群では、石切劔箭神社に、京都府・椿井大塚山古墳〔梅原 1964〕などと同笵関係をもつ、三角縁神獣鏡ほかの12面の銅鏡群、環頭大刀把頭、銅剣、碧玉製の腕飾類や鏃などの、一括性の高い古墳副葬品が保管されているのが、1985年（昭和60）7月に公表された。

同社付近に未知の前期首長墳が存在した蓋然性が高いと指摘されたが、その後の追跡調査でも出土古墳の特定はできていない。遺物内容から判断すると前期中葉3期に属する。

その後、北群には、以下の古墳が確認できる。

中期では、小形墳ではあるが、6期に直径20ｍの円墳・塚山古墳がみられるだけである。

後期にいたると、古式横穴式石室をもつ前方後円墳として著名な、全長26ｍの芝山古墳が築造される。明治初年にＷ．ゴーランドによって調査され、その副葬品（大英博物館蔵）の一部が大塚初重氏によって1977年（昭和52）に報告された。共伴した須恵器はMT15型式で、後期10期に属する。

つぎに南群では、前期において、直径30ｍの円墳・猪ノ木古墳があり、埴輪から3期～5期に属する。

中期では、小古墳すらまったくみられない。

後期では、直径30ｍの円墳・大賀世古墳（1号墳）があり、近接して群を形成する2号・3号墳の様相などから、9期の蓋然性が高い。

つづく10期・11期にも、前方後円墳はみられないが、広義の山畑古墳群中に、つぎのようなやや規模の大きい古墳が確認できる。

瓢箪山古墳（山畑52号墳）は、全長50ｍの双円墳で、2、3基の古式横穴式石室を内部主体とする。全長30ｍの双円墳・山畑22号墳、一辺28ｍの上円下方墳という特異墳形の山畑2号墳は、ともに横穴式石室墳である。また、現存しないが古絵図に描かれた様相から、全長40ｍていどの双円墳と推定される鬼塚古墳（山畑53号墳）もふくまれる。

山畑古墳群は、このように双円墳が目立ち、特殊性がうかがえる。

当古墳群の北方にある一辺30ｍの方墳・五条古墳も横穴式石室墳で、11期に相当する。

B　八尾地域

少し距離をおいて北群と南群に区分できるが、両群をあわせると、北・中河内で最も安定した首長墳系列を形成する（後掲図98参照）。

前期・中期には、北群の楽音寺・大竹古墳群において、以下のような前方後円墳が継続的に築かれる。

前期では最初に、全長55ｍの向山古墳が存在する。壺形埴輪が確認されており、2期に比定できる。

つづく3期～4期（ないし5期）には、全長55ｍの西ノ山古墳、全長73ｍの花岡山古墳、全長50ｍの中ノ谷山古墳がみられる。

西ノ山古墳では、銅鏡、各種玉類、銅鏃、鉄刀剣が開墾時に発見された。中ノ谷山古墳では、円墳の可能性の指摘もあるが、箱式石棺に男女2体の合葬がみられ、碧玉・滑石製玉類、鉄刀、刀子が副葬されていた。このうち中ノ谷山古墳を中期古墳としてとらえる意見〔吉田　1996（予定）〕がだされているが、現状では詳細時期を決しがたい。

中期では、かつて全長130ｍもしくは140ｍを測るといわれ、各期を通じて北・中河内における最大規模をほこるとされる心合寺山古墳が、楯形周濠をそなえて6期に出現する。これまで、草摺、靫、蓋などの器財形埴輪や、長持形石棺の縄掛突起片（竜山石製）が表採されており、同

棺を内部主体としていた可能性が考えられる。

　1993年（平成5）度以降、この古墳の史跡整備にともなう発掘調査が継続して実施されており、墳丘規模が従来の推定より大きくなった（全長140m以上）という事実や、墳丘構造の具体的様相が明らかにされ、北・中河内の首長墳を考究するうえで重要な成果をあげつつある。

　とともに先述のように、この古墳の埴輪と、地域をこえた北約7.5kmの大東市・堂山1号墳の埴輪との共通性が指摘されるという、被葬者の位置づけを示唆する材料も提出されている。

　上述した向山古墳から心合寺山古墳にいたる、楽音寺・大竹古墳群における前期〜中期前半＝2期〜6期の安定した首長墳系列は、つぎの中期後半7期・8期では断絶する。同期の在地首長墳のゆくえが、後述のように問題とされなければならない。

　後期に入ると、楽音寺・大竹古墳群中に鏡塚古墳がみられる。

　現状では直径28mの円墳形状を呈するが、前方後円墳の後円部とする指摘もある。主体部は、断片的な情報だが粘土槨かとされ、石棺蓋片も採集されている。埴輪はⅤ期で、9期に相当しよう。

　9期・10期では、前方後円墳の築造は南群に移動する。

　横穴式石室を主体部とし、近接した時期と推定される、全長50mの郡川東塚古墳と全長60mの郡川西塚古墳の2基がそれで、主軸をほぼそろえ約170mの距離をおいて並存する。

　両墳ともに豊富な副葬品をもつ。ことに銅鏡では、熊本県・江田船山古墳〔梅原 1922〕や大阪府・長持山古墳〔小林 1962〕など、南九州から北関東におよぶ多くの古墳と共通した同型鏡を保有し注目される。

　郡川西塚古墳からはTK23型式〜TK47型式の須恵器が確認され、9期にあたる。郡川東塚古墳は、それに後続すると推定される。

　なお、後期では北群において、直径25mの円墳で、巨石横穴式石室をもつ愛宕塚古墳がみられる。

　金銅装馬具などの優品が副葬されており、首長墳と目される。この古墳にはMT15型式の須恵器がともなうことから、本墳の大形石室は古式横穴式石室と評価されることがある。しかし、石室の構造は明らかに6世紀末以降の特徴を示すので、11期の構築と判断しておきたい。ちなみに、その後発刊された報告書でも、同見解が示されている。

　したがって、南群の郡川西塚古墳と郡川東塚古墳につづく本地域の首長墳は、最終的にはふたたび北群にもどったといえる。

　以上の八尾地域に関連し付言しておくと、生駒山西麓部にあって、前期〜中期の比較的安定した首長墳系列をもつ楽音寺・大竹古墳群の眼下には、池島・福万寺遺跡（八尾市・東大阪市、〔大阪文化財セ 1995、佐伯 1995〕）が存在する。

　この遺跡における1990年代の調査において、方格四乳鏡と画文帯同向式神獣鏡と想定される銅鏡片や水鳥形土製品などがあらたに発見された。また、同一遺跡群に包括されるといわれる大竹西遺跡（八尾市、〔八尾市立歴史民俗資 1991〕）では、古墳時代前期の土坑からメノウ製鏃形製品が出土している（後掲図106・図107参照）。

そのような特殊遺物の本来の使途や目的などは判然としないが、古墳副葬品目と共通する遺物類の出土から推断して、池島・福万寺遺跡および大竹西遺跡を包括する遺跡群が、楽音寺・大竹古墳群の被葬者（首長）を輩出した有力集落となる可能性があろう（本書第8章参照）。
　ところで、上述してきた北群・南群とは別に、河内平野部の旧大和川以北において、前期後半3期・4期の、一辺27ｍの方墳・萱振1号墳および直径34ｍの円墳・中田古墳などが確認されている。これまで、旧大和川以南の平野部では大阪市・長原古墳群〔大阪文化財セ 1978、ほか〕が注意されてきたが、北側域でも、上記のような前期古墳や他にも庄内式期頃の方形墓が、その後の調査であいついで多数検出されつつある。
　これらの埋没古墳・墳墓と集落遺跡（群）との対応を試みる研究〔吉田 1996（予定）〕などもおこなわれており、今後、平野部の首長墳系列そのものの解明や、生駒山西麓部（北群・南群）との比較検討が肝要となってくる。

C　柏原地域（大和川右岸）

　10基たらずの中形・小形の前方後円墳や前方後方墳が、小形古墳と混在し群を構成する形態をとり、山麓部において近接して築造される。ただし、時期を推定できる例は、わずか2、3基である。
　すなわち、いずれも前方後円墳であるが、全長40ｍの平尾山古墳群・安堂支群第5支群2号墳は、竪穴式石槨を主体部としⅡ期の埴輪をもつことから、前期の3期または4期ぐらいに、全長26ｍの太平寺D－1号墳は、木棺直葬と推定され、周溝内の須恵器から、後期の9期または10期に、全長22ｍの太平寺7号墳は、Ⅴ期の円筒、蓋、鶏、人物などの埴輪をもち、MT15型式の須恵器群を出土することから、後期の10期に、それぞれ比定もしくは推定できる。
　時期の予測可能なこれらの例からは、今のところ、中期には確実な前方後円墳はみられない。
　他に、全長18ｍの鳥坂古墳、全長40ｍの安堂南古墳、全長30ｍの平尾山古墳群安堂支群第5支群10号墳という前方後円墳、全長50ｍの前方後方墳・安堂支群第5支群1号墳ほかがあるが、時期は確定できない。また、これらの古墳に関しては、墳形自体の詳細情報も少なく、疑問のある例もふくまれる。

3―　首長墳系列の特質

　上述のとおり、北・中河内における首長墳系列がみられる各地域を概観してきた。全体を通じて各期の動向を整理すると、つぎのようになろう。
　前期（1期～4期）では、5地域（枚方・交野・四條畷・八尾・柏原、他に可能性として石切劔箭神社の存在する東大阪北群）で、前方後円墳が築造される。しかも、基数は、他期と比較すると多い。
　うち、いち早く1期に出現をみた交野地域と、2期・3期に築造を開始する枚方地域と八尾地

域が、前期内および一部中期初頭にかけての安定した系譜をもつ。

　この段階では、北河内の枚方・交野2地域の系列内に、推定をふくめると全長100m以上の大形墳が3基存在し、さらに、同じ北河内の四條畷地域の忍岡古墳（全長90m、3期）を加えるなら、北河内は、中河内に対して優位性を示す。ただし、四條畷地域では単独墳であり、また、交野地域の系列は前期末〜中期初頭で造営を終える。

　中期（5期〜8期）では、前期からの継続性や脈絡を示す5期をへて、6期において、北河内・枚方地域の牧野車塚古墳（全長108m）、中河内・八尾地域の心合寺山古墳（同140m以上）の大形墳2基と、大東地域の峯垣内古墳（同40m）が築造される。しかしながら、前方後円墳を築きえた地域数そのものは減少する。また、基数も少ない。

　つづく7期・8期でも、その傾向にさらに拍車がかかり、前方後円墳は四條畷地域の墓の堂古墳（全長120m）だけになり、他地域における中形・小形の前方後円墳の築造すら許さない。

　前期に存在した首長墳系列をのこした集団が、中期にいたって完全に消滅したとは考えられないので、この現象はきわめて異様である。

　当該の6期〜8期は、巨大古墳群である古市・百舌鳥両古墳群（大阪府藤井寺市・羽曳野市・堺市、〔天野・秋山・駒井 1992、松村・広瀬 1992〕、本書第6章参照）の発展期・最盛期にあたり、それらと関連した動向と考えざるをえない。

　すなわち、①畿内中枢首長連合による在地首長に対する前方後円墳築造そのものの制限や禁止の結果か、もしくは、②北・中河内の首長が、古市・百舌鳥両古墳群内の大首長墳に随伴する中形・小形墳というあり方で、両古墳群内へ葬地を他律的に定められたか、のいずれかであろう。古市・百舌鳥両古墳群内の中形・小形墳の基数（本書第6章3節ほか参照）を勘案するならば、前者①の築造規制に主体的要因があったと推測しておきたい。

　後期（9期〜11期）では、7地域（枚方・守口・四條畷・大東・東大阪・八尾・柏原）というように、前期にも増して、多くの地域で前方後円墳が築造されるようになる。

　ただし、大形墳は一切みられず、全長20〜60mの小形・中形墳が、1地域内に1基ないし2基築かれるという特徴をもつ。築造状況における地域数と規模にみるこのようなあり方は、中期段階との大きな差異となる。

　これらは、古市・百舌鳥両古墳群を頂点とする中期古墳に表徴されていた体制が再編成され、それが古墳分布に反映された結果である可能性が考えられる。

　このように概観してくると、各期において諸地域独自の動向を示しつつ、また、古市・百舌鳥両古墳群という巨大古墳群との連動性などをみせながら、首長墳ほかの築造が展開されているのが分かる。当然ながら、各期・各地域で均質な様相をみせるものではない。

　そのような状況のなか、全長30m未満の小形前方後円墳を除外して理解するならば、前期・中期・後期を通じて一応は各期に、大形・中形の前方後円墳を築きえた比較的安定した系列をもつ地域は、北河内の枚方地域、中河内の八尾地域だけである。

　有力な首長墳が実際に築造されその地域に現存するという事実（いうならば「有の属性」）そのものを直接的に評価するならば、古墳時代各期における枚方・八尾2地域の優位性が、北・中

河内内部で指摘できることになろう。

4— おわりに

　以上、北・中河内の古墳編年と首長墳系列の大要を示した。
　編年に関しては、時期比定のための情報が少なく、暫定的な位置づけしかできない古墳も少なくない。これからの調査や研究の進展によって、より精確な編年が組み立てられるであろう。
　各地域の首長墳系列では、そのような編年にもとづいているため、今後の変更も一部には予想される。
　ただし、現時点における最大公約数的な編年案とそれに依拠した首長墳系列案としておきたい。
　このような状況ではあるものの前節において、各在地の動向だけでは理解できない要素についても若干ふれた。
　たとえば、北・中河内の多くの地域において、中期後半＝7期・8期頃に首長墳を欠落する現象に関してである。空隙期間が存在するというこの実態整理は、おそらく、これからの研究進展でも大きくは変わらないと思われる。
　先記のとおり、この時期は近接する古市古墳群（南河内地域）や百舌鳥古墳群（和泉地域）という巨大古墳群の最盛期にあたり、北・中河内の各地域の首長墳系列が、それら二大古墳群の動態に左右されるあり方をみせているのはほぼ相違ないであろう。
　このような顕著で象徴的な事例にかぎらず、首長墳が各地域の地元には存在しないとか、あるいは、首長墳系列に明確な断絶がみられるという類の、「無の属性」とも称すべき、そのような要素をも包括する整合的評価へのアプローチが痛感される。「有の属性」からの理解だけでは看取できない、重要な側面がうかびあがってくる可能性があろう。
　その具体相の議論や叙述に関しては、私なりの課題としたい。

〔註〕
（1）この意義ある研究集会の案内情報（公開宣伝資料）が手許にあったので、研究会の趣旨や全容が具体的に把握できることでもあり、参考までに以下に付載しておく。

・・・

大和古中近研究会第2回研究集会のお知らせ

　時下、皆様にはますます御健勝のこととお慶び申し上げます。
　さて、当研究会では下記の要領で第2回研究集会を開催いたします。
　御多忙のことと存じますが、よろしく御参加くださいますよう御案内申し上げます。

◇日時　　1992年2月22日（土）・23日（日）
　　　　　両日ともAM9：30受付開始
　　　　　22日PM5：30から懇親会
◇会場　　天理市文化センター
　　　　　天理市川原城町（近鉄・JR天理駅下車徒歩10分）
　　　　　TEL 07436-3-5779
◇主題　　『大和・河内・和泉・摂津の古墳編年 －共通認識の到達線－』
　　　　　新事例の蓄積、遺物研究の進捗に伴い各地域の古墳研究は一段と活発に行われております。このようななか、従来からの認識を再検討する時期にきているかと思います。ついては意見交換や資料検討を通じて、現段階における問題点を整理してみたいと考えます。

◇第1日　　－事例報告と出土遺物の検討－
　　　　　事例報告（各20分　スライド使用　AM10：00～）
　　　　　　（1）天理市中山大塚古墳　　　青木勘時（天理市教育委員会）
　　　　　　（2）奈良市菅原東遺跡　　　　中島和彦（奈良市教育委員会）
　　　　　　（3）河合町ナガレ山古墳　　　吉村公男（河合町教育委員会）
　　　　　　（4）天理市赤土山古墳　　　　松本洋明（天理市教育委員会）
　　　　　　（5）奈良盆地北西部の古墳　　服部伊久男（大和郡山市教育委員会）
　　　　　　（6）柏原市玉手山9号墳　　　安村俊史（柏原市教育委員会）
　　　　　　（7）藤井寺市西墓山古墳　　　山田幸弘（藤井寺市教育委員会）
　　　　　　（8）羽曳野市峰ケ塚古墳　　　伊藤聖浩（羽曳野市教育委員会）
　　　　　基調提起（各30分　PM2：30～）
　　　　　　（1）馬見丘陵の古墳　　　　　入倉徳裕（橿原考古学研究所）
　　　　　　（2）奈良県東山中の古墳　　　岡林孝作（橿原考古学研究所）
　　　　　出土遺物の検討（PM3：30～）
　　　　　　事例報告の古墳出土遺物等を検討・見学。各担当者による説明。
◇第2日　　－基調提起と討論－
　　　　　基調提起（各30分　AM10：00～）
　　　　　　（3）大和の前期古墳　　　　　今尾文昭（橿原考古学研究所）
　　　　　　（4）大和の中・後期古墳　　　関川尚功（橿原考古学研究所）
　　　　　　（5）北・中河内　　　　　　　秋山浩三（向日市埋蔵文化財センター）
　　　　　　（6）南河内　　　　　　　　　天野末喜（藤井寺市教育委員会）
　　　　　　（7）和泉　　　　　　　　　　松村隆文（大阪府教育委員会）
　　　　　　（8）摂津（猪名川以東）　　　柳本照男（豊中市教育委員会）
　　　　　　（9）摂津（猪名川以西）　　　森岡秀人（芦屋市教育委員会）
　　　　　討論（PM2：40～）
　　　　　　入倉・岡林・関川・秋山・天野・松村・柳本・森岡
　　　　　　司会：広瀬和雄（大阪府立弥生文化博物館）・今尾

※会場案内図・参加申込書は別紙にあります。2月15日までに必要事項を記入の上、下記宛に御郵送ください。
　　　　　〒600　奈良県○○市○○町○丁目11-3-404　今尾文昭　TEL 07442-0-0000

……………………………………………………………………………

〔主要引用・参考文献〕（各項目内では発行年順）

□北・中河内における古墳関連文献
＊全体関係
大阪府教育委員会　1977『大阪府文化財地名表』
森浩一　1978「古墳文化と古代国家の誕生」『大阪府史』1
久貝健　1979「高安地域の首長系譜の動き」『河内太平寺古墳群』
石部正志　1980『大阪の古墳』
東大阪市立郷土博物館　1981『河内の古墳をたずねて』
石川昇　1983「大阪府の前方後円墳地名表」『大阪文化誌』16
瀬川芳則・中尾芳治　1983『日本の古代遺跡』11（大阪中部）
岸本道昭　1984「河内平野の埋没小古墳研究予察」『山賀（その5・6）』
亀島重則・阪田育功　1986「河内平野発達の過程」『友井東（その1）』
天野末喜　1990「地域の古墳　近畿　中部　大阪」『古墳時代の研究』10
河内一浩　1990「埴輪をめぐる製作集団の動向－生駒西麓における試み－」『考古学論集』3（考古学を学ぶ会）
八尾市立歴史民俗資料館　1991『古代氏族とその遺宝－W.ゴーランド教授を顕彰して－』
秋山浩三　1992「北・中河内」『大和・河内・和泉・摂津の古墳編年－共通認識の到達線－』（大和古中近研究会・シンポジウム資料）
秋山浩三・駒井正明・北條芳隆・吉村健・天野末喜・田中和弘・仮屋喜一郎・松村隆文　1992「前方後円墳集成　大阪府」『前方後円墳集成　近畿編』
天野末喜・秋山浩三・駒井正明　1992「地域の概要　河内」『前方後円墳集成　近畿編』
近藤義郎編　1992『前方後円墳集成　近畿編』
埋蔵文化財研究会　1994『第35回　埋蔵文化財研究集会　倭人と鏡1』
福永信雄　1995「生駒山西麓における小型低方墳群の一形態」『西谷眞治先生古稀記念論文集』
吉田野々　1996（予定）「心合寺山古墳の造営背景についての一考察」『八尾市文化財調査報告』35

＊各古墳関係
〈牧野車塚古墳（枚方市）〉文化庁文化財保護部　1966『埋蔵文化財発掘調査の手びき』、北野耕平　1967「古墳時代の枚方」『枚方市史』1、〔瀬川・中尾　1983〕（前掲）
〈万年山古墳（枚方市）〉梅原末治　1916「河内枚方町字萬年山の遺蹟と発見の遺物に就て」『考古学雑誌』7－2、〔北野　1967〕（前掲）、〔石川　1983〕（前掲）、〔瀬川・中尾　1983〕（前掲）
〈禁野車塚古墳（枚方市）〉〔北野　1967〕（前掲）、瀬川芳則　1968「禁野車塚の盛土について」『古代学研究』52、江谷寛・瀬川芳則　1971『禁野車塚古墳周濠調査概要報告』、三宅俊隆　1979「大阪府枚方市禁野車塚古墳出土の円筒埴輪」『古代学研究』90、瀬川芳則・宇治田和生　1986「古墳時代の遺跡」『枚方市史』12、宇治田和生　1995「先史時代の枚方」『枚方市史』別巻
〈藤田山古墳（枚方市）〉片山長三　1963『交野町史』、〔北野　1967〕（前掲）、江谷寛ほか　1974『藤田山遺跡報告書』、宇治田和生　1975「大阪府藤田山古墳発見の鉄剣と鉄斧」『古代学研究』78、瀬川芳則・宇治田和生ほか　1976『藤田山遺跡調査報告書〈遺構編・遺物編〉』、〔瀬川・宇治田　1986〕（前掲）
〈姫塚古墳（枚方市）〉（財）枚方市文化財研究調査会　1993『ひらかた文化財だより』14、〔宇治田　1995〕（前掲）
〈禁野上野古墳（枚方市）〉枚方市教育委員会　1990『枚方市文化財分布図　改訂版』、〔宇治田　1995〕（前掲）
〈白雉塚古墳（枚方市）〉〔北野　1967〕（前掲）
〈津田古墳（枚方市）〉片山長三　1957『津田史』、〔石川　1983〕（前掲）、〔枚方市教委　1990〕（前掲）
〈ヒゲ山古墳（枚方市）〉〔北野　1967〕（前掲）、〔石川　1983〕（前掲）
〈鷹塚山古墳（枚方市）〉〔北野　1967〕（前掲）
〈森1号墳（交野市）〉水野正好　1983『森古墳群発掘調査概要』：『交野市文化財調査概要　1983－3』、水野正好ほ

〈森2号墳(交野市)〉〔水野 1983〕(前掲)、〔水野ほか 1992〕(前掲)
〈森3号墳(交野市)〉〔水野 1983〕(前掲)、〔水野ほか 1992〕(前掲)
〈森4号墳(交野市)〉〔水野 1983〕(前掲)、〔水野ほか 1992〕(前掲)
〈東車塚古墳(交野市)〉山下通夫 1973「方形堀円墳」『郵政考古』3、交野市教育委員会 1988『東車塚古墳現地説明会資料』、〔水野ほか 1992〕(前掲)、小貫充 1993「交野東車塚古墳及び付近の古墳について」『研究紀要』創刊号(大阪府立交野高等学校)
〈郡津丸山古墳(交野市)〉〔大阪府教委 1977〕(前掲)
〈妙見山古墳(交野市)〉〔水野ほか 1992〕(前掲)
〈殿山古墳(寝屋川市)〉〔大阪府教委 1977〕(前掲)、〔瀬川・中尾 1983〕(前掲)
〈寝屋古墳(寝屋川市)〉〔瀬川・中尾 1983〕(前掲)
〈菅相塚古墳(寝屋川市)〉〔石川 1983〕(前掲)
〈梶2号墳(守口市)〉笠原勝彦 1991『梶遺跡』:『守口市埋蔵文化財調査報告書』、千賀久 1991『特別展 はにわの動物園Ⅱ 近畿の動物埴輪の世界』(橿原考古学研究所附属博物館)、大西貴晴 1994『梶遺跡第二次発掘調査概要』:『守口市埋蔵文化財調査報告書』
〈梶1号墳(守口市)〉〔笠原 1991〕(前掲)
〈忍岡古墳(四條畷市)〉梅原末治 1937「河内四條畷村忍岡古墳」『近畿地方古墳墓の調査』2、宇治田和生ほか 1974『忍ヶ岡古墳』、河内一浩 1987「大東市の埴輪」『大東市埋蔵文化財調査報告書』1、北條芳隆 1994「鍬形石の型式学的研究」『考古学雑誌』79-4
〈墓の堂古墳(四條畷市)〉櫻井敬夫 1977『畷の歴史・畷の文化財』、〔石川 1983〕(前掲)、〔河内 1987〕(前掲)
〈更良岡山3号墳(四條畷市)〉上林史郎 1993「四条畷市岡山所在更良岡山遺跡の調査」『大阪府下埋蔵文化財研究会(第28回)資料』
〈清滝1号墳(四條畷市)〉野島稔 1980『清滝古墳群発掘調査概要』:『四條畷市埋蔵文化埋蔵文化財調査概要』7
〈峯垣内古墳(大東市)〉〔大阪府教委 1977〕(前掲)、〔石川 1983〕(前掲)、〔河内 1987〕(前掲)
〈堂山1号墳(大東市)〉田代克己・瀬川健 1973『堂山古墳群発掘調査概要』、小浜成 1994「堂山1号墳出土円筒埴輪の検討」『堂山古墳群』:『大阪府文化財調査報告書』45、三木弘編 1994『堂山古墳群』:『大阪府文化財調査報告書』45
〈城ノ越古墳(大東市)〉〔大阪府教委 1977〕(前掲)、〔石川 1983〕(前掲)、〔河内 1990〕(前掲)
〈メノコ古墳(大東市)〉〔石川 1983〕(前掲)
〈十林寺古墳(大東市)〉〔大阪府教委 1977〕(前掲)、〔石川 1983〕(前掲)
〈石切劔箭神社蔵品(東大阪市)〉石切劔箭神社(発行年不記載)『穂積殿の歴史と宝物』(パンフレット)
〈芝山古墳(東大阪市)〉William Gowland 1897「The Dolmens and Burial Mound in Japan」『ARCHAEOLOGIA』、William Gowland 1899「The Dolmens of Japan and their Builders」『Transactions and Proceedings of the Japan Society』4-3、森浩一 1965『古墳の発掘』、藤井直正・都出比呂志 1966・67『原始・古代の枚岡』第1部・第2部、大塚初重 1977「大阪府芝山古墳の出土遺物をめぐる諸問題」『考古論集』、上田宏範(校注監修) 1981『日本古墳文化論―ゴーランド考古論集』、安田博幸・森真由美 1990「東大阪市東石切町に所在した芝山古墳の石室の石に付着していた赤色顔料の微量化学的分析」『東大阪市文化財協会ニュース』4-4、吉村博恵 1990「芝山古墳」『東大阪市文化財協会ニュース』4-4
〈塚山古墳(東大阪市)〉〔藤井・都出 1966・67〕(前掲)、中西克宏 1986「塚山古墳採集の埴輪」『東大阪市文化財ニュース』2-1
〈猪ノ木古墳(東大阪市)〉荻田昭次・藤井直正編 1977「四条地区の考古資料」『河内四條史』2 史料編Ⅰ
〈大賀世古墳(東大阪市)〉〔藤井・都出 1966・67〕(前掲)、上野利明・中西克宏 1985「大賀世2号墳・3号墳出土の遺物について」『財団法人東大阪市文化財協会紀要』1
〈瓢箪山古墳(東大阪市)〉〔藤井・都出 1966・67〕(前掲)、東大阪市教委 1973『山畑古墳群1』、〔荻田・藤井編

1977〕（前掲）
〈五条古墳（東大阪市）〉〔藤井・都出 1966・67〕（前掲）
〈山畑22号墳（東大阪市）〉〔藤井・都出 1966・67〕（前掲）、〔東大阪市教委 1973〕（前掲）、〔荻田・藤井編 1977〕（前掲）
〈山畑2号墳（東大阪市）〉〔藤井・都出 1966・67〕（前掲）、〔東大阪市教委 1973〕（前掲）、〔荻田・藤井編 1977〕（前掲）
〈鬼塚古墳（東大阪市）〉〔藤井・都出 1966・67〕（前掲）、〔東大阪市教委 1973〕（前掲）、〔荻田・藤井編 1977〕（前掲）
〈向山古墳（八尾市）〉吉岡哲ほか 1988『増補版 八尾市史（前近代）本文編』
〈西ノ山古墳（八尾市）〉西岡三四郎ほか 1958『八尾市史』、吉岡哲 1977「八尾市西ノ山古墳・中ノ谷山古墳の出土遺物について」『古代学研究』83、〔吉岡ほか 1988〕（前掲）
〈花岡山古墳（八尾市）〉原田修・久貝健・島田和子 1976「高安の遺跡と遺物」『大阪文化誌』2-2、〔吉岡ほか 1988〕（前掲）、米田敏幸 1992a「大竹古墳群とその周辺」『古代文化』44-9
〈中ノ谷山古墳（八尾市）〉沢井浩三 1969か『八尾の古文化財 その1 古墳』、〔吉岡 1977〕（前掲）、〔吉岡ほか 1988〕（前掲）
〈心合寺山古墳（八尾市）〉〔原田・久貝・島田 1976〕（前掲）、〔吉岡ほか 1988〕（前掲）、奥田尚 1992「心合寺山古墳円筒埴輪の砂礫構成」『八尾市文化財紀要』6、堀田啓一・宮川徏 1992「心合寺山古墳の築造企画の検討」『八尾市文化財紀要』6、〔米田 1992a〕（前掲）、米田敏幸 1992b「史跡心合寺山古墳前方部里道の発掘調査」『八尾市文化財紀要』6、〔小浜成 1994〕（前掲）、吉田野々 1994「史跡心合寺山古墳基礎調査の成果について」『大阪府下埋蔵文化財研究会（第29回）資料』、八尾市教育委員会 1996（予定）『史跡 心合寺山古墳基礎発掘調査報告書』：『八尾市文化財調査報告』35（史跡整備事業調査報告1）、〔吉田 1996（予定）〕（前掲）
〈鏡塚古墳（八尾市）〉〔沢井 1969か〕（前掲）、〔瀬川・中尾 1983〕（前掲）、〔吉岡ほか 1988〕（前掲）
〈愛宕塚古墳（八尾市）〉大阪府立花園高等学校地歴部 1968『温故知新』5、安井良三編 1994『河内愛宕塚古墳の研究』
〈萱振1号墳（八尾市）〉大阪府教育委員会 1984『萱振遺跡現地説明会資料Ⅰ』（『大阪府埋蔵文化財担当者研究会（第10回）資料』：1984に再録）、広瀬雅信ほか 1992『萱振遺跡』、髙橋克壽 1994「埴輪生産の展開」『考古学研究』41-2
〈中田古墳（八尾市）〉坪田真一 1994「中田遺跡第19次調査（NT93-19）」『平成5年度（財）八尾市文化財調査研究会事業報告』
〈郡川西塚古墳（八尾市）〉梅原末治 1934「河内国郡川古墳出土品」『奈良帝室博物館歴史図録』、清原得巖 1976「高安の遺跡と私」『大阪文化誌』2-2（特輯 清原得巖所蔵考古資料図録）、〔森 1978〕（前掲）、〔石部 1980〕（前掲）、吉岡哲 1981「八尾市郡川東塚・西塚の測量調査」『環境史学』51、〔瀬川・中尾 1983〕（前掲）、野上丈助 1983「日本出土の垂飾付耳飾について」『藤沢一夫先生古稀記念 古文化論叢』、和泉市久保惣記念美術館 1984『和泉市久保惣美術館蔵鏡拓影』、〔吉岡ほか 1988〕（前掲）、花田勝広 1991「近畿横穴墓の諸問題」『おおいた考古』4
〈郡川東塚古墳（八尾市）〉〔清原 1976〕（前掲）、〔吉岡 1981〕（前掲）、〔吉岡ほか 1988〕（前掲）
〈平尾山安堂5-2号墳（柏原市）〉大阪府教育委員会 1975『平尾山古墳群分布調査概要』
〈太平寺D-1号墳（柏原市）〉北野重・竹下賢・山内都 1983『太平寺古墳群』
〈太平寺7号墳（柏原市）〉山本彰編 1981『太平寺古墳群-太平寺5・6・7号墳の調査-』：『大阪府文化財調査報告書』33
〈鳥坂古墳（柏原市）〉山本昭 1973「古代の柏原」『柏原市史』2 本編1
〈安堂南古墳（柏原市）〉〔山本 1973〕（前掲）
〈安堂支群5-10号墳（柏原市）〉大阪府教育委員会・柏原市教育委員会 1980『柏原市東山地区における遺跡分布調査報告書』

〈安堂支群5-1号墳（柏原市）〉大阪府教育委員会 1975『平尾山古墳群分布調査概要』
〈平尾山古墳群内古墳（柏原市）〉〔石川 1983〕（前掲）
〈太平寺C尾根所在古墳（柏原市）〉〔北野・竹下・山内 1983〕（前掲）

□その他の主要引用・関連文献ほか
梅原末治 1922「玉名郡江田村船山古墳調査報告」『熊本県史蹟名勝天然記念物調査報告』1
佐藤小吉・末永雅雄 1930「円照寺墓山第一号墳調査」『奈良県史蹟名勝天然記念物調査報告』11
梅原末治 1937「乙訓村長法寺南原古墳の調査」『京都府史蹟名勝天然物調査報告』17
小林行雄 1961『古墳時代の研究』
小林行雄 1962「長持山古墳の調査」『大阪府の文化財』
梅原末治 1964『椿井大塚山古墳』
原口正三・西谷正 1967「弁天山C1号墳」『弁天山古墳群の調査』:『大阪府文化財調査報告』17
北野耕平 1976「河内野中古墳の研究」:『大阪大学文学部国史研究室研究報告』2
（財）大阪文化財センター 1978『長原』
田辺昭三 1981『須恵器大成』
川西宏幸 1987「円筒埴輪総論」『考古学雑誌』64-2
高橋工 1987「大塚古墳出土甲冑の編年的位置」『摂津豊中大塚古墳』:『豊中市文化財調査報告』20
柳本照男 1987「出土遺物からみた大塚古墳の総体的年代」『摂津豊中大塚古墳』:『豊中市文化財調査報告』20
柳本照男編 1987『摂津豊中大塚古墳』:『豊中市文化財調査報告』20
和田晴吾 1987「古墳時代の時期区分をめぐって」『考古学研究』34-2
広瀬和雄 1991「前方後円墳の畿内編年」『前方後円墳集成 中国・四国編』
八尾市立歴史民俗資料館 1991『八尾を掘る―平成2年度の発掘調査成果展―』
都出比呂志・福永伸哉編 1992『長法寺南原古墳の研究』:『大阪大学文学部考古学研究報告』2
松村隆文・広瀬和雄 1992「地域の概要 和泉」『前方後円墳集成 近畿編』
藤井寺市教育委員会事務局 1993『新版 古市古墳群―藤井寺市の遺跡ガイドブックNo.6―』
（財）大阪文化財センター 1995『第7回池島・福万寺遺跡現地説明会』
佐伯博光 1995「池島・福万寺遺跡施設部その5・6調査区出土の古墳時代遺物」『大阪府下埋蔵文化財研究会（第32回）資料』

〔図・表出典〕
　図85～図87：〔秋山 1992〕、図88：〔小浜 1994〕、表5・表6：〔秋山 1992〕、いずれも一部改変をふくむ。

〔謝辞〕
　関連古墳の情報などに関して、井上智博・宇治田和生・上林史郎・川瀬貴子・久家隆芳・福永信雄・吉田野々の各氏からご教示を得た。
　末筆ながら記して深謝申しあげたい。

（元稿：1992年2月、1995年6月）

〔追記〕
　本章頭書に記したように、本編は、研究集会の口頭発表内容をもとに増補成文化し、当時、発刊が計画されていた研究集会記録集の編者に送付させていただいた原稿にあたる。叙述としては、この研究集会直後に刊行された本書第6章の初出稿（〔天野・秋山・駒井 1992〕:『前方後円墳集成 近畿編』）の素

稿をベースに当日報告をおこなったため、それとの重複が多い点はご容赦願いたい。

　ただ、そのような内容を本書に収載したのは、前稿（第6章）内容に、その後、執筆当時までに判明した情報を可能なかぎり付加し、研究者の便を考慮した関連文献リストを整備していることにもよるが、何よりも、記録集自体の刊行が結局は実現しなかったので、この機会に公表しておきたいと考えた事情による。

　約25年前の当該計画書が未刊のままになってしまっているのは、原稿提出が遅延した私の責も大きいかと内省している次第であり、ご寛恕を乞いたい。

　また、じつは、求められて提出稿のひかえを何人かの関係者に提供した経緯があったが、それが「1996年刊行予定」などと明示されながらも、報告書や論文に引用されている事実がみられる〔八尾市教委1996、ほか〕。

　このように、私個人としては複雑な良心の呵責をおぼえているところでもあったので、読者の煩にもかかわらず本書収載にふみきったわけであるが、そのことに対しご理解いただければ幸いである。

第8章
北・中河内の前期古墳にみる特質

1— フォーラム講演項目ほか

　本章稿は、1997年（平成9）3月に大阪府藤井寺市で開催された、ふじいでらカルチャーフォーラムⅤ「大阪の前期古墳―古市古墳群の成立前夜―」の、講演会・シンポジューム記録集に収載された内容に相当する。2節以下の本文との関連もあり、頭書に、当日の発表資料集に掲載してあった講演項目ほかを示しておきたい。
　（フォーラム関連文献：〔秋山　1997、1998、藤井寺市教委　1997、1998〕）

....

「北・中河内の前期古墳」（秋山浩三）

Ⅰ．北・中河内の首長墳系列
　　　北河内：淀川左岸の枚方丘陵・台地、中河内：生駒山西麓
　　　　ほぼ現在の行政市域ごとに古墳時代の首長墳分布のまとまり
　　　　　　枚方地域、交野地域、寝屋川・守口地域、四條畷地域、大東地域、
　　　　　　東大阪地域、八尾市域、柏原市域（大和川以北）

Ⅱ．主要な前期古墳
　　　枚方地域……万年山古墳、禁野車塚古墳、藤田山古墳

　　　　交野地域……鍋塚古墳、森1～4号墳
　　　　四條畷地域…忍岡古墳
　　　　東大阪地域…(石切劔箭神社蔵品)、猪ノ木古墳
　　　　八尾地域……向山古墳、西ノ山古墳、花岡山古墳、中ノ谷山古墳：楽音寺・大竹古墳群
　　　　　　　　　　（平野部：萱振1号墳、中田古墳）
　　　　柏原地域……平尾山安堂5－2号墳

　Ⅲ．北・中河内の前期古墳の特質
　　　　初現期の古墳群……………鍋塚古墳、森古墳群
　　　　淀川にのぞむ主要古墳……万年山古墳、禁野車塚古墳
　　　　安定系列の古墳群…………楽音寺・大竹古墳群

　Ⅳ．古市・百舌鳥古墳群成立後の北・中河内の古墳の変質
　　　　中期の大形前方後円墳（牧野車塚古墳：108ｍ、心合寺山古墳：140ｍ以上）の築造
　　　　　首長墳築造数の減少
　　　　古市・百舌鳥古墳群との関連性

　Ⅴ．まとめ

　　　　〈講師紹介…（中略）…
　　　　［近況］：最近は池上曽根遺跡の史跡整備にともなう発掘調査等に忙殺（？）されています。昨年度の調査では、弥生時代中期の大形建物の柱材が、年輪年代測定によってB.C.52年に伐採された事実が判明し、重大な成果が得られました。
　　　　［カルチャーフォーラム参加者に一言］：全長400ｍ以上にもおよぶ巨大な墓を一個人のために築造した古墳時代という時代を、現在の私たちの「家」の墓とくらべて考えてみることにも大きな意義があると思っています。〉
　　………………………………………………………………………………

2— はじめに

　おはようございます。ご紹介いただきました、(財)大阪府文化財調査研究センターの秋山と申します。どうか、よろしくお願いいたします。
　今、伊藤聖浩さん（羽曳野市教育委員会）から南河内地域の前期古墳に関するご講演〔伊藤1998〕がありました。本日私は、つづきまして、大阪府内の北・中河内地域の前期古墳について簡単に紹介させていただきたいと思います。

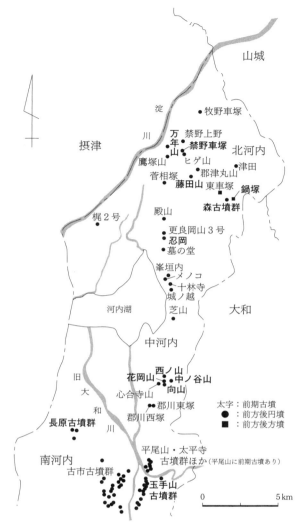

図89　北・中河内ほかにおける前方後円(方)墳の分布

　また、先ほどの話題にありましたように、この会場には藤井寺市の方々が多いということなので、大阪の地形とか、どこにどういう古墳や遺跡があるかなどは、大まかにはご存知だということを前提に話を進めたいと考えております。
　河内地方のうち、伊藤さんのお話にありました南河内は、大和川より一応南と理解いただけると思いますが、これから私が述べます北・中河内は、淀川の南側で、大和川の北側、つまり、淀川と大和川の間の様相ということになります。私のあとの柳本照男さん(豊中市教育委員会)のお話〔柳本 1998〕は、さらに北へ淀川をこえた所の内容だというふうに、まずイメージしてください。

第8章　北・中河内の前期古墳にみる特質　191

表7　北・中河内の古墳編年表（案：一部改訂版）

時期区分※1	須恵器編年※2	埴輪編年※3	集成区分※4	北河内 枚方地域 北群	北河内 枚方地域 南群	北河内 交野地域	北河内 寝屋川地域（南群）／ノ口地域	北河内 四條畷地域	北河内 大東地域	中河内 東大阪地域 北群	中河内 東大阪地域 南群	中河内 八尾地域 北群	中河内 八尾地域 南群	柏原地域（大和川以北）
前期 1期		特殊	1期			錫塚■60〜70 森1号●106								
前期 2期		I	2期			森2号●58								
前期 3期	(MT85) TK73		3期		万年山●100 禁野車塚●110	森3号●46						向山●55		
前期 4期	TK216 TK208	II	4期		藤田山●50	森4号●50						西ノ山●55 花岡山●73 中ノ谷山○50	猪ノ木○30	平尾山安堂5-2号●40
中期 5期				牧野車塚●108		東車塚●50以上							(石切) 劔箭神社	(平野部)(萱振1号□27)(中田○34)
中期 6期		III	5期						峯垣内●40			心合寺山●140以上		
中期 7期		IV	6期					塞の堂●120	堂山1号○25					
後期 8期	TK23 TK47		7期	姫塚○37	禁野上野●40		殿山/尾2号/○35/●30	更良岡山3号●27						
後期 9期	MT15 TK10	V	8期		白雉塚○30		寝屋○30	清滝1号○26	城ノ越●40	芝山●26	大賀世○30 瓢簞山△50	鏡塚●28	郡川西塚●60 郡川東塚●50	太平寺D-1号●26
後期 10期	TK43 TK209		9期								五条□30 山畑22号△30 山畑2号□28	愛宕塚○25		太平寺7号●22
後期 11期			10期											

●前方後円墳　■前方後方墳　○大形円墳（25m以上）　□大形方墳（25m以上、「考古学研究」134号、1987年）　△双円墳　不明墳は未記入　数値は規模（単位m）　墳形・規模：推定を一部ふくむ
※1　和田晴吾「古墳時代の時期区分をめぐって」（「考古学研究」134号、1987年）による時期区分
※2　田辺昭三「須恵器大成」（1981年）による須恵器編年
※3　川西宏幸「円筒埴輪総論」（「考古学雑誌」64-2、1987年）による埴輪編年
※4　広瀬和雄「前方後円墳の畿内編年」（近藤義郎編「前方後円墳集成」中国・四国編、1991年）による時期区分

表8 北・中河内における前期古墳の副葬品一覧表

古墳名	施設	鏡	装身具	石製腕飾類	石製模造品（碧玉製）	武器	武具	農工具	滑石製品	その他（備考）
万年山 ●か100m 3期	粘土槨か 割竹形木棺か	中·三角縁吾作銘四神四獣鏡 ・三角縁君宜官獣文帯三神二獣鏡 ・三角縁有銘四神四獣鏡 ・三角縁日月唐草文帯四神四獣鏡 ・三角縁波文帯龍虎鏡 ・平縁獣帯鏡・三角縁獣文帯神獣鏡	玉類？			刀2？				（工事中発見）
忍岡 ●90m 3期	竪穴式石槨 割竹形木棺		硬玉勾玉 碧玉管玉	石釧1 鍬形石1	紡錘車6	剣2 大刀1 鉾2 鉄鏃片若干 木製刀装具	コハゼ形小札数個 （革綴冑）	鎌2 斧3 刀子1 鉋1		（盗掘あり）
（石切劔箭神社蔵品） 3期		中·三角縁獣文帯四神四獣鏡 ・三角縁唐草文帯二神二獣鏡 ・二神四獣鏡・二神二獣鏡2・獣帯鏡 2・内行花文鏡・画文帯神獣鏡 倭-唐草文帯鏡・龍虎鏡 ・環状乳神獣鏡・龍虎鏡		鍬形石1 車輪石4 石釧1	鏃	環頭大刀把頭 銅剣				
藤田山 ●50m 4期	中央槨 粘土槨	中·画文帯袈裟状乳神獣鏡			無茎式鏃2	銅鏃6		斧1 鑿1		採集品：斧3 （または剣1、斧2）
西ノ山 ●55m 3～4期	石槨 （あるいは 竪穴式石槨）	不明2 （三角縁神獣鏡1合か）	勾玉1 管玉2 小玉96			剣・刀片16 銅鏃（柳葉式24・定角式30・鑿頭式4）				（開墾時出土）
中ノ谷山 ●50m 4期か	箱式石棺		碧玉勾玉1 碧玉小管玉2 堅櫛5			刀1		刀子5	勾玉6 管玉11 白玉41	（開墾時出土）

（●：前方後円墳、■：前方後方墳、○：円墳、墳形・規模：推定を一部ふくむ、鏡：中一中国鏡 倭一倭式鏡）

第8章　北・中河内の前期古墳にみる特質　193

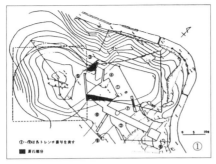
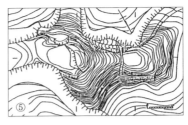

S=1/1500

①鍋塚（交野市）　②森1号（同）　③森2号（同）　④森3号（同）　⑤森4号（同）
図90　北・中河内の前期前方後円（方）墳―1

　北河内はちょうど淀川の左岸域です。その一帯の地域、今の名称でいいますと、枚方丘陵・台地および生駒山地北端の周辺あたりとなります。中河内のほうは、生駒山地が南北に大阪と奈良の境界に連なっていますが、それの西側、西麓地域です。大体そういう地理環境として把握いただければよいと思います。
　この大阪の北・中河内の地域ですけれども、表7に、この地域全体に所在する古墳の編年案をのせております。表8には、主要な前期古墳の副葬品内容の一覧を示しています。
　両表とも、時期区分に関しては和田晴吾さんによる研究基準に依拠しており、その他の期区分案や須恵器・埴輪編年との対応関係、出典文献については、表7中に明記しておきました。

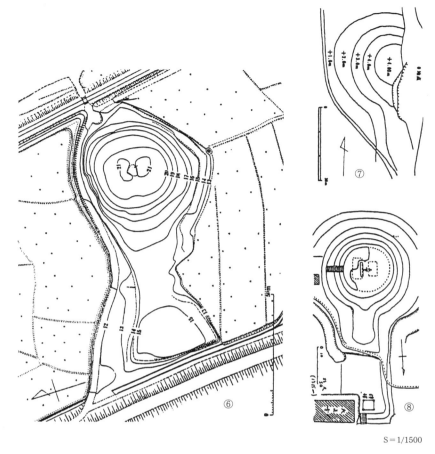

⑥禁野車塚（枚方市）　⑦藤田山（同）　⑧忍岡（四條畷市）

図91　北・中河内の前期前方後円（方）墳－2

　それと図89は、地形の等高線などが入っていない図面で分かりづらいですが、古墳の分布図です。
　これには、古墳時代前期から後期までの、前方後円墳と前方後方墳の両方をふくめております。少々判別しにくいですが、この分布図のなかで太い文字（ゴチック）で書いてあるのが前期古墳です。
　図90と図91には、それら前期古墳の墳丘測量図、どういう墳形かが分かるような平面図、そして、図92以降には、そういう古墳から出ました埴輪、墳丘に立て並べる埴輪ですけれども、それらや採集された土師器、副葬品である銅鏡や銅鏃、内部主体部の図面・写真、さらに関連する資料などを掲載しております。
　参考文献は別途に示していますので、また折があったら見ていただきたいと思います。

第8章　北・中河内の前期古墳にみる特質　195

3— 古墳の分布状況

さて、北河内・中河内ではともに、古墳時代の初期から終末まで全期間を通してみますと、一定の場所に古墳がまとまって築かれる領域があります。

古墳という大層な構築物・モニュメントは、当時の地域のリーダーといいますか、先ほどの話にもありました首長という用語でもかまいませんけれども、地域のリーダーや首長の墳墓です。そういう地域のリーダーたちがいた、当時の一定のまとまりのある領域が、現在の行政区画、枚方市とか東大阪市とか、そういうような市域単位ごとのなかにグループとしてみられます。

北から順番に現行市名でいいますと、枚方市、交野市、そして、寝屋川市と守口市、その南にある四條畷市、それと大東市の各市域、これらが北河内です。

さらに南にいきますと、東大阪市、その南の八尾市、先ほどの伊藤さんのお話にも一部ありましたけれども、柏原市（大和川以北）の各市域、これらが中河内です。

こういうふうに大まかにみますと、くりかえしになりますが、現行の各市域ごとに、古墳時代各期を通しての、リーダー・首長たちの墳墓がまとまって造営されたということが分かります。

4— 各地域における前期古墳の状況

そのようななかで、今回、前期古墳がテーマということになっておりますので、それぞれの地域の前期古墳にどのようなものがあるか、存在が確認できる地域を中心として、駆け足になりますがみていきたいと思います。

なお、これからの話のなかにでてきます古墳に関しては、とくにことわらないかぎり前方後円墳と考えてください。

（1）枚方地域の様相

まず一番北側の枚方の地域ですが、資料集のなかに書きましたように、この地域には、万年山古墳、禁野車塚古墳、藤田山古墳という、代表的な3基の古墳が築造されています。後二者の墳丘図を図91―⑥⑦に示しております。

本日のちほどご講演される北野耕平先生（神戸商船大学名誉教授）が専門のフィールドとされている地域なので、私が説明するのは恥ずかしいかぎりですけれども、概要を申しあげます。

万年山古墳といいますのは、石川昇さんの評価によりますと、可能性として推定全長が100mぐらいの前方後円墳ではないかといわれております。

不幸なことに工事中に発見された古墳で、正確な墳丘の形とか規模はよく分かりません。内部主体、つまり死者を葬っている埋葬施設は、粘土槨の可能性があるということです。粘土槨といいますのは、先ほど話がありましたような古い時期の竪穴式石槨（石室）ではなくて、それより

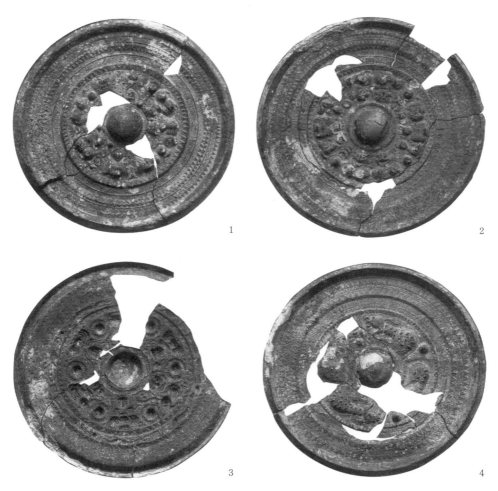

1：吾作銘四神四獣鏡　2：有銘四神四獣鏡　3：君・宜・官獣文帯三神三獣鏡　4：波文帯龍虎鏡

図92　万年山古墳（枚方市）の三角縁神獣鏡群

図93　藤田山古墳（枚方市）の画文帯環状乳神獣鏡

一段階新しい内部主体の構造です。そういう古墳があります。
　この古墳で重要な意味をもっていますのは、図92のような三角縁神獣鏡がたくさん検出されたことです（表8参照）。
　これらの万年山古墳の三角縁神獣鏡は、日本国内で製作された銅鏡ではなくて、中国から持ってこられた舶載品ばかりなのです。皆さんよくご存じのように、『魏志倭人伝』に記載があります、倭国王・卑弥呼が魏の皇帝からもらった「銅鏡百枚」に相当する可能性が高いとされている種類の銅鏡です。
　以前の研究では、この古墳はそのような中国製の銅鏡だけを保有しているので、日本のなかで一番古手の古墳だろうと評価されてきました。けれども、その後のさまざまな調査事例との比較研究とか、内部主体が粘土槨ということでもありますので、現在では、最古にはならないだろうと考えられているところです。
　つぎに、禁野車塚古墳という古墳ですけれども、これは図91—⑥の平面図のような形をした、全長110mの前方後円墳です。
　この古墳は発掘調査がまったくされていませんので、どういう内部主体があるかは判明しません。ただし、安山岩質の板石が採集されているということなので、それが内部主体の構築用材であるならば、竪穴式石槨の可能性が考えられそうではあります。
　墳丘図面を見ていただいても少し分かりにくいかもしれませんが、墳形が、本日先ほどのご講演にありましたように、古墳の前方部が三味線のバチの形のように開く、バチ形前方部の前方後円墳あるいは前方後方墳と呼んでいますけれども、そういう形を呈しているということなんです。
　こういうバチ形に開く前方部形態を示す古墳が、一番古い一群だろうと今までの研究で解明されています。
　しかし、この古墳の墳丘平面形だけを一瞥すると古そうなのですけれども、あらためて図面を見ていただいても分かりますように、周囲に田んぼがありまして、耕作でどんどん古墳の裾部を削り込んでいったりしますので、どうもそういうことで変形を受けた可能性もあることが考えられるわけです。
　採集されている埴輪の写真と図面を図94にのせております。
　最も古い段階の出現期古墳では埴輪を保有しないという指摘が先ほどのご講演でもありましたが、この古墳では図中のような埴輪が確認されております。ですから、墳丘は古そうな形を示していますが、前期古墳のなかでも一番古くはないだろうと、今、私自身は思っています。
　つづいて、藤田山古墳ですけれども、これもよく分からないですが、全長50mぐらいの前方後円墳だろうといわれております（図91—⑦）。
　内部主体は、先ほどの万年山古墳と同じように、粘土槨となっています。副葬品などの種類は表8に記載しております。そのなかには、中国から持ってこられた銅鏡がふくまれていまして、図93の画文帯神獣鏡がそれであります。
　これらが、枚方地域の三つの古墳です。
　のちほどの話題と関連しますので述べておきますと、以上のうち万年山古墳は、淀川のすぐ南

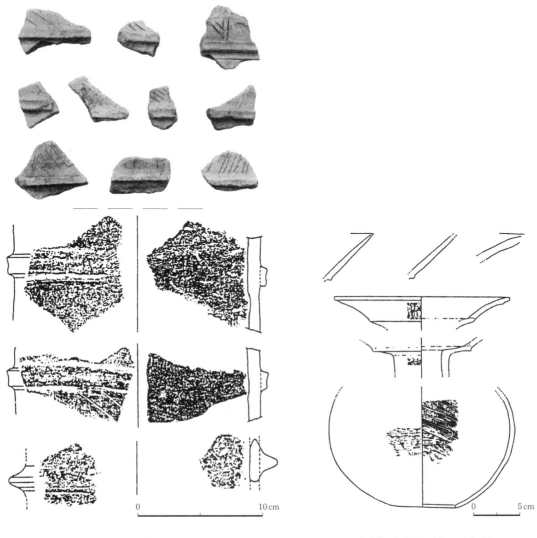

図94 禁野車塚古墳（枚方市）の埴輪　　　　図95 森古墳群（交野市）の土師器

東接部に、他の２基は、淀川との合流地点に近い箇所で、支流の天の川ぞいに立地しております。

(2) 交野地域の様相

つぎに、枚方の南東のほうになりますが、交野の地域にある古墳をみたいと思います。

この地域には、図90にのせていますように、鍋塚古墳と、森１号～４号墳と書いてあります森古墳群内の古墳があります。

鍋塚古墳というのはつい最近、ここ１、２年に判明した新発見古墳なので、まず、森１号～４号墳についてお話させていただきます。

第8章　北・中河内の前期古墳にみる特質　199

図90に、等高線がすごく密集した図面が四つあります。真ん中のものが森1号墳、それ以外のものが、2号墳、3号墳、4号墳になります。これらの図面中の古墳周囲の様相を見ていただいても分かりますように、これらの古墳は、山の上のすごく高い尾根上に位置します。そういう立地環境に構築された古墳群ということです。

　図90・図91の両図面はスケール（縮尺）を全部1500分の1に合わせていますので、図面中で大きく見える古墳は規模が大きいわけですが、森1号墳（図90－②）は、この森古墳群のなかで最大となり、全長が106mあります。

　それと、削られていて不詳だといってしまえばそれまでなのですが、先ほど述べたような、前方部がバチ形に開くという墳形を示しております。加えて、図中の右側が前方部に相当しますが、こちらのほうが後円部の墳丘よりかなり低いという特徴もそなえています。そのような属性から、古墳群のなかでは一番古い形態を示す古墳だといわれています。

　この古墳では、埴輪などは発見されていません。ただ、付近から、図95に図面をのせました、わりと古手の土師器の壺、二重口縁の壺といいますけれども、こういう壺破片が確認されたりしています。

　ですから、森1号墳という前方後円墳は、日本列島のなかでも一番最初の部類の古墳であるということが、墳形やそのほかの特徴からまちがいないだろうと思えるわけです。ただし、内部主体の調査などはされていませんので、具体的な内容や副葬品ほかの情報はまったく不明で、その要素からの検討は不可能となっています。

　それ以外の森2号～4号墳は、図90－③～⑤にあるような現形状となっており、2号墳が全長58m、3号墳が同46m、4号墳が同50mという規模をもつ前方後円墳です。いずれも、森1号墳と比べますと、墳長値は劣ります。

　これらは削られたりしておりますので、現在では墳形がオリジナルから変わったりしていますが、復原墳形などからすると、森1号墳に継続して構築された古墳だろうと推定されております。すなわち、数字の順番どおり、森1号墳があって、2号墳、3号墳、4号墳と順に代々つくられていったんじゃないかと考えられているわけです。

　もっと詳細な古墳分布図をのせればよかったのですが、ここの森古墳群では、一番古い古墳が最も高い場所に築造されていて、時期が新しくなるほど、だんだん低い位置に移っていくというふうに、構築する立地場所が変わっていっています。

　つぎに、あとまわしにしました、鍋塚古墳の話です。

　この鍋塚古墳というのは、森古墳群のすぐそばに立地する古墳でして、さらに高い所に築造されている例です。最近までその存在が分かっていませんでした。

　図90－①は墳丘平面図となります。推定規模は、全長60～70mということです。一応ここでは前方後方墳形の形状で復原ラインが描かれていますけれども、黒く塗りつぶしたところ、古墳くびれ部のところが黒くなっていますが、その付近で、交野市教育委員会による発掘調査がありました。その結果、葺石が検出されています。

　前方部の形自体もまだはっきりしませんが、推定線では、ややバチ形状に開く形態に復原され

ております。この古墳も内部主体が判明しない現状ですが、板石が散乱しているのが確認できるということなので、竪穴式石槨ではないかと推定されています。埴輪はまったく存在しないということです。

近接部の森古墳群との関係でいいますと、先ほど森1号墳が一番古いタイプの古墳だといいましたけれども、さらに時期がさかのぼる古墳となる可能性のあるのが、この鍋塚古墳かと思います。

ですから、先ほど伊藤さんが南河内のほうでは最古1期の古墳が存在しないとおっしゃっていましたが、この北河内では、今述べました、鍋塚古墳と森1号墳という2基が1期でほぼまちがいないといえますので、確実な古墳が1期段階で出現しているのが分かります。

以上が交野地域の概要です。

つまり、古墳の出現期に鍋塚古墳が構築されて、その後、あるいは同時ぐらいかもしれませんが、森1号墳があって、森2号、3号、4号墳と順番に構築されていったということです。

(3) 四條畷地域の様相

つづいて、さらに南にいきまして、四條畷の地域です。

ここも判然としないところが多いですが、かなり昔、1935年（昭和10）に調査された忍岡古墳というのがあります。日本考古学史にのこる大変古い重要な調査例ですので、非常に有名な古墳になっています。墳丘図面を図91－⑧に、墳丘から採集されている埴輪片の図面を図96にのせてあります。

この古墳は全長が90ｍと、比較的大きい前方後円墳でして、内部主体には、図97に示したような構造の施設がありました。後円部墳丘の上部に穴を掘って、こういう埋葬空間がもうけられています。内部におそらく割竹形木棺をおさめ、そこに遺体を葬ったと考えられます。そのようなスペースは竪穴式石槨や竪穴式石室といいますけれども、こういう埋葬施設を墳丘形成のあとに構築しているわけです。

ここから出土しています副葬品の種類は、表8に記載しています。品目中には、先ほどのご講演にありましたような、腕飾類がありました。腕飾り、ブレスレットの形をした宝器というふうに考えていただいたらいい貴重品です。そのなかに、鍬形石と呼んでいる製品があって、それの一番古い型式のものが発見されているということで有名な古墳であります。

これが四條畷地域です。分かっているのはこの1基ぐらいとなります。

(4) 東大阪地域の様相

つぎに、さらに南の東大阪の地域です。

ここには確実な前期の、中期もそうですけれども、前方後円墳あるいは前方後方墳はありません。

本日お話させてもらっているのは主に前方後円墳および前方後方墳についてですが、最初に申したように、それは当時のその地域のリーダー・首長の墳墓だと考えられるものです。東大阪地

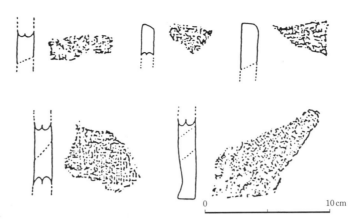

図96　忍岡古墳（四條畷市）の埴輪

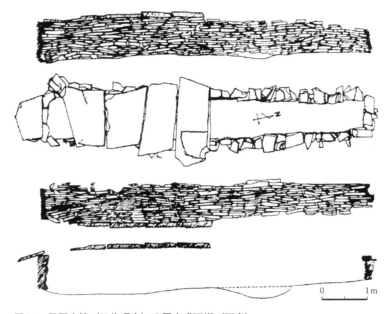

図97　忍岡古墳（四條畷市）の竪穴式石槨（石室）

域では前期において、このような古墳はまったく築かれていないわけです。現状では、そのような理解にいたります。

　あるいは、今のところ見つかっていないと表現すべきかもしれませんが……。

　そこで、若干気になりますのは、つぎの点です。

　皆さんよくご存知だと思うのですが、この地域の生駒山西麓に「石切神社」と一般的に呼ばれている立派な神社があります。「でんぼ（できもの）の神様、石切さん」といえば大阪の人間は

すぐにピンとくるわけです。

　みんな「石切神社、石切神社」と口にしますけれども、じつは、世間で石切神社と認識されていますのは、正式名称では「石切劔箭神社」となります。平安時代の『日本三代実録』や『延喜式（神名帳）』にも記載がみられる、由緒あるお宮さんです。

　私はその近くで生まれ今も住んでいますので、幼い頃から非常に親近感をいだいております。

　さて、この神社が保有されている考古資料の宝物類が、これはもう何年前でしたか、1985年（昭和60）夏頃でしたか、一般に公になりました。

　それらの品目をながめてみますと、各種の銅鏡をはじめ、すごくたくさんの古墳時代の貴重な製品が、神社神宝としてあったわけなんです。表8の一覧表のなかに、いかなる銅鏡などが確認できるかという内容を記載しております。

　「でんぼの神様、石切さん」の神宝として、こういうように、三角縁神獣鏡が何枚もあったり、硬玉（翡翠）製の棗玉ですとか、碧玉製の管玉や鏃形ですとか、鍬形石とか車輪石とか石釧という、腕飾りの形をした宝器類などが、ふくまれていました。

　そうすると、この神社にそういう品々が入っているということは、その近所から発見された、古墳の副葬品が一括して神社におさめられた可能性があることになります。この品目リストを見ますと、編年表（表7）に示した、おおむね3期に相当するような前期古墳の副葬品の純粋な組み合わせが、神宝として保管されているわけなんですね。

　だから、各地の骨董屋さんから購入したような、寄せ集められた宝物類ではなくて、ある古墳の副葬品が、そのままこの神社の神宝としておさまった蓋然性が高いと思います。そうならば、ひょっとしたら、石切劔箭神社の近くにこういう副葬品をもっていた前期古墳があったかもしれないのです。私の家のすぐそばでの話題なので、個人的にはとてもワクワクしてきます。

　しかし、東大阪の地元の方々もいろいろ検討されて、あったとしたらどこにあるんだろうと探索されたり、聴きとり調査もされたりしているみたいですが、どうも、今のところ手がかりがないということです。したがって、あったかもしれないし、なかったかもしれない、まだよく分からないというところです。

　ですから、もしそれが近辺にあった古墳とすれば、確実に、あるていどの墳丘規模をそなえた、前方後円墳あるいは前方後方墳だったのではないかと思います。

　以上の情報以外に、東大阪地域では、大きめ前期古墳といいますと、猪ノ木古墳ですけれども、直径30mぐらいの円墳（前方後円墳の可能性もあり）でして、埴輪からみたら、前期のなかでもそんなに古くない時期のものです。

(5) 八尾地域の様相

　つぎに、八尾の地域にいきます。図98が当地域における古墳などの分布図となります。

　そのなかに、楽音寺・大竹古墳群という古墳群があります。

　同図の右中央あたりに前方後円墳の形をしたマークがいくつかありますが、そのあたりのことです。だいたい東西・南北、600mあるいは700mぐらいの範囲で、前方後円墳が何基かまとま

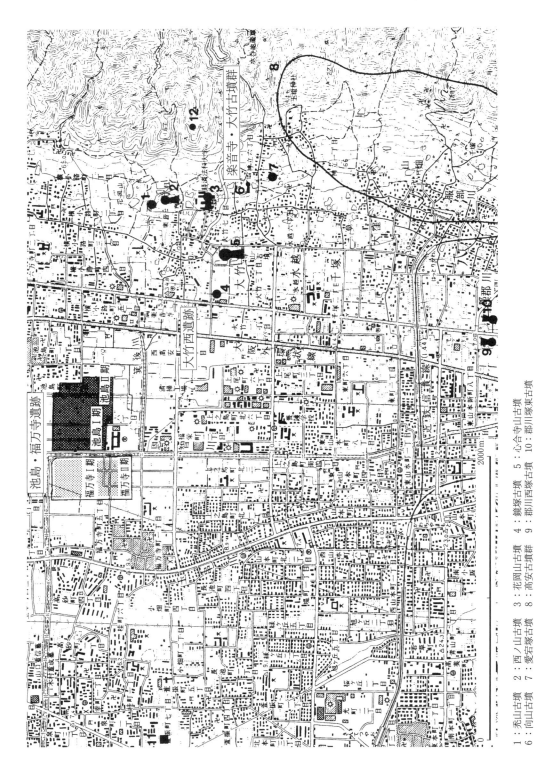

1：禿山古墳　2：西ノ山古墳　3：花岡山古墳　4：鏡塚古墳　5：心合寺山古墳
6：向山古墳　7：愛宕塚古墳　8：高安古墳群　9：郡川西塚古墳　10：郡川東塚東古墳
11：萱振1号墳　12：中ノ谷山古墳
図98　中河内・八尾地域の古墳ほか分布図

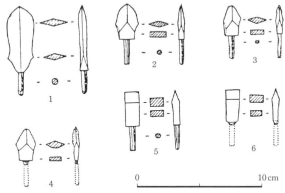
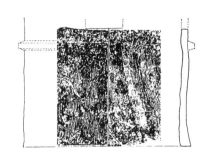
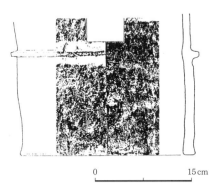

1：柳葉式　2〜4：定角式　5・6：鑿頭式

図99　西ノ山古墳（八尾市）の銅鏃　　　　　　　図100　花岡山古墳（八尾市）の埴輪

って築造されています。

　編年表（表7）に順番を示していますが、このなかの古墳を、古そうな例から順番にみていきます。

　まず向山古墳、これは前方後円墳で全長が約55ｍ、そのつぎが西ノ山古墳、これも全長が55ｍの前方後円墳です。図99は、西ノ山古墳から出土した銅鏃で、表8には、開墾時に出土したこの古墳の副葬品のリストを記載しています。

　つぎに花岡山古墳、これは少し大きくなりまして、全長が73ｍの前方後円墳です。図100は、出土した埴輪です。

　つづいて、中ノ谷山古墳があります。これは中期にくだる可能性もあるわけですけれども、墳形もよく分からないところがありまして、全長50ｍの前方後円墳、あるいは円墳かもしれないということがいわれている古墳です。

　中ノ谷山古墳の内部主体は、箱式石棺と呼ばれる形態ですが、そのなかから人骨が検出されています。そのような、男女2体が葬られた埋葬施設が以前の開墾時に見つかり、表8には、そのとき確認できたこの古墳の副葬品のリストを示しています。

　このように楽音寺・大竹古墳群としてまとめられている一帯は、近接した地点において、決して大規模ではありませんが、比較的大きめの地域のリーダー・首長の墳墓が、前期に代々つくられているということが把握できる地域です。

第8章　北・中河内の前期古墳にみる特質　205

図101　萱振1号墳（八尾市）の埴輪列　　図102　萱振1号墳（八尾市）の靫形埴輪

　ここまでお話ししたのは、八尾市域における生駒山西麓の山麓部といいますか、扇状地上の少し高いめの場所の古墳群の内容です。

　他方、最近分かってきていますのは、低地というか平野部の、標高が低い地帯における情報です。編年表（表7）に括弧付きで書いておきましたように、萱振1号墳ですとか中田古墳という古墳などが見つかったりしています。

　時間的なこともありますので詳細は省略しますが、萱振1号墳は、一辺27mの方墳、平面形が四角い形をした古墳です（図101、図102）。中田古墳というのは、だいたい直径が34mの円墳です。

　2基とも前方後円墳や前方後方墳ではありませんが、これらのような、前期でもやや新しめの時期の古墳が、平野部に分布しています。

(6) 柏原地域の様相

　最後に、さらに南の柏原の地域、そのなかでも大和川より北側の地域です。

　山のほうに平尾山古墳群が分布しており、そのなかに、安堂5－2号墳という古墳があります。全長40mぐらいの前方後円墳、そういう古墳が築かれています。今のところ分かっているのはこの1基です。

　細かい話はできないわけですが、以上、そのような状況であります。

5 ― 北・中河内にみる前期古墳の特質

(1) 三様の属性をめぐって

　地域の話と古墳の話とでややこしくなりましたけれども、北から順番にみてきました。
　このなかでどういう特徴があるのか、資料集（本章1節参照）のなかに記していますように、「北・中河内の前期古墳の特質」ということを、これから簡単にお話しさせていただきたいと思います。
　最初に、「初現期の古墳群」と書いていますが、先ほど述べました交野地域の山の上に、鍋塚古墳ですとか森1号墳という古墳、そのような、列島全体のなかで一番古手の部類の前方後方と前方後円墳がこの地域に少なくとも2基築かれています。この事実は、かなり意味があるのじゃないかと思います。しかも、森1号墳は全長106mを測る相当な規模となります。
　畿内（ヤマト）政権との関係を前提として古墳自体がつくられたとするならば、この地域ではそういう中央とのつながりが、かなり早い段階から強かったといいますか、何らかの連繋をもっていたことが推断できるわけです。
　これが1点目の特質です。
　つぎとして、「淀川に望む主要古墳」と書いていますが、とくに、万年山古墳と禁野車塚古墳という2基の大形墳についてです。
　万年山古墳の場合、規模とか分からない要素が多くあるものの、おそらく全長100mぐらいの古墳といわれています。禁野車塚古墳のほうは内部主体とかが判明しないけれども、前方後円墳で全長110mを測ります。
　万年山古墳に関しては、先ほどいいましたように、中国製の銅鏡がたくさん出土している古墳なわけです。この古墳は今はもう跡形もないですが、実際に現地に立ってみますと、淀川が見えるような、淀川のすぐそばの山の上に立地しています。
　当時の畿内政権といいますか、中央の政権にとって、淀川というのはすごく重要で主要な交通路・手段だったと思うのですね。それをちょうど見下ろせる場所に古墳が築造されていて、かつ、貴重な副葬品をたくさん保有している。
　この古墳のそのような様相などから考えると、畿内政権との関係性において、淀川水系という水運を掌握するにあたっての要の場所に、こういう古墳がつくられたと考えられます。
　禁野車塚古墳の場合も、淀川の近接地に構築されていますので、類似したバックグランドを推測してもよいといえそうです。
　畿内政権が地域の人間につくらせたのか、あるいは、在地勢力に梃入れしたのか、さらには、ひょっとしたら、畿内政権から派遣された人物の墳墓なのかもしれませんけれども、くりかえし強調しておきますと、そのような畿内政権との関係でこれらの大形古墳は存在すると理解してよいと思います。
　これが2点目の特質です。

つづいて、「安定系列の古墳群」と書いていますが、これは先ほど述べましたように、八尾地域に分布する楽音寺・大竹古墳群に関してです。

同地域の生駒山西麓部の古墳群でして、一定の狭い範囲（600〜700ｍ四方）に前期の前方後円墳4基を、首長といいますかその地域のリーダーがかわるごとに、近接した場所一帯に代々古墳を造営しているという感じで、古墳が分布しているわけですね。なお、ここの古墳は、全長50〜70ｍ強の中規模クラスとなります。

そうすると、古い段階では前期2期という段階から、さらに、前期内だけでなく、心合寺山古墳という全長140ｍ以上の北・中河内で一番大きい中期（6期）古墳が構築される時期まで、代がわりごとというような状況で古墳を築造している、ということです（表7参照）。

それらの分布状況などからみたら、すごく在地性の強い古墳群じゃないかと思えるわけです。

これが3点目の特質です。

（2）二者のあり方をめぐって

今コメントしました1点目と2点目に関しては、北河内の交野地域と枚方地域、淀川水系といいますか、淀川のすぐ南東一帯、左岸の話です。3点目は中河内、生駒山西麓の八尾地域の話です。

まず、前者の北河内2地域の事項は、このあと北野耕平先生からの訂正があるかもしれませんが、それらの生産基盤となる平野部が直近においてさほど多くは存在しないといいますか、集落遺跡もあまり大きい例が現在のところはっきり分かっていない、そういう地域の内容です。

そのようなエリアに突然、一番古手の古墳がつくられているのです。しかもさらに、その後に築造された古墳では、すごく貴重な品々を保有している、つまり、中国製の銅鏡をたくさんもっていたりする様相をみせます。規模が大きい古墳も、3基ふくまれます。加えて、水運上での要衝地に立地するという属性もみられます。

このような様相で、初現段階からの前期古墳が一定ていど構築されたということです。

どうもこの現象は、その地域のリーダー・有力者がスムーズに自らの力だけで成長してそこに葬られた結果ではない、と考えられます。要するに先ほどいいましたように、在地勢力と畿内政権との直接的な関係を背景や契機とした古墳の築造、つまり、政治的な色彩がかなり強そうな古墳分布のあり方ではないかと思うわけです。

それに対して、後者の中河内・八尾地域の事項のほうは、代々地元で中規模の前方後円墳を構築していて、時間がないので詳細は端折ってしまいますが、そのふもとの西側に、池島・福万寺遺跡とか大竹西遺跡という比較的大きい古墳時代の集落遺跡（群）があります（後述7節参照）。

その遺跡（群）では、非常に変わったといいますか、古墳に副葬されるような特殊な品々が、集落遺跡としてはめずらしく発見されたりしているわけです。そういう安定したわりと大規模な集落群があって、そのすぐそばの領域で、リーダー・首長の奥津城として、継続的な動向をみせる古墳群が形成されている、というあり方です。

そういう意味では、すごく在地的な色彩が濃い古墳群：首長墳系列の様相なのです。

先ほど述べた、北河内における政治的色彩が濃厚な前期古墳では100mもしくはそれをこえる大きい例が3基ほどありますが、中河内のほうでは50～70mぐらいのやや劣る規模の古墳で群構成される、という対照的な実態も示しています。
　ここで確認しておきたい、北・中河内の前期古墳に関する要点としましては、①北河内のある地域では、とくに政治的な色彩が濃いようなあり方で首長墳がつくられたということ、②中河内のある地域では、在地的な様相が強いあり方で首長墳が系譜をなし継続的につくられたということ、になります。どうも、そのような二者の現象が看取できるという事実です。

6── おわりに

　以上のような状況が、私がおおせつかった北・中河内地域における特徴だということを、ひとまずのサマリーとさせていただきたいと思います。
　本日は「大阪の前期古墳」というテーマで何人かの方々が発表され、のちほど討論があるわけですけれども、それぞれ他の地域がどういうあり方をしているかを十分に拝聴したいと思います。そして、本日のカルチャーフォーラムのサブタイトルであります、「古市古墳群の成立前夜」の大阪の様相がいかなるものかということを、私自身も勉強したいと考えている次第です。
　予定しておりながらいくつか省略した項目もありますけれど、これで私の報告は終わらせていただきます。
　ご清聴、誠にありがとうございました。

7──「質疑・討論」での補足説明──楽音寺・大竹古墳群の成立基盤集落

(1) 中期大形墳：心合寺山古墳の出現
　午前中の発表のとき、時間がなく不十分になってしまったことだけを補足させていただきます。私の資料として追加で裏表コピーした分が配付されていると思いますが、それのウラ面にかかわるネタを少々いたします。
　朝の話において、北・中河内の古墳では、北河内での、具体的に古墳名をいいますと、交野地域にあります鍋塚古墳ですとか森1号墳、枚方地域にあります万年山古墳とか禁野車塚古墳、そういう首長墳のあり方を特質として指摘しました。
　つまり、どちらかというと政治的な意味合いが非常に強くて、そこの在地的で自然的な発展ではなく、古墳が突然もしくはやや特異ともいう様相で出現するパターンが確認できる、ということを申しあげました。
　それに対して、中河内のほうですけれども、八尾地域の楽音寺・大竹古墳群では、安定的に代々の首長墳を在地において構築している様相を話させていただきました。

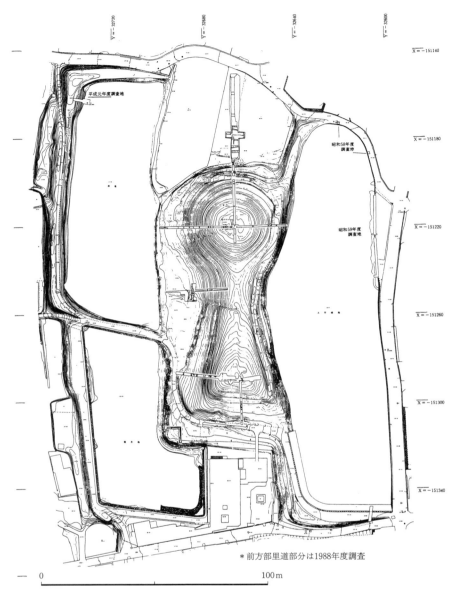

図103 心合寺山古墳（八尾市）の墳丘（調査区設定図）

　その八尾地域の首長墳系列の古墳群と集落群との関係について言及しようと思い、追加資料を用意してきたわけです。しかしながら、ほとんど説明できませんでしたので、若干のつけたりとしてここでコメントせていただきます。
　楽音寺・大竹古墳群と周辺の遺跡（群）との関連として資料をのせております。
　これで申し述べたいことは、分布図（図98）の真んなかの右のほう、つまり東側のほうにおいて、向山古墳とか西ノ山古墳、花岡山古墳、中ノ谷山古墳、そのような前方後円墳が継続して、

図104　心合寺山古墳（八尾市）の全景

図105　心合寺山古墳（八尾市）の埴輪列

前期にまず楽音寺・大竹古墳においてつくられています。

　そのあと、この古墳群では、心合寺山古墳（図103〜図105）が築造されます。中期の古墳なんですけれども、最近、八尾市教育委員会のほうで史跡整備のための調査を継続してやっておられます。心合寺山古墳は中期6期の全長140m以上の大形前方後円墳で、こういう古墳がこの地域では分布するようになります。

　心合寺山古墳は、古墳時代を通して北・中河内で最大規模の前方後円墳ですが、この古墳は突然出現してきたわけではなくて、本日お話させていただいたように、前期段階から継続して造営

図106 池島・福万寺遺跡（東大阪市・八尾市）の古墳時代集落

されている墓域、つまり、在地的な首長墳系列を示す古墳群のなかに存在しているということです。

(2) 池島・福万寺遺跡と大竹西遺跡の集落群

　そのような古墳群と集落群との関係について述べます。

　分布図（図98）の、一番上の中央のほうに、池島・福万寺遺跡という遺跡（図106参照）、その右下の南東部分に、大竹西遺跡という遺跡の文字を入れてます。この二つの遺跡における最近の調査で、いろんなことが分かってきました。

　具体的なことに関しては、八尾市教育委員会の方にも教えていただいたりしておりますが、どうも、これらの2遺跡は、ある時期では一つの集落域として考えてよいと評価されておられます。

　すなわち、これらの遺跡群は、楽音寺・大竹古墳群という墓域のすぐ西側あるいは北西ぐらいの所に広がる、弥生時代から古墳時代にかけての大規模集落遺跡だということが、第一に把握できるかと思います。

　この遺跡群のなかで、注目すべき遺物が最近出土しています。

　1点目は、池島・福万寺遺跡において、図107-上にのせていますように、銅鏡の破片が発掘されております。青銅製の鏡の破片、図面に鏡の復原図を2点示してありますが、これらの鏡は完存品で出土したのではなく、少し見にくくなっていますけれども、トーンといいますか網がかかっている部分の破片が、遺跡から検出されているんですね。

　こういう銅鏡は古墳主体部の副葬品として入れられてしかるべきですが、ここでは墳墓ではなくて、集落域から出土するということが、まず注目したいところです。

　同じ遺跡では、図中のその下に、「異形土器」と書いていますけれども、こういう資料ですとか、「水鳥形土器」などが確認されています。

　ここの水鳥形土器は、古墳に樹立される埴輪ではありません。ただし、こちらの藤井寺市に展

212

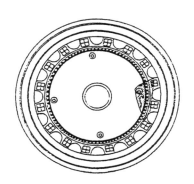

右：四乳鏡復原図
左：画文帯同向式神獣鏡復原図
S＝1/4

異形土器
S＝1/6

水鳥形土器・頭部
S＝1/4

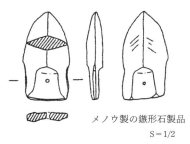

メノウ製の鏃形石製品
S＝1/2

上：池島・福万寺遺跡
下：大竹西遺跡

図107　池島・福万寺遺跡（東大阪市・八尾市）および
　　　 大竹西遺跡（八尾市）の特殊遺物

第8章　北・中河内の前期古墳にみる特質　213

図108　津堂城山古墳（藤井寺市）の水鳥形埴輪

示されている津堂城山古墳の大きい水鳥形埴輪（図108）がありますが、それとよく似た顔をしてるのではないかと思います。

　このような特異な遺物が、集落域の遺跡群から検出されています。とりわけ、一般集落では出土しそうもない銅鏡ですが、そういう稀少品類が、この池島・福万寺遺跡の居住域から発掘されるということが重要事項となります。

　それと、遺跡名は異なりますが、大竹西遺跡として、図107-下に鏃の形をした遺物の図面をのせてあります。

　これは何年か前の発掘調査で確認された資料ですが、「メノウ製の鏃形石製品」と表記しています。スケールが2分の1で、普通は玉類などの製作に供される材質で製作された、鏃の形をしためずらしい製品です。本例は、分布図（図98）中の大竹西遺跡の「大」という字のすぐ西側ぐらいの調査地で出たんじゃないかと思います。

　稀少なメノウ製品でありますけれども、こういう鏃形をした石製品はそれこそ一般集落では出土せずに、古墳の副葬品などとして重用される代物なわけですね。

　これらのような銅鏡にしろ鏃形品にしろ、集落域から発見されることについての解釈はいくつかあるかと思います。

　その一つとして、この集落群において、上述した類の貴重品・稀少財を古墳に副葬する前に居住域内で保有していたという考え、平たい言葉で表現してしまうと、そのような大切でとてもめずらしい宝物を日常的に持っていたような非常に有力な集落だった、ということがまず想定できるのではないでしょうか。

　そういうことが背景になって、東側の楽音寺・大竹古墳群が形成されたといいますか、要する

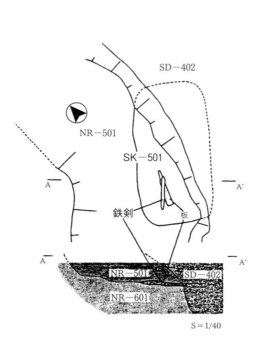
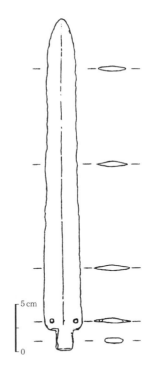

図109 大竹西遺跡（八尾市）の鉄剣出土状況　　　図110 大竹西遺跡（八尾市）の鉄剣

に、そういう安定系列の古墳群を形成しえた首長がそこに住んでいた集落群ではないか、と理解可能だろうと思えるのです。

今申しました銅鏡とか鏃形品は、古墳時代前期の遺構や包含層から出土している資料となります。ところが最近、1箇月ほど前のニュースとして新聞にのっていたと記憶していますが、大竹西遺跡から鉄剣が見つかったという記事が、カラー写真付きで掲載されておりました。それに関する資料を、図109と図110にのせてあります。

これは出土状況としましては、弥生時代の後期初頭、古墳時代より前の時期ですね、そのような古い段階に属する土坑（掘り込み穴）から発見されたというものです。

先ほどの討論で実年代の問題がありましたけれども、ちょうど、柳本照男さんが話題にされた中国・王莽時代の「貨泉」が日本に到来したぐらい、1世紀の早い段階に相当します。私は、柳本さんより年代を古くみつもっていて、紀元前と紀元後の境目を少しすぎたぐらいが、弥生後期の開始年代ではないかと想定しています。

おそらくこの鉄剣の帰属する実年代は、紀元後の比較的早い時期じゃないかなと勝手に思っているわけです。そんなことをいうとまた怒られるかもしれませんが、そのように理解しておりま

す。
　このような鉄剣は、現在までに九州地方では何点か出土していたのですが、近畿地方ではほとんど確認されていない重要な資料となります。ですから、今述べたような実年代に相当する弥生時代後期初頭において、つまり古墳時代より前に、そういう立派な鉄剣がこの大竹西遺跡で所持されていたということが近年分かり、大きな話題になったわけです。
　したがって、この集落遺跡群は、古墳時代になってから急に力をもったのではなくて、それより前の段階から、この類の貴重なものを一定量保有しうる優勢な集落群だったという実態が、発掘調査で判明したということになるわけですね。

(3) 楽音寺・大竹古墳群にみる在地性
　以上のとおりの歴史的な背景があって、ここの楽音寺・大竹古墳群が形成されたということが、肝要な事項としていえると考えております。
　今、私が説明した内容が本当かどうか最終的には分かりません。
　もし正しいとすれば、そういうように、首長墳系列を形成した古墳群とその基盤となる集落群域との対応関係が、比較的近接した地点でスムーズかつ直接的に理解できる、具体的で重要なケース・スタディになると評価しているところであります。
　そのような見解との関連で申しますと、先ほどの北野耕平先生のご講演〔北野 1998〕は、私としてはややショッキングな内容でありました。
　つまり、北野先生のご発表は、河内平野一帯の低湿地の集落を治めた各地域のリーダー・首長たちが、在地ではなく、南河内・大和川以南に所在する前期の玉手山古墳群（柏原市、図89・前掲図84参照）にまとまって葬られている、というものでした。
　それには、池島・福万寺遺跡や大竹西遺跡の一帯を統括していた人物たちもふくまれていた、ということなのでしょう。
　要するに、平野部における多くの地域リーダー・首長が、直接的な基盤となる地元の隣接部に古墳を構築したのではない、そして、本拠地からはなれた、狭い場所に密集分布する玉手山古墳群が彼らの共有の墓域であった、というようなご研究でありました。
　私は、一応先ほど述べたようなかたちで、八尾地域における首長墳系列である楽音寺・大竹古墳群と、そのふもと平野部の池島・福万寺遺跡や大竹西遺跡の集落群との、直接的で密接な関係性を把握しているわけですが、今後は、冷静な頭で北野先生の説をあらためて考えてみたいなと思っているところです。
　以上です。

〔主要引用・参考文献〕
＊下記以外の、全体に関するものおよび個別古墳・集落遺跡などについては、本書第7章末尾の文献一覧を参照。
〈フォーラム関係〉
秋山浩三　1997「北・中河内の前期古墳」『ふじいでらカルチャーフォーラムⅤ　大阪の前期古墳－古市古墳群の成立前夜－』（および当日追加資料）

秋山浩三 1998「北・中河内の前期古墳の特質」『藤井寺の遺跡ガイドブックNo.9 大阪の前期古墳―古市古墳群の成立前夜―』
伊藤聖浩 1998「南河内地域における前期古墳」『藤井寺の遺跡ガイドブックNo.9 大阪の前期古墳―古市古墳群の成立前夜―』
北野耕平 1998「『河内王朝論』と古墳の展開」『藤井寺の遺跡ガイドブックNo.9 大阪の前期古墳―古市古墳群の成立前夜―』
藤井寺市教育委員会事務局 1997『ふじいでらカルチャーフォーラムⅤ 大阪の前期古墳―古市古墳群の成立前夜―』
藤井寺市教育委員会事務局 1998『藤井寺の遺跡ガイドブックNo.9 大阪の前期古墳―古市古墳群の成立前夜―』
柳本照男 1998「大阪北西部における前期古墳の動向」『藤井寺の遺跡ガイドブックNo.9 大阪の前期古墳―古市古墳群の成立前夜―』
〈鍋塚古墳（交野市）〉
奥野和夫 1996『平成7年度 交野市埋蔵文化財発掘調査概要』：『交野市文化財調査概要』
〈池島・福万寺遺跡（東大阪市・八尾市）〉
（財）大阪文化財センター 1995『第7回池島・福万寺遺跡現地説明会』
佐伯博光 1995「池島・福万寺遺跡施設部その5・6調査区出土の古墳時代遺物」『大阪府下埋蔵文化財研究会（第32回）資料』
〈大竹西遺跡（八尾市）〉
八尾市教育委員会文化財室・（財）八尾市文化財調査研究会 1990『大竹西遺跡―現地説明会資料Ⅰ―』
（財）八尾市文化財調査研究会 1997『大竹西遺跡第3次発掘調査―現地説明会資料―』

〔図・表出典〕（上記以外の文献の具体は本書第7章末尾参照／本章稿ではカルチャーフォーラム事務局が用意・挿入した図もあるため、以下では初出稿文献をふくめて記載）
　図89：〔秋山 1997〕、図90：〔秋山 1997、1998〕〔奥野 1996〕〔水野 1983〕、図91：〔秋山 1997、1998〕〔梅原 1937〕〔北野 1967〕〔瀬川・宇治田ほか 1976〕から作成、図92：〔秋山 1998〕〔藤井寺市教委事務局 1998〕（東京大学総合研究博物館（標本番号10435、10439、10440、10441））、図93：〔秋山 1998〕〔藤井寺市教委事務局 1998〕、図94：〔秋山 1997〕〔瀬川・宇治田 1986〕〔三宅 1979〕から作成、図95：〔秋山 1997〕〔水野 1983〕、図96：〔秋山 1997〕〔河内 1987〕、図97：〔秋山 1998〕〔宇治田ほか 1974〕、図98：〔秋山 1997、1998〕（国土地理院地形図「信貴山」（1987）・「大阪東南部」（1988）を使用、〔大阪文化財セ 1995〕に加筆）、図99・図100：〔秋山 1997〕〔吉岡ほか 1988〕、図101・図104～図106：〔藤井寺市教委事務局 1998〕、図102：〔広瀬ほか 1992〕、図103：〔藤井寺市教委事務局 1998〕〔八尾市教委 1996〕、図107：〔秋山 1997〕〔佐伯 1995〕〔藤井寺市教委事務局 1998〕〔八尾市教委文化財室・八尾市文化財調査研 1990〕から作成、図108：〔藤井寺市教委事務局 1993〕、図109・図110：〔秋山 1997〕〔藤井寺市教委事務局 1998〕〔八尾市文化財調査研 1997〕、表7・表8：〔秋山 1997〕、いずれも一部改変をふくむ。

〔謝辞〕
　本章稿の準備ほかにあたっては、天野末喜氏をはじめ藤井寺市教育委員会の方々のご協力を得た。感謝申しあげたい。

（元稿：1997年3月、1998年2月）

第9章
埋没横穴式石室墳・七ツ門古墳の位置づけ

＊瀬川貴文との連名公表

1— はじめに──沖積低地で新発見された横穴式石室墳

　大阪府中部・河内地域における後期古墳の分布様相は、生駒山の西麓斜面域などに築造された、横穴式石室を内部構造とする群集墳の形態が主体となっている。
　ところが、1998年（平成10）度に（財）大阪府文化財調査研究センターが八尾市・久宝寺遺跡内でおこなった発掘調査（図111）によって、低地平野部ではきわめて稀有となる横穴式石室墳が発見され、付近の小字名から「七ツ門古墳」と命名された。
　実際に検出された古墳関係遺構は、石室基底部の一部を中心としたかぎられた範囲で、また、副葬遺物も原位置を保持している個体は皆無であった。しかしながら、以下で検討するように、当地域における後期古墳の造営状況を勘案するうえで多くの重要な内容をそなえていた。
　そこで本章では、その意義について考察を加えてみることにしたい。
　なお、後述の理解の一助として、発掘報告書〔大阪府文調研セ 2001〕に示された当古墳関係の実測図や写真を図112～図118に収載しておいた。

2— 七ツ門古墳の特異性

　さて、七ツ門古墳は、当時における沖積地三角州帯の微高地上に立地し、板石（状）もしくは扁平な小形石材によって構築された横穴式石室墳である。上述のように、周辺地域においては山麓部や丘陵上に立地することが多い一般的な横穴式石室墳と対比した場合、この立地状況と構築

(図中「調査地」が、横穴式石室墳・七ツ門古墳の発見地)　　　　　　　　　0　　　　　　1000m

1：久宝寺遺跡	13：友井東遺跡	25：成法寺遺跡	37：平野環壕都市遺跡	49：志紀遺跡	61：瓜破遺跡
2：玉串遺跡	14：美園遺跡	26：中田遺跡	38：亀井北（加美南）遺跡	50：田井中遺跡	62：瓜破廃寺
3：池島・福万寺遺跡	15：佐堂遺跡	27：東弓削遺跡	39：亀井遺跡	51：木の本遺跡	63：ゴマ堂山古墳
4：若江遺跡	16：弥刀遺跡	28：矢作遺跡	40：竹渕遺跡	52：弓削遺跡	64：成本廃寺
5：若江北遺跡	17：衣摺遺跡	29：龍華寺遺跡	41：植松遺跡	53：本郷遺跡	65：花塚山古墳
6：上小阪遺跡	18：西郷遺跡	30：渋川廃寺	42：太子堂遺跡	54：太田遺跡	66：瓜破北遺跡
7：小若江遺跡	19：加美北遺跡	31：跡部遺跡	43：勝軍寺遺跡	55：八尾南遺跡	67：三宅西遺跡
8：西郷寺遺跡	20：久宝寺内町	32：跡部銅鐸出土地	44：長原遺跡	56：大堀遺跡	68：三宅遺跡
9：萱振遺跡	21：宮町遺跡	33：加美遺跡	45：城山古墳	57：別所遺跡	69：三宅古墳group
10：東郷遺跡	22：穴太遺跡	34：長楽廃寺	46：六反古墳跡	58：蔵重遺跡	70：権現山古墳跡
11：東郷廃寺	23：八尾寺内町	35：鞍作廃寺	47：長吉山遺跡	59：三宅東遺跡	
12：山賀遺跡	24：小阪合遺跡	36：平野寺前遺跡	48：老原遺跡	60：喜連東遺跡	

図111　七ツ門古墳（久宝寺遺跡内所在）周辺の遺跡分布

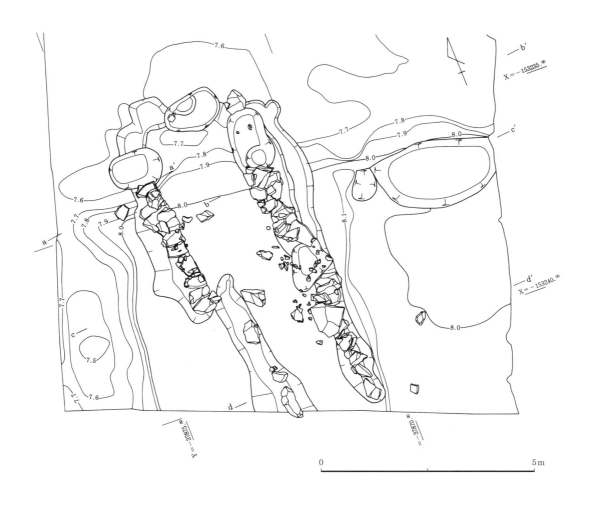

	残存（m）	復原（m）
全　長	7.16	8.13（以上）
玄室長	3.37	4.45
玄室幅	2.25	2.25
玄室高	右 0.83　左 0.72	?
羨道長	3.80	3.80（以上）
羨道幅	1.55～1.68	1.55～1.68

図112　七ツ門古墳の平面図・石室計測データ

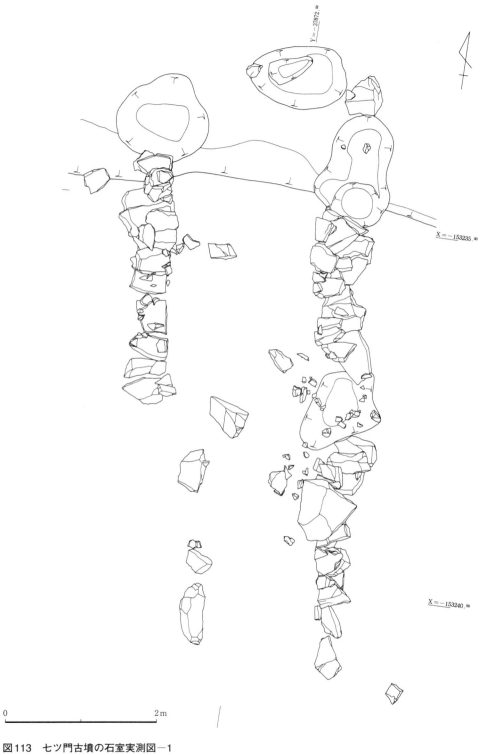

図113　七ツ門古墳の石室実測図－1

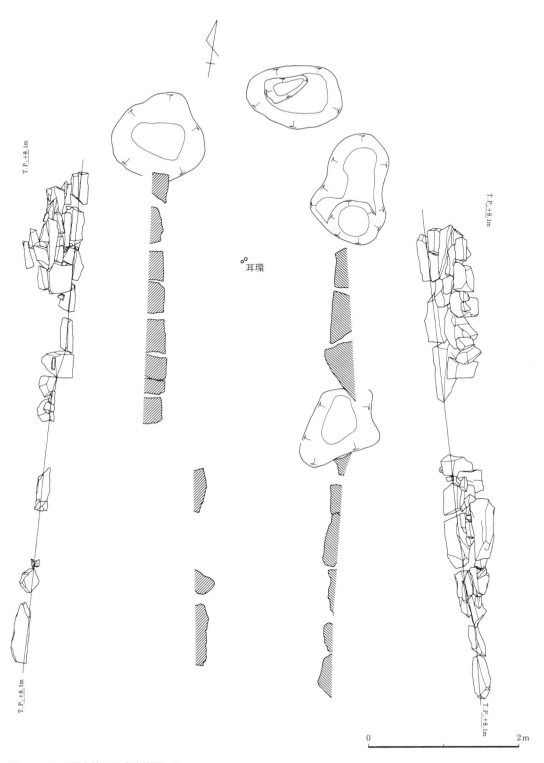

図114 七ツ門古墳の石室実測図－2

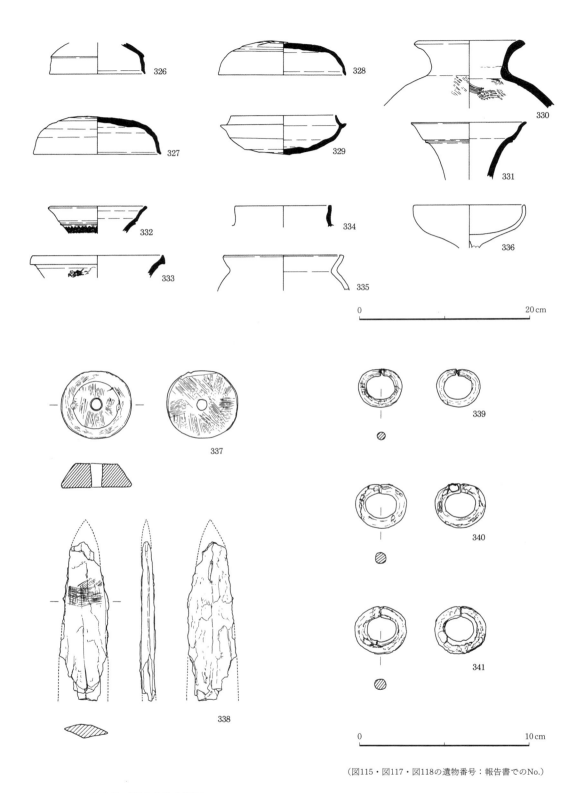

(図115・図117・図118の遺物番号：報告書でのNo.)

図115　七ツ門古墳の関連遺物実測図

(1) 石室の掘方（南から）

(2) 石室の断面（玄室東側壁）（北から）

図116 七ツ門古墳の石室（掘方・構築状況）

(1) 石室の全景（南から）

(2) 耳環

339〜341

（図115・図117・図118の遺物番号：報告書でのNo.）

図117　七ツ門古墳の石室・関連遺物

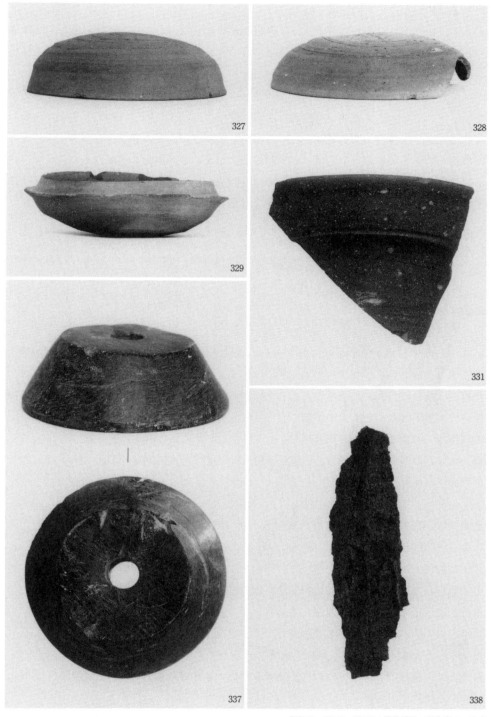

（図115・図117・図118の遺物番号：報告書でのNo.）

図118　七ツ門古墳の関連遺物

第9章　埋没横穴式石室墳・七ツ門古墳の位置づけ　227

石材にみる特異性がこの古墳を最も特徴づけている。

　このうち、後者の石材のあり方からは、当石室がかなり古い様相をもつ可能性を示唆すると一部で想起され、注目に値する古墳である点は多言を要しない。事実、発見当時には、その属性などから非常に衆目を集めた〔大阪府文調研セ　1998〕。

　だが、当古墳は墳丘や石室の全体構造が判然とせず、しかも、確実な共伴遺物についても定かではない。そのため、この古墳の時期的な問題や性格づけに関しては流動的な要素が多い。

　いずれにせよ、当古墳の歴史資料としての出発点となるこれらの課題を明らかにするためには、一定の検証を必要とする。以下では、七ツ門古墳にかかわる基本的な作業として、まず、内部主体である横穴式石室の時間的位置づけのための検討をおこない、ついで、そこから派生する若干の問題点に言及し、上記した当古墳の特異性の背景を解明するための手がかりとしたい。

3― 築造年代の検討

(1) 構築石材に関して

　前述したとおり、七ツ門古墳の横穴式石室（図119−1、図112〜図144、図116、図117）には板石ないし扁平石材が用いられており、それらは、当古墳の南東約7kmの柏原市国分市場芝山に産出する、カンラン石安山岩であるという同定を得ている[1]。同地産の安山岩板石は、畿内地方での最古期の横穴式石室をそなえる、大阪府藤井寺市・藤の森古墳と同柏原市・高井田山古墳においても使用されているものである。

　藤の森古墳（図119−2）は、直径約22m、高さ3mの円墳であり、右片袖式の横穴式石室を主体部とする。石室の平面規模は、玄室長3.5m、同幅1.5m、羨道長約1m、同幅0.8mを測る。石室の平面プランにおける玄室比（玄室長÷玄室幅）[2]は2.33となり、狭長な長方形をなす〔西谷　1965〕。

　築造時期は、円筒埴輪が川西宏幸氏編年〔川西　1978〕のⅣ期末と考えられることや、その他の遺物から、5世紀中葉〜後半に位置づけられるであろう。

　高井田山古墳（図119−3）も、直径約22mの円墳で、右片袖式の横穴式石室をもつ。石室の平面規模は、玄室長3.73m、同幅2.34m、羨道長約2m、同幅1.18mである。玄室比は1.59となり、やや方形（正方形）に近い形となる。

　築造年代は、TK23型式〜TK47型式の須恵器（型式分類は〔田辺　1981〕による、以下同じ）が出土することから、5世紀後半後葉〜末葉であろう〔安村・桑野　1996〕。

　このように、両古墳はほぼ同時期に築造された畿内の初期横穴式石室墳であるが、相互の関係性については諸説がある。

　具体的に、一瀬和夫氏は、両石室にみられるいくつかの共通性を重視しようとする立場をとる〔一瀬　1993〕。一方、森下浩行氏は、藤の森古墳を北部九州からの影響で成立したものと考え〔森下　1987〕、高井田山古墳を朝鮮半島・百済からの直接的な影響のもとにあるとする〔辰巳・

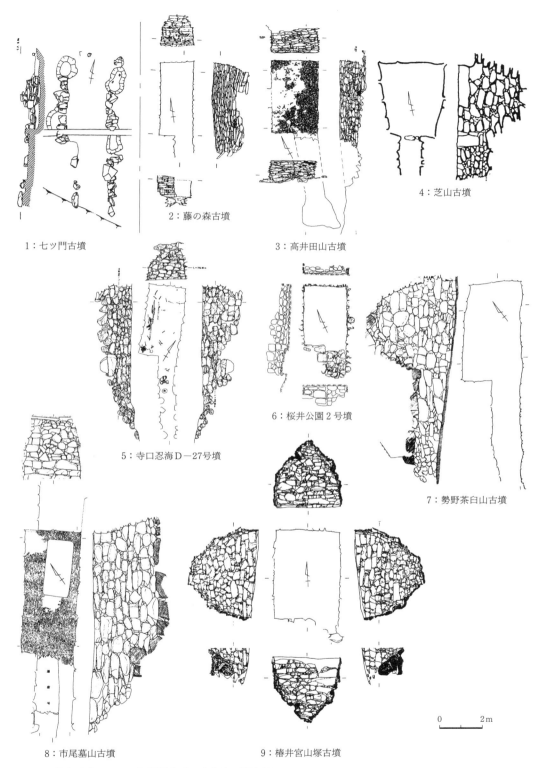

図119　畿内地方における初期横穴式石室と七ツ門古墳

第9章　埋没横穴式石室墳・七ツ門古墳の位置づけ

森下ほか1993〕。つまり、2古墳に直接的な関係があったことを否定する。

実際に両者は、芝山産安山岩の板石を用いる点では共通する。しかし、板石や扁平な小形石材を多用するという石室そのものは、畿内では古い段階の横穴式石室に多くみられる現象といえる（図119）。また、畿内の石室の源流と考えられる朝鮮半島の宋山里（ソンサンニ）古墳群や九州の横穴式石室においても、板石を構築材とする例は多い〔安村 1996〕。

このことから、横穴式石室の初期には、板石や扁平な小形石材を用いるという一般的な規範もしくは技術的な制約があったとするほうが自然であろう。そのように考えると、構築石材の共通性だけをもって、同一系譜さらには同一時期とする直截的な判断は妥当ではない。

加えて、石室の平面プランからは、藤の森古墳が玄室比2.33、高井田山古墳が同1.59となることから、同じ設計規準とは考えがたく、畿内における初期の横穴式石室に複数の系譜が存在するという森下氏の見解は妥当であると思われる。

確かに使用石材の種類や形状だけからみると、七ツ門古墳は、藤の森古墳や高井田山古墳の初期横穴式石室と同様に、古い様相をもつ可能性を暗示する。しかし、上記した理由などから、ただちにこれら2古墳と同列にあつかうことには無理があり、石材様相から石室の時期的な問題にふみこむことも危険性をともなう。

(2) 石室プランに関して

そこでつぎに、石室のその他の属性からの検討をおこなう。

築造年代を明らかにするためには、石室の型式学的な検討が最も有効である。ただ、七ツ門古墳は不安定な立地であったことや地震による崩壊、後世の撹乱などにより、石室の立体的な構造は、残念ながら基底部の一部以外はまったく不明である。ゆえに、石室平面プランからの型式学的な検討作業を実施せざるをえない。

横穴式石室の平面プランについての研究は、これまでにも多くの蓄積がある〔白石 1966、森下 1986、ほか〕。

そのなかで白石太一郎氏は、平面プランのちがいが時間的な変化をあらわすと考え、方形から長方形に変遷すると理解した。他方、森下浩行氏は、畿内の主要な横穴式石室を検討し、平面プランが石室によって、朝鮮半島例と北部九州例のそれぞれに類似することを指摘する。この場合、平面プランのちがいは系譜差を示すことになる。

もちろん両氏は石室の立体的な構造や石材の積み方などふくめ総合的に考察しているが、平面プランが重要な指標の一つになっていることは確かである。このように平面プランの相違を時間的な差とみるか系譜の差とみるかの問題は、その二者の当否のみに拘泥した議論として矮小させるべきものではなく、各地域、各古墳・古墳群、各時期におけるそれぞれのあり方が存在したと理解する認識も必要となろう。

とはいえ、本来、横穴式石室の構築は高度な土木技術を必要とするものであり、当然ながら、築造には設計プランが必要であった。そのプラン自体が共通するということは、そこに技術的な共通性が考えられる。このように把握することができるのならば、複数の石室間において平面プ

ランが酷似または近似するという事象は、少なくともそこに築造主体や時間的位置における一定の関係性を認めてもよいであろう。

さて、本章でとりあげている七ツ門古墳の横穴式石室は、右片袖式であり、復原規模では玄室長4.45m、同幅2.25m、羨道長3.80m（以上）、同幅1.55〜1.68mを測る（図112ほか）。このデータから玄室比は1.98となり、玄室の長さが幅のおよそ2倍になるという特徴を示す。

多くの初期横穴式石室に比べるとこの玄室比の数値は大きく、それらと対比して縦長の平面形を呈することになる。これは藤の森古墳の玄室比に傾向としてやや類似するが、より関連性をそなえる可能性をもつ平面プランの古墳として、奈良県高取町・市尾墓山古墳があげられる。

市尾墓山古墳（図119－8）は、墳長66mの前方後円墳で、後円部には右片袖式の横穴式石室が設けられる。玄室長5.87m、同幅2.6m、羨道長3.58m、同幅1.7mを測り、玄室比は2.26となる。

石室内には刳抜式の家形石棺が安置され、刀、馬具、飾り金具とともに須恵器が出土している。これらの須恵器に関してはMT15型式～TK10型式に比定されるが、報告書には、墳丘内検出の須恵器を考慮するなら築造年代をおよそ5世紀末～6世紀初頭におくことができる、という見解がみられる〔河上 1984〕。

この市尾墓山古墳の重要性は、「畿内型石室」成立当初のものとして位置づけられる点である〔土生田 1991〕[3]。それまでの時期の横穴式石室は、九州もしくは朝鮮半島からの影響下にあったが、市尾墓山古墳を境に畿内独自の石室型式に定型化し、急速に周辺へも分布を広める。

とくに畿内各地においては、摂津地域の大阪府茨木市・南塚古墳（玄室比2.04・須恵器MT15型式～TK10型式、前掲図53参照）、兵庫県川西市・勝福寺古墳（同2.03・TK10型式）、山城地域の京都府向日市・物集女車塚古墳（同1.99・TK10新相＝MT85、前掲図32参照）、同長岡京市・井ノ内稲荷塚古墳（同2.09・同）など、6世紀前半～中葉前後に築造される首長墳において、きわめて類似した玄室比（2.0前後）を示す右片袖式の横穴式石室が多用される。

このように、七ツ門古墳の玄室比は、市尾墓山古墳の直後期でその影響下にある諸石室のそれにかなり近いことがうかがえる。この玄室比などの類似性からは、これら「畿内型石室」の影響を受けて、七ツ門古墳の石室が築造されたと考えてまちがいない。

このことは、羨道の規模や様相からも追証される。

つまり、羨道のサイズは、藤の森古墳が幅0.8m・長さ1m、高井田山古墳が幅1.18m・長さ2m、大阪府大阪市・長原七ノ坪古墳（図120－1）が幅1.1m・長さ2.1m、同堺市・塔塚古墳が幅0.9m・長さ0.5m、同東大阪市・芝山古墳（図119－4）が幅1m・長さ1.8m、奈良県桜井市・桜井公園2号墳（同－6）が幅0.89m・長さ1.44mなど、畿内における初期横穴式石室のほとんどが、羨道幅が1m前後と追葬には不適なほど狭く、長さも短いものが多い。

それらに比べ、市尾墓山古墳が羨道幅1.4m・同長さ1.4～3.8m[4]、七ツ門古墳は羨道幅1.5m・同長さ3.8m（以上）と、羨道が幅・長さともに発達していることから、この2古墳はより後出的な要素をそなえるといえる。

以上のように、石室の型式学的な検討から、七ツ門古墳の築造時期は、「畿内型石室」成立後

の6世紀初頭以後であると考えられる。

(3) 伴出した須恵器や副葬品に関して

　ここで、七ツ門古墳の石室周辺部から出土した須恵器にあらためて目を向けてみる。ただし、撹乱が床面までおよんでいたため、それらが石室とどのような関係にあったかは明確でない。

　検出された須恵器のうち古墳築造時にかかわる可能性をもつ資料では、杯蓋の図115－326はTK47型式、杯蓋の図115・図118－327・328および杯の同－329はTK10型式～MT85型式に比定できるであろう。TK47型式の個体は小破片としての出土でもあるので、おそらくは盛土内に混入していた資料と考えられる。

　先の横穴式石室の平面プランにおける検討結果と対比すれば、TK10型式ないしMT85型式の須恵器が、当古墳の横穴式石室の構築時にともなうものと評価すると矛盾がない。それらの須恵器のいくつかが、ほぼ完形品に近い状態で検出されている事実もその傍証となる。

　ただ、可能性の範疇として、仮にTK47型式の須恵器が石室に共伴するとなると、高井田山古墳と同じ型式の須恵器をともなっていたことになり、芝山産の安山岩を用いる点でも強い関連が想起される。そして、当古墳は初期の横穴式石室として非常に重要な意味をもつことにもなる。

　しかし、上記してきたように、より蓋然性の高い石室平面プランや須恵器の出土状況の検討を重視し、七ツ門古墳の横穴式石室はTK10型式ないしMT85型式の時期（6世紀中葉前後）に築造されたと理解しておくのが最も妥当であろう。

　なお、𤭯の1点（図115・図118－331）はTK209型式前後に相当すると考えられるが、当古墳に共伴する確かな資料であるならば、追葬時の副葬品と推定できる。

　さらに、須恵器以外の遺物で石室周辺から検出された関連品に、若干の土師器と耳環3点、滑石製紡錘車1点、鉄製鎗片（剣の可能性もありか）1点がある（図115、図117、図118）。いずれも原位置を保持していなかったが、これらのうち土師器以外の品目は、本来は石室内に存在した副葬品類として判断するのが可能となろう。

　耳環においては、金製や銀製の中実品ではない一方、銅芯金・銀貼り製品でありながらまだ大形化が進んでいない1例をふくむ点や、紡錘車においては、一定の器高をそなえつつもさほど高くなっていない状態にとどまっている点、また、鉄製品においては、鎗や剣という器種自体が副葬品の組み合わせ内に存在する点、などから判断しても、上記したような当古墳の築造時期比定の理解に整合性を認めることができる。

4— 周辺の古墳との関係

　前節では、七ツ門古墳の築造年代が6世紀中葉頃にあることを明らかにした。この時期ないしその直後に、畿内地方では横穴式石室が急速に普及しはじめ、墓制上の大きな画期をとげる。

　この変化の過程で、七ツ門古墳が、所在地の八尾市域や周辺の河内地域の横穴式石室墳のなか

で、いかなる性格のものとして位置づけられるか検討してみよう。

(1) 河内地域における導入期の横穴式石室墳との対比

　河内地域は畿内においても初期横穴式石室がいち早く導入される一帯であり、上記した、藤の森古墳、高井田山古墳、長原七ノ坪古墳、芝山古墳に加え、大阪府八尾市・郡川西塚古墳などがある（本書第6・第7章参照）。

　藤の森古墳（図119－2、円墳）と高井田山古墳（同－3、同）の石室などの様相に関しては先に述べた。

　長原七ノ坪古墳（図120－1）は、主に小形方墳からなる長原古墳群にふくまれる、墳長24.2mの帆立貝式古墳である。

　上部構造は大きく破壊されていたが、右片袖式の横穴式石室であることが分かっている。玄室は長さ3.5m、幅2.5m、羨道は長さ2.1m、幅1.1mを測る。玄室比は1.40となり、高井田山古墳に類似する。副葬品は、武具類、装飾品、馬具などともにTK47型式の須恵器が出土している〔髙井 1987、田中 1988〕。

　郡川西塚古墳（図120－2）は、墳長約60mの前方後円墳であり、後円部に横穴式石室をもつ。石室は右片袖式であり、玄室は、長さ5.4m、幅3.6mである。玄室比は1.5となる。副葬品には銅鏡、玉類、銀製垂飾付耳飾、鋲留短甲、剣、鎗などがあり、玄門部からTK23型式～TK47型式の須恵器が出土している。

　芝山古墳（図119－4）は、墳長約26mの前方後円墳であり、後円部に横穴式石室をもつ。石室は両袖式であり、玄室は、長さ3.8m、幅3.1～2.4mである。玄室比は1.22となる。副葬品には玉類、銀製耳飾、大刀、馬具などがあり、石室床面からMT15型式の須恵器が出土している。

　これらの諸古墳では、藤の森古墳が誉田御廟山古墳（伝応神陵古墳）に近接して築かれること、長原七ノ坪古墳が小形方墳を主体とする古墳群のなかにあって帆立貝式古墳であること、そして、郡川西塚古墳や芝山古墳が前方後円墳として築かれるというように、中小首長の墓制として導入期の横穴式石室が採用されていることに特徴がみいだせる。

　このうち、長原七ノ坪古墳や郡川西塚古墳の石室は、その玄室比や構築技法から、高井田山古墳の石室の系譜上にあると考えられる〔安村 1996〕。また、芝山古墳は、九州的様相をわずかに保有する特徴をもつといわれる〔山崎 1985〕。

　くりかえして述べるが、これら先行する初期横穴式石室と比べて七ツ門古墳の石室は、その玄室比からは同じ系譜にあるとはいいがたく、「畿内型石室」の影響を受けたものと考えられる。

　しかし、同じ「畿内型石室」にあっても、市尾墓山古墳など首長墳である前方後円墳に採用され大形化を指向する横穴式石室と比較すると、ひとまわり小規模であり、さらに、かろうじて遺存していた副葬品類の内容からも、七ツ門古墳は首長墳クラスとは想定できない。

　このことなどから次項では、別の視点からアプローチを試みる。

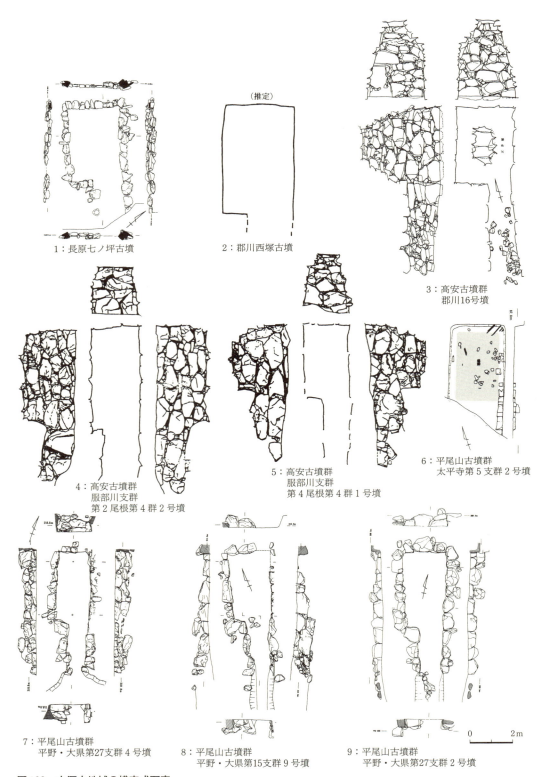

図120 中河内地域の横穴式石室

(2) 河内地域の群集墳中の横穴式石室との対比

　ここでは、首長墳と直接的には無縁ともいえる、当古墳周辺、中河内地域における群集墳内の横穴式石室と比較検討してみる。

　七ツ門古墳が所在する八尾市域には、大形群集墳として著名な高安古墳群（高安千塚）が存在する。この古墳群は生駒山西麓の標高約50～450mに分布する群集墳であり、300基以上の横穴式石室を主体部とする小形古墳が確認されている。

　高安古墳群の詳細な分析は、早くに白石太一郎氏によっておこなわれており、同氏は、玄室平面が方形から細長くなる、つまり玄室比が小から大へと時間的に変化すると考えた。そして、同古墳群は、5世紀末ないし6世紀初頭に築造がはじまり、6世紀前半から後半に爆発的にその数を増し、7世紀に入ると築造を停止する、と変遷を提示した〔白石 1966〕。

　ただ、今日では、発掘によって7世紀に築造された古墳が確認されるなど、必ずしも当時のような理解がなりたたない部分も確認されつつある。しかし現状でも、高安古墳群はその基数に比べて調査によって実態が明らかな古墳は決して多くはなく、石室の年代比定がむずかしい例が多数をしめる。

　そのなかで、古墳群内の郡川16号墳（図120－3）において、MT15型式～TK10型式の須恵器が出土していることは重要である。この横穴式石室は右片袖式で、玄室長3.6m、同幅2.7m、玄室比1.33の平面プランをなし、高井田山古墳の系譜で考えることができる〔安村 1996〕。須恵器とともに、韓式系土器やミニチュア炊飯具が出土する点も注意をひく。この郡川16号墳の頃から、高安古墳群の造墓がはじめられたと考えられる。

　その直後の古墳では、築造時期の詳細は明らかでないが、服部川支群第4尾根第4群1号墳（図120－5）のように、郡川16号墳の系譜をひくと考えられる石室と、服部川支群第2尾根第4群2号墳（同－4）のように、七ツ門古墳に比較的近い玄室比と羨道幅を示す「畿内型石室」系例、の二者が存在する。ただし、七ツ門古墳のように板石状や扁平な小形石材を用いる古墳は皆無である。

　つぎに、高安古墳群から南にくだった柏原市周辺の生駒山西麓ぞいに展開する、平尾山古墳群（平尾山千塚）をみてみよう。この古墳群も大形群集墳であり、広義の範囲でとらえると1500基以上の古墳から構成される[5]。横穴式石室以外に、他形式の埋葬施設も確認されている。

　平尾山古墳群では、平野・大県支群、太平寺支群において発掘調査が比較的おこなわれており、様相が一定ていど判明する。

　そのなかで古いタイプの石室として、太平寺第5支群2号墳（図120－6）があげられる。

　この古墳は削平を受け、横穴式石室の基底部の一部をのこすのみであった。石材には板状の石を使用し、床面には小礫が敷かれる。この礫敷き範囲（図中トーン部）を玄室とすると、長さ3.3m、幅2.0mを測る、右片袖式の可能性が考えうる横穴式石室になると判断される。出土遺物には鉄刀、鉄鉾、鉄斧などがみられる〔安村 1996〕。

　遺物などからは時期の限定はできないようであるが、石室の玄室比は1.65となり、高井田山古墳と類似する。石材の使用法とあわせ考慮するなら、高井田山古墳の影響を受けた石室であろ

う。
　しかし、このような板状石材を用いる石室は群中他墳に明確には存在せず、MT15型式の須恵器をもつ平野・大県第15支群9号墳（図120-8）や、築造期の共伴須恵器がTK10型式と判断できる平野・大県第27支群4号墳（同-7）、周辺の古墳との関係からTK10型式期に比定される平野・大県第27支群2号墳（同-9）などのように、石材の大形化、石室における一層の長方形化が、それらの古墳ではみられる。
　平尾山古墳群中の以上に示した横穴式石室のほとんどは、七ツ門古墳と同時期もしくは近い時期の築造かと推定できる諸例となる。それらを通覧すると、高安古墳群と同様に平尾山古墳群でも、高井田山古墳の系譜をひくと考えられる太平寺第5支群2号墳のような石室と、平野・大県第27支群4号墳などのように「畿内型石室」系の例が存在する、ということが判明する。
　なお、平尾山古墳群の所在地に関連し付言しておくと、七ツ門古墳の石材の安山岩は平尾山古墳群付近（芝山）で採れるものであり、少なくともこのことから、当時においては旧大和川を介してなどの両地域（七ツ門・平尾山）間の交流等々があったと考えられよう。
　ここまで高安古墳群と平尾山古墳群を対象として述べてきたとおり、七ツ門古墳周辺における生駒山西麓部の群集墳のなかには、高井田山古墳の系譜をひくと考えられる石室と、「畿内型石室」の一つの典型を市尾墓山古墳例とした場合、それに類似する石室がみられる。
　沖積低地部の七ツ門古墳の石室は、そのうちの後者にふくまれ、群集墳内の石室のいくつかと類似した平面プランをもつ点も指摘できる。
　このような整理が許されるならば、七ツ門古墳は、東側の生駒山西麓部に分布する群集墳中における、群形成過程での比較的早い段階にみられる横穴式石室墳の一類型と同質あるいは近似した存在であったと理解できよう。

5— まとめと課題

　以上、初期横穴式石室や周辺の古墳・古墳群における石室と比較することで、七ツ門古墳の石室の位置づけをおこなってきた。
　要約すると、七ツ門古墳の石室は、6世紀中葉頃に築造され、初期横穴式石室とは異なった系譜であり、「畿内型石室」の影響を強く受けている。加えて、立地では単独墳となる公算が大きいにもかかわらず、現状では首長墳的なあり方というよりは、群集墳内における初現的な横穴式石室墳との共通点が指摘できる。そして、類似した平面プランの石室が群集墳中には何例か散見される。
　すなわち、当時の通例ならば、群集墳内における比較的早い段階の横穴式石室墳として築造されるべき性格の古墳が、沖積低地部において、群を構成する可能性が低いあり方で構築されているわけである。しかも、関連して記すなら、山麓部でみられるような、後続して展開される横穴式石室墳の築造が途絶していると推定されるところに特徴がある[6]。

ここで、先述した構築石材の問題に関しあらためて述べておく。

時期的には古い要素ともいえる安山岩の板石（状）ないし扁平石材が七ツ門古墳に用いられたのは、沖積地という横穴式石室としては特異な立地に起因すると考えてよい。

つまり、山麓部とは異なり、近接地では適切な石材が得られない環境下にあった。そこで、移動に大がかりな算段を要しない適応材を産出する地として、至便範囲内に位置する芝山が選択された。そして、たとえばの手段として、上流から旧大和川を介して運搬するにあたり、比較的軽量な板状石材が特別に集められ搬入された可能性が高い。そのために結果論として、構築石材に関しては、初期横穴式石室と類似した現象がおこったと解釈できよう。

ところで、白石太一郎氏が指摘して以来、生駒山西麓部に展開する大形群集墳は、単なる在地自然集落の分布原理にもとづいた造墓活動の産物ではなく、「擬制的同族関係」によって結ばれた氏族の集団墓域としてとらえられ、その被葬者は広く河内平野の諸氏族が想定されている〔白石 1966〕。

このように理解した場合、横穴式石室のあり方から、群集墳中のいくつかの古墳と類似した諸背景をもつと考えられる七ツ門古墳が、なぜあえて沖積低地部に営まれたのか。石材調達の一面だけをとっても、石室構築には不利な環境や条件にもかかわらず築かれた七ツ門古墳の被葬者と、群集墳被葬者のちがいは何であったのだろうか。未解決の問題は山積している。

七ツ門古墳が所在する久宝寺遺跡周辺（図111参照）は、畿内地方のなかにあっても、韓式系土器などの特異な遺物類を比較的多く出土する一帯として注目される。この現象に何らかの関連性が秘められている可能性が、漠と予想できなくもない。しかしながら、それらの歴史的理解に対して、明らかにできる十分な材料を本章では用意できていない。

今後、このような課題を考究するにあたっての基礎的な作業として、①沖積低地部において6世紀以降には激減する小形方墳からなる古墳群（長原古墳群ほか）の消長と、②その前後の時期以降における山麓部での群集墳（高安古墳群、平尾山古墳群ほか）の成立や展開との、対比的かつ意識的な検討をおこなうことが必須となってこよう[7]。

そして、①②両現象における整合性をもたせた評価の構築が望まれる。

さらに付言するなら、そのような大きな動態のなかにあっては異質ともいえる、沖積低地部の単独横穴式石室墳である七ツ門古墳をめぐる評価は、個別的に具体性をもって十分に模索する価値があろう。

〔註〕
（1）奈良県立橿原考古学研究所研究員・奥田尚氏の鑑定、教示による。
（2）平面プランを分析する手段としては、玄室長と玄室幅を比較する方法がある。本章では、これをあらわす用語として「玄室比」を用いる。
（3）土生田純之氏の用いる「畿内型石室」は、森下浩行氏が示す「畿内型」の石室よりもより限定された意味をもつ（〔土生田 1991、森下 1896、1977〕ほか参照）。
　その指標を列挙すると、①玄室平面が矩形、②天井は平天井で前壁を有する、③玄門で立柱を立てても石室の内側にせりださない、④鴨居石を置かず両袖式および片袖式、⑤閉塞に板石を用いず塊石を積みあげる、⑥

当初から羨道があるていどの広さをもった通路としての機能をそなえる、となる。
（４）市尾墓山古墳の場合、この羨道長の数値は、1.4ｍが天井石のある範囲に相当するデータ、3.8ｍが側壁のある範囲に相当するデータ、となる。
（５）広義の平尾山古墳群は、生駒山地南端部の南北3.5km、東西2.5kmの範囲の群集墳をさす。
　現在、平野・大県古墳群、太平寺古墳群、安堂古墳群、高井田古墳群、雁多尾畑(かりんどおばた)古墳群、横尾古墳群（平尾山古墳群）に細別してとらえる場合もある。本章では、便宜上それぞれを支群と呼ぶ。
（６）当古墳に関しては、周辺部発掘のこれまでの進捗状況から、単独墳としての蓋然性を予測しているが、これにはまだ未知の要素が多くふくまれる。もし仮に、群を形成していたとしてもかなり小規模であろう。
（７）近年の調査成果などをとりいれ、生駒山西麓（中部）における群集墳の成立や展開に関して、〔秋山・池谷 2000〕で若干の検討をおこなっていることを付記しておく（本書第10章参照）。

〔主要引用・参考文献（個別古墳の出典は主要なものに限定）〕
秋山浩三（近刊）「北・中河内の古墳編年と首長墳系列」『大和古中近研究会研究資料（第２回研究集会記録集）』（仮題）大和古中近研究会（なお、本文献に関しては、本書第７章参照）
秋山浩三・池谷梓　2000「五里山古墳群・花草山古墳群と採集資料の検討－生駒山西麓部における群集墳の形成過程等をめぐって－」『大阪文化財研究』第19号（財）大阪府文化財調査研究センター
秋山浩三・山中章編　1988『物集女車塚』向日市教育委員会
天野末喜・秋山告三・駒井正明　1992「地域の概要　河内」『前方後円墳集成　近畿編』山川出版社
網干善教　1959「桜井児童公園の古墳」『奈良県史跡名勝天然記念物調査抄報』第11集　奈良県教育委員会
一瀬和夫　1993「横穴式石室の地域性　近畿地方」『季刊考古学』第45号（特集　横穴式石室の世界）雄山閣出版
大阪大学稲荷塚古墳発掘調査団　1996『井ノ内稲荷塚古墳』
大阪大学稲荷塚古墳発掘調査団　1997『井ノ内稲荷塚古墳Ⅱ』
（財）大阪府文化財調査研究センター　1998『久宝寺遺跡七ツ門古墳現地検討会資料』
（財）大阪府文化財調査研究センター　2001『久宝寺遺跡・竜華地区発掘調査報告書Ⅲ』
河上邦彦　1984『市尾墓山古墳』高取町教育委員会・奈良県立橿原考古学研究所
川西宏幸　1978「円筒埴輪総論」『考古学雑誌』第64巻第２号　日本考古学会
近藤義郎編　1992『前方後円墳集成　近畿編』山川出版社
白石太一郎　1966「畿内の後期大型群集墳に関する一試考－河内高安千塚及び平尾山千塚を中心として－」『古代学研究』第42・43合併号　古代学研究会
新庄町教育委員会・奈良県立橿原考古学研究所　1988『寺口忍海古墳群』
高井健司　1987「城下マンション（仮称）建設に伴う長原遺跡発掘調査（NG85－23）略報」『昭和60年度大阪市内埋蔵文化財包蔵地発掘調査報告書』大阪市教育委員会・（財）大阪市文化財協会
辰巳和弘・森下浩行・吉村公男・辻川哲郎　1993「平群谷古墳群再論（上）・（下）」『古代文化』第45巻第10号・第12号　古代学協会
伊達宗泰　1966「勢野茶臼山古墳」『奈良県史跡名勝天然記念物調査報告』第23冊　奈良県教育委員会
田中清美　1988「城下マンション（仮称）建設に伴う長原遺跡発掘調査（NG86－16）略報」『昭和61年度大阪市内埋蔵文化財包蔵地発掘調査報告書』大阪市教育委員会・（財）大阪市文化財協会
田辺昭三　1981『須恵器大成』角川書店
帝塚山考古学研究所　1990『横穴式石室を考える－近畿の横穴式石室とその系譜－』
西谷正　1965『藤の森・蕃上山二古墳の調査』大阪府水道部
土生田純之　1991「横穴式石室からみた五、六世紀の日本」『日本横穴式石室の系譜』学生社
原田修　1987「郡川16号墳」『韓式系土器研究』Ⅰ　韓式系土器研究会
前園実知雄　1971「平群町椿井宮山塚古墳」『奈良県の主要古墳Ⅰ』奈良県教育委員会
森下浩行　1986「日本おける横穴式石室の出現とその系譜」『古代学研究』第111号　古代学研究会

森下浩行 1987「九州型横穴式石室考－畿内型出現前・横穴式石室の様相－」『古代学研究』第115号 古代学研究会
安村俊史 1996「横穴式石室について」『高井田山古墳〔本文編〕』柏原市教育委員会
安村俊史・桑野一幸 1996『高井田山古墳〔本文編〕』柏原市教育委員会
山崎信二 1985『横穴式石室構造の地域別比較研究－中・四国編－』(1984年度文部省科学研究費奨励研究A)

〔図出典〕
　図111～図118：〔大阪府文調研セ 2001〕から作成、図119：1-〔大阪府文調研セ 1998、2001〕・2-〔西谷 1965〕・3-〔安村・桑野 1996〕・4-〔帝塚山考古学研 1990〕・5-〔新庄町教委・奈良県立橿原考古学研 1988〕・6-〔網干 1959〕・7-〔伊達 1966〕・8-〔河上 1984〕・9-〔前園 1971〕から作成、図120：1-〔高井 1987〕・2-〔一瀬 1993〕・3-〔原田 1987〕・4および5-〔帝塚山考古学研 1990〕・6～9-〔安村・桑野 1996〕から作成、いずれも一部改変をふくむ。

〔謝辞ほか〕
　本章稿の作成にあたり、赤木克視・西村歩・酒井泰子の各氏から、久宝寺遺跡・七ツ門古墳の発掘調査成果に関する情報の提供を受けた。
　なお、本章内容にかかわる検討・準備、第一次的な素稿案の作成は、秋山と瀬川貴文氏〔大阪大学大学院生、(財)大阪府文化財調査研究センター調査補助員〕が共同で進め、全体・最終的な調整・成稿を秋山がおこなった。ただし、群集墳内石室ほかとの比較のための資料調査は、主に瀬川氏の作業に依拠している。

（元稿：2000年12月）

第10章

生駒山西麓中部の群集墳形成過程・構成をめぐって
―― 花草山古墳群・五里山古墳群と採集資料の検討

＊池谷梓との連名公表

1 ── はじめに

　大阪府の東部、生駒山西麓域に、古墳時代後期の大規模な群集墳が分布する事実はよく知られる。柏原市の平尾山古墳群、八尾市の高安古墳群、東大阪市の山畑古墳群〔白石 1966、東大阪市教委 1973、ほか〕などがその代表格で、主として横穴式石室を内部主体とする小形墳が、小支群を形成しつつ、場合によっては300基以上、広域範囲の把握では1500基以上の規模で群集分布する。

　本章でとりあげる東大阪市所在の花草山・五里山両古墳群は、上記の諸古墳群ほど著名ではないが、山畑古墳群（現確認数68基）の南に隣接して立地する。その位置関係からしてみれば、相互に何らかの関係性をそなえていた古墳群であった可能性もいくばくか予想できよう（図121、図122）。

　これら2古墳群に関しては、旧枚岡市の市史編纂事業のなかで、藤井直正氏によって初めて系統だった考古学的な記載がなされた〔藤井 1966〕。

　この段階では、花草山古墳群および五里山古墳群という名称はみられないが、花草山古墳群では、群中の経塚古墳（現・15号墳）、姫田塚古墳（現・16号墳：鉢伏古墳）が、五里山古墳群では、鳴川谷古墳群として4基の後期小古墳が、墳丘測量図や石室実測図とともに紹介・検討されている。

　その後、山畑古墳群やこれら両古墳群をふくめた付近一帯の後期群集墳の研究は、『河内四條史』という地域史編纂関連で1975年（昭和50）前後に実施された、荻田昭次氏による詳細な分布調査など〔荻田 1977〕が大きな画期となる。

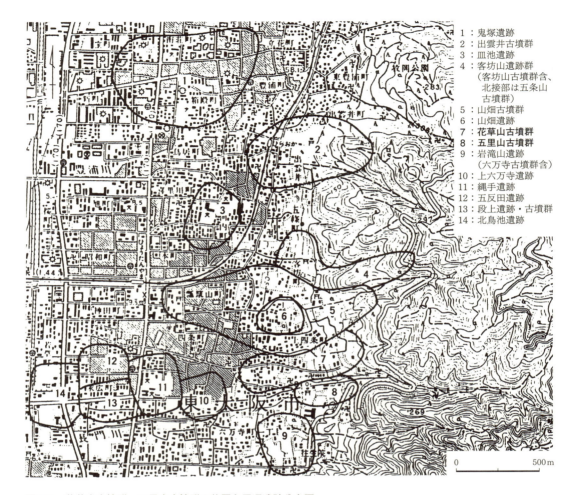

図121　花草山古墳群・五里山古墳群の位置と周辺遺跡分布図

　同氏の踏査・研究においては、山麓部ほかの徹底的な分布調査、地元への緻密な聴きとり調査などを基礎とし、横穴式石室や民間保管遺物類の図化・写真撮影作業が精力的に展開された。この悉皆調査には、私も同行させていただき多くのご教示をたまわる機会がしばしばあり、その精度やレベルの高さを実際に体感している。

　この同氏による尽力により、当時において最大限に把握可能な、両古墳群の実態が初めて浮かびあがったことになる。山畑古墳群の南側に分布する後期群集墳を、花草山古墳群、五里山古墳群として整理されたその具体的な内容は次節で紹介するとおりであるが、それらは、この地域における、その後の宅地開発の進展や、往時の古墳分布を記憶されていた世代の年齢を考えると、現在ではとうてい実現不可能な、その時期ならではの、足でかせいだ大きな産物といえる。

　ただ、この成果の公表は、東大阪市四条という大字ていどの小地域史書編纂としてなされたものでもあり、残念ながら、考古学関係者の間にはあまり周知されていないように思われる。また、

同書の編集スタイルに規定されて、群内各古墳とそこから出土した副葬品や付随資料との関係性が、やや把握しにくいものとなっている事実は否めない。

さらに、同書刊行後、群域内から、すでに上部が削平されていた埋没墳が不時発見され、東大阪市教育委員会によって発掘調査されたり、古墳副葬品と目される関連資料の紹介などがなされる事例も、一、二にとどまらなくなってきている。加えて、付帯事項ながら、私がかつて同古墳群を来訪した折に採集した遺物などが、未公表のまま手許に存在する。

そこで本章では、まず、それら採集資料の紹介をかねつつ、一般にはあまり認知されていないことからも、現時点で把握できる花草山・五里山両古墳群および関連する古墳群の実態を再整理した成果を提示したい。そして、それらの検討を通して得られた、若干の推断内容を述べることを目的にしようと考えている。

2― 花草山古墳群・五里山古墳群の位置と環境

両古墳群をめぐる地理・歴史的な環境について、あらためてここで記しておく。

花草山古墳群および五里山古墳群は、東大阪市上四条町に所在する古墳時代後期（6世紀後半主体）の群集墳である。花草山古墳群は、生駒山西麓の花草谷と鳴川谷にはさまれた尾根上や扇状地に、また、五里山古墳群は、花草山古墳群の南側を流れる谷川の南辺にそった山腹や尾根上に構築されている（図121、図122）。

生駒山西麓地域には両古墳群以外にも数多くの群集墳の分布がみられる。

両古墳群の周辺でも、すぐ北側には東大阪市最大の群集墳である山畑古墳群および客坊山古墳群や五条山古墳群が、また、すぐ南側には東大阪市の史跡として整備・保存されている高塚古墳、二本松古墳をふくむ六万寺古墳群や桜井古墳群が造営されている。

これらの群集墳以外にも、生駒山西麓の扇状地には縄文時代から近世にいたるまで、時代をとわず各種の遺跡が数多く分布している。

なかでも両古墳群周辺部には、大阪府内において初めて縄文時代晩期と弥生時代前期の土器を同一層で確認し、縄文から弥生への移行期に形成された遺跡として注目された鬼塚遺跡や、縄文時代から古墳時代までの複合遺跡であり、その遺跡範囲内に、4世紀末頃に築かれた、えの木塚（猪ノ木）古墳をふくむ縄手遺跡が存在する。

また、弥生時代後期の高地性集落であり各種土器、打製石剣（石槍）、砥石が出土した岩滝山遺跡や、同じく弥生時代の高地性集落（弥生時代中期主体）であり、遺跡範囲内から旧石器も発見された山畑遺跡、弥生時代後期後半の低湿地集落である北鳥池遺跡、弥生時代から平安時代までの複合遺跡（推定・河内郡衙）であり、弥生時代後期の竪穴建物跡も検出された皿池遺跡などがある。

このほか、「河内国」という文字を刻む瓦が発見された客坊廃寺をふくむ客坊山遺跡群といった、古代以降の遺跡も数多く所在する。

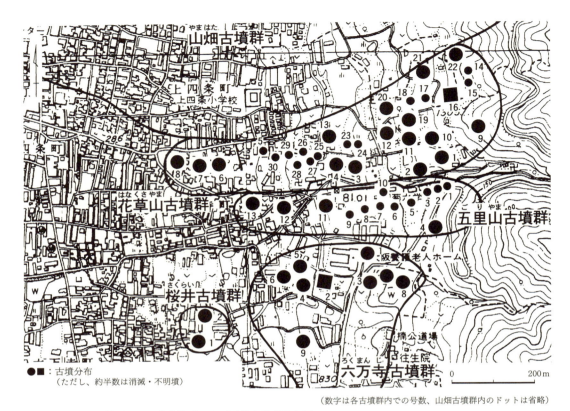

図122　花草山古墳群・五里山古墳群および近接古墳群分布図

　このように、生駒山西麓の扇状地には、古くは旧石器時代から人が住みはじめ、そして各時代の集落や墳墓が間断なく営まれるようになり、今日にいたっている。以上のような、花草山・五里山両古墳群をふくむ、数多くの群集墳や多種遺跡などが分布するこの地域の性格を理解したうえで、両古墳群とそこから採集された遺物を検討していきたい。

3― 両古墳群および近接古墳群の実態再整理

　東大阪市域の生駒山西麓における古墳群の概要については、一部前述したように、『枚岡市史』〔藤井 1966、1967〕、『河内四條史』〔荻田 1977、1981〕や『東大阪遺跡ガイド』〔東大阪市遺跡保護調査会 1978〕、他にその後出版された『東大阪市の古墳』〔東大阪市教委 1996〕などにまとめられている。
　また、花草山・五里山両古墳群または近接古墳群に関しては、それらの刊行物以外に、採集資料の紹介報告などがいくつかおこなわれている。しかし、この種の遺物をふくめての、古墳群にかかわる総括的な記載はこれまでなされていない。

そのようなことから、本節においてはまず、採集遺物報告もふくめた花草山・五里山両古墳群および近接古墳群の概要をまとめることとする。これは、両古墳群および近接古墳群の実態を、現状で正確に把握することを第一の目的とする。さらに、本章で紹介する採集資料の位置づけに資するためでもあり、また、両古墳群と周辺古墳群との関連性を検討するうえでの基礎的作業になると考えている。

なお、本章でとりあつかう採集遺物はすべて須恵器であり、そのため、関連する古墳群の検討についても出土遺物では土器類を中心におこなう。よって、図123以降の掲載図面には、古墳の石室および土器類の実測図を集成することとしている。また、各古墳の規模などに関する数値は上記の『東大阪市の古墳』に、また、須恵器編年（型式）に関しては田辺昭三氏編年〔田辺1981〕による。

上記した趣旨にそい、前掲諸文献などの成果を基礎としつつ、調査担当者ほかからのご教示内容や、個人的な踏査所見などを加味して、各古墳群の実態再整理を以下に示す（本文中の遺物No.・石室指示アルファベットなどは図123、図125、図127、図129のもの、各古墳群内での古墳号数は図122参照）。

(1) 花草山古墳群

花草山古墳群（図122〜図124）は、標高140mの尾根上から標高60mの扇状地域にわたって30基の古墳が確認されており、そのうち28基については何らかのかたちでデータが公表されている。

しかし、現在では開墾や宅地造成のためその大半が消滅し、実存している古墳はごくわずかである。以下、1号〜28号墳についての概要を述べる。

〔1号墳〕開墾により削平され、現在は水田下に埋没しているため、詳細は不明である。

〔2号墳〕現在、横穴式石室の天井石が露出している。石室の規模は現状で長さ3m、奥壁幅1.5mを測る。墳丘は削平されており、詳細は不明である。

〔3号墳〕現在、横穴式石室の西壁が露出している。墳形などの詳細は不明である。

〔4号墳〕すでに消失しており、墳丘、主体部ともに不明である。石室内から須恵器の提瓶1点、杯1点が、他の土器片とともに出土している。しかし、公表図面には提瓶（1）のみしかない。本例から古墳の時期を検討すると、TK43型式前後と考えられる点から、6世紀後半には築造されていたと想定できる。

〔5号墳〕現在、右片袖式の横穴式石室が残存している。石室の規模は、玄室の長さ3.6m、幅1.6m、羨道の長さ4.2m、幅1mを測る、小規模な古墳である。墳形は削平されているため不明であり、出土遺物も確認されていない。

〔6号〜9号墳〕すでに消失しており、墳丘、主体部、出土遺物のいずれも不明である。

〔10号墳〕現在、南に開口する右片袖式の横穴式石室が残存している。石室の規模は、玄室の長さ8.05m、奥壁幅2.08m、羨道の長さ3.04m、幅1.33mを測る、玄室部がやや長い形態である。墳形は不明であり、出土遺物も確認されていない。

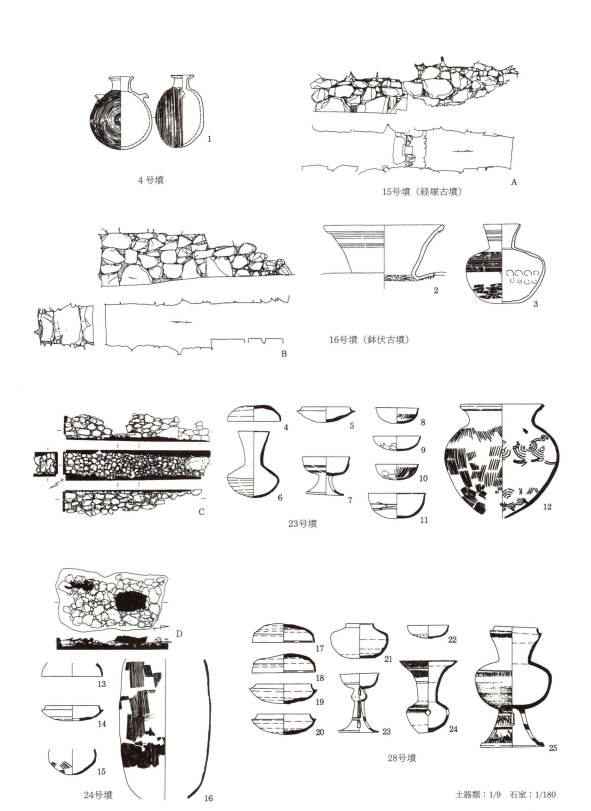

図123 花草山古墳群の石室・土器類実測図

〔11号〜13号墳〕すでに消失しており、墳丘、主体部、出土遺物のいずれも不明である。

〔14号墳〕現在、横穴式石室の一部が残存している。石室（玄室部）の幅は、現状で1.5mを測る。墳丘が削平されているため墳形は不明であり、出土遺物も確認されていない。

〔15号墳（経塚古墳）〕墳丘の径15m、高さ3mの円墳である。南に開口する右片袖式（状）の横穴式石室（A）が残存している。石室の規模は、玄室の長さ4.2m、奥壁幅1.5m、羨道の長さ4m、幅1.7mを測る。

石室内には「宝暦十三年癸酉年卯月八日　如来蔵　書写願主沙門実通無恭敬建」と刻まれた石塔があり、その後方の石垣の奥には、一宇一石経が数多く積まれている。このように本墳は、後世に経塚として石室が再利用され信仰の対象となっており、現在では石室前面に祠堂がつくられている。

本墳からの出土遺物は確認されていないが、石室の形態から6世紀後半に築造されたものと考えられる。

〔16号墳（鉢伏古墳・姫田塚古墳）〕墳丘の一辺13m、高さ3.5mの方墳である。南に開口する右片袖式の横穴式石室（B）が残存している。石室の規模は、玄室の長さ4.9m、奥壁幅1.9m、高さ2.56m、羨道の長さ3.9m、幅1.9m、高さ1.4mを測る。

石室からは、須恵器の小片しか確認されていないが、墳丘中腹から須恵器の大甕（2）と平瓶（3）が出土している。これらは本墳の葬送にともなうものと考えられ、埋葬する際の何らかの儀礼において使用されたものかと推定されている。これらの須恵器の詳細型式は検討を要するが、石室の形態などから、本墳は6世紀後半には築造されたと考えられる。

〔17号・18号墳〕すでに消失しており、墳丘、主体部、出土遺物のいずれも不明である。

〔19号墳〕現在、横穴式石室の天井石の一部が露出しているが、羨道入口と奥壁は破壊されている。石室の規模は、現状で玄室幅1.8m、羨道幅1.2mを測る。出土遺物は確認されていない。

〔20号墳〕現在、わずかに横穴式石室の一部が残存している。石室の羨道入口幅は1.38mを測る。墳丘は大半が削平されており、詳細は不明である。出土遺物も確認されていない。

〔21号墳〕現在、凝灰岩製組合式石棺の一部が露出している。墳丘、主体部構造の状態などは不明であり、出土遺物も確認されていない。

〔22号墳〕墳丘の径20mの円墳である。現在、横穴式石室の最下段の一部が残存している。石室の規模は、全長4.9m、幅1.5mを測る。出土遺物は確認されていない。

〔23号・24号墳〕造成工事にともなう発掘調査で確認され、当古墳群において発掘調査がおこなわれた数少ない古墳である。この2基は、ともに開墾時に削平され、墳形は不明である〔吉村 1988〕。

23号墳では、南西に開口する無袖の横穴式石室（C）が確認されたが、現在は埋没している。石室の規模は、全長6m、奥壁幅1.05m、入口幅0.95mを測る。石室内からは須恵器の杯蓋（4）、杯（5）、長頸壺（6）、高杯（7）、土師器の杯（8〜10）、椀（11）、鉄鏃、刀子、鑷のほか、4箇所で人骨が発見されている。また、墓上祭祀に使用されたと考えられる、底部を穿孔した須恵器の甕（12）が墳丘裾部から出土している。

(1) 15号墳（経塚古墳）：石室羨道

(2) 15号墳（経塚古墳）：石室玄室

(3) 16号墳（鉢伏古墳）：墳丘・石室羨道

(4) 16号墳（鉢伏古墳）：石室玄室

(5) 20号墳：墳丘・石室

(6) 20号墳：石室

図124　1970年代初頭の花草山古墳群

本墳は、出土した須恵器にTK43型式とTK209型式が混在していることから、6世紀後半に築造され、その後、7世紀初頭までに何度か追葬がおこなわれたとみられる。実際、出土した人骨が少なくとも4体分確認されている点から、この石室を利用した埋葬が最低でも4回おこなわれた可能性が推定されている。
　さらに本墳からは、土師器の杯（10）内におさめられた状態で人歯が1本出土しており、当時の埋葬習俗を知るうえでの重要な資料と指摘することができる〔吉村 1987〕。このように本墳は、花草山古墳群だけでなく、古墳時代後期における群集墳での葬送のあり方を考える際の貴重な調査例となろう。
　24号墳では、1.3m×0.65mの範囲で、敷石（D）が発見され、上面から須恵器の杯蓋（13）、杯（14）、土師器の壺（15）、甕（16）が出土した。本墳の主体部は、敷石をほどこした小石室であり、土師器の甕（16）は土器棺として用いられたと推定されている。
　出土した須恵器はTK43型式に相当することから、本墳は6世紀後半の築造と考えられる。
　以上のことから、23号・24号墳はともに6世紀後半に築造されたと理解してよい。ただし、24号墳のほうにやや古い形態を示す須恵器が出土していることから、24号墳が23号墳より若干先に築造された可能性が推測される。
　〔25号～28号墳〕造成工事にともなう調査で、それぞれ、横穴式石室の一部が確認されたというが、詳細は未報告である。
　このうち、試掘調査で検出された28号墳では、石室奥壁かと目される石材の前面から、須恵器の杯蓋（17・18）、杯（19・20）、特殊高杯（23）、甕（24）、脚付有蓋壺（25）、短頸壺（21）、土師器の杯（22）、直刀がまとまって出土している（調査担当の原田修氏ご教示）。
　そのなかの須恵器はTK10型式ないしMT85型式に相当することから、本墳そのものは6世紀中葉頃に築造されたと考えられる。本墳の主体部が、もし確実に横穴式石室であるならば、この地域の群集墳における初現的な時期のものとなり、注意すべき古墳となる。

（2）五里山古墳群

　五里山古墳群（図122、図125、図126）は、鳴川谷の南側、標高80～100mの山腹や尾根上に築かれた小古墳群である。
　以下のとおり現在までに13基の古墳が確認されているが、その大半が開墾や造成により破壊されている。
　〔1号墳〕現在は、墳丘端の一部と石室の基底部のみがわずかに残存している。
　1965年（昭和40）に部分的な発掘がおこなわれ、完形の須恵器の杯蓋（1～6・8）、杯（7・9）、高杯（10～17）、提瓶（18）、脚付長頸壺（19・20）が出土している。この調査では横穴式石室の側壁はまったく発見されず、敷石の一部のみが検出された。そのため、石室全体の規模は不明である。このほかの出土遺物として、凝灰岩製組合式石棺の板材が1枚、斧、尾錠、釘などの鉄製品やガラス小玉12点、耳環1点が発見されている。
　出土した須恵器には、TK43型式～TK209型式とTK217型式が混在している。このことから、

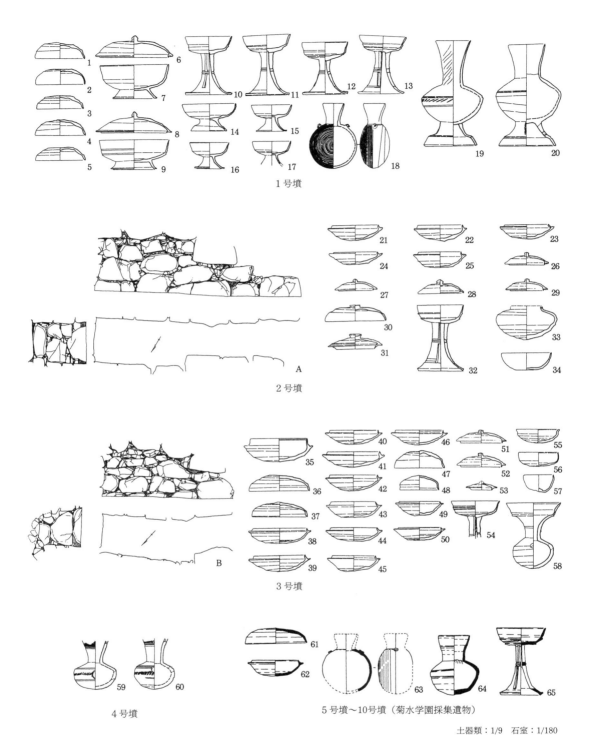

図125 五里山古墳群の石室・土器類実測図

本墳は6世紀後半に築造され、その後、7世紀前半頃まで追葬がおこなわれたと推測される。

〔2号墳〕墳丘の径15m、高さ3mの円墳である。右片袖式の横穴式石室（A）が残存している。石室の規模は、玄室の長さ4.5m、奥壁幅2.08m、羨道の長さ6.5m、幅1.6mを測る。

発掘調査はおこなわれていないが、石室内から山畑48号墳出土品と同様の環頭大刀把頭1点が発見されており、そのほかにも須恵器の杯（21～25）、杯蓋（26～29）、有蓋高杯の蓋（30）、壺蓋（31）、高杯（32）、短頸壺（33）、土師器の杯（34）が出土している。

須恵器には、TK43型式～TK209型式とTK217型式とが混在している。1号墳と同様に、6世紀後半に築造され、その後、7世紀前半頃まで追葬がおこなわれたと推測される。

〔3号墳〕墳丘の径10mの円墳である。南西に開口した右片袖式の横穴式石室（B）が残存している。石室の規模は、玄室の長さ4.65m、奥壁幅1.9m、高さ2.35m、羨道の長さ2.2m、幅1.8m、高さ1.3mを測る。

この石室は、玄室の左右壁がともに西側に傾斜して積まれており、羨道は、玄室の主軸線から大きく「くの字」状に曲げて構築されている。構築後の変形でないならば、これらの様相は、周辺の古墳ではあまりみられない特色であるといわれている。

また本墳は、1966年（昭和41）に発掘調査がおこなわれ、各種の遺物が出土している。その際、玄室内では左壁にそって、多量の石や凝灰岩製の組合式石棺片がまとめられた状態で集中して発見されている。このような片付け行為を示すあり方から、当石室において追葬がおこなわれたことが推定された。

そのほかの出土遺物には、須恵器の杯蓋（36・37・47・48・51・52、48は壺蓋の可能性あり）、杯（38～46・49・50）、脚付長頸壺の蓋（53）、甑（58）、高杯（54）、土師器の椀（55～57）、金銅製馬具片、轡、鉄鎖、直刀がある。

須恵器には、TK43型式～TK209型式とTK217型式が混在している。このことから、本墳は6世紀後半に築造され、その後、7世紀前半頃まで追葬がおこなわれたと推測される。

上記以外に本墳では、MT15型式～TK10型式（古相）に相当する、上例に比べてかなり古い時期の須恵器の杯が1点（35）が知られている。

ただ、本例は個人蔵の資料であり、発掘で出土したものではないため不明な点が多い。この須恵器が確実に古墳にともなうものであるならば、本墳の築造時期がさかのぼる可能性がでてくる。しかし、他の発掘資料のなかには、この時期のものがふくまれていないため、慎重を期さなければならない。

〔4号墳〕現在、墳丘はほとんどなく、いくつかの巨石が露出しているだけである。

石室の規模、埋葬状況については不明であるが、出土遺物として須恵器の甑が2点（59・60）確認されている。これらはTK43型式～TK209型式に相当すると思われることから、本墳は6世紀後半～7世紀初頭に築造されたと考えられる。

〔5号～10号墳〕造成工事中に発見され、現在はすでに消失している。

そのときに採集された遺物には、須恵器の杯蓋（61）、杯（62）、提瓶（63）、長頸壺（64）、高杯（65）などがある。これらの遺物は木建正宏氏によって資料紹介〔木建 1992〕され、その

図126 1970年代初頭の五里山古墳群

後、東大阪市立郷土博物館に寄贈された。
　〔11号墳〕現在、横穴式石室の一部のみが残存している。古墳の詳細、出土遺物は不明である。
　〔12号・13号墳〕すでに消滅しているため、詳細は不明である。ただ、13号墳には、若干の出土遺物があったという。

（3）六万寺古墳群

　六万寺古墳群（図122、図127、図128）は、府立養護老人ホーム（初出稿当時の名称）の周辺に分布する古墳群である。
　戦前は、北側の山畑古墳群と並ぶほど、横穴式石室を主体とする古墳が多く分布していたと伝えられているが、戦後の開墾によってほとんどが破壊され、現在は9基が確認されているにすぎない。
　以下、若干なりとも資料公表されている1号～8号墳の概要を記載する。
　〔1号墳（高塚古墳）〕府立養護老人ホームの敷地内に位置し、墳丘の径22mの円墳である。市史跡として保存されているが、未調査のため主体部の状況などは不明である。
　本墳に関して、前出の、『東大阪遺跡ガイド』では「内部主体や出土遺物はまったく不明である」と記載されているが、『河内四條史』には須恵器の杯蓋（1・2）が出土遺物としてのせられている。この2点は、個人蔵のものであり不明な点が多いことから、『東大阪遺跡ガイド』でははぶかれたと思われる。しかし、本墳は整備保存される前には横穴式石室が開口していた〔藤城1996〕といわれ、そのときに採集されたものとも推測できる。
　これらの須恵器はTK209型式～TK217型式に相当し、当古墳群の造営時期と一応は合致する点などをふまえると、本墳にともなう遺物である可能性が高いと考えられる。
　そのほか、採集品として須恵器の高杯（3）が紹介されている〔藤城 1996〕。この高杯は、TK47型式～MT15型式前後に相当すると思われ、6世紀初頭の須恵器と考えられる。
　藤城泰氏はこの採集遺物に関する検討として、もし本墳にともなうものであるならば、高塚古墳は、古墳時代後期（6世紀後半主体）の六万寺古墳群にはふくめるべきでない古い時期の古墳であり、また、ともなわないとするならば、この付近にさらに古い段階の他の古墳が存在した可能性があると指摘している。さらに、もし高杯が本墳にともない、かつ本墳を六万寺古墳群にふくめてよいものとするなら、近畿地方におけるきわめて古い段階の群集墳中の1基になるとも考察している。
　しかし、この高杯は古墳付近での採集品のようであり、確実に本墳にともなうとは現時点で断定できない。また、本例は、先ほど紹介した須恵器（1・2）と比べるとかなりの時期差があり、一般的な群集墳の盛行期とも時期がずれる。よって、高塚古墳に直接ともなう遺物でない可能性が強いと考えられる。
　仮にこの須恵器が墳墓に関連するものであるならば、この付近にあった別の古い時期の古墳に共伴した蓋然性が高いと思われる。正式な調査がおこなわれていないため明言できないが、生駒山西麓地域における古墳群の築造過程を検討するうえでの興味深い一資料ではある。

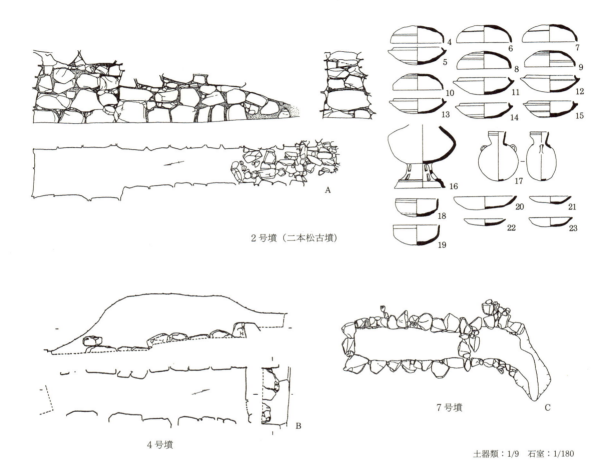

図127　六万寺古墳群の石室・土器類実測図

〔2号墳（二本松古墳）〕標高80mに立地する、墳丘の一辺15mの方墳である。

両袖式（右片袖式の可能性もあり）の横穴式石室（A）がほぼ完全なかたちで遺存している。

石室の規模は、玄室の長さ4.5m、奥壁幅2.2m、高さ3m、羨道の長さ8.2m、幅1.9m、高さ2mを測る。この石室は、西壁がほぼ垂直に構築されているのに対し、東壁は約20°前面に傾斜しているという指摘がみられる。

本墳は1964年（昭和39）に発掘調査がおこなわれた〔枚岡市教委 1965〕が、石室内は撹乱を受けていたため、埋葬当時の状況は不明であった。出土遺物では、凝灰岩製の組合式石棺片が2組以外に、西壁に接した地点で須恵器の杯蓋（4・6～10）、杯（5・11～15）、脚付壺（16）、

(1) 1号墳（高塚古墳）：墳丘

(2) 1号墳（高塚古墳）：墳丘

(3) 2号墳（二本松古墳）：石室羨道

(4) 2号墳（二本松古墳）：石室玄室

図128　1970年代初頭の六万寺古墳群

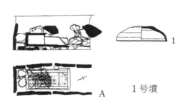

1号墳

土器類：1/9　石室：1/180

図129　桜井古墳群の石室・土器類実測図

第10章　生駒山西麓中部の群集墳形成過程・構成をめぐって　255

提瓶（17）、土師器の椀（18・19）、皿（20〜23）が確認されている。このほか、玄室内から金環・銀環各1点、土製臼玉1点が出土している。

本墳の築造時期は、須恵器の特徴がTK43型式〜TK209型式と考えられることから、6世紀後半〜7世紀初頭と推定される。

〔3号墳〕1969年（昭和44）の道路工事によって消失した。墳形および石室の規模などは不明である。

〔4号墳〕墳丘の径17mの円墳である。

石室は、両袖式の横穴式石室（B）で、石室の規模は、玄室の長さ4.75m、奥壁幅2.6m、羨道部の長さ4.1mを測る。出土遺物などは確認されていない。

〔5号墳〕横穴式石室の奥壁部分の石材が確認されているだけで、詳細は不明である。

〔6号墳〕2号墳（二本松古墳）の南西にあたる、桜井六万寺共同墓地内に存在する。本墳は、周囲の地形よりもわずかに一段高くなっているだけであり、石室など詳細は不明である。

〔7号・8号墳〕1994年（平成6）の宅地開発にともなう調査で発見された。

7号墳は、無袖式の横穴式石室（C）を内部主体とし、石室の規模は長さ7.7m、奥壁幅1.6mを測る。石室内からは須恵器、土師器、刀子、鉄鏃、鉄釘などの出土が確認されているが、実測図ほかは公表されていない。石室の形態から、かなり新しい時期（7世紀前半頃）に築造されたのではないかと考えられる。

8号墳は、人頭大の石が並べられた無袖式の小石室を内部主体とし、石室内から鉄釘などが発見された。これらのことから、木棺を用いた終末期古墳であったと考えられている。

(4) 桜井古墳群

桜井古墳群（図122、図129）は、六万寺古墳群の西側に位置する小古墳群であり、近年あらたに発見された。

これまで2基の古墳が確認されている。

〔1号墳〕正式な発掘調査〔原田 1986〕がおこなわれた数少ない例であり、石室は無袖式の横穴式石室（A）である。石室の規模は、長さ3.3m以上、奥壁幅1.05mを測る。

石室内には凝灰岩製の組合式箱形石棺がおさめられており、出土遺物としては須恵器の杯蓋（1）、鉄製品が確認されている。石棺形状や須恵器（TK209型式〜TK217型式）から、本墳は7世紀初頭〜前半に築造されたと考えられる。

〔2号墳〕古墳とされているが、墳丘、石室ともに未確認のため、詳細は不明である。

4— 新紹介の採集資料

(1) 採集状況ほか

つぎに、本章であらたに紹介する採集資料について述べる（図130〜図132）。

ここであつかう花草山・五里山両古墳群に関する遺物は、いずれも1970年代における私のこれら古墳群への来訪時にかかわるもので、都合3回分がある。
　しかし、かなり以前のできごとであるため、個人的な記憶はほとんど薄れかかっている。幸いにも、当時の簡単なメモ類が手許にのこっているので、それらにもとづいて記載すると以下のとおりとなる。
　第一は、1972年（昭和47）あるいは1973年（昭和48）前半のことであり、五里山2号墳の「石室羨門部の前方」で数点の須恵器片を採集している（図130－1～5資料）。
　その地点と石室の羨道入口部との距離は今となっては明確にできないが、本来は、本墳の石室内もしくは前庭部における副葬品の一部であった可能性が高いと理解しておきたい。
　ただし、前出の『枚岡市史』〔藤井 1966〕によると、この2号墳と西側の3号墳との間には、円形の大きなくぼみがあり、もとはそこにも横穴式石室墳が存在しただろうと推定されている（旧・鳴川谷3号墳）。したがって、採集の須恵器は、あるいはその古墳に関連した遺物であった可能性も若干あるが、明確にはできない。
　第二は、1973年（昭和48）11月18日に、五里山3号墳の石室玄室内で採集した須恵器の杯片1点である（図130－6資料）。
　本墳は、前述のように、1966年（昭和41）に枚岡市教育委員会によって、石室内の発掘調査が実施されたようである。よって、1973年段階で玄室内に須恵器片が遺存していた理由は判然としないが、採取地点にまちがいはない。
　第三は、五里山古墳群の範囲内にあった府立菊水学園（1999年：平成11廃校）に当時保管されていた同5号～10号墳採集遺物（図125－61～65）を、1974年（昭和49）に見学におもむいた際、富永功夫園長（当時）から別途譲り受けた十数点の須恵器片である（図131資料）。
　これも記憶が定かではないが、同年9月22日に実施した、「文化財を学ぶ会」考古部会（荻田昭次氏主宰）による周辺古墳群の見学会時であったように思う（なお、余談の類であるが、富山大学や中央大学において考古学の教授を歴任した前川要氏は、当時、荻田氏が勤務する市立縄手中学校の生徒でこの部会のメンバーでもあった）。
　その折に同園長からうかがった話のメモ類によると、「採取地点は特定できないが、五里山古墳群あるいは花草山古墳群からの出土」ということであった。つまり、個別の出所が限定できないものの、菊水学園の周辺に存在した群集墳からの採集品であるのは相違ないようである。遺物内容からも大きな齟齬はない。
　ただ、菊水学園園長のもとに集まっていたという事実から考えて、1972年（昭和47）頃に同園グランド拡張工事などで破壊された〔荻田 1977〕という、五里山5号～10号墳にかかわりをもつ資料をふくむ可能性があるかもしれない。
　また付言しておくと、当該地の周辺には古墳時代の集落遺跡などは確認されていないので、これらは古墳群（墳墓）関係の資料と判断してよいといえる。

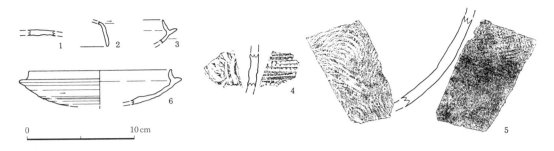

図130 五里山古墳群の採集遺物実測図

(2) 採集遺物の概要

A 五里山古墳群の採集遺物

　図130・図132−1〜6の遺物は、上記のとおり、すべて五里山古墳群で採集された須恵器片であり、(1〜5)は2号墳の羨道入口部の前方付近、(6)は3号墳の石室内での採集品である。
　以下、各遺物の観察所見を述べていく。
　(1)は、杯蓋の天井部破片である。内面は回転ナデをおこない、外面は回転ヘラケズリがほどこされている。小片であるため時期の特定は困難だが、他の遺物などとの関係から、TK43型式〜TK209型式に比定できると思われ、6世紀後半〜7世紀初頭に相当すると考えられる。
　(2)は、杯蓋の口縁部破片である。内・外面ともに回転ナデ調整がほどこされており、外面の上部には回転ヘラケズリの痕跡がかすかに認められる。小片であるため時期の特定はむずかしいが、TK43型式頃に比定でき、6世紀後半に相当すると考えられる。
　(3)は、杯の口縁たちあがり部の破片である。内面は回転ナデをおこない、外面は、焼成が悪くまた自然釉が付着しているため、調整等は不明瞭である。たちあがり部や受部の形状からTK43型式〜TK209型式に比定でき、6世紀後半〜7世紀初頭に相当すると考えられる。
　(4・5)は、壺または甕の体部破片である。
　(4)の調整は、内面は同心円状のタタキ当て具痕が確認でき、外面は回転ヘラケズリののち、格子目状タタキがほどこされている。(5)の調整は、内面は同心円状のタタキ当て具痕が確認でき、外面は格子目状タタキをほどこしたのち、回転ナデによって整形している。ともに小片であるため時期の特定は困難だが、内面に当て具痕がのこることから、6世紀以降に相当すると考えられる。
　(6)は、杯である。口径は約13cmを測る。底体部内面は回転ナデをおこない、同外面は回転ナデと回転ヘラケズリがほどこされ、口縁たちあがり部分は回転ナデによって整形される。たちあがり部が低い点や底体部の形状から、TK209型式に比定でき、6世紀末〜7世紀初頭に相当すると考えられる。

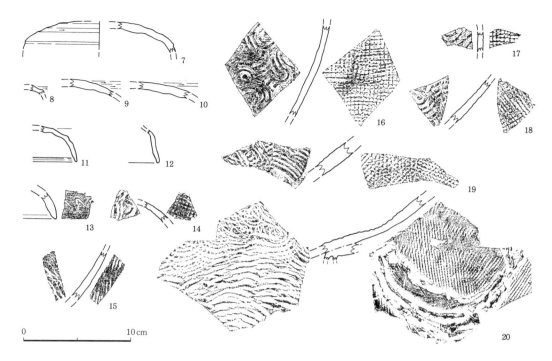

図131 五里山古墳群もしくは花草山古墳群の採集遺物実測図

B 五里山古墳群もしくは花草山古墳群の採集遺物

図131・図132－7～20の遺物は、すべて須恵器であり、前項で述べたように、もとは菊水学園保管品にあたる。両古墳群のいずれかで採集されたということ以外に詳しいことはわからず、個別の採集状況なども不明である。

(7～10)は、杯蓋の天井部破片である。

(7)の調整は、内面は回転ナデ、外面は回転ナデ、回転ヘラケズリがほどこされている。全体として厚みがあり、外面には、やや退化しているものの稜がみられる。これらの特徴から、MT15型式～TK10型式前後に比定でき、6世紀前半～中葉頃に相当すると考えられる。

(8)の調整は、内面は回転ナデ、外面は回転ヘラケズリがほどこされている。時期については、極小片であるため断定できないが、退化した稜がかすかにみられることから、TK10型式前後に比定でき、6世紀中葉頃に相当するかと考えられる。

(9・10)の調整は、内面は回転ナデ、外面は回転ヘラケズリがほどこされている。時期については、ともに小片であるため特定できない。

(11)は、杯蓋の口縁部破片である。調整は、内・外面ともに回転ナデがほどこされている。口縁端部および稜の形状から、MT85型式前後に比定でき、時期は6世紀中葉頃に相当すると考えられる。

(12)は、有蓋短頸壺の蓋の口縁部破片である。調整は、内・外面ともに回転ナデがほどこさ

1～6（外面）　　　　　　　　　　　　　1～6（内面）

7～20（外面）　　　　　　　　　　　　7～20（内面）

図132　五里山古墳群・花草山古墳群の採集遺物写真

れている。時期については、小片であるため特定できない。

（13）は、脚付壺の脚端部破片かと考えられる。調整は、内・外面ともに回転ナデがほどこされており、外面はその後、ヘラ描き波状文で装飾され、自然釉が付着している。端部付近の形状や施文状況などから、時期は6世紀後半～7世紀初頭頃に相当すると考えられる。

（14～18）は、壺または甕の体部破片である。

（14）の調整は、内面は同心円状のタタキ当て具痕が確認でき、外面は回転ナデをおこなったのちに格子目状タタキがほどこされている。（15）の調整は、内面は同心円状のタタキ当て具痕が確認でき、外面は平行タタキがほどこされている。（16～18）の調整は、内面は同心円状のタタキ当て具痕が確認でき、外面は格子目状タタキがほどこされている。この3点は接合できなかったが、タタキ目、色調および焼成状況が酷似しているため、同一個体である可能性が高い。

これらはいずれも小片であり、時期については特定できないが、内面に当て具痕がのこされている点などから、6世紀以降に相当すると考えられる。

（19・20）は、甕の体部破片である。

（19）の調整は、内面は同心円状のタタキ当て具痕が確認でき、外面は格子目状タタキがほどこされている。（20）の調整は、内面は同心円状のタタキ当て具痕が確認でき、外面は格子目状

タタキをほどこしたのち、一部に回転ナデをおこなっている。外面には、焼成時に融着した別個体片（器種不明）が底部付近にみられる。

　時期は、ともに特定できないが、内面に当て具痕がのこる点から、6世紀以降に相当すると考えられる。

5― 各古墳群の再整理と採集資料が提示するもの

　以上における五里山古墳群もしくは花草山古墳群の採集遺物についての内容と、先に示した、両古墳群と周辺古墳群の実態再整理との関係にふれて、本章における考察にかえたい。

(1) 採集資料の時期などからうかがえること ―群集墳の形成過程をめぐっての若干
　まず、採集遺物の概要をあらためて簡単に示す。

　採集地点が明確である五里山古墳群における遺物（図130）についてみると、採集品はすべてが須恵器片であり、器種としては杯類と壺または甕でしめられる。時期は、6世紀後半〜7世紀初頭に相当する。

　このように、これらは五里山古墳群がさかんに造営されていた当時のもので、従来の理解との齟齬はない。また、3号墳石室内で発見された杯（6）は、これまでに報告された同墳の出土品類（図125－36〜58）に新しく加わるものとして一定の意味があろう。

　つぎに、五里山古墳群もしくは花草山古墳群において採集された遺物（図131）に関してまとめると、上記の採集品と同じく、すべてが須恵器片である。器種としては杯蓋と壺もしくは甕がやや目立つ。時期については、特定できる要素にややとぼしいが、多くは6世紀後半〜7世紀初頭に相当するだろうと考えられる。

　ただしそれ以外に、6世紀中葉前後と推定できる資料が何点かふくまれている（7・8・11）。もしこれらが五里山・花草山両古墳群にともなうとするならば、従来いわれている両古墳群の築造時期との間にやや時期差が生じる。これら古い時期の須恵器をどのようにとらえるかが、本章での採集資料を検討するうえで一つの焦点となり、注意すべき問題である。

　そこで、これらの遺物が、両群集墳（横穴式石室墳）そのものに共伴する場合と、そうでない場合を仮定し、両古墳群にみられる状況証拠をもとに、おのおのを若干検討してみることとする。

　最初に、これら古い須恵器が群集墳の横穴式石室にともなうとして考えてみる。

　ここで思い返したいことは、前述したように、両古墳群中の横穴式石室墳からMT15型式〜MT85型式前後にあたる須恵器の確認例があるということである。その一例は、五里山3号墳であり、MT15型式〜TK10型式（古相）に相当する杯（図125－35）が1点みられる。他例は、花草山28号墳であり、TK10型式〜MT85型式に相当する須恵器群（図123－17〜25）が試掘調査で出土している。

　前者の五里山3号墳の杯は、先述したとおり個人蔵の資料で詳細は不明であり、石室からの出

土という確証はない。しかし、この個体が石室内の副葬品ということならば、五里山古墳群の築造年代が、現在考えられている時期（6世紀後半主体）よりさかのぼる可能性がでてくることになる。

この点に関して述べると、同墳の石室（図125－B）を構築する石材が、ほかの群中墳や周辺古墳と比べてやや小振りであることや、天井石の架設状況も他墳とは異なる点も注意すべきであろう。

また、後者の花草山28号墳については、試掘調査において発見された古墳であるため、詳細は判然としない点が多い。まとまって検出された古い須恵器が、横穴式石室にともなうというのがもし確実なら、花草山古墳群の築造開始期も従来いわれている年代よりさかのぼると考えざるをえない。

このように本仮定では、採集品中の古い時期の須恵器が、横穴式石室で構成される群集墳の形成開始期を遡及させる要素となる。

つぎに、もう一つの仮定に関し検討してみる。古い須恵器が横穴式石室とは無関係とする場合である。

まず、上記した五里山3号墳の杯が、石室外からの出土ということならば、同古墳群内もしくはその近辺において、横穴式石室をともなわない古い時期の古墳がかつて存在した可能性が高いとも推測できる。また、花草山28号墳に関しても、やや流動的な現情報だけからでは、同じく横穴式石室より前の古墳となる公算も完全には否定できない。

このように、今問題にしている採集品における古い時期の須恵器も、そのような非横穴式石室で古い段階の古墳の主体部などに由来する蓋然性がでてくることになろう。

その場合、前述の六万寺古墳群内の高塚古墳（1号墳）の周辺で採集された古い時期＝TK47型式～MT15型式前後の須恵器（図127－3）も、先記した藤城氏による考察や私見で示した内容のとおり、検討材料として十分に考慮すべきである。

以上のように、先の両仮定のどちらとも決しかねる状況ではあるが、つづいて、それらの問題に関係して若干述べる。

『東大阪市の古墳』〔東大阪市教委　1996〕をはじめとする従来の研究において、東大阪市域の生駒山西麓部周辺の古墳・古墳群については、一部特例をのぞくと、横穴式石室を主体部とする古墳時代後期（6世紀後半中心）の群集墳によってほとんどがしめられると考えられてきた。

ところが、近年の発掘調査では、山麓部をやや下った扇状地端付近において、横穴式石室より前の5世紀代の埋没小形古墳が発見されるようになってきている。植附1号～7号墳〔福永　1995〕や段上1号・2号墳（〔東大阪市教委　1996〕、図121－13参照）がその代表例である。

また、さらに注目すべき古墳群として、花草山・五里山両古墳群の北約1.8kmに位置し、両古墳群などと同じく山麓部に立地する群集墳として知られる、みかん山古墳群がある。この古墳群も、従来、この地域の多くの群集墳と同様に、横穴式石室墳のみで構成される6世紀後半頃の後期群集墳だと理解されてきた〔藤井　1966、ほか〕。

しかし、1993・97・98年（平成5・9・10）度の発掘調査では、主として、①横穴式石室をも

表9　みかん山古墳群一覧表

古墳名	墳丘	主体部	主体部規模		時期	出土遺物ほか
1号墳	円墳？	横穴式石室	—		不明	
2号墳	不明	—	—		—	
3号墳	不明	横穴式石室	(玄室長) (羨道長)	5.6m 3.2m	—	
4号墳	円墳？	横穴式石室	不明		—	石棺、須恵器
5号墳	円墳 12m	横穴式石室 （無袖式）	(全長)	6.3m	6世紀後半	須恵器（高杯・短頸壺・甕）、土師器、鉄釘、耳環、埴輪（円筒・朝顔・形象）
6号墳	不明	横穴式石室	(全長)	3m以上	6世紀後半 ～末	須恵器（杯・杯蓋・高杯・甕）、土師器（杯・鉢）、武器（小刀）、耳環、鉄釘
7号墳	不明	小形竪穴式石室	(全長)	0.7m	6世紀後半 ～末	
8号墳	方墳	木棺？	—		5世紀後半	須恵器（杯・杯蓋・𤭯・甕）、土師器（甕）
9号墳	円墳	木棺？	—		5世紀後半	須恵器（高杯蓋・高杯・器台・甕）、鉄器
10号墳	円墳	横穴式石室	(玄室長) (羨道長)	3.8m 6.5m	6世紀後半	須恵器（杯蓋・脚付鉢）、土師器（高杯）、鉄釘
		箱式石棺	(全長)	0.75m	6世紀後半	
11号墳	円墳	横穴式石室	(玄室長) (羨道長)	3.1m 3.7m	6世紀前半	須恵器（杯・杯蓋・高杯・器台・𤭯・壺・脚付鉢）、土師器（鉢）、鉄釘、武器（鉾・鉄鏃・刀子）
12号墳 （びわ塚）	不明	—	—		—	

たない5世紀後半の古墳、②古い時期の横穴式石室をもつ6世紀前半の古墳、③生駒山西麓部で一般的な6世紀後半の横穴式石室をもつ古墳、④小形竪穴式石室をもつ6世紀後半〜末の古墳、といった4タイプ4時期の古墳が発見された（表9、〔大阪府教委 1998、東大阪市教委 1996〕）。

これによって、みかん山古墳群では、同一場所を墓域として、5世紀代から継続して墳墓が造営されつづけたという墓制の実態が判明したことになる。地上に遺存していた6世紀後半の横穴式石室墳だけからの理解では、まったく想定できなかった解釈である。

つまり、上記したような最近の諸調査例は、当地の生駒山西麓部付近における古墳群の存在形態や形成過程に関する、これまでの評価に大きな変更をせまるものといえる。

それらの新しい成果を考慮に入れるならば、上で提示した、花草山・五里山両古墳群の古い時期の採集須恵器から想定できる両仮定については、いずれにしても今後の検討に値する肝要な問題をふくむといえる。

すなわち、本章紹介の採集資料の一端は、この地域における群集墳・古墳群形成をめぐる理解に大きくかかわる、古い時期の横穴式石室墳やそれ以前の非横穴式石室墳（木棺直葬墳ほか）の存在、の可能性を十分に示唆しているわけである。

事ごとしい表現ではあるが、少なくとも、それらへの追究をあらためて喚起する貴重な材料として位置づけることができよう。

(2) 山畑古墳群などとの関係　—群集墳の構成をめぐっての若干

つぎには、花草山・五里山両古墳群と近接古墳群との関係性について少しばかり検討をおこな

いたい。

　本章における基礎作業として、両古墳群の実態をあらためてまとめるとともに、近接古墳群の概要もみてきた。そのなかで気づく点として、北接する山畑古墳群で普遍的にみられる二上山産凝灰岩製（一部竜山石製）の組合式石棺が、花草山・五里山両古墳群中でも、花草山21号墳や五里山1号墳、同3号墳にみるように、やや顕著に確認できることがあげられる。

　この種の石棺は、「山畑型組合式石棺」〔和田 1976〕ともいわれ、その名称が示すとおり、山畑古墳群を中心として分布する特徴的な棺形態である。基本的には縄掛突起をもたず、数多くの薄い板材を組み合わせて構成される、ほぼ完全な箱形を呈する石棺で、蓋上面の四周に幅の狭い面取り状の傾斜面をそなえる（前掲図52−5ほか参照）。

　花草山・五里山両古墳群の諸例では、全容が判明する出土品はないが、上記と同じ属性をもつ石棺として復原してよい。このような、特徴的な組合式（箱形）石棺を、山畑古墳群と花草山・五里山両古墳群が共通して保有している事実は重要であろう。

　また、五里山2号墳において、山畑48号墳から出土したものと同様の環頭大刀が発見されていること〔東大阪市教委 1996〕や、他古墳群に比べて山畑古墳群での副葬が顕著だといわれる馬具〔森・白石 1962、藤井 1967、東大阪市教委 1996〕が、五里山3号墳でも出土していることなども指摘できる。

　このように、花草山・五里山両古墳群において、北に隣接する山畑古墳群との共通性や関係性をうかがわせるような資料が散見される。今後は、より広い視野で周辺古墳群との比較を一層緻密に検討する必要性があるが、上記した諸現象自体に、花草山・五里山両古墳群と山畑古墳群との間における注意すべき相関性が内包されていると推測できよう。

　なお、上記と同様の凝灰岩製組合式石棺は、五里山古墳群の南に近接する六万寺古墳群中の2号墳（二本松古墳、石棺2組）や桜井古墳群中の1号墳でも確認されており、山畑古墳群および花草山・五里山両古墳群との関連においてさらに注意しておきたい。うち、桜井1号墳例は、「山畑型組合式石棺」の全容が判明する好例となっている。

　また一方、群集墳構成をとる各古墳群の分布状況をあらためて確認すると、当然ながら密集の度合いに若干ばらつきがみられる。ただし、山畑古墳群とその南側に展開する、花草山古墳群、五里山古墳群、加えて六万寺古墳群、桜井古墳群にかけての各古墳群は、現在では個別古墳群として把握されているが、当時ではやや広い範囲に分布域をもつ一つの大きな群集墳であったのではないかとも考えうる。先にみた石棺の分布状況や副葬品類のあり方なども、それに整合的である。

　同様な見方にたてば、山畑古墳群の北側に近接する客坊山古墳群や五条山古墳群など（図121−4参照、〔東大阪市教委 1996、ほか〕）も、同一の群集墳として把握することも十分可能といえよう。

　そうであるならば、本章でとりあげた花草山古墳群、五里山古墳群等々の、これまで固有名称で分別されてきた各古墳群は、上記したとおりの、広範囲（南北約1.2km、東西約1.5km）におよぶ大群集墳を構成する小支群として理解できることになる。

このような、当地における群集墳の分布を広域把握し、有機的な関係をそなえる構成体として積極的に理解する視点は、山畑古墳群を中心とし周辺に分布する群集墳を今後あらためて解析していく際の切り口として、一定の有効性をもつことになろう。

6— おわりに

　以上が、本章でのささやかな検討内容となる。

　生駒山西麓には、南北に連なるかたちで古墳群が数多く形成されている（本書第6～第8章参照）。そのなかでも東大阪市域では、本章でとりあげた花草山・五里山両古墳群の周辺において後期群集墳が集中している。このように両古墳群は、生駒山西麓地域における古墳時代後期を中心とする時期の様相を理解するうえで、重要な一要素となるモニュメントといえる。

　ところが、これらを構成する各古墳は、過去に、田畑の開墾や宅地造成のため、発掘調査がおこなわれないまま消失したものがかなり多く、それらの詳細な記録はまったくといってよいほど遺存していない。

　いうまでもなく、本章で紹介した採集品は、正確な出土位置が不明なものも多く、またその大半が破片であり、考古資料としてはまさに二級の遺物である。しかし、現在その多くが失われている古墳や群集墳に関する、かけがえのないデータである点はまちがいない。そのような資料が保有している情報源＝可能性を、できるだけ引き出そうと私なりに試みてきた。

　今後、本章での作業が、花草山・五里山両古墳群ひいては生駒山西麓部の群集墳を検討するうえでの参考になれば、と考えている。

〔主要引用・参考文献〕
天野末喜・秋山浩三・駒井正明 1992「地域の概要 河内」『前方後円墳集成 近畿編』山川出版社
芋本隆裕 1981「山畑66号墳調査報告」『東大阪市埋蔵文化財包蔵地調査概要』22 東大阪市教育委員会
芋本隆裕 1992「山畑25号墳保存整備に伴う石室床面調査」『東大阪市埋蔵文化財発掘調査概要―平成3年度―』東大阪市教育委員会
芋本隆裕 1999『山畑遺跡第15次発掘調査概要』（財）東大阪市文化財協会
大阪府教育委員会 1998『みかん山古墳群』
荻田昭次 1977「考古資料 古墳時代」『河内四條史』第2冊 史料編Ⅰ 四条史編さん委員会
荻田昭次 1981「古墳時代」『河内四條史』第1冊 本編 四条史編さん委員会
河内郷土研究会 1959『枚岡市埋蔵文化財資料』
河内郷土研究会 1960『枚岡市埋蔵文化財資料』2―昭和35年度新発見―
河内郷土研究会 1962『枚岡市埋蔵文化財資料』3―昭和36・7年度の新発見―
木建正宏 1992「菊水学園採集の古墳時代遺物」『東大阪市文化財協会ニュース』Vol.5, No.4（財）東大阪市文化財協会
才原金弘 1988「山畑遺跡採集の遺物」『東大阪市文化財協会ニュース』Vol.3, No.4（財）東大阪市文化財協会
白石太一郎 1966「近畿の後期大型群集墳に関する一試考―河内高安千塚及び平尾山千塚を中心として―」『古代学研究』第42・43合併号 古代学研究会

田辺昭三 1981『須恵器大成』角川書店
原田修 1986「桜井1号墳発掘調査」『東大阪市埋蔵文化財発掘調査概要-1985年度-』東大阪市教育委員会
東大阪市遺跡保護調査会 1974『上四条小学校内山畑48号墳展示会資料』
東大阪市遺跡保護調査会 1978『東大阪遺跡ガイド』
東大阪市教育委員会 1973『山畑古墳群1』(東大阪市文化財調査報告書1)
東大阪市教育委員会 1996『東大阪市の古墳-わが街再発見-』
東大阪市立郷土博物館 1981『河内の古墳を訪ねて』
枚岡市教育委員会 1965『枚岡市六万寺町二本松古墳の調査』(枚岡市文化財調査報告1)
福永信雄 1975「山畑48号墳出土の土師器について」『調査会ニュース』No.2 東大阪市遺跡保護調査会
福永信雄 1995「生駒西麓における小型低方墳の一形態」『西谷真治先生古稀記念論文集』西谷真治先生の古稀をお祝いする会
藤井直正 1966「考古資料 古墳時代」『枚岡市史』第3巻 資料編(一) 枚岡市史編纂委員会(『原始・古代の枚岡』第1部に再録)
藤井直正 1967「古墳時代の枚岡」『枚岡市史』第1巻 本編 枚岡市史編纂委員会(『原始・古代の枚岡』第2部に再録)
藤城泰 1996「高塚古墳付近採集の須恵器」『東大阪市文化財協会ニュース』Vol.6, No.4 (財)東大阪市文化財協会
森浩一・白石太一郎 1962「河内」『後期古墳の研究』(古代学研究30号記念特集) 古代学研究会
吉村博恵 1987「杯内出土の歯-古代葬送習俗の一端-」『東大阪市文化財協会ニュース』Vol.3, No.1 (財)東大阪市文化財協会
吉村博恵 1988「花草山23・24号墳発掘調査」『東大阪市埋蔵文化財発掘調査概要-昭和62年度-』東大阪市教育委員会
和田晴吾 1976「畿内の家形石棺」『史林』第59巻第3号 史学研究会

〔図・表出典〕
　図121:〔芋本 1999〕に加筆作成、図122:〔東大阪市教委 1996〕に加筆作成、図123:〔荻田 1977〕〔東大阪市教委 1996〕〔藤井 1966〕〔吉村 1988〕から作成、図124・図126・図128:1970年代初頭秋山撮影、図125:〔荻田 1977〕〔藤井 1966〕〔木建 1992〕から作成、図127:〔荻田 1977〕〔東大阪市教委 1996〕〔藤井 1966〕から作成、図129:〔原田 1986〕から作成、図130・図131:新規作成(池谷氏実測)、図132:新規作成(池谷氏撮影)、表9:〔大阪府教委 1998〕、いずれも一部改変をふくむ。

〔謝辞ほか〕
　本章稿の作成にあたり、原田修・福永信雄両氏から未報告データに関するご教示をたまわったのをはじめ、朝田公年・川瀬貴子・瀬川貴文・関真一・富永功夫・中川二美の各氏ほかからご協力を得た。あつくお礼申しあげたい。
　また、私個人としては、本編は、十歳代にご指導いただいた荻田昭次・藤井直正両先生へのあらためての謝意の一端としたい。
　なお、本章内容にかかわる検討・準備は、秋山と池谷梓氏〔同志社大学文学部学生、(財)大阪府文化財調査研究センター調査補助員〕が共同で進め、第一次的な素稿案の作成は、1・4(1)を秋山、2・3・4(2)を池谷氏、5・6を両名が分担し、全体・最終的な調整・成稿を秋山がおこなった。

(元稿:2000年10月)

第11章

池上曽根遺跡の初期須恵器と断想

＊小林和美・仲原知之との連名公表

1— はじめに

　大阪府南部の和泉市池上町、泉大津市曽根町に所在する池上曽根遺跡は、低位段丘もしくは段丘化した扇状地に立地し、現在の海岸線までの距離は約2kmを測る。

　1969〜71年（昭和44〜46）の現国道26号線敷地内の発掘で、2条の環濠をめぐらす弥生時代の大集落であることが明らかになり、1976年（昭和51）には拠点的な環濠集落の代表的存在として国史跡の指定を受けた（図133参照）。

　その後、1990年（平成2）からは、史跡公園化にともなう発掘調査が開始されている。さらに1995年（平成7）度には、文化庁新規事業「大規模遺跡総合整備事業（古代ロマン再生事業）」、1997年（平成9）度からはひきつづき、同庁「地方史跡等総合整備事業（歴史ロマン再生事業）」の採択を受けた。このように、あわせて約5箇年計画で史跡地内の約3.5万m²を対象とした総合的な整備事業が進捗しており、1997年（平成9）で3年度目にあたる（初出稿時での記載、以下、基本的に同じ）。

　私が所属する（財）大阪府文化財調査研究センターでは、この史跡公園整備事業を地元の和泉市から受託し、あわせて、それにともなう発掘調査および整備工事に付随する水路改修等にかかわる立会調査なども実施しつつある。

　これら近年の諸調査によって、弥生時代における遺跡の具体相が飛躍的に解明された。ことに1994年（平成6）度調査では、弥生時代中期の巨大な掘立柱建物（大形建物1）が発見されるなど、遺跡中心部の利用状況が明らかになりつつある。

　さらに、年輪年代測定で大形建物柱材の伐採年（B.C.52年）が判明したことによって、弥生

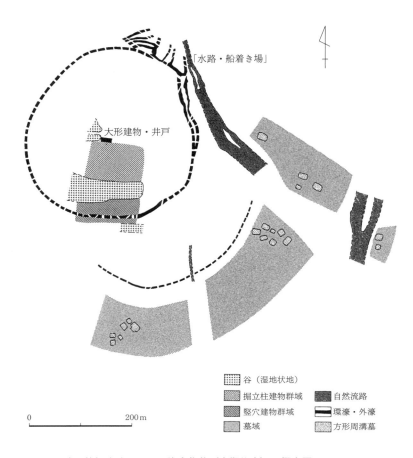

図133 池上曽根遺跡における弥生集落（中期後半）の概念図

時代の暦年代比定の一定点を提供し、また、特殊な表現をもつ建物土器絵画が発見されるなど、弥生時代に関係する重要な情報を、池上曽根遺跡はつねに発信しつづけている〔秋山 1996、秋山・小林・仲原・山崎 1997、池上曽根遺跡史跡指定20周年記念事業実行委 1996、乾 1995、大阪歴史学会 1996、上林 1996、史跡池上曽根遺跡整備委 1997、ほか〕。

他方、弥生時代以外の時期のこの遺跡の状況に関しては、当該期の遺構、遺物の検出がとくに弥生環濠の内側一帯においては希薄なこともあり、あまり十分に把握されているとはいいがたい。

事実、私がこれまでに関係した、弥生時代の遺跡中心部で実施された調査（94−1区、95−1区〜4区、96−1区、ほか）では、弥生時代より新しい時期の遺構面を各調査区で2面〜6面分は調査しているものの、それらの主体は中世（13世紀後半が中心）段階の、現地表面にのこる条里地割りと方位が一致する耕作（水田）関係の小溝群である。また、膨大な弥生遺物とは裏腹に、それ以外の時期の遺物は、絶無に近いと表現してもよいほど極端に少ない。

このことは、上記調査区の範囲では、古墳時代以降は基本的に居住地などとして積極的には利用されていない、という土地利用状況を示す。また、当遺跡において弥生時代の中心部にあたる

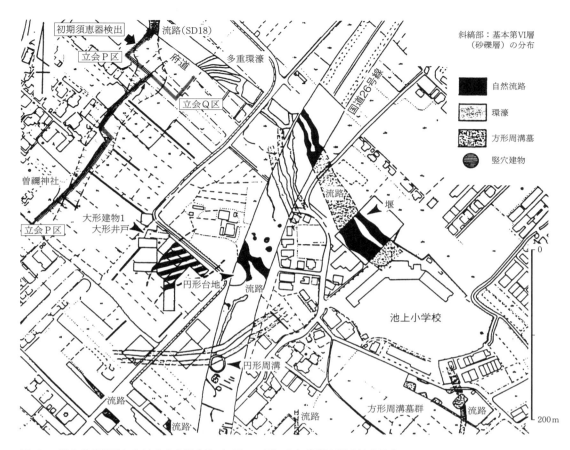

図134 池上曽根遺跡における立会調査地（P区・Q区）と初期須恵器の検出地点

一帯は、遺跡内では相対的に標高が高い範囲にあたるが、この近辺がふたたび本格的に利用されるようになる画期は、13世紀後半の生産地（水田）としての活用であったということである。

この画期には、当地における条里地割りの起源の問題をもふくむが、灌漑技術の達成度合いと関連した、個別的な地域史展開を究明するうえでの重要な要素が内包されるといえる。この点は、史跡整備発掘における弥生時代以外での一定の意義ある成果となっている〔秋山編 1996、1998〕。

しかし、その他の調査区における弥生時代以外の調査成果や評価に関しては、恥ずかしながら私は十分には把握してきていない。

ところが、1997年（平成9）度に遺跡西半部寄りで実施した整備工事にともなう立会調査では、古墳時代の遺物を主体として出土する自然流路の一部を確認するとともに、その付近から、断片的な資料であるものの初期須恵器の良好な遺物を検出できた（図134-左上地点）。そのため、池上曽根遺跡内でのそれら流路や遺物の考古学的位置づけの必要性が喚起された。

そこで本章では、第一義的には初期須恵器の資料紹介を主眼とし、それから派生する当遺跡内

における古墳時代（主に須恵器出現以降）の評価、さらには、初期須恵器が出土する集落遺跡の理解、等々の問題に関し糸口をつかむための検討作業をおこなっていきたい。

2— 初期須恵器の検出状況

　以下で紹介する初期須恵器は、1997年（平成9）度の冬、当遺跡の立会調査区の一つ「立会P区」において検出した。ここでの調査は、雨水などを処理する目的の排水溝を整備範囲西端に設置するための工事にともなって実施したものである。
　図134に示したように調査範囲は、曽禰神社の東側から、その北々東の府道松之浜曽根線にいたる、史跡地西端における南西—北東方向の約250mにおよぶ。あらたにU字溝ほかを設置するための、幅約120cm、深さ約45cmの範囲におよぶ重機掘削作業につねに立会い、観察しうる考古的所見（主として土層断面）などを記録し、遺物の回収をおこなった。
　また、この工事に関連して、立会P区の北端東側において素掘り排水溝掘削の工事が実施されたので、あわせてその立会調査をおこない「立会Q区」とした。
　両立会調査区の調査成果の報告は別途はたす予定であるが、上記の初期須恵器の検出状況とかかわる概要だけを述べると、つぎのとおりである。
　立会P区における所見では、南西端部をのぞいた範囲が、府道松之浜曽根線部の調査〔大阪府教委 1990〕で検出されていた自然流路SD18（図134-左上参照）の上流（南側）部分にあたり、その西肩（岸）の位置をほぼ確定することができた。ただし立会調査では、この流路の上面付近だけを検出できたことになるので、それより下位部の様相は把握できていない。
　確認できたかぎりで流路の肩は、弥生時代および古墳時代の包含層もしくはそれらに相当する層を切り込んでいるので、この流路が流れていた少なくとも最終段階は、古墳時代以降と判断できる。
　流路内の埋積物は、砂礫、砂、砂質土などで構成され一様ではない。検出できた伴出遺物の量は多くないが、古墳時代中期・後期の須恵器が主体となり、一部に弥生土器、土師器などが混ざる。また、流路の最上部には黒色土器Aの小片が包蔵されていた可能性があるので、最終的に流路の機能が停止したのは、平安時代前半期にくだる可能性が推定される。
　なお、この流路の上面幅は、府道部の調査では15m前後であったが、上記の立会Q区で確認できた東肩の位置から推定すると約35mとなる。
　一方、立会P区の南西端部では、流路堆積物の存在やその影響と考えられる層序はまったくみられず、近現代の水田耕作土層の下には、中世の耕作土層をはじめ、古墳時代や弥生時代（前期〜中期後半）の包含層もしくは相当層が存在する。同じ層序関係は、立会P区北端付近における、流路より西側の一帯、さらには、立会Q区南東部の流路より東側の一帯においても確認できた。
　したがって、これら立会P区・Q区の所見では、流路の最上面部の情報しか得ることができなかったが、自然流路SD18は、本来、弥生時代および古墳時代の包含層が一様にすでに形成され

立会Ｐ区調査風景（南西から、右側人物の左側付近で初期須恵器検出）

初期須恵器の検出地点（西から、Ｕ字溝設置状態、人物右手の指示は検出地点、後方のポール位置＝矢印の間は府道調査部での自然流路SD18の幅を示す）

図135　初期須恵器の検出地点

ていた地帯に、古墳時代中期・後期段階あるいはそれ以降に流れを開始し、平安時代前半に最終的に機能を停止したと推定できる[1]。

　さて、初期須恵器は、立会Ｐ区の北端部付近、現府道の路肩端から南約20ｍ付近の地点（現地立会調査時にｋ地点・ℓ地点とした付近）における、機械掘削土中から採取できた（図135）。

　ちょうどこの近辺の掘削範囲は、自然流路SD18の西肩が確認できるか否かの境界付近にあた

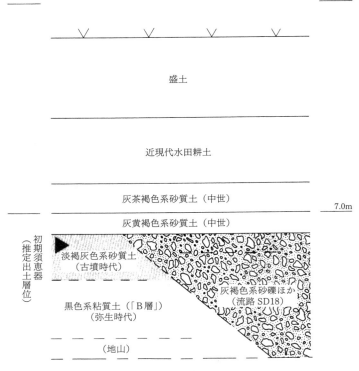

図136　初期須恵器の推定出土層位模式図

ったので、注意して記録をとるようには心がけたが、湧水がはげしく土層断面や遺構の有無などの十分な観察や検討はほとんど不可能であった。そのため、採取できた初期須恵器の本来の出土層序の確定はできていない。

　ただ、遺物を確認したときの状況から推定すると、次項で詳述する初期須恵器は近接した範囲で採取できたので、もともとは比較的まとまった位置関係の状態で埋まっていたこと、さらには、採取時に須恵器に付着していた土の観察から、本来は、流路が流れだす前に形成されていた古墳時代包含層と推定できる土層にふくまれていた蓋然性が高いと判断できる[2]（図136）。

3— 初期須恵器の概要

　上記した状況で検出できた初期須恵器を、以下で紹介していく。
　いずれも破片であるが7点あり、そのうち図化できた6点について記述を進める（図137、図138）。

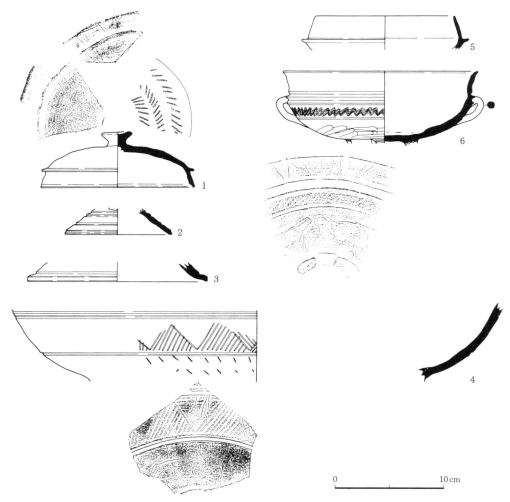

図137 初期須恵器(実測図・拓影)

〔蓋(1)〕

　天井部と口縁部の境には短い凸帯がめぐらされ、口縁部は外方向に開きぎみである。口縁端部はわずかに外方に傾斜し、鋭角的である。ゆるやかな丸みをおびた天井部は、櫛で軽く押さえたような刺突文で飾られている。つまみは扁平で、頂部は浅く凹み、端部の稜はあまい。

　色調は淡褐灰色を呈し、焼成はやや軟質である。胎土中には0.5～3mm大の白色砂粒、0.5～2mm大の黒色砂粒などを多くふくんでおり、他の須恵器片に比べて素地のきめが粗い。

〔高杯(2)〕

　脚裾部に稜のあまい凸帯をめぐらし、端部は下方に薄くつまみだされている。脚柱部は欠損しているが、ヘラで切り込んだ平坦面が残部にみられ、三角形あるいは長方形透孔の一部と思われる。

第11章　池上曽根遺跡の初期須恵器と断想　273

(番号は図137に対応)

図138 初期須恵器（写真）

色調は淡灰色を呈し、焼成は軟質である。胎土中には0.5～1mm大の白色砂粒、1mm前後の赤褐色砂粒をふくむ。

〔高杯（3）〕

小破片ではあるが、復原した脚端部径は16.4cmを測り、高杯としてはやや大きい。脚裾部に段を形成し、端部は平坦面をもつ。

色調は内・外面とも青灰色であるが、断面は明褐色を呈する。焼成は良好で、胎土素地も精緻である。

〔器台（4）〕

高杯形器台の杯部片である。

なだらかなカーブを描く器表は、凹線をともなう凸帯によって区画され、鋸歯文と刺突文がほどこされている。鋸歯文は、上向き鋸歯文がヘラで深く刻まれているが、1箇所だけ下向き鋸歯文がみられ、その部分は複合鋸歯文となっている。刺突文も、櫛で強く押さえたような施文である。

色調は外面が暗灰色、内・断面は淡灰色を呈する。焼成は良好で、胎土素地も精緻である。

〔杯（5）〕

たちあがりはやや内傾しながら直立し、端部は丸くおさめる。受部は水平方向にするどくのび、全体的に器壁が薄くシャープなつくりである。体部外面は、受部付近まで回転ヘラケズリがほどこされている。

色調は体部外面の黒灰色をのぞけば、全体的に灰白色を呈する。焼成は良好である。胎土素地は精緻であるが、口縁部に1cm大の気泡による器表のふくらみがみられる。

〔無蓋高杯（6）〕

杯部付近片である。口縁部は杯体部からやや外反しながらたちあがり、端部は外方向に傾斜する。口縁部下方に、2条の断面三角形の凸帯と1条の沈線をそなえる。凸帯と沈線の間には、1帯の波状文（6条1単位）が軽くほどこされている。

波状文をはさんで、断面円形の粘土紐でつくられた把手が、縦位に左右1対みられる。杯部内面には、把手を貼り付けたときの指紋の痕跡が、回転ナデ調整の上に重なって明瞭に認められる。把手の貼り付け後、その下方外面には静止ヘラケズリがほどこされる。

脚柱部は欠損しているが、取り付けの形跡がのこっており、その痕跡部の観察から、長方形透孔が4方向にほどこされ、また、少なくとも脚柱上端部は、ヘラを用いて面取り状に仕上げていたことが分かる。加えて、脚柱接合部には、脚柱を接合する予定の位置にヘラで同心円状の筋を刻みつけ、接合を容易にしていることもうかがえる。

色調はやや褐色をおびた淡灰色を呈し、焼成は良好である。胎土中には0.5～2mm大の白色砂粒、1mm前後の黒色砂粒をふくむ。

〔所属型式〕

朝鮮「陶質土器」の直接的な系譜をひいている「須恵器」は、形態、器種、製作技法などの諸点で外来要素を消化吸収し、ついには日本化＝定型化を完成させる。

その段階より前の、生産開始期の数型式を一括して「初期須恵器」と称し、具体的にそれは田辺昭三氏編年〔田辺 1981〕のTK208型式の古相（ON46段階）までをさすとする見解〔田辺 1982〕に、本章は準拠している。

したがって、上述してきた須恵器は、いずれも初期須恵器の範疇でとらえられる。しかし、そのなかでも、大きくみれば2群からなり、若干の時期差をふくむと思われる。

（1～4）は、蓋の天井部を刺突文で飾る点や、高杯形器台の杯部下半に鋸歯文をほどこす点など、初期須恵器のなかでも古い要素がみられる。列島最古の須恵器であるTG232型式〔大阪府埋文協 1995、1996〕と共通する特徴がみられるが、蓋の凸帯がにぶいなど、後出的な要素も認められる。

一方、（5）の杯は、直線的にのびる口縁端部を丸くおさめるなど、TK208型式の古相を示す。（6）の無蓋高杯もまた、形態的にはTK208型式にふくまれる可能性があるが、杯部下半に静止ヘラケズリをほどこすなど、古い特徴をもつ。

4— 池上曽根遺跡における須恵器出土地点からうかがえる動態

　前節の初期須恵器に関する情報をふまえ、池上曽根遺跡におけるそれらの位置づけなどについて述べる。

　当遺跡は弥生時代の拠点集落の一つとして有名だが、遺跡全体を対象とするなら、これまでにも古墳時代の遺物が一定ていど出土している。そのうち須恵器の主要出土地点を、図139にa〜ℓとして示した。

　これらは、すでに刊行された当遺跡関係の報告書で、比較的まとまって古墳時代の須恵器（TK209型式まで：田辺氏編年、以下同じ）が出土していると記載される地点をドットしている。ここでは、本章でとりあげた立会P区における検出地は、a地点に相当する。

　また、図140には、それらの各地点から出土した須恵器の代表例を掲載している[3]。

　これらを通覧すると、5世紀代の須恵器（TK23型式・TK47型式頃まで）は、遺跡範囲の北西部：a地点〜f地点に多く分布することが分かる。この周辺に当該期の集落域などの存在を想定することもできるが、史跡指定地以外は小規模な発掘が多いため、集落に関連する建物など明確な遺構は確認されていない。しかし、分布地点があるていどまとまったあり方を示すので、集落予想域の有力候補となろう。

　このなかでも古い初期須恵器（図140—4・5・7ほか）の分布は、本章のa地点およびその北東近接地のb地点、つまり、遺跡範囲の中央北部の局所にかたよっている。

　とくに府道松之浜曽根線建設にともなう発掘調査のSD15（b地点）から一定量が出土している。そこでの検出層位としては、流路痕跡（滞水状態）からと認識されている〔大阪府教委 1990〕。本章の資料（a地点）と同じく決して良好な出土状況ではないが、近接地においてまとまった出土分布を示すことは重要であろう。

　そのことから、これらの初期須恵器を初めて入手し使用した集団の集落域は、当該地の近辺のごくかぎられた箇所にあった公算が大きい。

　なお、図140—7の高杯と同形態の脚部資料が、最古須恵器TG232型式の指標となっているTG232・TG231窯跡に北接する、大庭寺遺跡1—OL（谷地形）丘陵1側斜面から出土している〔大阪府埋文協ほか 1995〕点は注意される。本章a地点検出の資料（図137—1〜4）とともに、まさに初現期ともいえる須恵器が、近接してa・b地点で確認できることになる。

　また、初期須恵器の分布範囲およびその付近には、その直後型式の須恵器も出土する（b・c地点）ことから、継続してその周辺が集落域などになっていたと考えられる。

　初期須恵器の段階以降、須恵器の出土は、それらの地点より北西部のd・e・f地点などへも広く分布するようになるが、とくに集中する範囲は認められない。

　さらに、6世紀代（MT15型式頃以降）になると、遺跡範囲の南東側のi・k・ℓ地点にも須恵器の分布がおよぶようになる。

　以上のような古墳時代須恵器の検討から、5世紀以降を通じて当遺跡には人々が居住・占有も

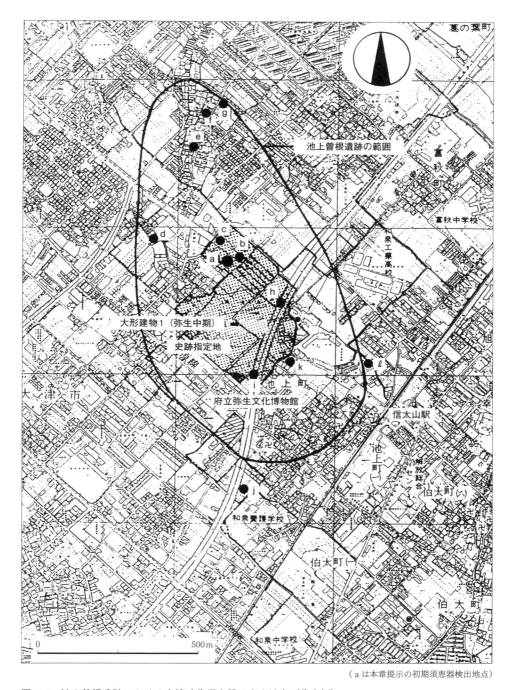

（aは本章提示の初期須恵器検出地点）

図139 池上曽根遺跡における古墳時代須恵器の出土地点（代表例）

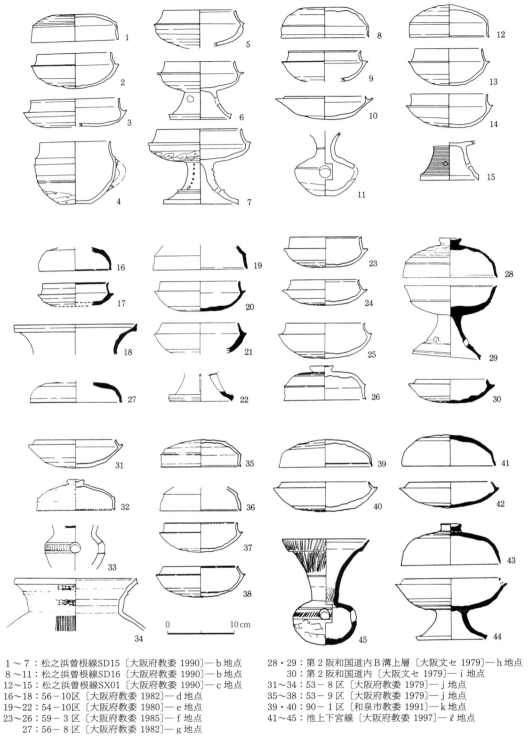

1〜7：松之浜曽根線SD15〔大阪府教委 1990〕— b 地点
8〜11：松之浜曽根線SD16〔大阪府教委 1990〕— b 地点
12〜15：松之浜曽根線SX01〔大阪府教委 1990〕— c 地点
16〜18：56－10区〔大阪府教委 1982〕— d 地点
19〜22：54－10区〔大阪府教委 1980〕— e 地点
23〜26：59－3区〔大阪府教委 1985〕— f 地点
27：56－8区〔大阪府教委 1982〕— g 地点
28・29：第2阪和国道内B溝上層〔大阪文セ 1979〕— h 地点
30：第2阪和国道内〔大阪文セ 1979〕— i 地点
31〜34：53－8区〔大阪府教委 1979〕— j 地点
35〜38：53－9区〔大阪府教委 1979〕— j 地点
39・40：90－1区〔和泉市教委 1991〕— k 地点
41〜45：池上下宮線〔大阪府教委 1997〕— ℓ 地点

（b〜ℓ地点は図139に対応、各調査地点出土の須恵器のうち各型式の代表例を集成）

図140　池上曽根遺跡出土の古墳時代須恵器（代表例）

しくは何らかのかたちで関連・活動していたことが推定できる。再整理すると、5世紀代には、遺跡範囲の中央北部の局所（a・b地点）を起点とし、そこから、北西部へ展開し、つづいて6世紀代には、南東部にいたるという動態をみせる。

　今後の課題になるが、須恵器出現期前の庄内式土器や布留式土器に関する検討を加えれば、弥生集落が衰退したあとの、当遺跡の集落変遷の具体をたどることが可能になると考えられる。なお、まだ詳細な資料調査を実施していないが、庄内式～布留式土器の検出は、遺跡範囲の北西域にかたよる傾向を示すようであり、初期須恵器の分布域との関連性（継続性）が看取できる可能性があろうか。

　出土須恵器からうかがえる当遺跡の消長は上記のとおりであるが、弥生時代ほどの極度な集住はないにしても、古墳時代にいたっても何らかのかたちの集落域などとして存続する事実は確認できよう[4]。

5― 若干の雑感

　つづいて、池上曽根遺跡のように、初期須恵器が集落（域）遺跡から出土する意味について少しばかり考えてみたい。

　この機会に、図141として、須恵器生産を開始した陶邑窯跡群（大阪府堺市・和泉市ほか、以下、陶邑と表記）の周辺地域における、初期須恵器の代表的な出土遺跡の分布図を作成してみた（〔中村 1984、1985、埋文研究会ほか 1987、大阪府埋文協 1993、小田 1991〕ほか参照）。

　これを一瞥しながら、コメントを記す。

(1) 一般集落からも一定頻度で出土

　初期須恵器の出土地には、全国的にみると主として窯跡、集落、墳墓、祭祀遺跡などがある〔中村 1988〕が、このうち、本章でとりあげた池上曽根遺跡は、いうまでもなく集落遺跡からの確認例に相当する。

　このような初期須恵器を出土する当地域の集落遺跡そのものは、さらに、①須恵器工人が居住する集落、②須恵器の集積や流通にかかわる集落、③鉄器生産や埴輪製作などの技術者集団が居住する集落、④一般集落、に細分することができる[5]。

　代表例として、①には小阪遺跡〔大阪文セほか 1992、三宮 1988〕、伏尾遺跡〔大阪府埋文協ほか 1990、岡戸 1991〕、大庭寺遺跡〔大阪府埋文協ほか 1995、藤田 1995〕など、②には深田橋遺跡〔大阪府教委 1973〕など、③には土師遺跡〔堺市教委 1976〕など、があげられる。

　④の一般集落というのは、この分類では、須恵器の生産や流通に直接関与しない集落であり、また、大古墳群に隣接するような技術者集団の集落ではないものを考えるが、陶邑周辺では、池上曽根遺跡をはじめ、水源地遺跡〔神谷・三好 1985〕、豊中遺跡〔豊中・古池遺跡調査会 1976〕、四ツ池遺跡〔堺市教委 1984、樋口 1984〕などが、その類例にふくめてよいと考えられ

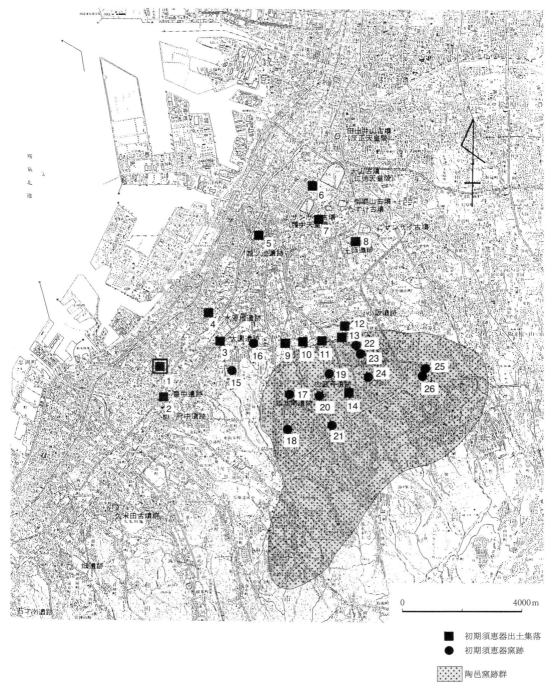

■ 初期須恵器出土集落
● 初期須恵器窯跡
陶邑窯跡群

1：池上曽根遺跡　2：豊中遺跡　3：大園遺跡　4：水源地遺跡　5：四ツ池遺跡　6：大仙中町遺跡　7：東上野芝遺跡　8：土師遺跡　9：西浦橋遺跡　10：万崎池遺跡　11：太平寺遺跡　12：小阪遺跡　13：伏尾遺跡　14：深田橋遺跡　15：濁り池窯　16：上代窯　17：ON231窯　18：ON22窯　19：TG231・TG232窯、大庭寺遺跡　20：TG225窯　21：TG22窯　22：TK87窯　23：TK85窯　24：TK73窯　25：TK208窯　26：TK216窯

図141　陶邑周辺における初期須恵器出土遺跡の分布（代表例）

る。

　なお、これらの一般集落遺跡は、陶邑から少し距離が遠く、窯跡の遺跡や上記の小阪遺跡などの丘陵地ないしその近辺という立地に比べて、標高の低い地域に分布しているという様相がうかがえる。

　このように、一般的な集落においても、一定ていどの頻度で初期須恵器が確認できる点は、陶邑周辺域ならではの特徴と考えてよいであろう。

(2) 一般集落への流入の背景 －「余剰物」や「見返り品」

　つぎに、そのような一般集落に初期須恵器が流入してきた背景について考えてみたい。

　須恵器流通の問題に関しては、須恵器生産の開始時において、初期須恵器は「余剰物」として外に出ることが少なかったという見解がみられる〔酒井 1994〕。

　確かに、大阪府内でも、和泉地域の陶邑周辺以外に目を向けると、河内・摂津地域などでは、初期須恵器の出土箇所は大古墳群の分布と重なるようであり〔中村 1985〕、初期須恵器は主に大形古墳を築造しえた首長層への供給に集中していたと認識できる。

　池上曽根遺跡が所在する和泉地域では、とくに陶邑周辺の場合、初期須恵器を出土する上記した一般集落が、北接する百舌鳥古墳群の被葬者などの首長層の直接的な影響下にあったという考えができないこともない。だが、そのような首長層と一般集落との関係などが具体的には解明されていないのが実態であり、というより、少なくとも直接的な強い結びつきを想定するには現状において無理があろう。

　そうであるならば、陶邑周辺の一般集落から出土する初期須恵器については、いわゆる余剰物の一種として流通しえた可能性を否定することはできない。

　また、初期須恵器の生産段階にあっては、須恵器工人は須恵器生産のみに専業従事し、工人たちの食糧などは他の集団から供給されていたという見解がある〔中村 1977、1988〕。

　そのように外部依存の関係にあるならば、陶邑周辺の一般集落（農耕集落ほか）にみられる初期須恵器は、それら食糧などの「見返り品」として解釈できる余地がある。

　この場合、須恵器工人集落と一般集落との個別・直接的な経済・流通活動を想定できるかもしれないが、むしろ、上述とやや抵触するようではあるものの、何らかのあり方で、須恵器工人の管轄集団や在地の中小首長層を介した形態を考えるべきであろうかと思われる。

　以上のようにここでは、一般集落出土の初期須恵器の流入背景について、「余剰物」としての流通品および食糧の「見返り品」という、そのような漠としたタームの二つの想像についてコメントしてみたが、具体的な展開にはいたらない。可能性の憶測にとどめておかざるをえない。

　他の地域とは異なって、この場合でも、初期須恵器生産にかかわる陶邑の周辺域ならではの特徴を、流入の背景として類推すべきであろう。

(3) 対極的な一般集落へも流入

　さらに、陶邑周辺における一般集落への初期須恵器の流入に関して、つぎのような様相が指摘

できそうである。

　たとえば、四ツ池遺跡のような集落に関しては、須恵器生産の開始期に突如として成立した集落ではなく、庄内式〜布留式土器の出土や同時期の方形竪穴建物の検出があるてい℃認められるなど、前段階から居住域が一定の領域をしめ継続して営まれていたことが指摘できる（第83地区〔堺市教委 1984〕ほか）。

　つまり、須恵器生産の開始以前から存続していた一般集落において、須恵器生産の開始とほぼ同時に初期須恵器を受容しえた現象があった、と解釈できることである。

　他方、関連して述べると、池上曽根遺跡では、初期須恵器の直前期において、出土遺物の確認は一応はみられるが、居住域の存在自体がかなり希薄という状況がうかがえる。今後の調査の進展で豊富な集落様相が把握される可能性もあるため、心許ない分析ではあるが現状ではそのように判断される。にもかかわらず、初期須恵器が確認できるという実態がみられるわけである。

　今までの把握内においてではあるが、四ツ池遺跡と池上曽根遺跡で示したとおり、直前段階の状況がやや対極的ともいえる一般集落においても等しく、この陶邑周辺地域では初期須恵器が流入していることになる。

　この点でも陶邑周辺域ならではの特徴となる可能性がみられるわけであるが、そのような当地域特有の様相に対しても、過不足なく説明できる解釈が求められよう。

(4)「陶邑周辺域ならでは」の地域的・社会的特性

　上述してきた内容では、いずれも具体的な結論などを積極的にだそうとはしなかったが、池上曽根遺跡をふくめた、陶邑周辺地域における初期須恵器の分布に関し文字どおりの雑感を記してみた。

　ただ少なくとも明言できる点として、池上曽根遺跡のような有力ではない一般（農耕）集落において初期須恵器が確認される最大の要因は、再三述べたように、この一帯が初期須恵器を生産した陶邑窯跡群の周辺に相当するという地域的かつ社会的な特性にあるのはまちがいない、ということである。

　このような「陶邑周辺域ならでは」の、重要要素が内包される事実を意識した追究が必要となってこよう。

6 — おわりに

　本章においては、池上曽根遺跡から検出された初期須恵器を直接的な契機として、遺跡内でのそれら資料の位置づけや当該期における集落内の様相整理をおこなった。加えて、当遺跡をふくむ、須恵器生産地＝陶邑窯跡群の周辺地域での初期須恵器の出土や流通のあり方などを概観し、不十分ながらも言及を試みた。

　初期須恵器の研究をめぐってはこれまで、窯跡や工人集落など生産にかかわる側面から多くの

成果をあげてきた。しかし、流通や消費にかかわる検討は、まだ不十分なところがあるといえよう。そのような状況にあって、本章での事実記載やコメントが、若干なりとも顧みられることがあれば幸いである。

〔註〕
（1）この自然流路SD18に関する近年のこれまでの評価では、府道部の調査時に下層から弥生時代中期の遺物が検出されていることから、弥生時代の流路と推定され、弥生時代環濠がこの流路に取り付くとする集落構造に復原されている事実がある。
　　つまり、本章での立会調査の流路時期比定とは、大きく評価が異なることになっている。本章で記した立会調査では、流路の下層の層序や伴出遺物の情報を得ていないので、流路の時期比定の問題は今後も検討をつづけていきたいと考えている次第である。
　　ただ、本章での立会調査の所見からは、流路の推定分布範囲のすぐ東・西両部分でも弥生時代前期・中期の安定した包含層が形成されていること、加えて、弥生時代の包含層には流路の影響（たとえば流路からのオーバーフロー）によると推定できる層序がみられない点などは、流路の時期比定さらには集落構造の復原の問題において、みすごすことができない肝要な事実と考えられる。
　　これらを重視して現時点で私は、想定されている自然流路は弥生時代には存在せず、したがって、弥生中期環濠は、西側でも完周する蓋然性が高いと判断している。
（2）ただ、想定としては、砂礫が卓越しない流路内最上部付近の層序からの出土であった可能性も絶無とはいえない。しかし、須恵器に付着していた土質の様相から、本文のように推断して相違ないと考えている。
（3）図139と図140でとりあげた資料以外にも、第2阪和国道（現26号）内調査地の北端部（図139－h地点北側）から府道松之浜曽根線調査地の中央部（同－c地点付近）にかけて初期須恵器が確認されていたり、同府道調査地の西半部（同－b・c地点付近および以西）において一定の古墳時代須恵器の報告がみられるが、それぞれ確実な地点が不明確なことなどもあり、本章ではあつかわなかった〔〔大阪府教委 1975〕ほか参照）。
　　このような資料提示ではあるが、以下の記載や理解には、大きな影響はでないと考えている。
（4）弥生時代から古墳時代にかけ継続して居住しつづけたか、多少の断絶があっても同じ集団がふたたびこの土地に戻ってきたのか、あるいは別の集団が入れ替わりここに集落域を求めたのか、等々は今のところ分からないが、全体を概観すれば一応は継続してそれらの痕跡が認識できる。
（5）このほか、首長が居住した集落や渡来人集落なども想定できるが、峻別はむずかしい。
　　たとえば、後述する四ツ池遺跡〔樋口 1984〕などはその位置づけが問題になるが、ここでは当遺跡も一般集落としておく。

〔主要引用・参考文献〕
秋山浩三 1996「B.C.52年の弥生土器」（『大阪文化財研究』11）
秋山浩三編 1996『史跡池上曽根95』（史跡池上曽根遺跡整備委員会）
秋山浩三編 1998『史跡池上曽根96』（和泉市教育委員会）
秋山浩三・小林和美・仲原知之・山崎頼人 1997「特殊表現をもつ弥生建物絵画」（『みずほ』23）
池上曽根遺跡史跡指定20周年記念事業実行委員会 1996『弥生の環濠都市と巨大神殿』
石神怡 1977「池上弥生ムラの変遷」（『考古学研究』23－4）
和泉市教育委員会 1991『和泉市埋蔵文化財発掘調査概報1』
乾哲也 1995「池上・曽根遺跡の変遷」（『大阪府埋蔵文化財協会研究紀要』3）
大阪府教育委員会 1973『陶邑・深田』
大阪府教育委員会 1975『池上遺跡発掘調査概要・Ⅴ－泉大津市曽根町所在－府道松ガ浜・曽根線』
大阪府教育委員会 1979『池上遺跡発掘調査概要 和泉市池上町・泉大津市曽根町所在』

大阪府教育委員会 1980『池上遺跡発掘調査概要・XII』
大阪府教育委員会 1982『池上・曽根遺跡発掘調査概要・XIV』
大阪府教育委員会 1985『池上遺跡発掘調査概要・XVII』
大阪府教育委員会 1990『史跡池上曽根遺跡発掘調査概要 松ノ浜曽根線建設に伴う発掘調査』
大阪府教育委員会 1997『池上曽根遺跡発掘調査概要 池上下宮線建設に伴う調査Ⅰ』
(財)大阪府埋蔵文化財協会 1993『須恵器の始まりをさぐる』(大阪府立弥生文化博物館平成5年夏季企画展図録)
(財)大阪府埋蔵文化財協会ほか 1990『陶邑・伏尾遺跡』
(財)大阪文化財センター 1979『池上遺跡 第2分冊 土器編』
(財)大阪文化財センターほか 1992『小阪遺跡』
(財)大阪府埋蔵文化財協会ほか 1995『陶邑・大庭寺遺跡Ⅳ』
(財)大阪府埋蔵文化財協会ほか 1996『陶邑・大庭寺遺跡Ⅴ』
大阪歴史学会 1996『ヒストリア』152(特集 池上曽根の弥生遺跡と東アジア)
岡戸哲紀 1991「陶邑・伏尾遺跡の検討」(『韓式系土器研究』Ⅲ)
小田富士雄 1991「須恵器文化の形成と日韓交渉・総説編」(『古文化談叢』24)
神谷正弘・三好孝一 1985「大阪府高石市水源地遺跡出土の須恵器について」(『古文化談叢』15)
上林史郎 1996「大阪府池上曽根遺跡の調査」(『日本考古学協会第62回総会研究発表要旨』)
堺市教育委員会 1976『土師遺跡発掘調査報告 その1』
堺市教育委員会 1984『堺市文化財調査報告』16(四ツ池遺跡―第83地区発掘調査報告書―)
酒井清治 1994「わが国における須恵器生産の開始について」(『国立歴史民俗博物館研究報告』57)
三宮昌弘 1988「小阪遺跡の古墳時代集落について」(森浩一編『同志社大学考古学シリーズⅣ 考古学と技術』)
史跡池上曽根遺跡整備委員会 1997『池上曽根遺跡シンポジウム3 弥生のまつりと大型建物―弥生神殿をさぐる―資料集』
田辺昭三 1981『須恵器大成』(角川書店)
田辺昭三 1982「初期須恵器について」(小林行雄博士古稀記念論文集刊行委員会編『考古学論考 小林行雄博士古稀記念論文集』平凡社)
豊中・古池遺跡調査会 1976『豊中・古池遺跡発掘調査概報 そのⅢ』
中村浩 1977「須恵器生産に関する一試考」(『考古学雑誌』63-1)
中村浩 1984「近畿地方(1)―摂津・河内・和泉地域―」(大谷女子大学資料館編『日本陶磁の源流―須恵器出現の謎を探る―』柏書房)
中村浩 1985「近畿の初期須恵器」(『古文化談叢』15)
中村浩 1988「陶邑窯跡群における工人集団と遺跡」(『古文化談叢』20)
樋口吉文 1984「四ツ池遺跡出土の初期須恵器について」『堺市文化財調査報告』16(四ツ池遺跡―第83地区発掘調査報告書―)
藤田憲司 1995「大庭寺遺跡考」(『大阪府埋蔵文化財協会研究紀要』3)
埋蔵文化財研究会ほか 1987『弥生・古墳時代の大陸系土器の諸問題』

〔図出典〕
　図133:〔秋山 2007〕、図134:〔秋山編 1998〕に加筆作成、図135:立会調査時撮影、図136・図137:新規作成、図138:新規撮影、図139:〔史跡池上曽根遺跡整備委 1997〕に加筆作成、図140:〔和泉市教委 1991〕〔大阪府教委 1979、1980、1982、1985、1990、1997〕〔大阪文セ 1979〕から作成(個別出典は図中キャプション参照)、図141:〔大阪府埋文協 1993〕に加筆作成、いずれも一部改変をふくむ。

〔謝辞ほか〕
　私がかかわった池上曽根遺跡の史跡整備にともなう発掘・立会調査においては、和泉市教育委員会・

泉大津市教育委員会・大阪府教育委員会・史跡池上曽根遺跡整備委員会・大阪府立弥生文化博物館・(財)大阪府文化財調査研究センターの各氏から数多くのご援助をいただき、本章稿の発表にあたっても関係諸機関および諸氏のご配慮をいただいた。

現地での立会調査や草稿準備では、乙女さおり・後藤理加・小林義孝・長友朋子・中西靖人・西村歩・藤井文子・藤田憲司・三山法子・山崎頼人・山元建の各氏のご協力とご理解をたまわった。また、初出掲載誌の編集担当・山本美野里氏には多大なご迷惑をおかけした。末筆ながら明記してお礼とお詫びを申しあげておきたい。

なお、本章内容にかかわる検討・準備は、秋山と小林和美氏〔奈良女子大学大学院生、(財)大阪府文化財調査研究センター調査補助員〕、仲原知之氏〔京都府立大学大学院生、同前〕が共同で進め、第一次的な素稿案の作成は、1・2を秋山、3を小林氏、4〜6を仲原氏(および秋山)が分担し、全体・最終的な調整・成稿を秋山がおこなった。

(元稿:1997年12月)

〔追記〕

本章の記載は、本文中に明記したように、1997年(平成9)度段階の内容に依拠している。

その後、本章にかかわる立会調査区の成果概要を下記の〔秋山編 1999〕に提示し、また、池上曽根遺跡の私なりの評価については〔秋山 2006、2007、2017〕にまとめているので、参照いただきたい。

秋山浩三編 1999『史跡池上曽根97・98―平成9・10年度史跡池上曽根遺跡整備事業遺跡調査完了報告―』(和泉市教育委員会)
秋山浩三 2006『弥生実年代と都市論のゆくえ 池上曽根遺跡』(新泉社)
秋山浩三 2007『弥生大形農耕集落の研究』(青木書店)
秋山浩三 2017『弥生時代のモノとムラ』(新泉社)

第12章
近畿における吉備型甕の分布とその評価

＊小林和美・後藤理加・山崎頼人との連名公表

1― ことの発端

　弥生時代末から古墳時代初頭にかけて、吉備（南部）中枢部で製作された「吉備型甕」（別称＝酒津型甕、ボウフラ甕ほか、後述、図143ほか参照）が、吉備以外の地域しかも遠隔地からも出土する事実はよく知られている。
　この吉備型甕の搬出状況を考究するうえで重要な位置をしめる2論文が、奇しくも同じ1995年（平成7）に発表されている。出原恵三「四国出土の吉備型甕」〔出原 1995〕と宇垣匡雅「大和王権と吉備地域」〔宇垣 1995〕である。
　前者では、吉備と瀬戸内海をはさむ四国での吉備型甕搬入例の悉皆集成を、後者では、甕にかぎらず当該期の吉備産土器における搬出点数の全国集計を実施し、ともに、以下で一部紹介するような社会・政治史的内容をもふくむ重要な評価を試みる。
　ところで、この2論文の存在は、本章稿の執筆端緒と大きな関連性をもつ。
　まず、出原氏論文は、本章稿初出の古代吉備研究会『古代吉備』誌に掲載されたもので、それを機に、当会代表の平井勝氏は、同様な視点にたった各地域の実相解明の重要性を再認識された。そこで、学生時代に吉備（岡山）にいた経緯があり、かつ現在は近畿に職場（（財）大阪府文化財調査研究センター）をもつ私に、近畿出土の吉備系土器の集成と概観をするよう要請があった。これを軽い気持ちで受けたのが1995年（平成7）頃である。
　その「安請負」には若干の理由があった。
　というのは、私の前職場であった京都府向日市に所在する東土川西遺跡〔國下 1986〕において、吉備型甕の近畿搬入品のうちでも比較的古い時期例が確認されていたこともあり、従来から

関連資料に注意をはらい情報収集を実施していたこと、そのうち京都府例について概観した経緯〔秋山 1989〕があったこと、そして、上記した宇垣氏論文の発表前に、同氏から照会がきた折、あらためて近畿出土例の確認作業を実施し情報提供をおこなったこと、があったからである。

　よって、平井氏の依頼を受けた際には、いくばくかの追加・再確認作業をはたせば、その責をまっとうできるだろうと判断してしまった。それが、私の怠惰に起因して、準備開始の機を逸したまま長く無責任な期間が経過した。

　そこで、この放擲状態の限界性と自身の非力を再認識し、職場でかかわりのある小林和美（センター専門調査員）、後藤理加（同補助員：大阪大学大学院生）、山崎頼人（同：奈良大学大学院生）の3氏に窮状の相談をもちかけたところ、私の以前の集成資料を基礎にし、遺漏・追加確認の援助をしてくれることとなった。うち、小林氏はかつて大阪府八尾市久宝寺遺跡の吉備系甕に関する論考〔小林 1998〕をまとめた経験もあるので、一応の中心的な役割もお願いした。

　具体的には、1998年（平成10）6月から実質作業を再開し、途中の中断をはさみつつ、何回かの検討会などもおこなってきた。当初、集成・検討作業は、吉備型甕だけでなくまた時期的な限定ももうけず、他器種をふくめた吉備・瀬戸内（産）系土器全般についての作業を継続させた。

　しかし現時点では、対象となる資料において、認定基準や評価が流動的な個体が多くみられるという研究状況が存在する。

　たとえば、弥生時代中期末から後期初頭の大阪府東大阪市巨摩・瓜生堂遺跡（沼状遺構）での、吉備をふくむ「山陽・瀬戸内系」土器群（図142－1～4、〔大阪文セ 1981〕）の一部は移住集団による搬入品と報告されるが、資料公表の直後からも、その評価に対して慎重な見解〔藤田 1984〕もみられた。

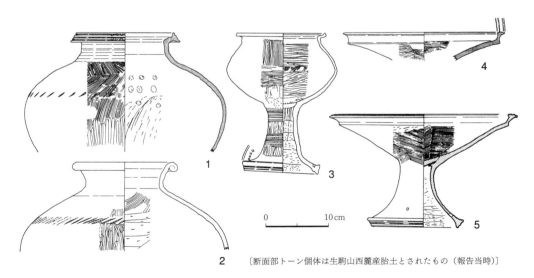

巨摩・瓜生堂遺跡沼状遺構（1～4）　亀井遺跡 SD-14（5）

〔断面部トーン個体は生駒山西麓産胎土とされたもの（報告当時）〕

図142　河内地域出土の「山陽・瀬戸内系」土器（弥生中期・後期例）

また、同遺跡や同八尾市亀井遺跡〔大阪文セ 1984〕に典型例がある、弥生時代後期の水平口縁端面をそなえる高杯（図142－4・5）は、従来から一般的に、吉備の研究者もふくめて吉備産土器と明言されていた。ところが、大久保徹也氏らによる近年の研究〔香川県教委ほか 1995、大阪の弥生遺跡検討会 1998〕では、讃岐産品と変更され是認されるにいたっている。
　このようなケースが代表格であるが、類似事例はほかにも多い。
　そのなかにあって吉備型甕は、その特徴的な器形や製作技法などから、評価に関しては比較的安定しており、吉備以外の地域での出土例においても認識しやすい、と考えられる。そこで、第一段階の作業として本章では、この吉備型甕に焦点をしぼって集成結果を提示し、その分布様相等にかかわる若干の検討を付すことを目的としたい。
　なお、この作業成果は、当時の地域間交流・交渉の実態を解明するうえで、基礎的資料になると考えるが、とりわけ、吉備型甕の盛行期が古墳出現期に相当するので、その歴史的・政治的背景の解明にあたっても、一定の意義をもつと位置づけられよう。
　定型化した前方後円墳の成立は、大和を中心とした各地域の大連合が創出した産物であり、そのなかで吉備は最も重要な位置をしめたとする理解〔近藤 1998〕が提出されている。これとも関連して、本章でおこなう検討はそのあたりの背景をさぐる手がかりの一端となる可能性が高い。

2— 近畿における吉備型甕の発見・研究抄史

　近畿地方における吉備型甕の発見は、管見によれば1958年（昭和33）に刊行された大阪府柏原市・藤井寺市船橋遺跡の報告において、「土師器（船橋遺跡出土）」と題された完形の甕（図154－26-8）が最初と思われる〔原口ほか 1958〕。
　本例は、「土師器」と記載されるのみで、とくに吉備との関連は指摘されていないが、「酒津式」（吉備型甕の別称＝酒津型甕の名祖型式）の設定が1958年（昭和33）であり〔間壁 1958〕、岡山県において弥生時代後期から古墳時代初頭にかけての編年研究が端緒についたばかりであったことを勘案すれば、やむをえないことと思われる。
　1970年代（昭和45〜54）には、大阪府東大阪市西岩田遺跡において包含層から6点の吉備型甕が出土し、在地の庄内式と酒津式の土器が共伴することが明らかにされた。これは、土器編年の併行関係に一定点を与えるとともに、近畿における吉備型甕の存在をひろく周知させるきっかけともなった〔西岩田瓜生堂遺跡調査会 1971〕。
　1980年代（昭和55〜64）に入ると、吉備系土器の一括資料の発見があいつぎ、著しく資料が増加する。
　大阪府八尾市中田遺跡では、刑部地区から出土した甕、壺、鉢などの吉備系土器が数量的に在地産土器を凌駕し、研究者の注目を集めた〔八尾市教委 1981〕。
　大阪府八尾市萱振遺跡においても、井戸から完形に近い吉備型甕が8点出土したが、これらの甕の内・外面には煤などが濃く付着していることから日常的な使用が推察され、「河内平野の開

発のためにやってきた」移住の可能性が指摘されている〔大野 1983〕。

　また、吉備系土器の出土を、河内平野開発のための技術を吉備に求めた結果とする、やや極論的ともいえる評価ではあるものの、類似した見解もだされるにいたった〔山本 1984〕。

　加えて、近畿自動車道建設にともなう一連の発掘調査においても発見があいつぎ、前出の西岩田遺跡でもさらに、河川から弥生時代後期の吉備系土器がまとまって出土した〔大阪文セ 1983〕。

　中河内地域に属するこれらの発見では、いずれも山陰や東海など吉備以外の搬入土器もあったが、吉備からの搬入品の比率の高さが顕著であった。この事実は、奈良県桜井市纒向遺跡における東海の土器が搬入品の大半をしめる事実と対比されて、河内全体の特質として認識されるようになった〔大阪文セ 1983〕。

　このような吉備型甕の資料増加は、庄内式甕の成立の問題に大きな影響を与えることとなる。近畿における吉備型甕の出土分布の中心が、中河内地域など庄内式甕を製作していたと思われる地域と重複することから、吉備型甕の内面ヘラケズリ技法がとりいれられて庄内式甕が成立したと考えられた〔米田文 1983、置田 1985、米田敏 1985〕。

　一方、弥生時代末から古墳時代初頭にかけての、広範な土器の移動に関する研究が活発化し、地域間交流の検討がおこなわれるようになる。たとえば、中河内地域における吉備系土器は、甕だけでなく壺、鉢など多器種にわたりかつ多量の出土という点から、単なるモノの交流だけでなく、人の「移住」の蓋然性があらためて説かれている。

　代表的な研究例としては、大阪府吹田市垂水南遺跡に搬入された土器の分析を通して、畿内における古式土師器の広範な搬入・搬出関係を整理した米田文孝氏は、吉備などは「多器種・多量にわたる搬出形態」を示し、「単に土器の移動のみならず、人的移動と居住を推測させる」と指摘した〔米田文 1983〕。

　同様に、西日本の土器交流の様相を考察した森岡秀人氏は、先記した中田遺跡刑部地区の状況に対して、遠隔地からの人間の「移住」の可能性を指摘し、土器の交流に歴史的背景を読みとろうとした〔森岡 1985〕。

　1990年代（平成2～11）に入り、近畿における吉備型甕の研究は、その分布傾向が着目されるようになる。

　一部上述したように、吉備から搬出された土器の分布と数量を検討した宇垣匡雅氏は、その半数以上が河内中部に集中し、さらにその搬入の時期も弥生時代後期末から古墳時代前期まで継続して、甕以外の器種も搬入されている事実から、「吉備からの人々の移動が長期間にわたり、単なる交流だけでなく移住というかたちも含まれていた」ことを想定した〔宇垣 1995〕。

　この研究は、地域別の実証的数値に裏打ちされた、しかも吉備側からの視角にたった、重要な意義を内包している。ここにいたって初めて、各地域間の具体的な実態を比較し議論できる素地が形成されたといえる。

　以上、吉備型甕を中心とした、近畿における吉備系土器の研究史を概観した。

　議論の流れとしては、吉備系土器の発見段階から、庄内式甕成立との関与の問題、さらに、土

器交流の背後にある「移住」の問題へと深化していることがうかがえる。これらの追究と展開はいずれも、古墳出現期の畿内と吉備の交流という重要な歴史的論点を内在させており、本章で試みる作業もその延長線上にあると考えている。

　具体的に以下では、近畿における吉備型甕の分布をより詳細に把握することによって、問題解明への端緒を得たいと思う。

3— 近畿各地域出土の吉備型甕の集成と概観

（1）集成方法・基準ほか

　先記のように、本章での集成・検討作業は、吉備型甕に限定しておこなう。

　まず、吉備型甕の属性と変遷の特徴を、近年の基礎的研究である松尾洋平氏の論文〔松尾 1997〕にしたがって記載するとつぎのとおりである（図143）。

　器形において、口縁部は、二重口縁を呈し、体部は、倒卵形で平底をのこすものから、球形で丸底のものへと変化する。文様は、口縁部外面に退化凹線をほどこすものから、櫛描沈線に変化し、肩部に列点文まれに平行沈線文を加えるものがある。

　外面調整は、タテハケののち体部下半を縦方向にヘラミガキするもの、内面調整は、ヘラケズリで右回りにほどこすものが多い。器壁は、非常に薄く、底部内面には、指頭圧痕が弥生時代後期末から顕著にみられる。

　本章では、この種の甕についての近畿出土例を集成対象とした。

　その多くは、胎土や色調などの特徴によって吉備からの搬入品と想定してよい例であるが、一部には、近畿で吉備型甕と強い関連性をもって製作されたと推測できる個体も存在する。ただし、その峻別は容易でないことも多い。本章における作業では後者例もふくめて集成したが、報文などで吉備型甕との関連性に言及されている資料でも、十分な論拠がみられない個体は除外した。

　また、未公表資料に関しても可能なかぎり集録するよう努めたが、実態が把握できかねる情報は省略せざるをえなかった。

　本章における、分布図（図144、図145）、集成表（表11）、土器集成図（図146〜図162）、および記載の順序や配列は、以下のように、畿内とそれ以外（畿外）に分け、さらに旧国およびその細分地域によって提示した。だが、このア・プリオリ区分には明確な意図はなく、従前研究での地域区分に対応させる意味合いをもたせるためである。

　時期区分は、吉備では高橋護氏編年〔高橋 1980、1988a、1988b、1991〕を、近畿各地域では在地編年を用いた。両者の併行関係に関しては、主として『庄内式土器研究』誌〔庄内式土器研究会 1999、ほか〕に提示される成果（表10）などを援用した。もとより、集成土器資料には小片が多く、明確な編年的位置を確定できない個体が多いが、可能性をもふくめて表記した箇所もある。

　以下、用意した図表にそって、簡単に各遺跡ごとの概要を述べるが、記載内容は、特記しない

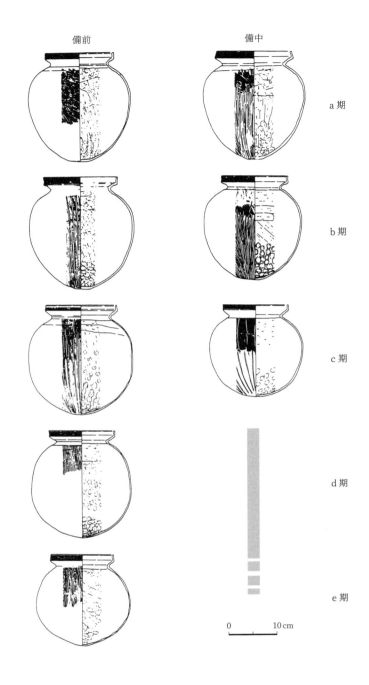

(a期〜e期は高橋氏編年X期内での区分)

図143　吉備における吉備型甕とその変遷図

表10　吉備・近畿の土器編年併行関係表

吉　備		近　畿	
川入・上東編年	高橋氏編年	米田氏編年	関川氏編年
才の町Ⅰ	Ⅸ-a		
才の町Ⅱ	Ⅸ-b Ⅸ-c	庄内Ⅰ	纒向Ⅰ
下田所	Ⅹ-a	庄内Ⅱ	纒向Ⅱ
	Ⅹ-b Ⅹ-c	庄内Ⅲ	纒向Ⅲ（古）
亀川上層	Ⅹ-d	庄内Ⅳ	纒向Ⅲ（新）
	Ⅹ-e	庄内Ⅴ 布留Ⅰ	纒向Ⅳ

（併行関係：川入・上東遺跡編年と高橋氏編年とは〔亀山 1996〕、
高橋氏・米田氏・関川氏編年相互は〔庄内式土器研究会 1999〕による）

かぎり表11中に示した各文献ほかに依拠した。

また、各図表中や記述における、地域ごとの遺跡や土器に付した番号は共通したものを用いている。

(2) 畿内各地域の実例

A　河内（図146～図154）

1. 西三荘・八雲東遺跡－(旧)河内湖北岸の沖積地に立地し、縄文時代後期から営まれる集落遺跡である。報告書には吉備型甕の写真が掲載されているのみで、詳細は不明である。

なお、以下に紹介する河内湖東岸・南岸に分布する河内平野の諸遺跡とはやや異なり、当遺跡はむしろ淀川水系の摂津（東部）との関連性をもつ立地を示す。

2. 鬼塚遺跡－生駒山西麓に形成された扇状地の扇端に立地し、縄文時代晩期から営まれる集落遺跡である。弥生時代後期の火災にあった竪穴建物や古墳時代前期の土坑が検出されている。

3. 新家遺跡－河内湖に面した沖積地に立地し、河内平野遺跡群の玄関口ともいえる位置にある。弥生時代前期以降の河道が検出されており、古墳時代前期にも大規模な砂層堆積が確認されている。図146－3-2は体部の球形化が進行し、高橋氏編年Ⅹ-c期に属する。

4. 西岩田遺跡－新家遺跡に南接した、古墳時代初頭から営まれる集落遺跡である。新家遺跡と同様に古墳時代前期には河川が流れており、その流路において土器が多量に出土している。

河川Ⅰからは、北部九州・山陰・四国・摂津・東海系などの搬入土器が顕著で、なかでも吉備系が最も多く、甕と鉢が合計16点出土した。

溝や落ち込みから出土した図146－4-15・16は口縁部拡張部の屈曲がすどく、平底をのこすなど、高橋氏編年Ⅹ-a期の様相を呈する。破片ではあるが、図146－4-17は、古い段階のⅨ期のものと思われる。

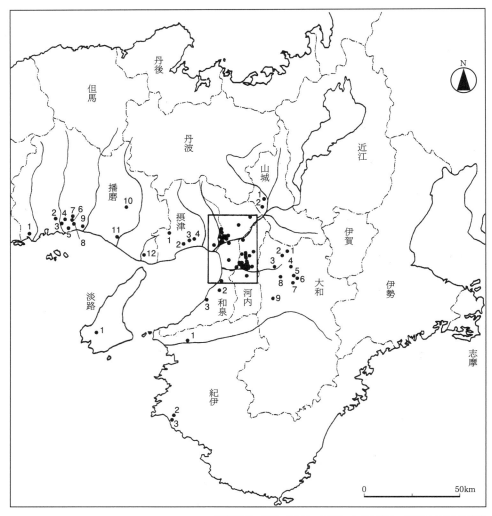

（遺跡番号：表11、図146〜図162、本文と対応、方形枠内は図145参照）

図144　近畿における吉備型甕出土遺跡の分布図

　一方、河川Ⅰの資料中には、全体的に口縁拡張部の屈曲もにぶく、同外面の櫛描直線文も退化するなど新しい様相を示す個体がふくまれ、吉備型甕の受容に時間幅があった可能性が高い。

　また、図146－4-4など、外面に煤が付着遺存しているものが多く、当地で使用されていたと思われる。

　5. 巨摩遺跡―河内平野の沖積地に立地し、弥生時代後期の居住域、墓域、生産域や古墳時代前期の水田、流路が明らかにされている。

　弥生時代後期以降、吉備・近江・東海系などの搬入土器が多い（図142参照）。吉備型甕6点はいずれも、自然流路から山陰系甕などとともに出土した。

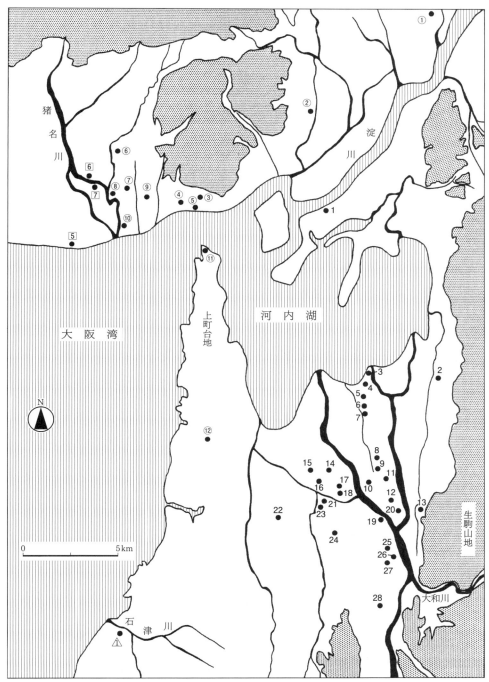

〔河内地域〕1：西三荘・八雲東 2：鬼塚 3：新家 4：西岩田 5：巨摩 6：若江北 7：山賀 8：萱振 9：東郷 10：成法寺 11：小阪合 12：中田 13：恩智 14：久宝寺 15：加美 16：亀井北 17：跡部 18：太子堂 19：志紀 20：東弓削 21：城山 22：瓜破 23：長原 24：八尾南 25：本郷 26：船橋 27：西大井 28：野中宮山（古墳）
〔摂津（西部）地域〕5：猪名庄 6：口酒井 7：田能高田
〔摂津（東部）地域〕①：安満 ②：東奈良 ③：垂水南 ④：蔵人 ⑤：五反島 ⑥：新免 ⑦：穂積 ⑧：利倉西 ⑨：小曽根 ⑩：島田 ⑪：崇禅寺 ⑫：阿倍野筋
〔和泉地域〕△：四ツ池

(遺跡番号：表11、図146〜図162、本文と対応)

図145 河内・摂津地域ほかにおける吉備型甕出土遺跡の分布図

第12章 近畿における吉備型甕の分布とその評価 295

表11　近畿出土の吉備型甕一覧表

地域	遺跡No.	遺跡名	所在地	遺物No.	遺構	時期（吉備）	時期（近畿）	文献	刊年	発行
河内（大阪）	1	西三荘・八雲東	門真市・守口市	図なし	不明	Xか	不明	「西三荘・八雲東遺跡発掘調査概要I」	1993	松下電工
	2	鬼塚	東大阪市	—	土坑	Xか	庄内II	「鬼塚遺跡発掘調査概要I」	1978	東大阪市教委
	3	新家	東大阪市	1	流水堆積層	X-c	庄内II	「新家（その2）」	1984	大文せ
				2	流水堆積層	X-c	庄内II	「新家（その2）」	1984	大文せ
				図なし	流水堆積層		庄内II	「新家（その2）」	1984	大文せ
				3	包含層	X-e	庄内III〜布留II	「新家（その1）」	1987	大阪府教委・大文せ
				4	包含層	Xか	庄内〜布留	「新家遺跡」	1995	大文研
				図なし	包含層		庄内III〜布留II	「新家（その1）」	1987	大阪府教委・大文せ
				1	河川I	Xか	庄内IV	「西岩田」	1983	大文せ
				2	河川I	X-b	庄内IV	「西岩田」	1983	大文せ
				3	河川I	X-b	庄内IV	「西岩田」	1983	大文せ
				4	河川I	X-b	庄内IV	「西岩田」	1983	大文せ
				5	河川I	Xか	庄内IV	「西岩田」	1983	大文せ
				6	河川I	Xか	庄内IV	「西岩田」	1983	大文せ
				7	河川I	Xか	庄内IV	「西岩田」	1983	大文せ
				8	河川I	Xか	庄内IV	「西岩田」	1983	大文せ
				9	河川I	Xか	庄内IV	「西岩田」	1983	大文せ
				10	河川I	Xか	庄内IV	「西岩田」	1983	大文せ
				11	河川I	Xか	庄内IV	「西岩田」	1983	大文せ
				12	河川I	X-a	庄内IV	「西岩田」	1983	大文せ
				13	河川I	X-a	庄内IV	「西岩田」	1983	大文せ
	4	西岩田	東大阪市	14	河川II	X-b	庄内III	「西岩田」	1983	大文せ
				15	溝1	X-a	庄内II	「西岩田」	1983	大文せ
				16	溝1	X-a	庄内II	「西岩田」	1983	大文せ
				17	溝2	IX-c	庄内II	「西岩田」	1983	大文せ
				18	土器群2	X-b	庄内III〜IV	「西岩田」	1983	大文せ
				19	落ち込み1	Xか	庄内〜布留	「河内平野遺跡群の動態IV」	1998	大阪府教委・大文研
				図なし	落ち込み1		庄内〜布留	「河内平野遺跡群の動態IV」	1998	大阪府教委・大文研
				図なし	落ち込み1		庄内〜布留	「河内平野遺跡群の動態IV」	1998	大阪府教委・大文研
				20	包含層	X-e	弥生V〜古墳	「西岩田遺跡」	1971	西岩田瓜生堂調査会
				21	包含層	Xか	弥生V〜古墳	「西岩田遺跡」	1971	西岩田瓜生堂調査会
				22	包含層	Xか	弥生V〜古墳	「西岩田遺跡」	1971	西岩田瓜生堂調査会
				23	包含層	Xか	弥生V〜古墳	「西岩田遺跡」	1971	西岩田瓜生堂調査会
				24	包含層	X-e	弥生V〜古墳	「西岩田遺跡」	1971	西岩田瓜生堂調査会
				25	包含層	X-b	弥生V〜古墳	「西岩田遺跡」	1971	西岩田瓜生堂調査会

地域	遺跡No.	遺跡名	所在地	遺物No.	遺構	時期（吉備）	時期（近畿）	文献	刊年	発行
河内〈大阪〉	4	西岩田	東大阪市	図なし	包含層	Xか	庄内～布留II	『河内平野遺跡群発掘調査報告 第4次-』	1998	大阪府教委・大文セ
				1	河川	Xか	弥生V～庄内II	『巨摩・若江北遺跡群発掘調査報告 第4次-』	1995	大文セ
				2	河川	Xか	弥生V～庄内II	『巨摩・若江北遺跡群発掘調査報告 第4次-』	1995	大文セ
				3	河川	Xか	弥生V～庄内II	『巨摩・若江北遺跡群発掘調査報告 第4次-』	1995	大文セ
				4	河川	Xか	弥生V～庄内II	『巨摩・若江北遺跡群発掘調査報告 第4次-』	1995	大文セ
				図なし	自然河川I		庄内～布留	『河内平野遺跡群の動態IV』	1998	大阪府教委・大文研
				図なし	自然河川I		庄内～布留	『河内平野遺跡群の動態IV』	1998	大阪府教委・大文研
	5	巨摩	東大阪市	図なし	自然河川II	X-d	庄内～布留	『河内平野遺跡群の動態IV』	1998	大阪府教委・大文研
				図なし	自然河川II		庄内～布留	『河内平野遺跡群の動態IV』	1998	大阪府教委・大文研
				図なし	自然河川II		庄内～布留	『河内平野遺跡群の動態IV』	1998	大阪府教委・大文研
				図なし	自然河川II		庄内～布留	『河内平野遺跡群の動態IV』	1998	大阪府教委・大文研
				図なし	自然河川II		庄内～布留	『河内平野遺跡群の動態IV』	1998	大阪府教委・大文研
				図なし	包含層		庄内～布留	『河内平野遺跡群の動態IV』	1998	大阪府教委・大文研
				図なし	包含層		庄内～布留	『河内平野遺跡群の動態IV』	1998	大阪府教委・大文研
	6	若江北	東大阪市	—	洪水堆積	Xか	庄内III	『河内平野遺跡群の動態IV』	1998	大阪府教委・大文研
	7	山賀	東大阪市	—	溝2		弥生V～布留II	『山賀遺跡発掘調査概要』	1990	東大阪市教委
	8	萱振	八尾市	1	NR401	X-b	庄内III	『萱振遺跡発掘調査概要・II』	1984	大阪府教委
				2	SD-106		弥生～中世	『萱振遺跡発掘調査概要報告』	1990	八尾研
				3	SD-202	Xか	布留	『八尾市埋蔵文化財発掘調査報告』	1993	八尾研
				4	SD202	Xか	庄内III	『萱振遺跡』	1996	八尾研
				5	SD11	X-c	庄内III	『萱振遺跡』	1996	八尾研
				6	SE03下層	X-d	庄内V	『萱振遺跡発掘調査概要・I』	1983	大阪府教委
				7	SE03下層	X-d	庄内V	『萱振遺跡発掘調査概要・I』	1983	大阪府教委
				8	SE03下層	X-d	庄内V	『萱振遺跡発掘調査概要・I』	1983	大阪府教委
				9	SK03	Xか	庄内IV	『萱振遺跡発掘調査概要・I』	1983	大阪府教委
				10	SK03		庄内IV	『萱振遺跡発掘調査概要・I』	1983	大阪府教委
				11	SK03	Xか	庄内IV	『萱振遺跡発掘調査概要・I』	1983	大阪府教委
				12	SK03	Xか	庄内IV	『萱振遺跡発掘調査概要・I』	1983	大阪府教委
				13	SK03		庄内IV	『萱振遺跡発掘調査概要・I』	1983	大阪府教委
				14	SK102		庄内I	『萱振遺跡発掘調査報告』	1990	八尾研
				15	土器溜1	Xか	庄内II	『萱振遺跡発掘調査概要・I』	1983	大阪府教委
				16	土器溜1	Xか	庄内II	『萱振遺跡発掘調査概要・I』	1983	大阪府教委
				17	土器溜1		庄内IV	『萱振遺跡発掘調査概要・I』	1983	大阪府教委
				18	包含層		庄内IV	『八尾市埋蔵文化財調査報告』	1993	八尾研
				19	包含層	Xか	古墳	『八尾市埋蔵文化財調査報告』	1993	八尾研
				20	包含層	Xか	古墳	『八尾市埋蔵文化財調査報告』	1993	八尾研

地域	遺跡No.	遺跡名	所在地	遺物No.	遺構	時期（吉備）	時期（近畿）	文献	刊年	発行
				1	SD301	Xか	庄内Ⅲ	「(財)八尾市文化財調査研究会報告54」	1996	八尾研
				2	SK206	Xか	庄内Ⅱ	「八尾市埋蔵文化財発掘調査報告Ⅲ」	1993	八尾研
				3	SD9上層	X-b	庄内Ⅱ	「八尾市埋蔵文化財発掘調査概報 1980・1981年度」	1983	八尾市教委
				4	SX-2	X-b	庄内Ⅲ	「八尾市埋蔵文化財調査概要 昭和61年度」	1987	八尾市教委
				5	自然流路	X-c	縄文～中世	「東郷遺跡発掘調査概報・Ⅰ」	1989	大阪府教委
	9	東郷	八尾市	6	自然流路	X-c	縄文～中世	「東郷遺跡発掘調査概報・Ⅰ」	1989	大阪府教委
				7	自然流路	Xか	縄文～中世	「東郷遺跡発掘調査概報・Ⅰ」	1989	大阪府教委
				8	自然流路	Xか	縄文～中世	「東郷遺跡発掘調査概報・Ⅰ」	1989	大阪府教委
				9	自然流路	X-d-e	古墳	「東郷遺跡発掘調査概報・Ⅰ」	1989	大阪府教委
				10	包含層	Xか	中世	「東郷遺跡発掘調査概要・V」	1990	大阪府教委
河	10	成法寺	八尾市	—	溝	Xか	庄内Ⅲ	「成法寺遺跡発掘調査報告Ⅲ」	1993	八尾研
内				1	NR2	Xか	庄内Ⅲ	「八尾市埋蔵文化財調査報告Ⅲ」	1993	八尾研
（				2	NR401	X-d	庄内Ⅳ	「小阪合遺跡 昭和59年度第4次」	1988	八尾研
大				3	SD1	X-d	庄内Ⅳ	「小阪合遺跡 昭和59年度第4次」	1988	八尾研
阪				4	SD1	X-c	庄内Ⅳ	「小阪合遺跡 昭和59年度第4次」	1988	八尾研
）				5	SD1	Xか	庄内Ⅳ	「小阪合遺跡 昭和59年度第4次」	1988	八尾研
				6	SD1	X-b	庄内Ⅳ	「小阪合遺跡 昭和59年度第4次」	1988	八尾研
				7	SD1	Xか	庄内Ⅳ	「小阪合遺跡 昭和59年度第4次」	1988	八尾研
				8	SD1	X-a	庄内Ⅱ	「小阪合遺跡 昭和58年度第2・3次」	1987	八尾研
				9	SD1	X-c	庄内Ⅱ	「小阪合遺跡 昭和58年度第2・3次」	1987	八尾研
				10	SD1	X-b	庄内Ⅱ	「小阪合遺跡 昭和58年度第2・3次」	1987	八尾研
	11	小阪合	八尾市	11	SD316	X-c	庄内Ⅲ	「小阪合遺跡 昭和59年度第4次」	1988	八尾研
				12	SD316	Xか	庄内Ⅳ	「小阪合遺跡 昭和59年度第4次」	1988	八尾研
				13	SD316	Xか	庄内Ⅳ	「小阪合遺跡 昭和59年度第4次」	1988	八尾研
				14	SK2	Xか	弥生～中世	「小阪合遺跡 昭和59年度第4次」	1988	八尾研
				15	SE1	Xか	庄内Ⅳ	「小阪合遺跡 昭和60年度第6次」	1989	八尾研
				16	河川1	Xか	庄内Ⅳ	「小阪合遺跡 昭和61年度第8次(ほか)」	1990	八尾研
				17	河川2	Xか	庄内Ⅳ	「小阪合遺跡 昭和57年度第1次」	1987	八尾研
				18	落ち込み7	Xか	庄内Ⅳ	「小阪合遺跡 昭和57年度第1次」	1987	八尾研
				19	落ち込み7	Xか	庄内Ⅳ	「小阪合遺跡 昭和57年度第1次」	1987	八尾研
				20	落ち込み7	Xか	庄内Ⅳ	「小阪合遺跡 昭和57年度第1次」	1987	八尾研
				21	落ち込み7	Xか	庄内Ⅳ	「小阪合遺跡 昭和57年度第1次」	1987	八尾研
				22	落ち込み7	Xか	庄内Ⅳ	「小阪合遺跡 昭和57年度第1次」	1987	八尾研
				23	落ち込み7	Xか	庄内Ⅳ	「小阪合遺跡 昭和57年度第1次」	1987	八尾研
				24	落ち込み7	Xか	庄内Ⅳ	「小阪合遺跡 昭和57年度第1次」	1987	八尾研
				25	落ち込み26	X-e	庄内Ⅳ	「小阪合遺跡 昭和58年度第2・3次」	1987	八尾研
				26	包含層	Xか	弥生Ⅴ～布留	「小阪合遺跡 昭和58年度第2・3次」	1987	八尾研

地域	遺跡No.	遺跡名	所在地	遺物No.	遺構	時期（吉備）	時期（近畿）	文献	刊年	発行
	11	小阪合	八尾市	27	包含層	Xか	古墳～平安	「小阪合遺跡 昭和61年度第8次ほか」	1990	八尾研
				28	包含層	X-c	古墳	「八尾市埋蔵文化財発掘調査報告」	1993	八尾研
				1	SD207	Xか	庄内Ⅲ	「（財）八尾市文化財調査研究会報告43」	1994	八尾研
				2	SD207	X-b	庄内Ⅲ	「（財）八尾市文化財調査研究会報告43」	1994	八尾研
				3	SE-201	Xか	庄内Ⅴ	「中田遺跡」	1997	八尾研
				4	SE-201	X-d	庄内Ⅴ	「中田遺跡」	1997	八尾研
				5	SE-201	X-c	庄内Ⅴ	「中田遺跡」	1997	八尾研
				6	SE-201	Xか	庄内Ⅴ	「中田遺跡」	1997	八尾研
				7	SO-301	Xか	庄内Ⅳ	「中田遺跡」	1997	八尾研
				8	SO-301	Xか	庄内Ⅳ	「中田遺跡」	1997	八尾研
				9	SK201	Xか	庄内Ⅴ	「中田遺跡」	1995	八尾研
				10	SK201		庄内Ⅴ	「中田遺跡」	1995	八尾研
				11	刑部土坑	Ⅸ-c	庄内Ⅰ	「昭和53・54年度埋蔵文化財発掘調査年報」	1981	八尾市教委
				12	刑部土坑	Ⅸ-c	庄内Ⅰ	「昭和53・54年度埋蔵文化財発掘調査年報」	1981	八尾市教委
河				13	刑部土坑	Ⅸ-aか	庄内Ⅰ	「昭和53・54年度埋蔵文化財発掘調査年報」	1981	八尾市教委
内				14	刑部土坑	Ⅸ-c	庄内Ⅰ	「昭和53・54年度埋蔵文化財発掘調査年報」	1981	八尾市教委
（	12	中田	八尾市	15	土坑1	X-d	庄内Ⅳ	米田敏幸氏論文	1986	八尾市教委文化財室
大				16	土坑1	X-d	庄内Ⅳ	米田敏幸氏論文	1986	八尾市教委文化財室
阪				17	土坑1	Xか	庄内Ⅴ	米田敏幸氏論文	1986	八尾市教委文化財室
）				18	土坑1	Xか	庄内Ⅴ	「八尾市内遺跡昭和61年度発掘調査報告Ⅱ」	1987	八尾市教委
				19	土坑2	X-d	庄内Ⅳ	米田敏幸氏論文	1986	八尾市教委文化財室
				20	土坑2	X-d	庄内Ⅳ	米田敏幸氏論文	1986	八尾市教委文化財室
				21	土坑2	Xか	庄内Ⅳ	米田敏幸氏論文	1986	八尾市教委文化財室
				22	土坑2	Xか	庄内Ⅳ	米田敏幸氏論文	1986	八尾市教委文化財室
				23	包含層	X-c	庄内Ⅲ～布留Ⅱ	「八尾市内遺跡昭和62年度発掘調査報告書Ⅰ」	1988	八尾市教委文化財室
				24	包含層	Xか	庄内Ⅲ～布留Ⅱ	「八尾市内遺跡昭和62年度発掘調査報告書Ⅰ」	1988	八尾市教委文化財室
				25	包含層	X-c	庄内Ⅲ～布留Ⅱ	「八尾市内遺跡昭和62年度発掘調査報告書Ⅰ」	1988	八尾市教委文化財室
				26	包含層	X-d	庄内Ⅲ～布留Ⅱ	「八尾市内遺跡昭和62年度発掘調査報告書Ⅰ」	1988	八尾市教委文化財室
				27	包含層	Xか	庄内Ⅲ～布留Ⅱ	「八尾市内遺跡昭和62年度発掘調査報告書Ⅰ」	1988	八尾市教委文化財室
				28	包含層	Xか	庄内Ⅱ	「（財）八尾市文化財調査研究会報告43」	1994	八尾研
				29	包含層	Xか	庄内Ⅴ	「中田遺跡」	1995	八尾研
				30	包含層					
	13	恩智	八尾市	−	SD1	X-e	布留Ⅱ	「八尾市埋蔵文化財発掘調査報告」	1989	八尾研
	14	久宝寺	八尾市	1	3号墓下層	X-d	庄内Ⅳ	「久宝寺南（その1）」	1987	大文セ
				2	K4号墓	Xか	布留Ⅰ～布留Ⅱ	小林和美氏論文	1998	大文研
				3	NR4001	X-b	庄内Ⅲ～布留Ⅱ	小林和美氏論文	1998	大文研
				4	SD20上層	X-b	庄内Ⅳ	「久宝寺南（その2）」	1987	大文セ

地域	遺跡No.	遺跡名	所在地	遺物No.	遺構	時期(吉備)	時期(近畿)	文献	刊年	発行
				5	SD20上層	Xか	庄内IV	「久宝寺南（その2）」	1987	大文セ
				6	SD45上層	Xか	庄内IV	「久宝寺南（その2）」	1987	大文セ
				7	SD45中層	Xか	庄内IV	「久宝寺南（その2）」	1987	大文セ
				8	SD260上層	X-b	庄内IV	「久宝寺南（その2）」	1987	大文セ
				9	SW-1	Xか	布留I～布留II	「八尾市埋蔵文化財発掘調査報告」	1993	八尾研
				10	土坑	Xか	弥生V～庄内IV	「八尾市内遺跡平成8年度発掘調査報告書I」	1997	八尾市教委
	14	久宝寺	八尾市	11	包含層	Xか	庄内V	「八尾市埋蔵文化財発掘調査報告」	1993	八尾研
				12	包含層	Xか	庄内V	「八尾市埋蔵文化財発掘調査報告」	1993	八尾研
				13	包含層	Xか	庄内II	「久宝寺遺跡・竜華地区試掘調査報告」	1996	大文セ
				14	包含層	Xか	庄内II	「八尾市埋蔵文化財発掘調査報告」	1993	八尾研
				15	包含層	X-b	弥生V～庄内IV	「久宝寺南（その2）」	1993	八尾研
				16	包含層	Xか	弥生V～庄内III	「久宝寺南（その2）」	1987	大文セ
				17	包含層	X-c	庄内III	「八尾市内遺跡昭和63年度発掘調査報告I」	1989	八尾市教委
河	15	加美	大阪市	1	1号方形周溝墓	X-b	庄内～布留	田中清美氏論文	1988	八尾市教委文化財室
内				2	1号方形周溝墓	X-b	庄内～布留	田中清美氏論文	1988	八尾市教委文化財室
（				1	SD8021	Xか	庄内III(庄内IV)	「亀井北（その1）」	1986	大阪府教委
大				2	自然河川2	Xか	庄内II	「亀井北（その1）」	1986	大阪府教委
阪				3	SK8019	Xか	庄内II	「亀井北（その1）」	1986	大阪府教委
）				4	落ち込み8006	Xか	庄内III	「亀井北（その1）」	1986	大阪府教委
				5	土器群IV	X-a	庄内III	「亀井北（その1）」	1986	大阪府教委
	16	亀井北	八尾市	6	包含層	Xか	庄内II～庄内III	「亀井北（その1）」	1986	大阪府教委
				7	包含層	Xか	庄内II～庄内III	「亀井北（その1）」	1986	大阪府教委
				8	包含層	Xか	庄内II～庄内III	「亀井北（その1）」	1986	大阪府教委
				9	包含層	Xか	庄内III	「亀井北（その1）」	1986	大阪府教委
				10	包含層	Xか	庄内III	「亀井北（その1）」	1986	大阪府教委
				11	包含層	X-b	庄内III	「亀井北（その2）」	1986	大阪府教委
	17	跡部	八尾市	—	包含層	X-b	弥生V～庄内IV	「跡部遺跡発掘調査報告書」	1991	八尾研
				1	SD201上層	Xか	庄内V	「太子堂遺跡」	1993	八尾研
	18	太子堂	八尾市	2	SD201下層	Xか	庄内III	「太子堂遺跡」	1993	八尾研
				3	SD201下層	Xか	庄内III	「太子堂遺跡」	1993	八尾研
				4	SD201下層	Xか	庄内V	「太子堂遺跡」	1993	八尾研
	19	志紀	八尾市	—	大畦畔内	X-b	庄内I	「志紀遺跡発掘調査概要・IV」	1995	大阪府教委
	20	東弓削	八尾市	1	包含層	Xか	古墳	「八尾市内遺跡発掘調査報告」	1991	八尾市教委
				2	包含層	Xか	古墳	「八尾市内遺跡平成4年度発掘調査報告II」	1993	八尾市教委
	21	城山	大阪市	1	SK104	X-b	庄内II	「城山（その3）」	1986	大阪府教委・大文セ
				2	SK96	X-b	庄内II	「城山（その3）」	1986	大阪府教委・大文セ
	22	瓜破	大阪市	図なし	不明		不明	（京嶋覚・大庭重信・杉本厚典各氏ご教示）		

地域	遺跡No.	遺跡名	所在地	遺物No.	遺構	時期（吉備）	時期（近畿）	文献	刊年	発行
河内〈大阪〉	23	長原	大阪市	―	土器溜り	X か	庄内II	「長原遺跡発掘調査報告VII」	1999	大阪市文化財協会
	24	八尾南	八尾市	1	方形周溝墓	X-b	庄内II	「八尾南遺跡」	1981	八尾南遺跡調査会
				2	方形周溝墓	X-b	庄内II	「八尾南遺跡」	1981	八尾南遺跡調査会
	25	木郷	柏原市	1	井戸5	X-b	弥生V〜庄内IV	「柏原市埋蔵文化財発掘調査概報 1981年度」	1982	柏原市教委
				2	大溝2	X-c	古墳	「本郷遺跡 1991・1992年度」	1993	柏原市教委
	26	船橋	柏原市	1	井戸5	X か	庄内I	「船橋遺跡」	1994	柏原市教委
				2	井戸5	X か	庄内I	「船橋遺跡」	1994	柏原市教委
				3	竪穴住居5	X-b	庄内III〜庄内V	「船橋遺跡」	1994	柏原市教委
				4	井戸6	X-c	庄内III	「船橋遺跡」	1994	柏原市教委
				5	土器群	X か	庄内I	「船橋遺跡発掘調査概要」	1980	大阪府教委
				6	土器群	X か	庄内I	「船橋遺跡発掘調査概要」	1980	大阪府教委
				7	表採	X か	不明	「船橋遺跡」	1994	柏原市教委
				8	不明	X-b	不明	「船橋II」	1958	平安学園考古学クラブ
	27	西大井	藤井寺市	―	土坑	X-c	庄内I	「西大井遺跡発掘調査概要」	1994	大阪府教委
	28	野中宮山古墳	藤井寺市	―	前方部墳丘盛土内	X か	不明	「古市古墳群」	1986	藤井寺市教委
大和〈奈良〉	1	平城宮下層	奈良市	―	SD6030下層	X-e	布留III	「奈良国立文化財研究所年報1997III」	1997	奈文研
	2	柏木	奈良市	―	SD12	X-d	布留I・II	「奈良市埋蔵文化財調査概要 平成4年度」	1993	奈良市教委
	3	東安堵	生駒郡安堵町	―	土坑139	X か	庄内	「東安堵遺跡」	1983	橿原考古学研究所
	4	布留	天理市	1	西地区第4層	X か	庄内	「布留遺跡三島（里中）地区」	1995	天理教調査団
				2	西地区第4層	X か	庄内	「布留遺跡三島（里中）地区」	1995	天理教調査団
				3	西地区流路1	X か	庄内〜布留	「布留遺跡三島（里中）地区」	1995	天理教調査団
	5	柳本	天理市	1	向山	纒向I・庄内I	庄内I・庄内II	「1999年11月研究会 青木勘時氏追加資料」	1999	庄内式土器研究会
				2	四ノ坪地点	纒向II・庄内I	庄内I・庄内II	「1999年11月研究会 青木勘時氏追加資料」	1999	庄内式土器研究会
	6	伝景行陵古墳	天理市	―		X-b	纒向IV・庄内II	「書陵部陵墓要26」	1974	宮内庁書陵部陵墓課
	7	纒向	桜井市	1	東田地区南溝（北部）黒粘層（上部）	X か	纒向II・庄内II	「纒向」	1976	橿原考古学研究所
				2	東田地区南溝（北部）黒粘層（下部）	X か	纒向II・庄内II	「纒向」	1976	橿原考古学研究所
				3	東田地区南溝（南部）黒粘層（下層）	X か	纒向I・庄内I	「纒向」	1976	橿原考古学研究所
				4	東田地区南溝（南部）	X か	纒向I・庄内I	「纒向」	1976	橿原考古学研究所
				5	辻地区土坑7	X か	纒向IV・庄内V	「纒向」	1976	橿原考古学研究所
				6	辻地区土坑3	IX-b か	纒向I・庄内I	「纒向」	1976	橿原考古学研究所
				7	辻地区土坑3	IX-a か	纒向I・庄内I	「纒向」	1976	橿原考古学研究所
				8	辻地区	X か	纒向	「纒向」	1976	橿原考古学研究所
				9	辻地区	X か	纒向	「纒向」	1976	橿原考古学研究所
				10	辻地区黒褐溝2	X か	纒向IV・庄内V	「纒向」	1976	橿原考古学研究所
				11	辻地区黒褐溝2	X か	纒向IV・庄内V	「纒向」	1976	橿原考古学研究所
				12	辻地区河道上層（黒褐色土）	X か	纒向IV・庄内V	「纒向」	1976	橿原考古学研究所
				13	辻地区河道下層（粗砂）	X か	纒向II〜III	「纒向」	1976	橿原考古学研究所

第12章　近畿における吉備型甕の分布とその評価　　301

地域	遺跡名	所在地	遺物No.	遺構	時期（吉備）	時期（近畿）	文献	刊年	発行
大和（奈良）	7 纒向	桜井市	14	辻地区河道下層（粗砂）	Xか	纒向II〜III	『纒向』	1976	橿原考古学研究所
			15	V14大溝	Xか	纒向I〜III	「昭和54年度 纒向遺跡」	1980	桜井市教委
			16	V14大溝	X-aか	纒向I〜III	「昭和54年度 纒向遺跡」	1980	桜井市教委
			17			庄内	「昭和55年度 纒向遺跡」	1981	桜井市教委
			18	纒向石塚盛土中		纒向II・庄内II	橋本輝彦氏論文	1997	庄内式土器研究会
			図なし	箸中池（第90次調査）	X-dか	纒向III新・庄内IV	（字垣匡雅氏ご教示、岡山大考古学研究会 橋本輝彦氏研究部採集）（13点）1999年11月研究会 橋本輝彦氏追加資料	1999	庄内式土器研究会
	8 矢部	磯城郡田原本町	1	SD-310	Xか	纒向III新・庄内IV	「矢部遺跡」	1986	橿原考古学研究所
			2	溝301 上層	Xか	纒向I〜布留I	「矢部遺跡」	1986	橿原考古学研究所
			3	溝304	X-eか	布留I	「矢部遺跡」	1986	橿原考古学研究所
			4	溝401 下層	Xか	布留I	「矢部遺跡」	1986	橿原考古学研究所
			図なし	溝401	Xか	布留V	「矢部遺跡」	1986	橿原考古学研究所
			図なし	土坑305	Xか	纒向III・庄内V	「矢部遺跡」	1986	橿原考古学研究所
			図なし	第III区（越木塚）遺構面	Xか	纒向III・布留V	「矢部遺跡」	1986	橿原考古学研究所
			図なし	第III区（越木塚）遺構面	Xか	纒向III・布留V	「矢部遺跡」	1986	橿原考古学研究所
			図なし	第IV区（高末）遺構面	Xか	纒向III・布留V	「矢部遺跡」	1986	橿原考古学研究所
			図なし	第IV区（高末）遺構面	Xか	纒向III・布留V	「矢部遺跡」	1986	橿原考古学研究所
	9 橿原	御所市	—	VII層		庄内〜布留	「櫛原遺跡」	1994	御所市教委
摂津・東部（大阪）	1 安満	高槻市	1	包含層	X-bか		「鶴上郡衙跡他関連遺跡発掘調査概要11」	1987	高槻市教委
	2 東奈良	茨木市	2	井戸状遺構P-15	Xか		「東奈良遺跡調査概報I」	1979	東奈良遺跡調査会
			1	溝-1中層	Xか		「平成元年度発掘調査概報」	1989	茨木市教委
	3 垂水南	吹田市	2	包含層	Xか		「垂水南遺跡発掘調査概報II」	1978	吹田市教委
			3	包含層	Xか		「垂水南遺跡発掘調査概報III」	1979	吹田市教委
			4		Xか		米田文孝氏論文	1983	関西大学考古学研究室
			5	D-10地区大溝下層	Xか	纒向III	米田文孝氏論文	1983	関西大学考古学研究室
			6		Xか		米田文孝氏論文	1983	関西大学考古学研究室
			7	D-10地区大溝下層	X-d・eか		米田文孝氏論文	1983	関西大学考古学研究室
			8	D-10地区大溝下層	X-d・eか		米田文孝氏論文	1983	関西大学考古学研究室
			9	D-10地区大溝下層	X-d・eか		米田文孝氏論文	1983	関西大学考古学研究室
			10		X-d・eか		米田文孝氏論文	1983	関西大学考古学研究室
	4 蔵人	吹田市	—	包含層（VI-a層）	Xか	布留	「蔵人遺跡」	1979	吹田市教委
	5 五反島	吹田市	図なし				（21点、藤原学・西本安秀両氏ご教示）		
	6 新免	豊中市	図なし				「豊中市文化財調査報告第12集」	1984	豊中市教委
	7 穂積	豊中市	図なし				米田文孝氏論文	1983	関西大学考古学研究室
	8 利倉西	豊中市	図なし				米田文孝氏論文	1983	関西大学考古学研究室

地域	遺跡No.	遺跡名	所在地	遺物No.	遺構	時期（吉備）	時期（近畿）	文献	刊年	発行
摂津・東部〈大阪〉	9	小曽根	豊中市	—	SK01			「小曽根遺跡現地説明会資料」	1986	豊中市教委
	10	島田	豊中市	—	河川状遺構			柳本照男氏論文	1984	大阪歴史学会
				1	土器溜	X-a	庄内IV	「崇禅寺遺跡発掘調査概要・I」	1982	大阪府教委
				2	土器溜	X-b・c	庄内IV	「崇禅寺遺跡発掘調査概要・I」	1982	大阪府教委
				3	砂層上面	X-d・e	庄内～布留	「崇禅寺遺跡発掘調査報告書 I」	1999	大阪市文化財協会
	11	崇禅寺	大阪市	4	砂層上層	X-d・e	庄内～布留	「崇禅寺遺跡発掘調査報告書 I」	1999	大阪市文化財協会
				5	南部砂層	X-d・e	庄内～布留	「崇禅寺遺跡発掘調査報告書 I」	1999	大阪市文化財協会
				6	北部砂層	X-d・e	庄内～布留	「崇禅寺遺跡発掘調査報告書 I」	1999	大阪市文化財協会
				7	包含層	X-a～c		杉本厚典氏論文	1999	大阪市文化財協会
				8	土坑1	X-d・e		杉本厚典氏論文	1999	大阪市文化財協会
	12	阿倍野筋	大阪市	—	竪穴住居埋土4層	X-e	布留I	「阿倍野筋遺跡発掘調査報告」	1999	大阪市文化財協会
摂津・西部〈兵庫〉	1	山田・中	神戸市	—		Xか	庄内	「昭和61年度神戸市年報」	1989	神戸市教委
	2	郡家	神戸市	1	岸本1次SD01	X-b	庄内～布留	「昭和60年度神戸市年報」	1988	神戸市教委
				2	篠坪7次流路1	X-b	庄内～布留	「平成3年度神戸市年報」	1994	神戸市教委
	3	森北町	神戸市	—	流路13	X-b	庄内～布留	「平成元年度神戸市年報」	1992	神戸市教委
	4	月若	芦屋市	—	第12地点SK04	X-a	庄内II	「芦屋廃寺遺跡ほか発掘調査」	1992	芦屋市教委
				図なし	第12地点		弥生IV～庄内	「芦屋廃寺遺跡ほか発掘調査」	1992	芦屋市教委
	5	猪名庄	尼崎市	—	11次SD05	Xか	庄内～布留	「猪名庄遺跡」	1999	兵庫県教委
	6	口酒井	伊丹市	—	SR401	IX-a	弥生V末～庄内	「口酒井遺跡」	1988	伊丹市教委・古代学協会
	7	田能高田	尼崎市	—		IXか	弥生V末～布留	「田能高田遺跡」	1997	兵庫県教委
山城〈京都〉	1	東土川西	向日市	1	流路	IX-b・c	弥生V末～庄内	國下多美樹氏論文	1986	向日市文化資料館
				2	流路	IX-b・c	弥生V末～庄内	國下多美樹氏論文	1986	向日市文化資料館
	2	馬場	長岡京市	1	井戸SE10823	X-a～c	庄内～布留	「長岡京市文化財調査報告 2」	1985	長岡京市埋文セ
				2	井戸SE10823	X-a～c	庄内～布留	「長岡京市文化財調査報告 2」	1985	長岡京市埋文セ
和泉〈大阪〉	1	四ツ池	堺市	1	溝SD01	X-e	古墳時代前～中	「堺市文化財調査報告 16」	1984	堺市教委
				2	古墳時代河川第1層	Xか		「堺市文化財調査報告 16」	1984	堺市教委
	2	府中	和泉市	—	SD09上層	Xか	布留	「府中遺跡発掘調査概要」	1985	大阪府教委
				1	III区91-OR肩部	Xか	布留	「脇浜遺跡」	1986	大文協
	3	脇浜	貝塚市	2	III区91-OR肩部	Xか	布留	「脇浜遺跡」	1986	大文協
				図なし			布留	「脇浜遺跡」	1986	大文協
				図なし			布留	「脇浜遺跡」	1986	大文協
播磨〈兵庫〉	1	堂山	赤穂市	1		Xか	庄内	「赤穂市史 4」	1984	赤穂市
				2		Xか	庄内	「赤穂市史 4」	1984	赤穂市
				3		X-d	庄内	「赤穂市史 4」	1984	赤穂市
				4		X-d	庄内	「赤穂市史 4」	1984	赤穂市
				5		Xか	庄内	「有年考古館蔵品図録」	1991	有年考古館
				6		Xか	庄内	「有年考古館蔵品図録」	1991	有年考古館

地域	遺跡No.	遺跡名	所在地	遺物No.	遺構	時期（吉備）	時期（近畿）	文献	刊年	発行
播磨〈兵庫〉	2	養久・谷	揖保郡揖保川町	1	住居址	Xか	庄内I	『養久・谷遺跡』	1985	揖保川町教委
			揖保郡揖保川町	2	住居址	Xか	庄内I	『養久・谷遺跡』	1985	揖保川町教委
	3	門前	龍野市	—		IX-b・c	庄内	『龍野市史』	1984	龍野市
	4	片吹	龍野市	—	SD02	IXか	庄内	『片吹遺跡』	1985	龍野市教委
	5	上構	揖保郡太子町	—	SD01	IXか	庄内	『上構遺跡』	1990	兵庫県教委
	6	上太田亀田	揖保郡太子町	—	自然流路	IX-b・c	庄内〜布留	『大子町史』	1988	大子町
	7	上太田茶屋ノ前	揖保郡太子町	1	自然流路	Xか	庄内〜布留	『大子町史』	1988	大子町
				2	自然流路	Xか	庄内〜布留	『大子町史』	1988	大子町
				3	自然流路	IX-b・c	庄内〜布留	『大子町史』	1988	大子町
				4	自然流路					
	8	川島	揖保郡太子町	1	20溝	Xか	庄内I	『川島・立岡遺跡』	1971	太子町教委
				2		Xか	庄内	『川島・立岡遺跡』	1971	太子町教委
	9	長越	姫路市	1	落込1	X-b	庄内IV	『播磨』・長越遺跡』	1978	兵庫県教委
				2	落込1	X-b	庄内IV	『播磨』・長越遺跡』	1978	兵庫県教委
				3	大溝	X-b	庄内I	『播磨』・長越遺跡』	1978	兵庫県教委
				4	大溝	X-a	庄内I	『播磨』・長越遺跡』	1978	兵庫県教委
	10	長塚	加西市	—		Xか	庄内	『長塚遺跡I』	1995	加西市教委
	11	砂部	加古川市	—	土師溝III	Xか	庄内	『砂部遺跡』	1978	加古川市教委
	12	玉津田中	神戸市西区	—	SD54001	IXb	弥生後期〜庄内	『玉津田中遺跡—第3分冊—』	1995	神戸市教委
摂津〈同〉	1	谷町筋	三原郡西淡町	—	土坑1	Xか	庄内後期〜布留	『谷町筋遺跡』	1990	兵庫県教委
紀伊〈和歌山〉	1	鳴神	和歌山市	1	SD204下層			『鳴神地区遺跡発掘調査報告書』	1984	和歌山県教委
				2	SD204下層			『鳴神地区遺跡発掘調査報告書』	1984	和歌山県教委
	2	尾ノ崎	御坊市	—	包含層			『尾ノ崎遺跡発掘調査報告書1』	1981	御坊市遺跡調査会
	3	東郷	御坊市	1	SD4下層			『東郷遺跡埋蔵文化財調査報告3』	1987	御坊市遺跡調査会
				2	SD4下層			『東郷遺跡埋蔵文化財調査報告3』	1987	御坊市遺跡調査会

【凡例ほか】
遺物No.-1個体だけの場合は遺跡No.と同じ（表中では—と表示）
文献—各氏論文、研究会資料は本章末尾［主要引用・参考文献］参照
時期—（吉備）は各個体からの、（近畿）は共伴資料や出土層序からの判断・推定（吉備・近畿における土器編年の併行関係等そのものは表10参照）
発行—大文セ：（財）大阪文化財センター　大文研：（財）大阪府文化財調査研究センター　大交協：（財）大阪府埋蔵文化財協会　八尾市文研：（財）八尾市文化財研究会　奈文研：奈良国立文化財研究所　長岡京市埋文セ：（財）長岡京市埋蔵文化財センター、府教委：府教育委員会　市教委：市教育委員会　県教委：県教育委員会　町教委：町教育委員会

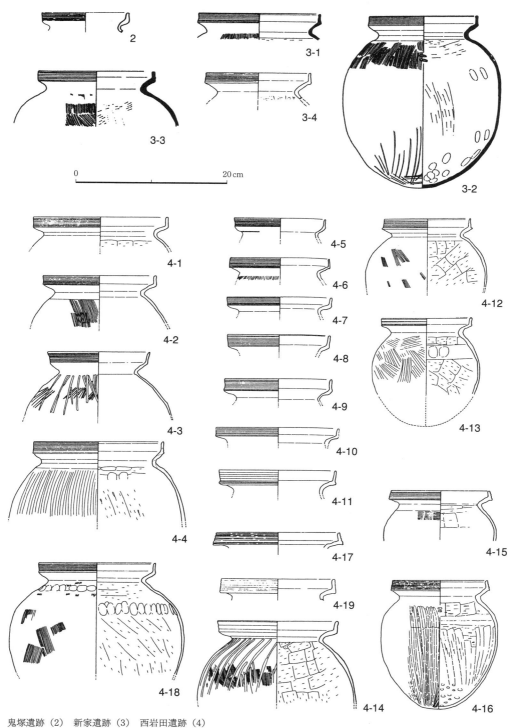

鬼塚遺跡（2） 新家遺跡（3） 西岩田遺跡（4）

図146 河内地域出土の吉備型甕—1

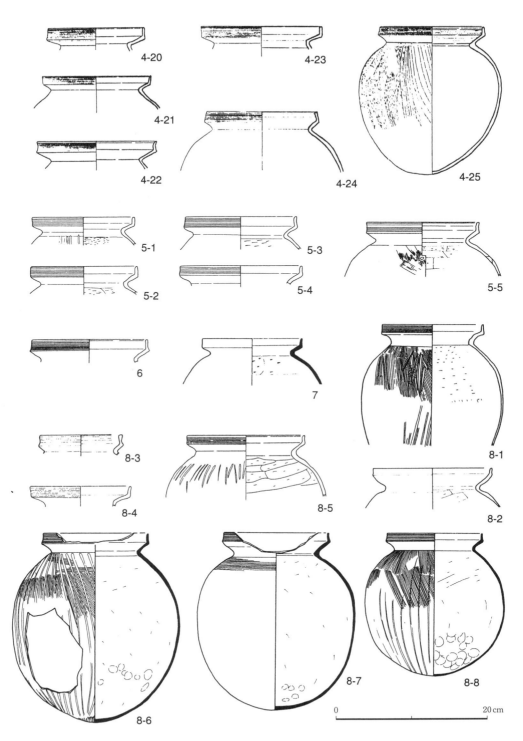

西岩田遺跡（4） 巨摩遺跡（5） 若江北遺跡（6） 山賀遺跡（7） 萱振遺跡（8）

図147 河内地域出土の吉備型甕－2

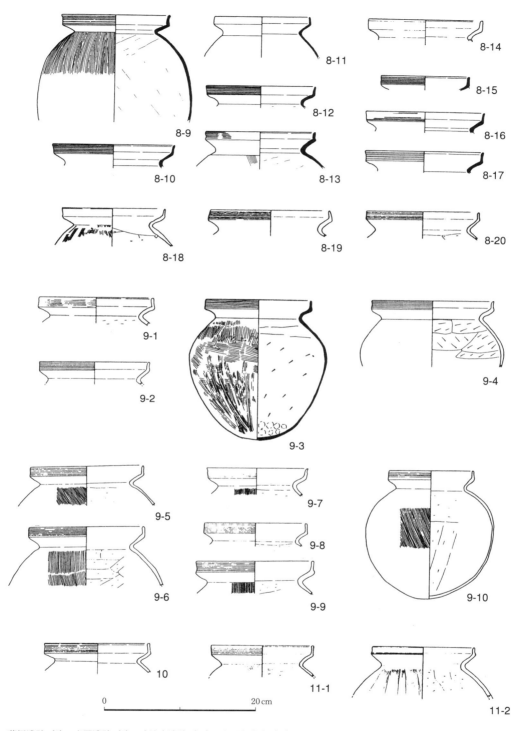

萱振遺跡（8） 東郷遺跡（9） 成法寺遺跡（10） 小阪合遺跡（11）

図148 河内地域出土の吉備型甕－3

第12章 近畿における吉備型甕の分布とその評価 307

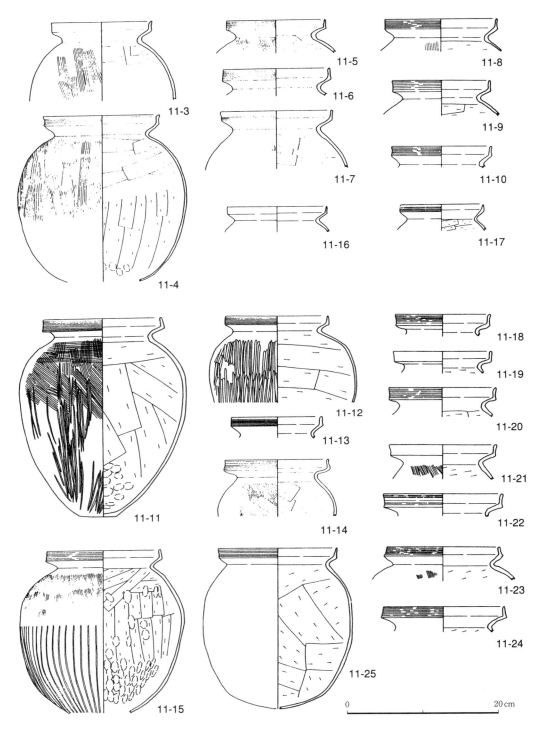

小阪合遺跡 (11)

図149 河内地域出土の吉備型甕—4

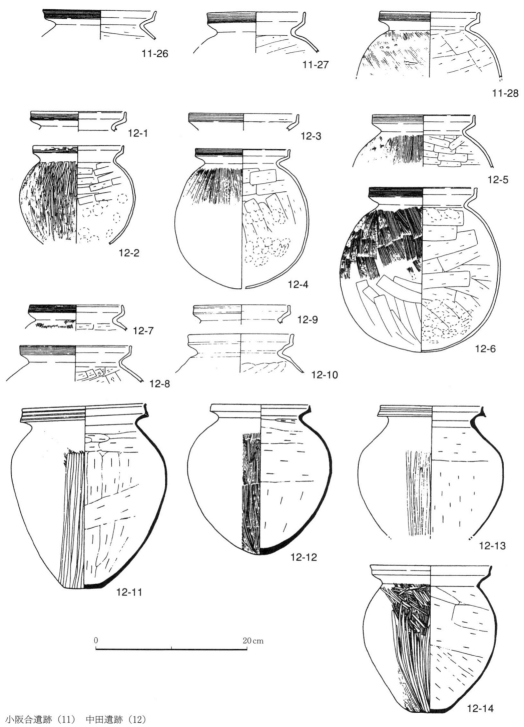

小阪合遺跡（11）　中田遺跡（12）

図150　河内地域出土の吉備型甕—5

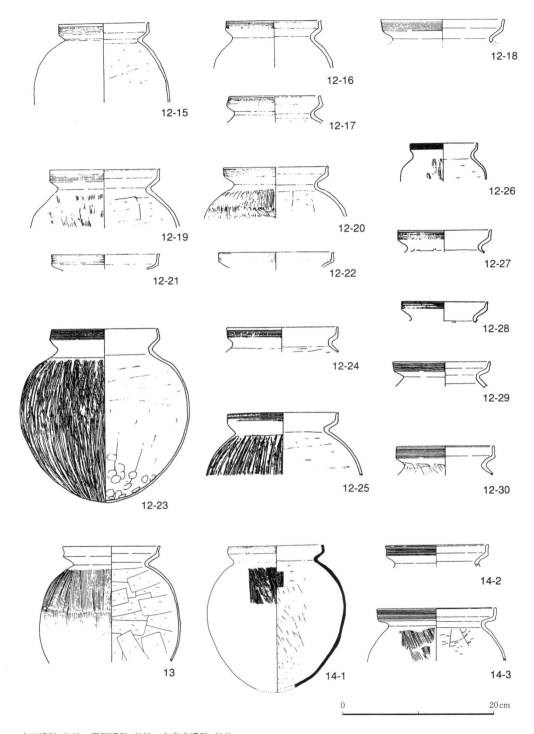

中田遺跡（12） 恩智遺跡（13） 久宝寺遺跡（14）

図151 河内地域出土の吉備型甕—6

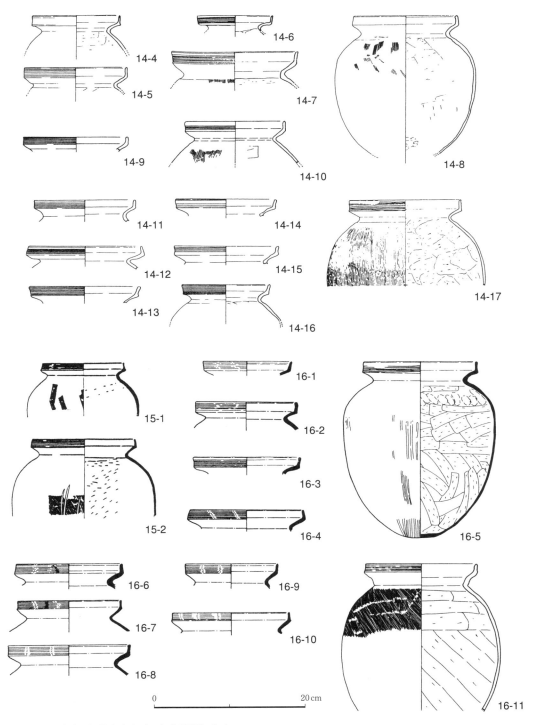

久宝寺遺跡（14） 加美遺跡（15） 亀井北遺跡（16）

図152 河内地域出土の吉備型甕—7

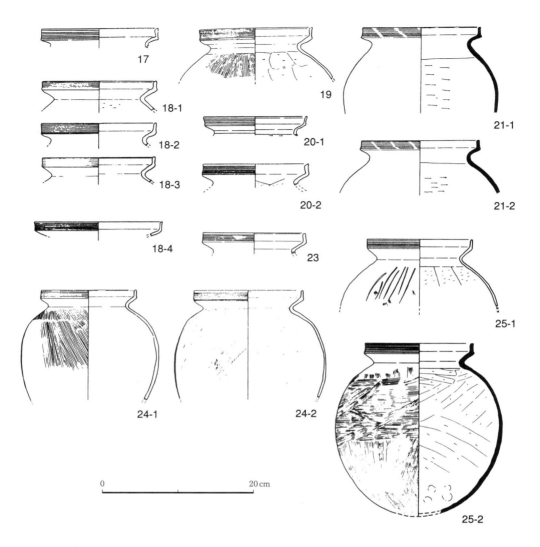

跡部遺跡（17） 太子堂遺跡（18） 志紀遺跡（19） 東弓削遺跡（20） 城山遺跡（21） 長原遺跡（23）
八尾南遺跡（24） 本郷遺跡（25）

図153　河内地域出土の吉備型甕－8

6.**若江北遺跡**－巨摩遺跡に南接した沖積地に立地し、巨摩遺跡と同様に古墳時代前期の水田などが検出されている。吉備のほかには、摂津系甕が出土している。

7.**山賀遺跡**－若江北遺跡に南接した沖積地に立地し、弥生時代前期を主体とした集落遺跡である。古墳時代初頭の掘立柱建物2棟と溝が検出されている。

8.**萱振遺跡**－旧大和川の自然堤防上に立地し、弥生時代中期から営まれる集落遺跡である。古墳時代初頭の方形周溝墓や流路が検出されている。

SE03からは布留式の最古段階の土器がまとまって出土しているが、吉備、山陰、紀伊などの

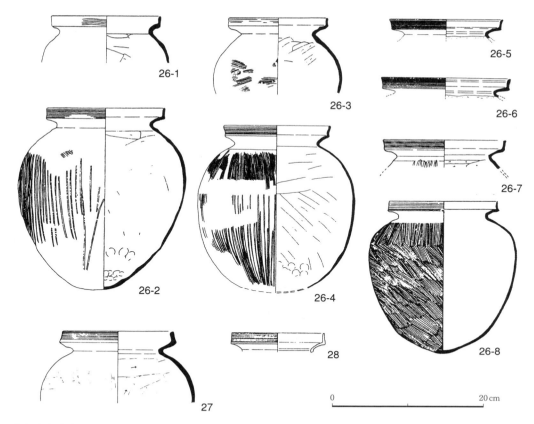

船橋遺跡（26）　西大井遺跡（27）　野中宮山古墳（28）

図154　河内地域出土の吉備型甕-9

搬入土器が多く、吉備系も甕だけでなく壺も出土している。さらに、図147-8-6・7は、口縁部に打ち欠きや体部に穿孔がみられ、祭祀的目的をもって一括投棄されたと想定されている〔大野1983〕。

また当遺跡では、特殊器台形埴輪の一部と考えられる破片も出土している。なお、図147-8-2は口縁部の形態などやや違和感があり、在地で模倣した個体の可能性がある。

9. 東郷遺跡―萱振遺跡に南接し、河内平野の沖積地に立地する。弥生時代後期から古墳時代前期の居住域や墓域などが検出されている。

古墳時代前期の自然流路からは、大量の遺物とともに吉備、山陰、北陸などの他地域産の土器や吉備系の特殊器台の破片が出土した。

図148-9-3はわずかに平底をのこし、高橋氏編年X-b期に該当すると思われる。一方、図148-9-10は体部球形化が最大限に進行していることから、X-d期・e期にあたり、西岩田遺跡と同様に吉備型甕の受容に時間幅があったと推察される。

10. 成法寺遺跡―北は東郷遺跡、東は小阪合遺跡に隣接し、沖積地に立地する。弥生時代中期

以降の遺構が検出され、古墳時代前期には、方形周溝墓などの墓域と居住域が、明確な区別なく広がっていたことが確認されている。

11. 小阪合遺跡―河内平野の沖積地に立地し、弥生時代後期の水田や溝、ピットなどの集落遺構のほか、古墳時代前期の河道や方形周溝墓が検出されている。讃岐系あるいは防長系の形態とされる、大形の複合口縁壺を利用した土器棺墓も確認されている。

SD316から出土した図149－11-11は、卵形の体部と平底をもつことから古相の形態をとどめ、高橋氏編年Ⅹ－a期に属する。一方、図149－11-4・15・25などのように、体部球形化が進行した新しい段階のものも存在し、当遺跡においても吉備型甕の受容に時間幅があったことが看取できる。

SD1からは吉備型甕以外にも、東部瀬戸内・山陰・東海系の甕が出土している。

12. 中田遺跡―小阪合遺跡の南に位置し、沖積地に立地する。弥生時代中期以降に営まれる集落遺跡である。弥生時代後期から古墳時代前期では、居住域や自然河川が検出されている。

前節で述べたように、刑部地区からは、甕だけでなく壺、鉢、高杯など、弥生時代後期の吉備系土器が多数出土している。図150－12-11に関しては、するどくたちあがる口縁外面に沈線をほどこし、平底を呈していることなどから高橋氏編年Ⅸ－c期に相当し、近畿におけるⅨ期の一括資料として評価が高い。

また、SE－201から出土した図150－12-4・6などは高橋氏編年Ⅹ－d期に該当し、当遺跡においても吉備型甕の受容に時間幅が想定される。

なお、図150－12-10はやや違和感があり、模倣された個体の可能性がある。吉備のほかでは、山陰系などの搬入土器もある。

13. 恩智遺跡―生駒山地西麓に形成された扇状地に立地し、縄文時代から営まれる集落遺跡である。付近の山麓部では銅鐸が2個体発見されており、弥生時代の拠点集落となる可能性を示す。

SD1から出土した図151－13は、高橋氏編年Ⅹ－e期に該当すると思われる。

14. 久宝寺遺跡―河内平野の沖積地に立地し、弥生時代前期から営まれる集落遺跡である。

弥生時代後期ないし古墳時代初頭にかけて最盛期をむかえる。この時期の遺跡北端には大規模な自然河川が流れ、居住域は河川ぞいの自然堤防上と遺跡南端に広がり、河川と南側居住域の間には墓域と水田域が存在したと想定されている。また、古墳時代初頭の準構造船の一部が出土し、当遺跡が河内湖や旧大和川を媒介にした、地域間交流の拠点であったことを実証する資料として注目された。

図151－14-1が出土した3号墓の周溝下層からは、山陰系の鼓形器台も検出されている。図152－14-8は、溝の肩部から在地の土器とともに完形品が接しあう状況で出土している。吉備以外にも山陰・近江系などの搬入土器が確認されている。

15. 加美遺跡―久宝寺遺跡に西接し、同遺跡と一連の集落と考えられる。

弥生時代中期後半には、二重木棺をもつ巨大な方形周溝墓が検出されている。古墳時代初頭は、自然堤防上に居住域や墓域が広がり、北側の後背湿地は生産域として利用されたことが明らかになっている。居住域や墓域には遺構が密集し、さらに、玉杖の一部の鐓（いしづき）や、小型仿

製鏡、後漢鏡片などが出土していることから、広域にわたる交流拠点として注目される。

1号墓からは吉備系のほかに山陰系壺や東海系甕が出土している。

16. 亀井北遺跡―旧大和川の自然堤防上に立地する。久宝寺遺跡の南に位置し、古墳時代初頭は、久宝寺遺跡や加美遺跡と一連の集落としてとらえられる。

完形品の図152―16-5は、方形周溝墓のコーナー部ブリッジ状遺構の外側で検出された土器群から出土し、遺物の分布状況から高杯とのセット関係が想定されている。器形は吉備型であるが、色調は褐色を呈し、胎土分析より「生駒山西麓産」とされている個体にあたる。

17. 跡部遺跡―旧大和川の自然堤防上に立地し、埋納された銅鐸、弥生時代後期の集落、古墳時代前期の方形周溝墓が検出されている。これらの遺構は、西の亀井遺跡、北の久宝寺遺跡などと一連のものととらえることが可能である。

18. 太子堂遺跡―跡部遺跡に南接し、旧大和川の自然堤防上に立地する。古墳時代前期の井戸などから多量の土器が出土している。

SD201からは、吉備型甕4点だけでなく、東部瀬戸内・東海系の甕なども確認されている。

19. 志紀遺跡―河内平野の沖積地に立地し、弥生時代前期から近現代まで連綿と水田が営まれている。吉備型甕は、大畦畔の盛土中から出土している。

20. 東弓削遺跡―河内平野の沖積地に立地し、弥生時代中期以降の遺物が確認されている。

21. 城山遺跡―河内平野の沖積地に立地し、旧石器時代以降の遺物が確認されている。

遺構では、弥生時代中期から後期にかけての方形周溝墓群、弥生時代後期から古墳時代初頭にかけての自然流路が検出されている。

22. 瓜破遺跡―瓜破台地の北側斜面上に立地し、旧石器時代以降の遺物が確認されている。古墳時代前期の遺構には、中国鏡をともなう方形周溝墓や土壙墓群が検出されている。

当遺跡からは、吉備型甕が1点出土しているという（京嶋覚・大庭重信・杉本厚典各氏ご教示）。

23. 長原遺跡―瓜破台地の東側斜面上に立地し、城山遺跡や瓜破遺跡と同様に、旧石器時代以降の遺物が確認されている。城山遺跡の南に位置し、東接する八尾南遺跡とは一連の集落と考えられる。古墳時代前期としては、居住域や墓域が検出されている。

24. 八尾南遺跡―羽曳野丘陵の北端に立地し、弥生時代前期から後期の井戸、土坑、方形周溝墓、水田や、古墳時代前期以降の水田などが検出されている。

図153―24-1・2はともに、方形周溝墓の陸橋がある南側の隅から出土しており、在地の庄内式甕とは意識的に分けて使用されていたことが推察されている。

25. 本郷遺跡―河内平野の沖積地に立地し、弥生時代中期から営まれる集落遺跡である。弥生時代後期の方形周溝墓、古墳時代前期から中期にかけての居住域が検出されている。

搬入土器は、吉備以外に東海系の甕も出土している。

26. 船橋遺跡―本郷遺跡に南接し、沖積地に立地する。旧石器時代から営まれる集落遺跡であり、古墳時代初頭では居住域が検出されている。

井戸5・6は庄内式期の良好な一括資料に恵まれ、吉備との併行関係に一定点を付与する。吉備のほかに山陰、大和、東海の影響を受けた土器が確認されている。

図154-26-1はやや異質な感じを与え、どこかで模倣された個体の可能性がある。

図154-26-4は外面にまったく煤が付着しておらず、煮沸には使用されなかったと推定されている。

27. 西大井遺跡―船橋遺跡の西に位置し、沖積地に立地する。弥生時代後期の土坑群、古墳時代前期の方形周溝墓、竪穴建物、井戸、溝などが検出されている。

28. 野中宮山古墳―羽曳野丘陵から派生した段丘上に立地する、古墳時代中期の前方後円墳である。

古市古墳群のほぼ中央にあり、古市墓山古墳の北西、はざみ山古墳の南に位置する（本書第6章、前掲図82参照）。全体的に後世の改変が著しいが、3段築成の柄鏡形式で、前方部が後円部に比べるとかなり低く幅も狭いことなどから、同古墳群のなかでも古い様相をそなえている。

前方部の墳丘盛土内から出土した若干の遺物のなかに、吉備型甕の口縁部細片が1点ふくまれていた。

B 大和（図155）

1. 平城宮下層遺跡―平城宮跡内の南東、第二次朝堂院東朝集殿部に位置し、下層において古墳時代の溝が検出されている。

SD6030下層から、吉備型甕とともに東海・山陰・関東系の土器が出土している。

2. 柏木遺跡―平城京跡左京五条一坊十三・十四坪に位置し、下層において古墳時代の掘立柱建物、土坑、溝が検出され、SD12から吉備型甕および東海・山陰系の土器が出土している。

3. 東安堵遺跡―奈良盆地の諸河川が合流し亀ノ瀬にいたる氾濫原に立地する。弥生時代後期後半から庄内式期の土坑を中心とした遺構構成で、土器も甕の比率がとくに高く、特徴的な遺跡である。土坑から吉備型甕が出土している。

4. 布留遺跡―布留川流域の扇状地上に立地する。弥生時代末から古墳時代の集落遺跡である。

当遺跡の三島地区の流路などから、吉備型甕、東海系土器が出土している。

5. 柳本遺跡―大和盆地東部山麓の扇状地近くに立地し、纒向遺跡の北方に位置する。庄内式期以降の集落遺跡で、土坑から土器が大量に出土している。

纒向遺跡と同様に、多くの東海系土器がみられる。

6. 伝景行陵古墳―典型的な前期古墳の一つとされている。墳丘裾部から古墳時代初頭から前期の土師器、埴輪片が出土している。

7. 纒向遺跡―大和盆地東部山麓の扇状地上、初瀬川の右岸に立地する。弥生時代末から古墳時代前期に営まれた大形集落遺跡である。

大溝（水路）、土坑群、建物、河道など多数の遺構がみられ、東田地区の南溝および辻地区の河道を中心として、多くの吉備型甕が出土している。

また、辻土坑3の土器群には2個体の吉備型甕がみられ、そのうちの一つ図155-7-6は、形態的には吉備型であるものの、技法的には肩部にタタキを用いており、在地技法との融合がうかがえる。

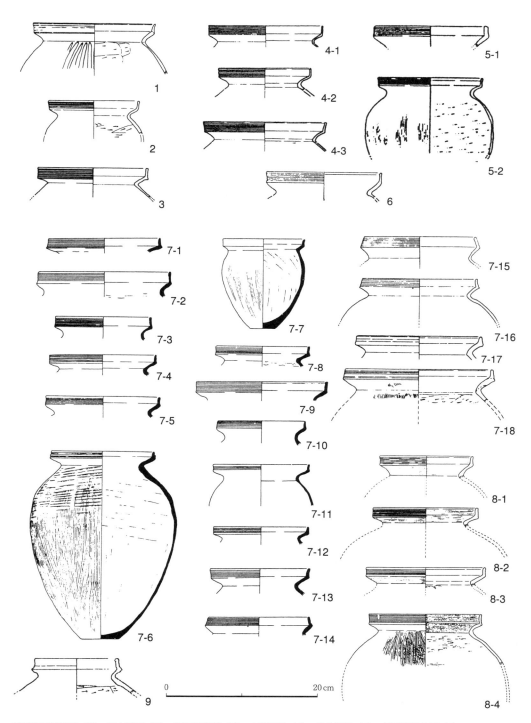

平城宮下層遺跡（1） 柏木遺跡（2） 東安堵遺跡（3） 布留遺跡（4） 柳本遺跡（5） 伝景行陵古墳（6）
纒向遺跡（7） 矢部遺跡（8） 楢原遺跡（9）

図155 大和地域出土の吉備型甕

さらに、今回図示しえた吉備型甕には、高橋氏編年Ⅹ－a期前後までのやや古い段階の資料（図155－7-16など）が一定量みられ、注目に値する。
　ほかにも多くの搬入土器が存在し、全体の15％前後が他地域系の土器でしめられる。それらは、東海、山陰、北陸、河内、吉備、関東、近江の順で出土量がある。加えて、吉備と関連する遺物として、纒向石塚古墳の南側周濠から弧文円板、辻地区河道から2片の瀬戸内系の特殊器台・特殊器台形埴輪の出土があり注意される。
　なお、今回の集成作業では具体的な個体数は把握できなかったが、清水真一・橋本輝彦両氏のご教示によると、未報告分の吉備型甕がほかに多量（数十～百個体弱か）に存在するようであり、それらの多くは、高橋氏編年Ⅹ－d期前後の新しい段階に属する資料であるらしい。
　8．矢部遺跡－飛鳥川流域の沖積平野に立地する。溝や土坑から多くの古墳時代初頭ないし前期の土器が出土しており、吉備型甕もふくまれる。
　他地域系の土器の割合は21.3％で、吉備系のほか北摂・河内・東海・山陰・近江系の土器が出土している
　9．楢原遺跡－葛城川流域の扇状地上に立地する。弥生時代後期から古墳時代前期を中心とした集落遺跡であり、溝や土坑が検出されている。
　吉備型甕は、報文中では在地産胎土の酒津式甕とされる。北陸・東海系、生駒山西麓産の土器もみられる。

　C　摂津（図156、図157）
　旧国の摂津地域は、現在の行政区画では、大阪府側の東部と兵庫県側の西部に分かれるので、本項ではひとまず二者に区分して提示する。
　〔摂津（東部）〕（図156）
　1．安満遺跡－標高10m前後の扇状地に立地し、弥生時代前期からつづく大規模な拠点集落遺跡である。古墳時代になると、桧尾川右岸の氾濫平野に遺跡が拡大するほか、東と西の集団に分離したと推定されている。
　古墳時代前期の遺構には井戸、土坑、溝があるが、吉備型甕は包含層からの出土である。ほかに東海・近江系土器、河内からの搬入土器が認められる。
　2．東奈良遺跡－沖積平野に立地し、弥生時代前期からつづく拠点集落遺跡である。弥生時代から古墳時代前期までの遺物をふくむ包含層から、銅鐸、銅戈、ガラス勾玉などの鋳造に関係する遺物が多く出土している。
　古墳時代前期の集落の具体的様相はほとんど明らかになっていないが、遺物の広がりは遺跡の全域にまたがっている。古墳時代前期に、幅10m、深さ3mの二段掘りされた人工の大溝が設けられ、そこから吉備型甕のほか近江系土器、河内からの搬入土器が認められる。
　3．垂水南遺跡－当時の海岸線近く、大阪湾から河内湖を結ぶ水道部分の北岸低湿地に立地する。弥生時代中期以降に営まれるが、古墳時代前期から中期を中心とする集落遺跡である。
　吉備型甕は、図156－3-7のように尖底ぎみの底部形態を呈するものと、図156－3-9のような

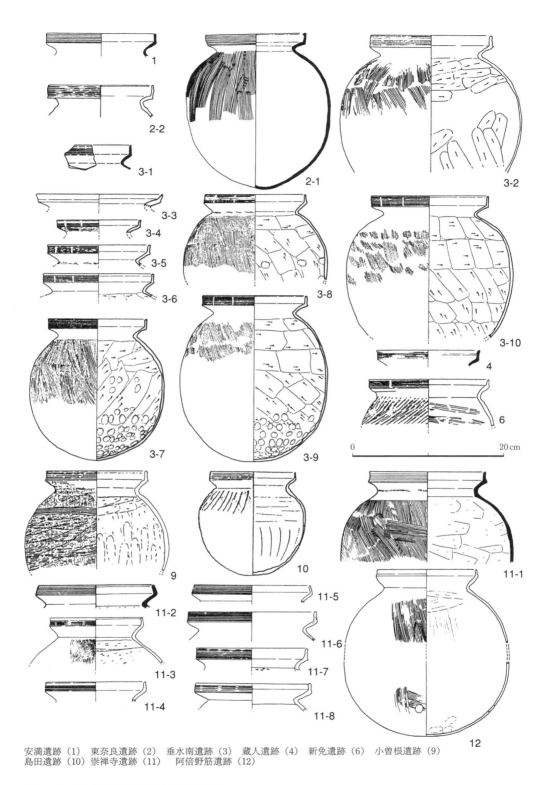

安満遺跡（1）　東奈良遺跡（2）　垂水南遺跡（3）　蔵人遺跡（4）　新免遺跡（6）　小曽根遺跡（9）
島田遺跡（10）　崇禅寺遺跡（11）　阿倍野筋遺跡（12）

図156　摂津（東部）地域出土の吉備型甕

丸底のものとがあり、両者とも内面には指頭圧痕が顕著である。

　外来系土器が多く認められ、その地域は西部瀬戸内（豊後・長門・周防）・播磨・山陰・近江・北陸・東海・駿河・南関東系と非常に広範囲である。しかも、とくにD－10地区の大溝からの出土が顕著である。

　搬入系土器のしめる比率は数％前後と想定され、地域別では尾張系がほぼ4割をしめ、以下、山陰系、吉備系とつづくという。

　4. 蔵人遺跡－沖積地に立地し、古墳時代を中心とする集落遺跡である。

　吉備型甕は、土器包含層中の布留式期を中心とするⅣ－a層から出土している。同層では台付甕（東海系）の脚台部がみられるほか、Ⅶ層（纒向Ⅱ式期）からは山陰系の甕が認められる。

　5. 五反島遺跡－当時の海岸線近くに立地し、古墳時代前期から営まれる。

　吉備型甕が21点と比較的多く出土している（藤原学・西本安秀両氏ご教示）。ほかに東海系のS字口縁甕も確認されている〔山田 2000〕。

　6. 新免遺跡－標高20m前後の低台地に立地し、弥生時代中期前葉から営まれる集落遺跡である。

　吉備型甕の関連資料として口縁部片1点が確認されているが、タタキ痕が認められ、在地で変容した個体と思われる。

　7. 穂積遺跡－沖積作用によって弥生時代後期に陸地化された沖積地に立地する、古墳時代の集落遺跡である。

　吉備型甕が出土しているという記載がみられるが、詳細は不明である。

　8. 利倉西遺跡－穂積遺跡と同様の沖積地に立地する、古墳時代の集落遺跡である。

　吉備型甕が出土しているという記載がみられるが、詳細は不明である。

　9. 小曽根遺跡－沖積地に立地し、弥生時代前期からつづく拠点集落遺跡である。

　吉備型甕は、土坑1の下層から出土したものである。体部外面のハケの方向が横方向であり、在地で変容した個体の可能性が想定される。

　10. 島田遺跡－当時の海岸線近くの低地に立地する、弥生時代末から中世にいたる複合遺跡である。河川状の遺構から、庄内式と布留式の土器が混在した状況で検出されている。

　11. 崇禅寺遺跡－上町台地から北方にのびる沿岸洲の先端に立地し、弥生時代末から古墳時代前期にかけての遺構と遺物が多く検出された集落遺跡である。砂州のため水稲耕作は不可能な土地で、土錘ほかの漁撈具や製塩土器などが出土している。

　吉備型甕が8点とやや多く出土している以外に、外来系土器が顕著で、山陰・近江・東海系土器、河内からの搬入土器がみられる。

　また、非日常的な遺物として、鉄製素環頭大刀が認められる。この種の大刀は一般集落から出土した例がきわめて少ないことから、当遺跡が大陸や半島との外交や交易にかかわる港津的機能を有していたという評価につながっている〔大野 1991〕。

　12. 阿倍野筋遺跡－上町台地の尾根筋に立地し、古墳時代前期から営まれる集落遺跡である。

　土錘、飯蛸壺、鉄製刺突具などの漁撈具が出土しており、海への依存度の高さがうかがわれる。古墳時代前期の遺構は、掘立柱建物とベッド状遺構を有する竪穴建物が検出されている。

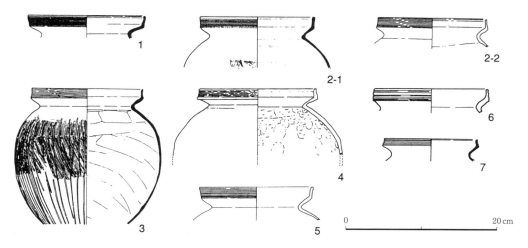

山田・中遺跡（1）　郡家遺跡（2）　森北町遺跡（3）　月若遺跡（4）　猪名庄遺跡（5）　口酒井遺跡（6）
田能高田遺跡（7）

図157　摂津（西部）地域出土の吉備型甕

　吉備型甕は、布留Ⅰ式期に相当する竪穴建物の埋土下層から出土した。形態は高橋氏編年Ⅹ－e期に該当する個体であるが、その胎土は在地のものである。ほかに吉備系の可能性がある鉢や讃岐系甕が出土している。

〔摂津（西部）〕（図157）

　1.山田・中遺跡―六甲山地と帝釈山地に囲まれた、山田川南岸の河岸段丘上に立地する。弥生時代末から古墳時代初頭の集落遺跡で、建物跡が報告されている。

　2.郡家遺跡―標高20〜40ｍの傾斜地に位置する。弥生時代前期から平安時代にいたる複合遺跡である。弥生時代後期の遺構は、建物、溝、流路、円形周溝墓、集石墓などである。

　庄内式期から布留式期に属する岸本地区の溝と篠坪地区の流路において、吉備型甕の出土がある。河内系の土器もみられる。

　3.森北町遺跡―標高15〜40ｍの丘陵裾部の傾斜地に位置する。弥生時代後期を中心として営まれる集落遺跡で、前漢時代後半の重圏銘帯鏡の破片が出土していることで有名である。

　庄内式期から布留式期の流路において、吉備型甕の出土がある。東海・山陰系の土器もみられる。

　4.月若遺跡―芦屋川の右岸の扇状地上で、標高28ｍ前後の緩傾斜地に立地する。弥生時代後期から古墳時代初頭にかけての大溝などが検出されている。

　庄内式期の土坑から、吉備型甕が出土している。

　5.猪名庄遺跡―猪名川流域の氾濫原に立地する。弥生時代後期から古墳時代前期を中心に営まれる。東海系の土器もみられる。

　6.口酒井遺跡―猪名川の左岸、自然堤防上に立地する。縄文時代晩期後半から弥生時代の全時期にかけて営まれる集落遺跡である。

第12章　近畿における吉備型甕の分布とその評価　321

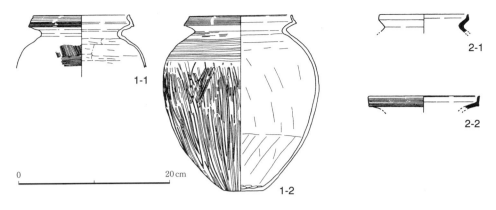

東土川西遺跡（1）　馬場遺跡（2）

図158　山城地域出土の吉備型甕

　弥生時代後期から庄内式期の溝上層から、吉備型甕が出土している。才ノ町Ⅰ式（高橋氏編年Ⅸ－a期）にあたる古い段階の資料とされる。

　7.田能高田遺跡―猪名川流域の氾濫原に立地する。弥生時代後期から古墳時代中期まで営まれる集落遺跡である。

　弥生時代後期から庄内式期の流路において、吉備型甕の出土がある。河内・東海・山陰系の土器もみられる。

D　山城地域（図158）

　1.東土川西遺跡―桂川右岸の氾濫原に立地する、弥生時代からつづく拠点集落遺跡である。集落の様相はほとんど明らかになっていないが、流路において弥生時代後期末から庄内式期の土器が多量に検出されている。

　吉備型甕のうち図158－1-2は、平底をとどめ高橋氏編年Ⅸ－b期・c期に相当し、他遺跡より古い様相を示す〔秋山 1989〕。ほかの外来系土器には近江・東海系があり、河内からの搬入土器〔秋山 1986〕もみられる。

　2.馬場遺跡―小畑川東岸の扇状地に立地する集落遺跡である。弥生時代の溝のほか、庄内式期から布留式期の建物、井戸、方形周溝墓などが検出されている。後者の段階では、拠点集落として把握される。

　吉備型甕は、井戸から他種の土器と混在し一括廃棄された状態で出土している。

E　和泉地域（図159）

　1.四ツ池遺跡―石津川の氾濫平野に立地する、弥生時代前期からつづく拠点集落遺跡である。古墳時代前期の遺構は、竪穴建物、土壙墓をはじめ土坑、溝、土器溜まりなど多数ある。

　吉備型甕は、溝や河川から出土している。

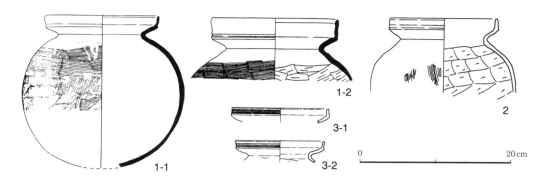

四ツ池遺跡（1）　府中遺跡（2）　脇浜遺跡（3）

図159　和泉地域出土の吉備型甕

　該期の外来系土器は全体の約26.4％であり、弥生時代より多くなっていることが指摘されている。地域別には河内の生駒山西麓産のものが半数以上をしめ、この点においては弥生時代と同様である。しかし、そのほかの地域では、弥生時代には若干認められた東海地方のものは皆無であり、大和のものも非常に少ないのに対して、瀬戸内地方の個体が多くなっているようである〔樋口　1984〕。

　2. 府中遺跡－低位段丘上に立地する、弥生時代中期から古墳時代にかけての集落遺跡である。弥生時代後期前半には、方形周溝墓群が築かれ墓域となる。

　弥生時代後期末にはふたたび集落域となるようである。この時期に出現する大溝の埋土上層から、古墳時代前期の多量の土器とともに、吉備型甕の口縁部片が1点検出されている。

　3. 脇浜遺跡－臨海の沖積地から中位段丘にかけて広がる、古墳時代の集落遺跡である。多量の飯蛸壺、製塩土器、土錘が検出されており、海への依存の高さがうかがわれる。

　河川遺構左岸の古墳時代前期土器溜まりから、吉備型甕の口縁部片が4点検出されている。この土器溜まりからは、他に台付甕（東海系）の脚台部も出土している。

(3) 畿内地域以外の実例

A　播磨（図160）

　1. 堂山遺跡－海岸線近くに立地し、古代の塩田跡としても有名な遺跡である。

　庄内式期の土坑が検出されており、吉備型甕のほかに吉備系の壺が1点出土している。他に山陰系土器を中心に阿波系土器もみられる。

　2. 養久・谷遺跡－揖保川水系の揖保平野に向って東西にのびる尾根上に、養久山弥生墳墓群が営まれているが、その南麓の谷あいに立地する集落遺跡である。

　建物から、吉備型甕2点の出土がみられる。

　3. 門前遺跡－揖保川水系の氾濫原の微高地上に立地する、弥生時代前期からつづく集落遺跡で

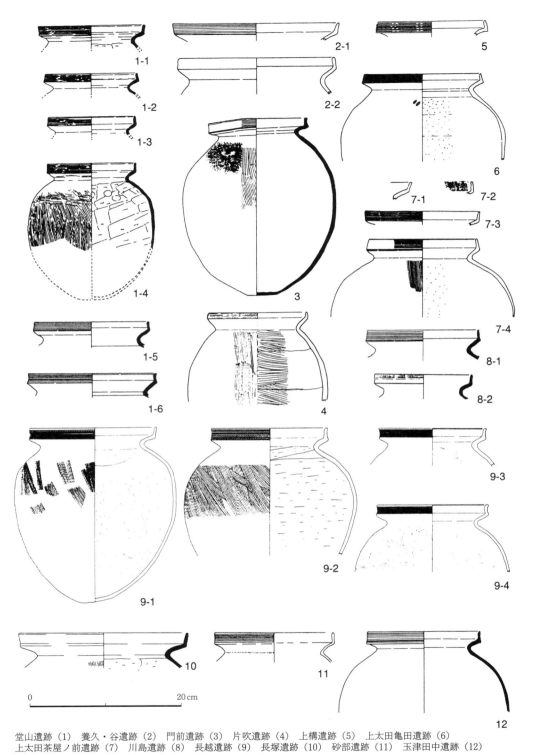

堂山遺跡（1） 養久・谷遺跡（2） 門前遺跡（3） 片吹遺跡（4） 上構遺跡（5） 上太田亀田遺跡（6）
上太田茶屋ノ前遺跡（7） 川島遺跡（8） 長越遺跡（9） 長塚遺跡（10） 砂部遺跡（11） 玉津田中遺跡（12）

図160　播磨地域出土の吉備型甕

ある。

包含層から、才ノ町Ⅱ式（高橋氏編年Ⅸ－ｂ・ｃ期）とされる吉備型甕の出土がみられる。

4.片吹遺跡－門前遺跡と同様に揖保川水系の氾濫原に立地する、弥生時代後期後半になって出現する集落遺跡である。

建物や溝などが検出され、庄内式期の溝から、吉備型甕の出土がみられる。ただし、内面にハケメがみられ、やや注意を要する。

5.上構遺跡－上記2遺跡と同様に揖保川水系の氾濫原に立地し、片吹遺跡と同じく弥生時代後期後半に出現する集落遺跡である。

庄内式期の溝から、吉備型甕の出土がみられる。

6.上太田亀田遺跡－揖保川水系に属し、大津茂川左岸の沖積平野に立地する。対岸には茶屋ノ前遺跡が位置する。弥生時代中期後半と庄内式期の遺構が確認されている。

庄内式期の遺構では建物や自然流路が検出され、後者から吉備型甕が出土している。才ノ町Ⅱ式（高橋氏編年Ⅸ－ｂ・ｃ期）とされる資料である。山陰・讃岐系の土器もみられる。

7.上太田茶屋ノ前遺跡－上記遺跡の対岸に立地し、弥生時代中期後半と庄内式期の遺構が確認されている。

自然流路から吉備型甕4点の出土があり、才ノ町Ⅱ式（高橋氏編年Ⅸ－ｂ・ｃ期）頃とされる個体（図19－7-4）もふくまれる。山陰・讃岐系の土器もみられる。

8.川島遺跡－揖保川低地の自然堤防上に立地する。弥生時代中期の建物、溝、周溝墓群、壺棺墓、同後期の建物、溝などが検出されている。

庄内式期の溝ほかから、吉備型甕の出土がみられる。

9.長越遺跡－市川の下流域に立地し、付近には弥生時代末の遺跡が多く存在する。そのなかで最も規模の大きい集落遺跡である。

建物、大溝、落ち込みなどが検出され、多量の庄内式土器をはじめ山陰・阿波・吉備・北陸系の土器が出土している。付近の遺跡と比べ、他地域系の土器の多さが目をひく。吉備型甕は、大溝と落ち込みから、それぞれ2点出土している。

10.長塚遺跡－加古川水系の中流域、台地の開析谷に立地する、弥生時代中期後半からの集落遺跡である。建物や土坑が検出されている。

吉備型甕のほかに、河内・讃岐・阿波系の土器も出土している。

11.砂部遺跡－加古川右岸の低地に立地する。弥生時代前期から中期初頭までと弥生時代後期に集落が営まれる遺跡である。

庄内式期の溝から、吉備型甕が出土している。

12.玉津田中遺跡－明石川中流域左岸にあたる氾濫原の微高地上に立地し、弥生時代前期からつづく集落遺跡である。当遺跡は、その地理的な位置関係から、吉備地方の影響を受けた土器が弥生時代中期頃から多く確認されている。

弥生時代後期から庄内式期の溝において、吉備型甕の出土がみられる。

他に、弥生時代中期では吉備系の短頸壺、無頸壺、甕、讃岐・山陰系土器など、弥生時代後期

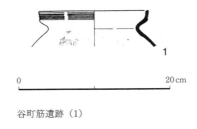

谷町筋遺跡（1）

図161　淡路地域出土の吉備型甕

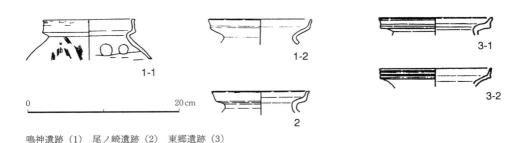

鳴神遺跡（1）　尾ノ崎遺跡（2）　東郷遺跡（3）

図162　紀伊地域出土の吉備型甕

から古墳時代初頭にかけては、吉備系の広口長頸壺、甕、阿波・丹波・但馬・東海系の土器などが出土している。

B　淡路（図161）

1.谷町筋遺跡ー三原平野の西辺、沖積平野に張り出した台地上に立地する。弥生時代後期から古墳時代初頭、古墳時代後期から室町時代にいたる複合遺跡である。

弥生時代後期から古墳時代初頭の建物、土坑、溝などが検出され、土坑から吉備型甕の出土がみられる。

C　紀伊（図162）

1.鳴神遺跡ー古墳時代を中心とする大形の集落遺跡である。

溝から2点の該当資料が検出されているが、搬入品ではなく、在地の変容を受けている。

2.尾ノ崎遺跡ー古墳時代初頭の遺構を中心とし、竪穴建物から多量の製塩土器が検出されており、土器製塩をさかんにおこなっていた集落遺跡と考えられている。古墳時代前期末からは、方形周溝墓群が営まれる墓域に変化する。

該当資料は、搬入品ではなく、在地の変容を受けている。

3.東郷遺跡ー古墳時代を中心とする集落遺跡である。

溝から2点の該当資料が検出されているが、これらも在地での変容を受けている。

D　その他の地域（丹波・丹後・近江・但馬・伊賀・伊勢・志摩）

　現時点における集成では、これらの地域では吉備型甕は確認されていない。

　うち、丹波や丹後では、日本海沿岸域に共通性をもつ在地の土器が盛行するほか、外来系土器としては近江系や北陸系が顕著である。

　弥生時代後期には、丹波で分銅形土製品が出土しており〔角南 1993〕、瀬戸内地方との関係がうかがわれた。しかし、弥生時代末から古墳時代初頭には、瀬戸内的要素がほとんど認められなくなり、交流のあり方の変化が推測される。

　近江においても、在地の受け口状口縁の甕が盛行し、外来系土器は、近江北部では北陸系や丹後系の土器が、近江南部では伊勢湾沿岸の東海系の土器が目立つ。これらの地域においては、主体としては東の地域との交流がさかんであったと考えられる。

　伊勢周辺では、該期には、主として伊勢湾沿岸域に共通した東海系土器様式となる。甕は台付甕を主体とし、畿内以西の影響はあまり認められない。

4 — 近畿における吉備型甕の分布傾向と特質

(1) 分布の偏在性

　上記のように、近畿における吉備型甕を集成した結果、現状で計77遺跡から約349点の出土例を把握することができた。以降、このデータをもとに、近畿における吉備型甕の特質について検討をおこなう。

　まず、全体的な分布傾向としては、畿内各地域からの出土が90％をこえ、ほぼその分布は畿内にかぎられるといえよう（図163、図164）。また、畿内においても山城と和泉のしめる比率はごくわずかであり、その大半は、河内、大和、摂津といった畿内中枢部に集中する。

　現時点において、畿内以外での確実な搬入品例が認められるのは、播磨と淡路だけであり、紀伊の諸例に関しては吉備型甕の影響を受けたと推定される個体の出土である。これら畿内以外の地域では、とくに播磨や淡路における吉備との地理的近接さにもかかわらず、近畿全体にしめる出土点数の割合は10％未満である。このことは、吉備型甕の多寡が、吉備からの距離と相関関係をもつものでないことを示唆している。

　すなわち、自然拡散的な分布ではなく、畿内中枢部における多さは、何らかの特別な「意図」が反映された結果であると解釈できる。また、播磨における出土は沿岸部に顕著であり、おそらく、吉備と畿内との交通路上に主として分布しているものと思われる。

　つぎに、集計結果における、畿内内部にみられる分布傾向としては、28遺跡198点を数える河内への圧倒的な集中が指摘できる（図163、図164）。

　河内のなかでもとくに、旧大和川の下流部を中心とする中河内地域の諸例でそのほとんどがしめられる。また、弥生時代末から古墳時代初頭にかけての河内における集落遺跡では、40遺跡中28遺跡で吉備型甕の出土が確認でき、その比率は70％に達する（図165）。この高い割合は、

畿内の他地域の様相とは明らかに異なる。

　このように河内では、中河内地域を中心としてその分布が面的な広がりを示すのに対し、摂津や和泉では、弥生時代以来の拠点集落（摂津―安満遺跡、東奈良遺跡、和泉―四ツ池遺跡）や、弥生時代末から古墳時代初頭にかけて新たに出現する臨海部の遺跡（摂津―崇禅寺遺跡、阿倍野筋遺跡ほか、和泉―脇浜遺跡）に点在分布する傾向がみられる。

　とくに後者の諸遺跡からは漁撈具や製塩土器も出土するなど、海路を介した搬入ルートを考えるうえで示唆的である。

　大和では、従来から吉備型甕の出土が多いと漠然とは理解されてきた。今回の集計作業では、近畿全体の点数にしめる割合は約15％で、大和における当該期遺跡内での出土比率では約14％となる（図163、図165）。出土傾向としては、弥生時代末から新たに出現する遺跡（纒向遺跡、矢部遺跡ほか）に集中する特徴がみられる。

　また、先述したような纒向遺跡での未報告分を勘案すると、この1遺跡における点数は突出して最多になると推定できる。纒向遺跡における詳細が今後明らかになれば、大和が河内に準ずる出土量に達する可能性が高いが、残念ながら本章の作業での追究ははたせなかった。

　山城で出土例がみられる東土川西遺跡と馬場遺跡は、ともに乙訓地域（桂川右岸域）の拠点集落である。

　國下多美樹氏によれば乙訓地域の該期の拠点集落は、弥生時代中期から断続的につづく弥生型集落と、庄内式期を中心に営まれはじめる庄内型集落とに分類でき、前者が乙訓地域北部に、後者が同南部に立地して、それぞれ遺跡群を構成するという。さらに外来系土器の搬入傾向も若干異なり、北部は近江・東海系、南部は山陰・丹後系がそれぞれ主体になると指摘されている〔國下 1999〕。

　東土川西遺跡は北部の弥生型集落、馬場遺跡は南部の庄内型集落に該当する。吉備型甕に関しては両者に差異がみられず、ともに少量ながらも認められることは興味深い。

(2) 時期の偏在性

　弥生時代末から古墳時代初頭にかけての吉備型甕の編年研究は、先述のように、体部球形化の進行度を主たる指標とした精緻な編年が存在する〔高橋 1980、1988a、ほか〕。

　しかし、近畿出土資料の大部分をしめる口縁部片では、体部に比べバリエーションが多く細別変化の度合いも緩慢である。そのため、厳密な時期比定するには限界があり、時期を特定できなかった個体が多い。

　ただ、口縁部外面にほどこされた退化凹線や沈線の粗雑化と、口縁拡張部下の稜線の鈍化に、時間的変化を看取でき、大局的には、高橋氏編年のⅨ期～Ⅹ期前半（主としてⅩ－a期をさす）の資料とそれより新しい時期では、あるていどの峻別が可能である。このような視点から、近畿各地域で出土している吉備型甕の時期的特徴について検討をおこなっておこう。

　Ⅸ期～Ⅹ期前半では、まずⅨ期において、河内の中田遺跡や西岩田遺跡から同期の甕が出土している（図146－4-17、図150－12-11～14）。山城の東土川西遺跡や大和の纒向遺跡の一部も、

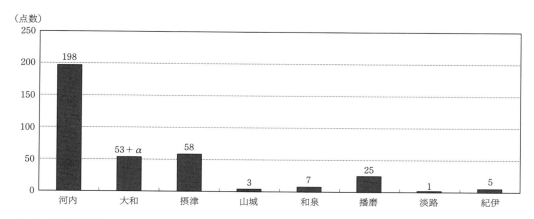

図163　近畿各地域における吉備型甕の出土点数

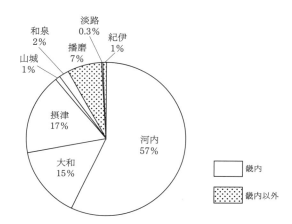

図164　近畿各地域における吉備型甕の出土比率

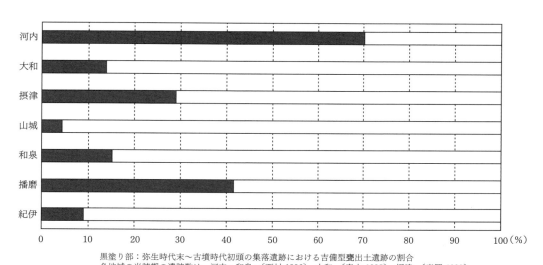

黒塗り部：弥生時代末〜古墳時代初頭の集落遺跡における吉備型甕出土遺跡の割合
各地域の当該期の遺跡数は、河内・和泉−〔西村 1996〕、大和−〔青木 1995〕、摂津−〔森岡 1999〕、
山城−〔國下 1995〕、播磨−〔渡辺 1999〕、紀伊−〔土井 1995〕に依拠

図165　近畿各地域における吉備型甕の出土遺跡比率

第12章　近畿における吉備型甕の分布とその評価　329

平底をのこすIX期もしくはその可能性がある例で注目される（図158－1-1・2、図155－7-6・7）。摂津（西部）の口酒井遺跡および畿内以外の播磨における若干例も、その候補にあげられる（図157－6、図160－3・6、同7-4）。

X期前半に入ると、河内では中田・西岩田両遺跡のほか、小阪合遺跡（図149－11-11）、亀井北遺跡（図152－16-5）、船橋遺跡（図154－26-2）などで出現し、大和の纏向遺跡（図155－7-16ほか）、摂津（東部）の崇禅寺遺跡（図156－11-1）などでも散見される。

X期後半には、各地域において急激に資料が増加する。

すなわち上述の資料以外の大半が、この時期の所属と考えられる。近畿でのこの現象は、四国から出土する吉備型甕がX－e期に集中する傾向〔出原 1995〕とも符合する。

(3) 搬入の類型

前項で把握できた分布と時期の偏在性をふまえて、資料の多い河内を対象に吉備型甕の搬入パターンについて述べてみたい。

河内の遺跡ごとの出土点数をグラフ化したものが、図166である。

まず、中田遺跡の30点、西岩田遺跡と小阪合遺跡の各28点は群を抜いて多いことが分かる。この3遺跡だけで、河内の全出土量の約43％をしめる（図167）。3遺跡以外では、20点前後の萱振遺跡、久宝寺遺跡、14点～10点の巨摩遺跡、亀井北遺跡、東郷遺跡がつづく。

10点以上出土する遺跡は28遺跡中わずか8遺跡にすぎないが、その個体数は全体の80％におよぶ。すなわち、これらの遺跡が存在する中河内地域では、吉備型甕の分布自体は面的な広がりをみせるが、その出土量には偏在性が認められる。

また、前述した所属時期に関していえば、IX期の甕が出土するのは中田遺跡と西岩田遺跡だけであり、X期前半の甕が出土する遺跡も、8点の船橋遺跡のほかは10点以上出土の諸遺跡にかぎられる。

さらに、本章では分析の対象から除外したが、甕以外の鉢や壺など吉備系の他器種が確実に出土している遺跡は、管見では中田遺跡と西岩田遺跡である。

つまり河内では、多量に吉備型甕が出土する遺跡には、古い時期の吉備型甕の資料が存在し、かつ、甕以外の吉備系器種も認められるという特徴がある。加えて、東郷遺跡や萱振遺跡からは、吉備に由来する特殊器台ないしは特殊器台形埴輪の破片が出土しており、吉備とのより密接な関係をうかがわせる。

上記諸遺跡におけるこのような搬入状況は、吉備からの移住などの直接的なインパクトがあった可能性が高く、また当地域における吉備型甕拡散の先駆的な役割をはたしたと想定される。

他方、現在のところ吉備型甕が1、2点しかみられない各遺跡では、時期もX期後半に属する新しい段階の個体であり、かつ器種も甕に限定される。

このことから、それらの遺跡への搬入状況は、すでに吉備型甕を受容していた集落から、二次的あるいは間接的に搬入されたものかと推定できる。この場合、甕が一種の「優良品」的な存在などとして移動していた可能性もあろうか。

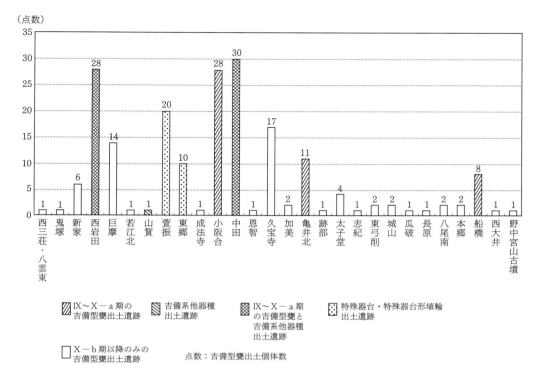

図166 河内地域における吉備型甕の出土点数

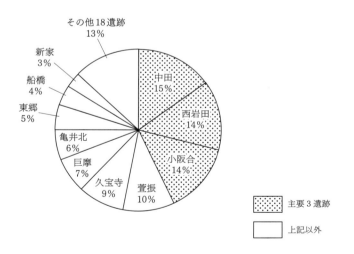

図167 河内地域における吉備型甕の出土比率

なお、河内と同様に大和においても、纒向遺跡出土の点数が地域全体の約60％をしめ、未報告分をふくめるとそれ以上の割合におよぶ。つまり、出土量における強い偏在性が大和でも認められる。

さらに、纒向遺跡には、IX期～X期前半に属する可能性がみられる比較的古い段階の資料（図155－7-6・7・16ほか）が存在し、河内の中田遺跡や西岩田遺跡などと同様に、吉備型甕拡散の先駆的な役割をはたした蓋然性が高い。

5— 吉備型甕搬入の評価をめぐって——結びにかえて

以上、主として分布傾向の分析をもとに、近畿地方における吉備型甕の搬入状況に関し若干の検討をおこなってきた。

その結果、すでに一部指摘されている内容ではあるが、河内（および大和）を中心とする畿内中枢部に多く分布する実態を再確認することができた。加えて、その具体的なあり方では、それらの地域のなかでも、さらに分布の偏在性が顕著であるという事実を把握した。

そして重要な事項は、その偏在的に集中分布する地域内の遺跡では、つぎの点が指摘できることである。

つまりそれらは、吉備型甕の拡散分布の先駆的な役割をはたしたと想定できること、とともに、そのうちの中河内で点数の多い中田遺跡、西岩田遺跡、小阪合遺跡の3遺跡は、西日本各地に広範な動きをみせる庄内式甕を製作したとされる一帯およびその周辺に所在する遺跡であり、大和の纒向遺跡は、前方後円墳の出現をみる地域にあたることである。

要するに、畿内において空間的にみた場合、古墳時代への胎動・動態のなかでの先導的立場にあった地域と考えられる。

また、時間的にも、それらの地域で吉備型甕が確認でき顕著になりだすIX期～X期前半前後の時期は、中河内における庄内式土器の成立期、さらには、大和における箸墓古墳や中山大塚古墳などの初現期の大形前方後円墳が築造されるまさに直前の時期〔庄内式土器研究会 1999、ほか〕に合致する。

そしてさらに、このような中河内を拠点としつつ纒向遺跡に代表される大和（東部）との交流がなされた帰結として、吉備と大和との関係性の密接さが想定され、古墳出現期における吉備のはたした重要性が説かれる〔宇垣 1995〕。

以上のような状況は、四国における吉備型甕の分布にもあらわれている。「吉備型甕が多く搬入されている地域」は「古墳時代への胎動を顕在させた地域」、として把握し、四国で確認される吉備型甕の歴史的特質を提示する理解〔出原 1995〕とも連動性をもつ。

ところで、本章で示した吉備型甕の中河内への著しい集中度およびその背景と関連して、角南聡一郎氏が示唆的で重要な論考を発表している〔角南 1997〕。

同氏の研究は、畿内系甕（庄内式甕ほか）を視座にすえたものであるが、それによると、「吉

備へは中河内の庄内式甕に関する情報が多くもたらされる」のに対し、吉備以外の西日本各地へは、播磨などの「畿内周辺部の庄内式甕に関する情報がもたらされた可能性が高い」と評価する。つまり、庄内式甕を通してみた場合、畿内（近畿）と他地方という漠とした関係ではなく、とくに、吉備と中河内との直接的で密接な関連性を摘出できるという。

　この理解は、先述したような、近畿における吉備型甕の半数以上（約55～56％）が中河内例でしめられる集中状況と、きわめてよく符合する相関現象となる。

　そしてこの点から、従来注目されてきた大和と吉備との関係、もしくは中河内を介した両地域の関係そのものが、本章での成果や角南氏の分析から得られたような、土器（甕）の間にみる中河内と吉備との相互・直結的で強い関係性とどのようにからんでくるのかが、あらためて問題となってこよう。

　くりかえしにもなるが、吉備、河内、大和という三者の重要度を等しくとらえ、それら各地域の相互関連性を視野に入れた具体相の解明がさしあたり肝要となってくるわけである。

　詳細な解析が求められる、より複合的で深い課題といえる。今回の検討成果をふまえての、これからの追究テーマとすることを許されたい。

〔主要引用・参考文献（各集成個体の文献註は表11参照）〕
青木勘時　1995　「近畿2（奈良県）」『ムラと地域社会の変貌―弥生から古墳へ―』埋蔵文化財研究会
青木勘時　1999　「大和における土器交流拠点」（庄内式土器研究会1999年11月研究会発表資料）
秋山浩三　1986　「河内からもち運ばれた土器」『長岡京古文化論叢』同朋舎
秋山浩三　1989　「山陽系土器について―山城地域―」『京都府弥生土器集成』（財）京都府埋蔵文化財調査研究センター
宇垣匡雅　1995　「大和王権と吉備地域」『古代王権と交流6 瀬戸内海地域における交流の展開』名著出版
大阪の弥生遺跡検討会　1998　『大阪の弥生遺跡の検討』
（財）大阪文化財センター　1981　『巨摩・瓜生堂』
（財）大阪文化財センター　1983　『西岩田』
（財）大阪文化財センター　1984　『亀井遺跡II』
大野薫　1983　「萱振遺跡井戸3出土の布留式土器」『庄内式土器研究』IV　庄内式土器研究会
大野薫　1991　「大阪市東淀川区崇禅寺遺跡出土の鉄製素環刀大刀」『大阪の歴史』34　大阪市史編纂所
置田雅昭　1985　「弥生土器から土師器へ」『月刊考古学ジャーナル』252　ニューサイエンス社
香川県教育委員会ほか　1995　『上天神遺跡』
亀山行雄　1996　「岡山県津寺遺跡の庄内式併行期の土器について」『庄内式土器研究』XI　庄内式土器研究会
國下多美樹　1986　「東土川西遺跡の弥生土器」『向日市文化資料館研究紀要』創刊号　向日市文化資料館
國下多美樹　1995　「山城地域における古式土師器の様相」『庄内式土器研究』IX　庄内式土器研究会
國下多美樹　1999　「乙訓地域における土器交流拠点」『庄内式土器研究』XX　庄内式土器研究会
小林和美　1998　「久宝寺遺跡出土の吉備系土器」『大阪文化財研究』14　（財）大阪府文化財調査研究センター
近藤義郎　1998　『前方後円墳の成立』岩波書店
庄内式土器研究会　1999　『庄内式土器研究』XX
杉本厚典　1999　「崇禅寺遺跡の古墳時代初頭の土器様式」『大阪市文化財協会研究紀要』2　（財）大阪市文化財協会
角南聡一郎　1993　「祭祀土製品小考―亀井遺跡出土の分銅形土製品・新例―」『大阪文化財研究』5　（財）大阪文化財センター

角南聡一郎　1997「西日本における畿内系甕製作技術の展開」『奈良大学大学院研究年報』2　奈良大学大学院
高橋護　1980「入門講座弥生土器　山陽」『月刊考古学ジャーナル』173・175・179・181　ニューサイエンス社
　　（同　1983「山陽」『弥生土器』Ⅰ　ニューサイエンス社に再録）
高橋護　1988a「弥生時代終末期の土器編年」『研究報告』9　岡山県立博物館
高橋護　1988b「岡山県南部地方の土器編年と庄内式」『八尾市文化財紀要』3　八尾市教育委員会文化財室
高橋護　1991「土器の編年　中国・四国」『古墳時代の研究6　土師器と須恵器』雄山閣出版
田中清美　1988「加美遺跡1号方形周溝墓出土庄内式土器」『八尾市文化財紀要』3　八尾市教育委員会文化財室
出原恵三　1995「四国出土の吉備型甕」『古代吉備』17　古代吉備研究会
土井孝之　1995「紀伊における庄内式併行期の土器様相」『庄内式土器研究』Ⅹ　庄内式土器研究会
西岩田瓜生堂遺跡調査会　1971『西岩田遺跡』
西村歩　1996「和泉北部の古式土師器と地域社会」『下田遺跡』（財）大阪府文化財調査研究センター
橋本輝彦　1997「纒向遺跡の発生期古墳出土の土器について」『庄内式土器研究』ⅩⅣ　庄内式土器研究会
橋本輝彦　1999「奈良盆地南東部に於ける土器交流拠点」（庄内式土器研究会1999年11月研究会発表資料）
原口正三・田辺昭三・田中琢・佐原真　1958『船橋Ⅱ』平安学園考古学クラブ
樋口吉文　1984「土師器」『堺市文化財調査報告』16　堺市教育委員会
藤田憲司　1984「「搬入土器」研究の課題－巨摩・瓜生堂遺跡報告の検討から－」『大阪文化誌』17（財）大阪文化財センター
間壁忠彦　1958「倉敷市酒津及新屋敷遺跡出土の土器」『瀬戸内考古學』2　瀬戸内考古学会
松尾洋平　1997「吉備型甕の基礎的考察」『宗教と考古学』勉誠社
森岡秀人　1985「土器の交流－西日本－」『月刊考古学ジャーナル』252　ニューサイエンス社
森岡秀人　1999「摂津における土器交流拠点の性格」『庄内式土器研究』ⅩⅩⅠ　庄内式土器研究会
八尾市教育委員会　1981『昭和53・54年度埋蔵文化財発掘調査年報』
柳本照男　1984「布留式土器に関する一試考－西摂平野東部の資料を中心にして－」『ヒストリア』101　大阪歴史学会
山田隆一　1994「古墳時代初頭の中河内地域」『弥生文化博物館研究報告』3　大阪府立弥生文化博物館
山田隆一　2000「大阪府」『S字甕を考える』東海考古学フォーラム三重大会実行委員会
山本昭　1984「河内国と古代吉備文化－河内出土の吉備系土器をめぐって－」『日本文化史研究』6　帝塚山短期大学日本文化史学会
米田敏幸　1985「中河内の庄内式と搬入土器について」『考古学論集』Ⅰ　考古学を学ぶ会
米田敏幸　1986「中田1丁目39番地出土土器」『八尾市文化財紀要』2　八尾市教育委員会文化財室
米田敏幸　1992「大阪府下の庄内式土器出土遺跡と搬入土器」『庄内式土器研究』Ⅰ　庄内式土器研究会
米田文孝　1983「搬入された古式土師器－摂津・垂水南遺跡を中心として－」『関西大学考古学研究室開設三十周年記念　考古学論叢』関西大学文学部考古学研究室
渡辺昇　1999「庄内期の播磨の集落」『庄内式土器研究』ⅩⅩⅠ　庄内式土器研究会

〔図・表出典〕
　図142：〔大阪文セ　1981、1984〕から作成、図143：〔松尾　1997〕から作成、図144・図145：新規作成（図145の使用元図は〔山田　1994〕）、図146～図162：表11中各文献から作成、図163～図167：新規作成、表10：〔亀山　1996〕〔庄内式土器研究会　1999〕から作成、表11：新規作成、いずれも一部改変をふくむ。

〔謝辞ほか〕
　本章稿の準備等にあたっては、朝田公年・江浦洋・高井健司の各氏ほかのご協力を得るとともに、各地の集成成果の確認や検討において、全般的には宇垣匡雅・大久保徹也・西谷彰・山田隆一、大阪府例では大庭重信・京嶋覚・杉本厚典・清家章・西村歩・西本安秀・藤原学・本田奈都子・宮脇薫・森田克

行・柳本照男・米田敏幸、奈良県例では青木勘時・市村慎太郎・清水真一・角南聡一郎・橋本輝彦、兵庫県例では甲斐昭光・森岡秀人、京都府例では國下多美樹・吹田直子・肥後弘幸、和歌山県例では土井孝之、三重県例では竹内英昭、滋賀県例では小竹森直子の諸氏のご援助をたまわった。

　末筆ながら明記して深謝申しあげたい。また、当作業での遺漏・誤認ほかについて、ひろくご教示いただければと念じている。

　なお、本章内容にかかわる検討・準備は、下記4名のほか長友朋子・仲原知之両氏の助力を得て実施し、第一次的な素稿案の作成は、1・3（1）を秋山、2・3（2）Aを小林和美氏〔（財）大阪府文化財調査研究センター専門調査員〕、3（2）B・C（摂津西部）・3（3）A・Bを山崎頼人氏〔奈良大学大学院生、同前調査補助員〕、3（2）C（摂津東部）〜E・3（3）C・Dを後藤理加氏〔大阪大学大学院生、同前〕、4・5を4名の意見集約をへて小林氏・秋山が分担し、全体・最終的な調整・成稿を秋山がおこなった。

（元稿：2000年2月）

〔追記〕

　本章と関連するその後の拙稿に下記のものがあるので、参照されたい。

　なお、これらにもりこんだ情報に関しては、吉備型甕の新出確認例やその他の考古データを付加しており、また、それらの歴史的な評価をめぐっても、一定ていどの増補訂をおこなったものとなっている。

　そのような経緯もあることから、本書に収載した内容は、初出稿に近い状態のままのオリジナルをできるだけとどめるようにした。そのほうが、初出稿が発刊された当時の、この種の議論をめぐる研究状況や、それに対処しようとした諸作業の意義を示せると考えたことにもよるからである。ご理解をいただきたい。

秋山浩三 2002「摂河泉の吉備系土器」『邪馬台国時代の吉備と大和』香芝市教育委員会・香芝市二上山博物館
秋山浩三 2003「近畿出土の吉備型甕と吉備との交流」『古墳出現期の土師器と実年代 シンポジウム資料』（財）大阪府文化財調査研究センター
秋山浩三 2006「吉備・近畿の交流と土器」『古式土師器の年代学』（財）大阪府文化財調査研究センター
秋山浩三 2014「土器類の移動・交流からみた吉備と近畿」『シンポジウム ヤマト王権はいかにして始まったか Part.Ⅱ〈発表要旨〉』田原本町教育委員会
秋山浩三 2017『弥生時代のモノとムラ』新泉社（〔秋山 2006〕を一部補訂し再録）

写真提供（掲載許可）機関ほか一覧

カバー写真、図1、図5、図6、図9、図11、図12、図17〜図22、図24〜図26、図29、図39〜図42、図49〜図51、図58-上：向日市教育委員会・（公財）向日市埋蔵文化財センター
図30、図74－1・2・4：向日市教育委員会・向日市文化資料館・中山祥夫氏・中村光枝氏
図58-下：大阪大学考古学研究室
図81、図83、図108：藤井寺市教育委員会
図87、図94：枚方市教育委員会
図92：大阪府立近つ飛鳥博物館〔東京大学総合研究博物館（標本番号10435、10439、10440、10441）〕
図93：交野市教育委員会
図101：大阪府教育委員会
図102：大阪府教育委員会（大阪府指定有形文化財）
図104、図105：八尾市教育委員会
図106、図116〜図118：(公財)大阪府文化財センター
図135、図138：和泉市教育委員会

〈上記の諸機関・各氏ならびに実務を担当いただいた方々にあつく謝意を申しあげたい。なお、上記以外は、各種公刊物、秋山撮影・所有写真ほかによる。〉

初出文献（原題）・成稿一覧

　本書内容の多くは下記のとおりの既出拙稿で構成されているが、一書として編むにあたり、除加筆・表記統一などの一定の調整をほどこした。ただし、当初の論旨・主題は変更していない。

はしがき……新稿

第1章……「ケース・スタディ　古墳を発掘する　向日市物集女車塚古墳—後期古墳の例」〔朝日新聞社（白石太一郎編）『朝日百科　日本の歴史　別冊　歴史を読みなおす』第2巻（古墳はなぜつくられたのか）1995年1月〈朝日新聞社『朝日百科　歴史を読みなおす』1（原始・古代）1996年11月、に再録〉〕

第2章……「主体部の調査　組合せ式家形石棺」「各論—評価と問題点　組合せ式家形石棺」「主体部の調査　遺物出土状況」「調査のまとめ」〔向日市教育委員会（秋山浩三・山中章編）『物集女車塚』（『向日市埋蔵文化財調査報告書』第23集）1988年3月〕

第3章……「古墳副葬須恵器の産地推定一例—物集女車塚・井ノ内稲荷塚における微細特徴からの追究—」〔桂書房（吉岡康暢先生古希記念論集刊行会編）『吉岡康暢先生古希記念論集　陶磁器の社会史』2006年5月〕

第4章……「物集女車塚の須恵器産地推定・補遺」〔京都考古刊行会（髙橋美久二先生追悼文集刊行会編）『明日をつなぐ道—髙橋美久二先生追悼文集—』2007年11月〕

第5章……「「物集女ノ群集墳」の再評価」〔京都考古刊行会（髙橋美久二編）『京都考古』第52号　1989年9月〕

第6章……「地域の概要　河内」〔山川出版社（近藤義郎編）『前方後円墳集成　近畿編』1992年12月、天野末喜・駒井正明両氏との共同執筆〕

第7章……新稿
　　　　《ただし、大和古中近研究会の第2回研究集会「大和・河内・摂津の古墳編年—共通認識の到達線—」（1992年2月開催）後の研究記録集に掲載予定であった、1995年6月脱稿「北・中河内の古墳編年と首長墳系列」と同内容（記録集は現時点で未刊）。なお図表等に関しては、「北・中河内」〔大和古中近研究会『大和・河内・摂津の古墳編年—共通認識の到達線—』（シンポジウム資料集）1992年2月〕掲載分に付加〕》

第8章……「北・中河内の前期古墳」〔藤井寺市教育委員会事務局（同編）『ふじいでらカルチャーフォーラムⅤ 大阪の前期古墳－古市古墳群の成立前夜－』1997年3月〕、および、「北・中河内の前期古墳の特質」〔藤井寺市教育委員会事務局（同編）『藤井寺の遺跡ガイドブックNo.9 大阪の前期古墳－古市古墳群の成立前夜－』1998年3月〕

第9章……「七ツ門古墳の位置づけ」〔（財）大阪府文化財調査研究センター（酒井泰子編）『久宝寺遺跡・竜華地区発掘調査報告書Ⅲ』（『（財）大阪府文化財調査研究センター調査報告書』第60集）2001年2月、瀬川貴文氏との連名公表〕

第10章……「五里山古墳群・花草山古墳群と採集資料の検討－生駒山西麓部における群集墳の形成過程等をめぐって－」〔（財）大阪府文化財調査研究センター（河端智編）『大阪文化財研究』第19号 2000年12月、池谷梓氏との連名公表〕

第11章……「池上曽根遺跡の初期須恵器をめぐって」〔（財）大阪府文化財調査研究センター（山本美野里編）『大阪文化財研究』第13号 1997年12月、小林和美・仲原知之両氏との連名公表〕

第12章……「近畿における吉備型甕の分布とその評価」〔古代吉備研究会（平井勝編）『古代吉備』第22集 2000年4月、小林和美・後藤理加・山崎頼人各氏との連名公表〕

あとがき……新稿

〈謝辞－初出稿の段階において共同執筆、連名公表のかたちをとらせていただいた、天野末喜・池谷梓・後藤理加・小林和美・駒井正明・瀬川貴文・仲原和之・山崎頼人の諸氏からは、各稿の本書収載への許諾をたまわった。ともに作業や検討をすすめた時どきのことを想い出しつつ、深謝申しあげたい。
　また、第7章にかかわる「大和古中近研究会」企画の原稿公表に関し、今尾文昭・関川尚功の両氏からご援助を得たことに対してもお礼を述べておきたい。〉

あとがき ―古墳時代とのかかわり／定年退職の機に……

I

　弥生時代を専門とする大阪府立弥生文化博物館に勤務し、これまでの公刊物でもその時代に関するものがやや主体となっている私が、古墳時代にかかわる書物を出版したことに対し怪訝に思われる方がおられるかもしれない。

　本書に収載した拙稿の執筆経緯については、「はしがき」や本文中に若干述べておいたが、最後にあらためて、私と古墳時代とのかかわりのいくつかを記しておきたい。

　古墳時代に属するモノ（遺物）と墓（古墳）に対する実質的で本格的な私の出発点は、生駒山西麓部に分布する後期群集墳である、山畑古墳群や花草山古墳群、五里山古墳群（大阪府東大阪市）における詳細分布調査や石室実測・写真撮影調査への参加であった。1974年～75年のことになる（本書第10章参照）。

　この研究調査は、荻田昭次先生（縄手中学教諭：当時、以下同じ）が主宰された地元の四条史編纂事業にともなうもので、私が高校2年、17歳の冬、先生から誘っていただいた。その期間、荻田先生からは、考古学的な遺跡の見方や記録の方法に関しての基礎的な訓練を受けた。

　このように、専門的な考古学への突入となったのが、後期の横穴式石室墳であった。また、何よりもその開始期において、実証を重んじられた謹厳な先生から指導をたまわったのが、以降における私の大きな原資になっている。

　その後1976年から入学在籍した岡山大学・同大学院の時代には、県内の都月坂1号墳、備前（湯迫）車塚古墳、備中こうもり塚古墳、箭田大塚古墳、操山古墳群、大坟古墳、荒木山東塚古墳、御前山西古墳、立1号墳、双塚山古墳、千足装飾古墳、香川県の荒神島遺跡群内古墳、京都府の長法寺南原古墳ほかの発掘・墳丘測量・石室実測調査などに従事したり参加させていただいたりした。

　これらの調査は、考古学研究室の近藤義郎教授、春成秀爾講師、小野昭助手、稲田孝司助教授の先生方をはじめ、大阪大学の都出比呂志さん、岡山県史編纂室の葛原克人さん、伊藤晃さん、岡山県教育委員会の平井勝さんらによる、こまやかで現実・実態的な教導の場であった。

　私の学生時代における研究室では、巨大弥生墓として著名な楯築墳丘墓（岡山県倉敷市）の発掘調査の佳境期（第1次～第3次調査）で、私自身も〈楯築漬け〉になっていたが、上記のように、古墳にかかわる数多くの発掘・調査にもどっぷり浸っていたことになる。

　そのような経緯もあり、私の学部卒業論文は古墳時代がテーマで、「円筒棺の諸問題―その被

葬者について―」だった。

　この「論文」を作成するにあたり、埴輪転用・特製円筒棺の資料を全国集成したうえで、関連遺物をかなり実見観察してまわった記憶が懐かしく甦ってくる。卒論の内容は、埴輪製作集団と円筒棺被葬者との具体的な関係を追究した考察であり、今なお、その視座には有効性があると独り合点している。ただ、やや事情があり40年近く未公表になったままではある。

　大学院が終わって私は1983年に大阪へ舞い戻ったが、その頃、近藤義郎先生の発議で活動を開始した「前方後円墳研究会」に、立ち上げ段階から、広瀬和雄さん（大阪府教育委員会）、天野末喜さん（藤井寺市教育委員会）、松村隆文さん（大阪府教育委員会）らとともに、その運営・作業に10年弱という長期間かかわった（本書第6章参照）。

　広瀬さん主導の大阪府能勢町史関係の事業で、小戸古墳群の横穴式石室墳の発掘調査を、土曜・日曜を利用して断続的におこなったのもその時期である。また、同じく広瀬さんや石神怡さん（大阪府教育委員会）らと同行し、遠隔地をふくめ各所をめぐり、数多くの古墳の踏査を精力的につづけたりもしていた。

　さらに、ちょうどその当時の私にとって、古墳時代関係で最も重きをなしている発掘調査は、やはり、京都府向日市に職場が変わり最初の現場であった物集女車塚古墳の第3次調査である。本書でもこの後期・前方後円墳に関係する内容が、全体の約4割をしめている（第1～第5章）。まだまだ多感だった20歳代の発掘調査で、同じ向日市教育委員会嘱託だった宮原晋一さん（現：奈良県立橿原考古学研究所）らと苦楽を共にした経験は、その後の報告書作成の作業とあわせて、私にとって深い感慨をともなう貴重な財産となっている。

　以来、同古墳の第4次調査にもあたったが、他に私が担当した発掘においては、削平された小古墳である南小路古墳（向日市）を1988年に調査したぐらいで、不思議にも、古墳そのものや古墳時代が主体となる遺跡の発掘には邂逅しなくなった。そして、30年後の現在にいたっている次第である。

　したがって、直接的には古墳時代に向き合う機会が急激に減少したことになり、執筆原稿の対象が弥生時代や古代（奈良・平安時代ほか）に自然と移行していったといえる。

　以上のとおりの来歴が私と古墳時代とのかかわりの大略であるが、それらのささやかな蓄積が背景にあり本書の諸編がなりたっていることをご理解いただければ幸いである。

Ⅱ
　ところで、本書は、私にとって6冊目の単著となる。

　振り返ってみると、そのうち前半の3冊は、2006年1月～2007年6月の約1年5箇月の間につづけて上梓したものであり、ちょうど50歳になる直前にあたった。2006年3月、48歳のときに社会人ながら学位（論文博士）を取得し、自分史的にみて、適度またはやや過度な緊張感が充満していた時機にも相当する。

　その後、ある段階の個人的なもろもろの事情などから、考古学とは実質的には距離をおく状況のなかにあり、爾来、10年弱が経過していることになる。

それが、60歳をむかえる少し前に、〈考古学分野で何もなさない我が身〉の実情に発作的に思いあたり、昨年の2017年3月、以前に公刊した弥生時代関係の考察めいた拙稿をまとめ、およそ10年ぶりに『弥生時代のモノとムラ』を出版した。そして、還暦に到達する同年11月2日の奥付で、『交合・産・陰陽道・臼―考古学とその周辺』という、考古学とはやや趣を異にする書き物をあつめ、得体不詳の書物を出した。さらに、今回の『古墳時代のモノと墓』は、2018年3月末の定年退職という区切りを念頭において作業を進めたもので、私にとって初めての古墳時代関係本となる。

　本書の実際の初版は本年8月刊と予定されているため、約10年前と同じようにこのたびも、ほぼ1年5箇月の間に矢継ぎ早に3冊を出版することとなった。

　時どきの状況は異なっても、奇しくもこのような10年区切りで拙著の刊行をつみかさねてきたことになる。今となっては、50歳と60歳という節目において、おおむね近い時間幅で書物3冊を、同時といってもよいほど一気に公にできたことが妙に不思議に思えてくる。

　つぎに訪れる周期＝古稀の段階においては、どうであろうか。むしろ、私そのものが、どのようになっているのであろうか……。実父が68歳で他界した事実をかんがみると、心許ないかぎりではある。

Ⅲ

　上記したように本書は、定年退職をめどに基本的な作業を終わらせようとしており、この「あとがき」をまさに入稿直前の最後に記している。

　従前の思惑では、この定年間際にいたれば、社会人になってからの約35年の事ごとが走馬燈のごとくめぐり、しんみりとした美辞麗句が浮かんでくるかと考えていた。

　あに図らんや現実は、毎回訪れてくる年度末の諸作業に加え、退職にかかわる雑々事の日々に翻弄されているありさまで、センチな心情などまったく去来しない。大きな思いちがいだった、最近のこの状況に困惑し疲弊してしまっている。

　せめてここでは、公私にわたり現在までの私を支えていただいた多くの方に、つつしんで最大限のお礼を申しあげておきたい。

　大阪に所在する「百舌鳥・古市古墳群」（本書第6章参照）が、昨年7月31日に「世界文化遺産」の推薦候補に決定された。来たる2019年度に予定されている、正式登録の実現にむけた行方を心にとめながら、擱筆としたい。

　皆さん、本当にありがとうございました。

定年退職による保険切替・年金対処の方策を市役所へ訊きに行った日
2018年3月12日

秋山　浩三

筆者紹介

秋山浩三（あきやま こうぞう）

1957年	大阪府枚岡市（現・東大阪市）生
1983年	岡山大学大学院修士課程文学研究科史学専攻修了
1983年	（財）大阪文化財センター（非常勤調査員）
1984年	向日市教育委員会（嘱託ほか）
1988年	（財）向日市埋蔵文化財センター
1993年	（財）大阪府埋蔵文化財協会
	〈その後、（財）大阪文化財センターと統合し（財）大阪府文化財調査研究センターに、（財）大阪府博物館協会と統合し（財）大阪府文化財センターに組織名称が変更〉
	現：（公財）大阪府文化財センター
2006年	博士（文学）：大阪大学
2013年	大阪府立弥生文化博物館〈指定管理：（公財）大阪府文化財センター〉
2018年	3月：定年退職、4月：再任用（専門員）
現　在	大阪府立弥生文化博物館　副館長兼学芸課長
	神戸女子大学・近畿大学・大阪樟蔭女子大学・滋賀県立大学・桃山学院大学講師（非常勤）

主要著書：

『物集女車塚』（1988年・向日市教育委員会、共編著）
『弥生実年代と都市論のゆくえ　池上曽根遺跡』（2006年・新泉社、単著）
『日本古代社会と物質文化』（2007年・青木書店、単著）
『弥生大形農耕集落の研究』（2007年・青木書店、単著）
『煩悶する若き考古技師』（2007年・京都三星出版、共編著）
『弥生時代のモノとムラ』（2017年・新泉社、単著）
『交合・産・陰陽道・臼―考古学とその周辺』（2017年・清風堂書店、単著）、ほか

古墳時代のモノと墓

2018年8月31日　第1版第1刷発行

著　者＝秋山浩三
発行者＝株式会社 新 泉 社
東京都文京区本郷2－5－12
振替・00170－4－160936番　TEL 03(3815)1662／FAX 03(3815)1422
印刷・製本　太平印刷社

ISBN978-4-7877-1815-0　C1021

シリーズ「遺跡を学ぶ」023
弥生実年代と都市論のゆくえ　池上曽根遺跡

秋山浩三著　A5判／96頁／1500円＋税

集落の中央付近から発見された「神殿」を思わせる大形建物から、弥生実年代の見直しと弥生「都市」論が盛んに議論されている。集落内の構成と遺物を詳細に分析し、弥生大規模集落の実像を明らかにする。

弥生時代のモノとムラ

秋山浩三著　B5判上製／432頁／10000円＋税

弥生時代遺跡の発掘に長年携わってきた考古学者の集大成。列島に「クニ」が生まれる直前の農業生産のあり方、集落の姿とその連合、都市の成立、弥生実年代など、論争点を明解に論じる。